北京师范大学 中国社会管理研究院/社会学院

中国社会治理智库丛书·民俗学系列（2018）

SOCIAL GOVERNANCE THINK TANK

张举文 编译

民俗学概念与方法

丹·本—阿默思文集

*Concepts and Methods in Folkloristics: Essays by Dan Ben-Amos*

中国社会科学出版社

**图书在版编目（CIP）数据**

民俗学概念与方法：丹·本-阿默思文集／张举文编译．—北京：
中国社会科学出版社，2018.10
ISBN 978 - 7 - 5203 - 2942 - 2

Ⅰ.①民…　Ⅱ.①张…　Ⅲ.①民俗学—文集　Ⅳ.①K890 - 53

中国版本图书馆 CIP 数据核字（2018）第 179213 号

| 出 版 人 | 赵剑英 |
| 责任编辑 | 吴丽平 |
| 责任校对 | 冯英爽 |
| 责任印制 | 李寡寡 |

| 出　　　版 | 中国社会科学出版社 |
| 社　　　址 | 北京鼓楼西大街甲 158 号 |
| 邮　　　编 | 100720 |
| 网　　　址 | http://www.csspw.cn |
| 发 行 部 | 010 - 84083685 |
| 门 市 部 | 010 - 84029450 |
| 经　　　销 | 新华书店及其他书店 |

| 印刷装订 | 环球东方(北京)印务有限公司 |
| 版　　次 | 2018 年 10 月第 1 版 |
| 印　　次 | 2018 年 10 月第 1 次印刷 |

| 开　　本 | 710 × 1000　1/16 |
| 印　　张 | 27 |
| 插　　页 | 2 |
| 字　　数 | 416 千字 |
| 定　　价 | 89.00 元 |

谨以此译文集献给丹·本-阿默思 84 岁生日

# 写给中文读者的话

丹·本-阿默思（Dan Ben-Amos）


　　我的学生，也是朋友，张举文选择了一些我的文章汇编成这本文集。也许他不知道，在民俗研究方面，美国宾夕法尼亚大学与中国的关系有很长的一段时间，比他和我与这个大学的联系还要早。20世纪60年代，宾大新兴的民俗学项目遇到了一个危机。由于创建民俗学项目的麦克爱德华·利奇教授即将退休所带来的人事变动，年轻的民俗学项目面临着能否存在的大问题。当时宾夕法尼亚大学的艺术与科学学院院长是迈克·詹姆森（Michael Jameson），一位古代史教授。他的父亲是雷蒙德·詹姆森（Raymond D. Jameson；中文名，翟孟生），《中国民俗三讲》（1932）的作者，童年是在中国度过的。当然我无法确认，可我总是在猜测，迈克·詹姆森成长的家庭中一定是充满民俗和中国传统文化的气氛，以至于他受到潜移默化的影响，使他最终决定保留，而不是终止宾夕法尼亚大学的民俗学项目。正是他所支持延续的这个民俗学项目迎来了好几位来自中国的学生，如今他们成为中国和美国大学中民俗学的中坚力量，例如，先后从这个项目获得博士学位的有：苏日胡、张举文、李靖、彭牧，以及今年毕业的我的学生陆佳慧，当然还有到中国教学的美国学者白馥丽（Beverly Butcher），而且，还曾接待过一些来访的中国民俗学家。

　　我本人从未到过中国，可是，我童年读过的一个翻译成希伯来语的中国民间故事却伴随了我的一生。这个故事的确切出处我还没查到。故事是说，有一个老人给了一个小孩一只画着漂亮图案的陶碗，然后就消失了。这个孩子花了很长时间找这个老人，希望还给他这个碗。许多年以后，有一次他驻足于一条河岸，望着河水，此时他看到那个老人在水中的倒影。我把这个叙事阐释为一个关于人生自我发现的旅程的寓言。我感谢张举文和这文集的译者，希望这个集子像那个中国寓言一样成为自我发现的一个象征性镜子。

文集中有些文章完成于 20 世纪 60 年代末 70 年代初，其他的是针对这些的补充和评论。每篇都是独立的文章，成因或是为了特定的机会或是受到邀请。它们不是系统的民俗理论研究，甚至也不是什么方法论展示。然而，当这些文章选定后，我意识到它们标志着我个人将民俗作为一个课题和一个学科来研究的整个历程，如一条小溪流过艰难险阻，一路探索着民俗的本质以及对它的研究。

文集中最早完成的一篇文章是《在承启关系中探求民俗的定义》。它不只是一本仍未完成的书的开篇第一章，也是我个人对自己此后的研究所确定的目标。发表之后，许多有思想的民俗学者都对此篇文章做出反应，有的是批评，有的是赞同，有的付之一笑。多数关注于文章中用来定义民俗的关键词，如"艺术性""交际""表演""小群体""承启关系"，以及我有意忽略掉的"传统"。从中，我受益匪浅。一系列激烈的口头和书面的辩论反倒使我感到我不该去修改我的定义。我的确固执，但是，我也认识到，有必要进一步拓宽对民俗的研究视野，将其视为一个具有三个维度的概念：行为、文化象征，以及研究科目。

在社会生活中，民俗是一个交际行为体系，具有认知、表达和社会定位的特征，具有其自身的修辞和展演原理，以及运用这些民俗的实践者所遵从的习得规则。每个本族的民俗类型都有其主题的、象征的，以及修辞的范围，及其传递这些信息的适当时间和地点。有些需要特定的口头言语和音乐表现水准，而有些则可由更广泛的社会层面来实践，尽管可能受到年龄、性别和群体的限定。受众也是民俗类型及其表达的不可分割的元素。有些适于特定年龄和性别，有些则对所有人开放。叙事者与歌手调整自己的表演以便满足其受众。民俗是一个体系，因为其所有元素，包括认知、表达和社会定位特征，都是相互交融和彼此适应的。

民俗体系不是一个封闭的体系。相反，它与其他社会和文化体系紧密相连，如，宗教、艺术、法律、价值观、政府治理和亲属关系，以及在有文字的社会中的文学、艺术、流行文化、影视和社交媒体等。这些关系都是相互的。正如民俗主题与形式贯穿于文学那样，主题、形象，以及文学和流行文化的特定主体与文本也渗透于口头传统。

从历史角度来看，向文字社会的转换是革命性的，但不是全面的。口头表达与文字表达是共存的；有时，从语言学的认知视角来看，两者是知识的交流和保留的两种对应方式。文字割裂了社会，并在许多文化和文学中，为口头表达赋予了一种负面价值。但是，这个态度随着思想和意识的双重性和历史性发展而发生变化。欧洲启蒙运动代表了对口头文化的最极端的拒斥。作为回应，浪漫主义运动重估了民俗的价值，将民俗的许多表达方式转化为民族精神的文化象征符号。我不十分了解中国的学术史，无法指出在其社会中识字群体对民俗的态度有过什么样的波动变化。

那些有思想、有条理的人构建了理想化的"民"（folk）。所构想出的生活、歌曲和故事包括了一种真实的共同体精神，并与语言一起，将民众团结为民族国家。民俗的象征化始于浪漫民族主义，但随后的其他意识形态运动接受了它，将其融入各自的政治目的中，并达到所期望的结果，但此结果常常是破坏性的。

给民俗赋予民族浪漫主义价值和象征意义，这不仅表现在政治方面，也体现在艺术、音乐、舞蹈，以及文学之中。民俗主题和形式从口头向文字的转化是有选择性的，等同于文字社会对其公共空间的控制，以及对其民族的理性形象的构建。通过周期性方式，文字社会庆祝其被象征化的民俗，特别是通过艺术节和其他节日对民间音乐、民间舞蹈，以及手工艺进行宣传。如此对民俗象征化的公共展示常常引发有关文化本真性的辩论。但是，这个论题是个伪命题。这些庆祝和宣传活动，若置其于文字社会的城市背景下，无疑就是本真的。

在有文字的社会中，民俗的象征化不仅出现在流行文化层面，也同样发生于雅文化层面。那些有名的作家、诗人与作曲家记下民间故事和歌曲，将其写入自己的叙事文学、诗歌和戏剧等创造作品中，或是通过吸收民间母题和故事，或是将民间故事以文字，而不是口头形式，最后再现到他们自己的作品中。

有文字社会的民俗象征化也激发了学术研究。这些研究提供了对浪漫的理想和意识形态形象的事实验证。在全世界流传的民间故事、民间歌曲、谚语以及许多其他形式，这一事实与民俗是特定民族遗产的思想是相矛盾的。在追溯一些著名民间故事的起源时，就中国民俗而言，也出现了有讽刺意义的事例。许多年来，段成式（803—863）在《酉阳杂俎》中所记载的"叶限"（所谓的中国的"灰姑娘"，ATU510A）被视为该故事类型的最早的文字记录版本。但是，一些最近的研究认定，该故事的基本叙事母题和形式早已出现在 3 世纪的罗马作家克劳迪亚斯·阿力安纳斯（Claudius Aelianus）的作品中（*Varia Historia*，12.1）。这样的发现在学术研究中是正常的。学术研究总是始于对民俗的民族性和普遍性本质的矛盾答案的探索辨析中。最初，有关民俗起源和传播路径的问题激励了学术研究。随后，学术研究关注的问题转向有关文化与社会的关系、个体与集体的心理关系，以及艺术、文学和民俗的关系。民俗学的多学科性是其历史功能之一。在没有民俗学项目、民俗学研究所或民俗学系以前，民俗作为科目就已被讲授着。继而，受到这些训练的学者将从不同学科里学到的其他理论应用到民俗研究中。最终，民俗学被开拓为学术世界中的一个学科。

就我所知，在中国，民俗是被从三个维度来研究的：行为、文化象征，以及研究科目。每个维度都需要相对独立的研究。三者之间的关系也许可以成为今后的历史民俗志分析所关注的一个课题。我希望本文集能为达到这个目标做些微薄贡献。

# 一位格物致知的民俗学家（代译序）<sup>*</sup>

## 张举文

这本文集是献给丹·本-阿默思（Dan Ben-Amos）教授84岁生日的一份礼物，更是对一位投身课堂教学五十多年，为民俗学发展做出卓越贡献的学者表示的一份敬意！

丹·本-阿默思是一位研究"犹太民俗、民俗学理论，以及非洲口头传统的著名学者"①。作为民俗学家，他的主要研究领域是犹太民俗、非洲民俗、民俗学史，以及叙事分析。

在此，概要地交代一下编译本文集的初衷，介绍一下丹·本-阿默思的学术经历以及学术思想贡献。

# 一　缘起与目标

从个人角度，我最早是在1983年接触到丹·本-阿默思这个名字的。那时是李扬发现了《民俗学中的母题概念》一文，问我可否翻译成中文。② 结果，1984年我俩合作将这篇译文翻译发表了。虽然是内部资料，

---

\* 本文主要内容以同题目发表在《民间文化论坛》2018年第2期，第35—39页。

① 参见 *Encyclopedia of Jewish Folklore and Traditions*. 2 Vols. Ed. Haya Bar-Itzhak. New York：M. E. Sharpe. 2013. p. 74。

② 当时我在辽宁大学读英文专业本科，李扬为乌丙安老师的民俗学硕士研究生。李扬之所以得到这篇文章，是因为其导师收到了一本论文集《二十世纪的民俗研究：民俗学会百年纪念会议文集》（*Folklore Studies in the Twentieth Century：Proceedings of the Centenary Conference of the Folklore Society*. ed. Venetia J. Newall. 1980）。而之所以能收到这个集子，是因为当时在丁乃通的引荐下贾芝、刘守华、段宝林、乌丙安等人首次参加了"国际民间叙事文学学会"，在会上获得这个集子。该文的中文译文发表在《民间文学论集》（2）（内部资料，中国民间文艺家协会辽宁分会理论研究组编，沈阳，1984年，第349—380页。这篇文章为张举文译，李扬校）。另见本文集中的重译。

但是译文对学界有关"母题"的了解产生了一定作用，更重要的是，由此我与丹·本-阿默思和民俗学结下了终身的情缘。1996 年，我来到宾夕法尼亚大学攻读民俗学博士学位，成为本-阿默思的学生。期间，我在他的一门有关叙事分析的课上所做的一份作业在十多年后发展成了一篇独立的文章，自以为是对历史地理法在方法论上的一点创新。① 我还为他的"民族幽默"（Ethnic Humor）一课做过助教。此外，我还翻译发表了他的《在承启关系中探求民俗的定义》和《"承启关系"中的承启关系》两篇文章。② 在我完成博士论文期间，虽然我的题目是有关华裔的丧葬仪式，与他本人的研究方向没有直接联系，但他还是认真通读，提出理论上的一些问题，并修改我的用词，包括标点符号，使我顺利于 2001 年毕业。次年，当我离开费城到西部（即我现在的崴涞大学）任职时，他与夫人为我及家人在费城的唐人街饯行。此后，我们保持以电子邮件谈论一些问题，并在每年的美国民俗学会年会上有机会简单沟通。在我的眼里，这二十多年里，他似乎没有任何变化，走起路来依然挺拔坚实。但近几年，当我发现自己的黑头发越来越少时，也忽然意识到他已年至耄耋，于是脑子里总萦绕着个想法，希望能为他做些什么。特别是在 2016 年的美国西部民俗学会年会上，本-阿默思为亚伯拉罕（Roger Abrahams）组织了一系列活动，庆祝后者的学术生涯，以最有意义的方式表达了他对同事的敬意，做最后的告别，使得后者看到了献给他的纪念文集。③ 此后，我有了两个计划：一本完整介绍他的学术思想的译文集（即此文集）；一个突出他对民俗类型研究的英文专刊（拟定于《西部民俗》2019 年发表，庆祝他八十五岁生日）。以此，我希望尽显本书最前面表述的

---

① 该文以英文发表（"Cultural Grounding for the Transformation of the 'Moon Man' Figure in the Tale of the 'Predestined Wife'（ATU 930A）", *Journal of American Folklore* 127（503）：27 - 49. 2014），后被译为《"定亲"型故事中"月老"形象传承的文化根基》，桑俊译，《民俗研究》2017 年第 2 期，第 91—102 页。

② 参见《在承启关系中探求民俗的定义》，《民俗研究》1998 年第 4 期，第 11—19 页；《"承启关系"中的承启关系》，《民俗研究》2000 年第 1 期，第 112—125 页。

③ 亚伯拉罕（Roger Abrahams）生于 1933 年 6 月 12 日，逝于 2017 年 6 月 20 日。他与本-阿默思在几十年的学术生涯中成为生活中的朋友，学术上的知己，但他们的学术观念不尽相同，例如，在有关民俗与传统的关系问题上，他们有着学术圈内皆知的不同看法，但他们的学者式交流与友谊成为界内佳话。

意思。

2017 年初，本-阿默思教授请我撰写一篇有关中国民俗学研究发展现状的文章，因为他在主持编辑一个专刊，展示当前世界民俗学所面临的挑战。① 可见，他丝毫没有落后于时代的感觉或行为。我也借此机会与他商量编译文集的事，同时自己也开始动手翻译他的一些文章。在 10 月的美国民俗学年会上，我把所选的文章等计划与他详细面谈。我说，"在中国，几乎每个民俗学人都知道您了。30 多年前，您的关于母题的文章被翻译成中文，激发了不少人对母题的兴趣。20 年前，您对民俗的定义让中国民俗学者和学生对'小群体内的艺术性交际'有所了解。也许您的著作在中国的读者比在任何国家都多，因为每年从民俗学硕士和博士点毕业的学生可能比中国之外的全世界之和都多"。他望着我，深情而郑重地说，"谢谢！我一周内就把确定的目录给你，也会把前言写完"。果然，几天后我收到他传来的详细目录和"写给中文读者的话"。当然，现在能将这一切呈现给读者，还离不开一个重要因素：参与本文集翻译的其他各位民俗学人。②

从学科的角度来说，民俗学与中国许多其他现代学科一样，都是通过翻译西方近代理论而建立起来的。直到目前，民俗学在翻译介绍外来思想和方法时，仍然面对这样一个遗憾的现实：对某一学者的重要思想翻译介绍不完整；对某一理论体系的翻译介绍不完整。以至于对许多学者来说，对已经翻译介绍的观点非常熟悉，但对没有翻译介绍的东西就几乎毫不了解。例如，有关"表演"理论，是介绍比较多的，主要是通过对美国学者理查德·鲍曼的翻译和介绍，③ 但是，对此理论有重要影响

---

① 该特刊为《民俗学对人文科学的挑战》（*The Challenge of Folklore to the Humanities*, ed. Dan Ben-Amos. Special issue of *HUMANITIES*. 2018）。

② 2017 年 12 月，我利用受聘于北京师范大学社会学院兼职教授和外专的身份，得以动员和利用民俗学系的人力和资源，组织了"民俗学翻译工作坊"，才使得本文集如此迅速地完成。在此，我感谢参与翻译的各位老师和学生。

③ 感谢杨利慧和安德明多年来对"表演"概念的翻译介绍和研究，例如，《理查德·鲍曼及其表演理论》（杨利慧：《民俗研究》2003 年第 1 期）；《表演理论与民间叙事研究》（杨利慧：《民俗研究》2004 年第 1 期）；《"表演"的概念与本质》（理查德·鲍曼著，杨利慧译：《西北民族研究》2008 年第 2 期）；《作为表演的口头艺术》（理查德·鲍曼著，杨利慧、安德明译，广西师范大学出版社 2008 年版）。

的海姆斯（Dell Hymes）、乔治斯（Robert Georges）和本-阿默思等人的著作则没有足够的中文译文。① 目前，虽然国内有几篇本-阿默思的文章译文，② 但是，这个文集可以完整地展示他的理论思想及其在半个多世纪的进化发展，以及民俗学学科在过去的五十多年的变化。希望在此的努力对了解国际民俗学的发展有帮助。

## 二　本-阿默思学术经历

丹·本-阿默思（Dan Ben-Amos）1934 年 9 月 3 日出生于以色列的特拉维夫（当时的巴勒斯坦）。在上耶路撒冷希伯来大学（Hebrew University of Jerusalem）之前，他曾服役于以色列国防军，担任过以色列开国第一任总理戴维·本-古里安退休后的警卫，并在转业之后做过牧羊人。在进入大学之后，他先是选择专攻圣经研究和英语文学，但稍后改为希伯来文学专业民俗学方向，师从多夫·诺伊（Dov Noy）教授。1961 年毕业，获得学士学位。随后，在诺伊教授的推荐下，本-阿默思去了美国印第安纳大学追随理查德·道尔逊（Richard Dorson）教授，在当时唯一的民俗学博士学位点开始攻读民俗学。1964 年，本-阿默思获得民俗学硕士学位，论文题目是"赞美巴士特：评注与母题索引"，③ 1967 年获得博士学位，论文题目是"阿加达的叙事形式：结构分析"。④

1966 年 1 月至 8 月，本-阿默思在非洲尼日利亚贝宁地区做田野调

---

① 本书中本-阿默思的《民俗的定义：一篇个人叙事》所提到的他与鲍曼在此观点上的互动。

② 除了我本人翻译发表的三篇文章外，还有《为民俗学正名》（宋颖译，《民俗学刊》（中山大学）2005 年第八辑，第 2—17 页，后收入《民俗学的历史、理论与方法》（周星主编，商务印书馆 2006 年版，第 700—731 页）；《〈科技世界中的民间文化〉序言》（李扬译，《西方民俗学译论集》，中国海洋大学出版社 2003 年版）；《民间故事中有母题吗？》（王立译，《阜阳师范学院学报》2003 年第 1 期）。

③ 参见 *Praise of the Besht：Commentary and Motif Index. Indiana University*，1964. 巴士特（Besht）指巴尔·谢姆·托夫（Baal Shem Tov，1770－1760），犹太教神秘主义的拉比，也指"有好名声的贤师"。该论文 1970 年由印第安纳大学出版社以同名出版。

④ 参见 *Narrative Forms in the Aggada：Structural Analysis. Indiana University*，1967. 阿加达（Aggada）是一部经书，也被视为犹太人的口头法律。

查，研究埃多人的口头传统（参见本文集的第四部分）。1966—1967 年在加州大学洛杉矶分校任教。从 1967 年至今，他一直在宾夕法尼亚大学任教，1977 年晋升教授职位。1977—1980 年担任美国民俗学会执行理事。1981—1984 年任《美国民俗学刊》副编辑，1988—1990 年任该刊的书评编辑。曾为印第安纳大学出版社主持《民俗研究译丛》（*Translations in Folklore Studies*）系列。从 1996 年至今，他担任维恩大学出版社（Wayne State University Press）的《拉斐尔·巴泰系列丛书：犹太民俗学与人类学》（*Raphael Patai Series in Jewish Folklore and Anthropology*）主编。2006 年，本-阿默思获得以色列"国家犹太图书奖"；2014 年，获得"美国民俗学会终身学术成就奖"。现为美国民俗学的资深会员（Fellow），宾夕法尼亚大学中东语言文明与民俗学教授，任民俗学研究生项目主任。

作为学生，本-阿默思对自己的老师，特别是多夫·诺伊教授的敬意体现在两件事上：听从老师的建议，大学毕业后开始了对民俗学的追求；以终身的精力去完成老师未完成的事业：编纂犹太故事全集。而对道尔逊教授的敬意，不仅表现在他的各种言论和逸事表述中，例如，到印第安纳大学发表了 2017 年"理查德·道尔逊讲座"演讲，而且，更有意义的是，除了对道尔逊学术思想的梳理和宣传外，[1] 本-阿默思在许多问题上也提出对道尔逊的观点和方法上的批评，体现在《犹太式幽默的神话》等文中。

作为老师，本-阿默思在五十多年的教学中，几乎每年为本科生上民俗学课程。同时，民俗学系的多数国际学生被分在他的名下。他总是尽可能记住班上的每个学生的名字，抽时间单独谈话。这一点我在为他做"民族幽默"课程助教时体会颇深。他曾多次获得教学奖。2017 年，宾夕法尼亚大学为他在该校教学五十年举办了特别的庆祝会。

作为学者，除了他的学术思想贡献外（见下文），本-阿默思体现出了对各种学术观点的客观审视，以及对学者的尊敬，无论学术观点相同还是相反。例如，他写过几十篇悼文和序言，以及六十多篇书评等，从来都是观点鲜明，评判客观具体，这在很多学科都不是多见的。他对同

---

① 参见 The Historical Folklore of Richard M. Dorson. *Journal of Folklore Research*, 26（1）：51 - 60，1989. Special Issue：Richard M. Dorson's Views and Works：An Assessment。

事的敬意不是表现在褒奖的言辞上，而是体现在更进一步的学术思辨中。例如，当许多学者为劳里·航柯（Lauri Honko）的六十岁生日献上祝福的赞美之词时，他却以《我们需要理想的（民俗）类型吗？——致劳里·航柯》一文来继续学术辩论，激发同事老骥伏枥，再接再厉。

他所主持编辑的两个系列丛书为学术界做出了巨大贡献。一个是由印第安纳大学出版社出版的《民俗研究译丛》，其中有的在中国产生了很大影响，[①] 极大地丰富了世界民俗学理论建设；另一个系列是《拉斐尔·巴泰系列丛书：犹太民俗学与人类学》，包括四十多部有关犹太文化研究的最突出的著作。当然，他自己编辑的十多部文集对民俗学的发展都发挥了极大的推动作用。

作为民俗学者，本-阿默思不懈的努力也始终得到学界的认可。他五十多年来一直积极参与美国民俗学会的活动和学科的建设，当有些学者"厌倦"每年写文章参加年会时，他始终与时俱进地倾听和参与新话题的讨论，树立了正面的榜样。他获得过 1972—1973 年度"美国学术团体协会"（American Council for Learned Societies）研究员奖、1975—1976 年度"古根海姆研究会"（John Simon Guggenheim Fellowship）研究员奖，以及 1980—1981 年度"国家人文基金会"（National Endowment for the Humanities）研究员奖。他对犹太文化研究的贡献也得到以色列学者们的认可和尊敬。1998 年，在以色列，以希伯来语出版了献给丹·本-阿默思的纪念文集。[②] 目前，献给他的两部英文的纪念文集正在筹划中。

## 三　本-阿默思的学术思想贡献

本-阿默思的学术思想代表了美国民俗学在过去半个世纪里一些核心问题的发展与变化。从 20 世纪 60 年代美国的民俗学学科的建立开始，学

---

① 例如，中译本，［德］赫尔曼·鲍辛格《技术世界中的民间文化》，户晓辉译，广西师范大学出版社 2014 年版。

② *Festschrift in Honor of Dan Ben-Amos*, 1997 – 1998. Eds. T. Alexander and G. Hasan-Rokem. Jerusalem: Magnes Press, the Hebrew University.

界的每次理论动向和发展都可以从本-阿默思的著述中找到鲜明的印记，甚至说有他的重要影响：1960 年末对"民俗"定义，1970 年代对民俗"类型"辨析，1980 年代对"母题""表演""传统"等的深究，1990 年代对学科"正名"的意义，以及 2000 年后对国际民俗学交流和犹太民间故事的整理分析等。他的许多观点都受到学科的关注，成为学科建设的基石之一。他不断思考、不断创新、不断反思的学术见解，为民俗学的学科发展做出了难能可贵的贡献。

本-阿默思的学术贡献可以用这几个关键词来概括：民俗（定义）、承启关系（或语境；表演）、民俗类型、非洲民俗、犹太民俗，以及民俗学学科建设。前五个方面突出地表现在本文集的内容安排上，读者无疑可以从原作中体会到其思想的力量。尽管如此，这里还是做个简单概括（所提到的他的文章均收在本文集里）：

第一，对民俗的再定义。在"民俗"的概念从最初被创造的 Folk Lore 发展到 folklore，再到"民俗学"（folkloristics）的一百多年里，对什么是"民俗"，以及"民"和"俗"到底是什么意思的辩论与界定始终是学科建设的一个关键问题。尽管在美国民俗学的官方网页上列出了十多个民俗的定义，[①] 但是，在过去的半个世纪里对民俗学影响最大的定义之一便是本-阿默思在 1967 年提出，稍后在《在承启关系中探求民俗的定义》一文中表述的："民俗是小群体内的艺术性交际。"[②] 其中，"小群体"（small groups）、"艺术性"（artistic），以及"交际"（communication）精准地概括了民俗学研究的内在特质，强调了民俗行为的一个前提："面对面"的互动。这个定义的影响是深远的，而且依然在持续。例如，广受欢迎的民俗学教材《日常生活中呈现的民俗》就明确地基于本-阿默思的这个定义。[③]

第二，关于承启关系的理论发展。有关承启关系（context）概念，或被理解为语境、背景、场景、环境等，是从狭义的文字文本（text）到

① 参见美国民俗学会官网：http：//www. afsnet. org/? page = WhatIsFolklore。

② 另见《民俗的定义：一篇个人叙事》一文。

③ 参见 George H. Shoemaker. *The Emergence of Folklore in Everyday Life*：*A Fieldguide and Sourcebook*. Bloomington，IN：Trickster Press，1990. p. 3。

广义的社会和文化背景的发展。这个思想就体现在本-阿默思在 1967 年对民俗的定义中。这是他吸收了人类学和语言学等理论对民俗学的一个贡献。他在之后的《民俗的承启关系：暗示与启示》和《承启关系中的"承启关系"》两篇文章中进一步展开了这个概念，并应用到对民俗的研究中。他对这个概念的深入剖析，是对海姆斯（D. Hymes）有关"交际"和"事件"和马林诺夫斯基有关"文化承启关系"（context of culture）和"场景承启关系"（context of situation）等观念的发展，也为后来的有关"表演"的研究奠定了理论基础。毕竟，表演论强调的就是承启关系。

第三，关于民俗类型与研究类别的辨析。当民俗学对何谓民俗有了相对清楚的理解后，新的挑战便是对民俗的表现形式（forms）或类型（genre）的界定，由此才能开展进一步的分析。同样，本-阿默思的三篇文章：《民俗学中类型的概念》《分析类别与本族类型》，以及《我们需要理想的（民俗）类型吗？——致劳里·航柯》，严谨而翔实地梳理了相关概念的学术谱系以及对民俗学的影响，提供了有关思辨的重要参考。"本族类型"（ethnic genre）便是他界定的新概念。不仅如此，本-阿默思也对具体的民俗类型及其概念进行了深入的分析。他在谜语、谚语、笑话、童话，以及神话等方面都有突出贡献（见附录）。他的《民俗学中母题的概念》和《传统的七股力量：论传统在美国民俗学中的多重意义》已经成为学科的必要基础文献。

第四，关于非洲民俗的研究。如同 20 世纪 60 年代许多社会和人文学者一样，本-阿默思的博士论文是有关非洲社会的。通过对尼日利亚贝宁地区的社会和文化研究，他进一步构建了他的有关"承启关系"和民俗作为"事件"（event）的思想，以"讲故事"，而不是"故事"文本，来认识和解析民俗活动与当地文化的传承以及社会的互动。例如，本文集中的《娓娓道来：贝宁的讲故事活动》便是受到普遍赞誉的民俗志，《埃多人的视觉与口头艺术中的动物》和《非洲社会中的民俗》都是以"承启关系"和"表演"论观点对特定民俗活动的分析。从方法论角度来看，这些分析方法同样适用于对其他社会的研究。

第五，关于犹太民俗的研究。本-阿默思对犹太民俗的贡献突出表现在他花了二十多年所编纂的三卷本巨著：《犹太人的故事》。① 在有关理论上，他也有独特建树，例如，《犹太式幽默的"神话"》便是被翻译成多种语言，引用频率极高的经典文章，对"犹太式幽默"的研究产生重要影响；《塔木德式的传奇故事》也是在方法论上的一个样板；《震惊了以色列的笑话》则是他 2017 年完成的最新文章，展示了民俗学家如何以笑话来关注社会和政治问题。此外，他还撰写和编纂了大量有关犹太民俗和传统的著作，受到极大敬重。

第六，关于学科的建设与国际化。本-阿默思对美国民俗学以及世界民俗学的贡献可以用 2014 年美国民俗学会为他颁发"终身学术成就奖"的颁奖词来概括：他对民俗的定义"帮助新一代界定了我们的学科。此外，他编辑的两本书，《民俗：表演与交际》和《民俗类型》，② 成为新民俗学的基础教材……丹·本-阿默思是叙事、谚语和话语研究的一位领头权威……他的著述极大地填充了我们有关非洲和犹太叙事传统的知识……他是一个小群体成员之一，创造出我们现在所实践的学科模式……他是美国民俗学会的永久存在者……扩大了我们的学会在国际上的声誉"。③ 的确，他不仅关注自己的研究课题，坚持在教学的第一线上，也关心学科的成长和发展。除了开设民俗学史等课程外，他撰写了《民俗研究史：我们为什么需要它？》和《民俗思想辨析》等文，强调学科建设的完整性。当 20 世纪八九十年代美国民俗学科面临一系列挫折时，他写了《民俗学一词的集合性？》和《为民俗学正名》等文，④ 明确阐述学科存在的必要性。

总之，研读丹·本-阿默思的著作（除本文集所选译的文章外，另见

---

① 参见 *Folktales of the Jews*. 3 Vols. The Jewish Publication Society, 2006 – 2011。

② 参见 *Folklore：Performance and Communication*. In collaboration with Kenneth S. Goldstein. The Hague：Mouton Press, 1975. *Folklore Genres*. Texas：University of Texas Press, 1976。

③ The AFS Lifetime Scholarly Achievement Award, 2014. http：//www. afsnet. org/news/ news. asp？id =206053。

④ 另见，"On the Final [s] in 'Folkloristics'", *Journal of American Folklore*, 98 (389)：334 – 336, 1985；"The Name Is the Thing", *Journal of American Folklore*, 111 (441)：257 – 280, 1998 [参见该文的中译本，《为民俗学正名》（宋颖译，《民俗学刊》（中山大学）2005 年第八辑，第2—17 页，后收入《民俗学的历史、理论与方法》（周星主编，商务印书馆 2006 年版，第700—731 页）]。

附录中的主要书目）不仅有助于对民俗学核心问题的理解，同时，也提醒我们民俗学者做人与做学者的责任，特别要学习他的格物致知的精神。本-阿默思的每一篇论文，从立论到论证，都展示了他的思想力量和渊博知识，同时也为撰写科研论文提供了极佳的范例。例如，在他的每篇文章中，总是以学科史的重要著作观点为根基，博引旁征，而不拘束于一个学科或学者的观点，对任何学者都秉持公正的批评态度。正因如此，他的多数文章都已成为学科经典。相信这个文集对中国学者会有很大的启发意义。

# 四　有关术语翻译的说明

民俗学的术语借用了许多其他学科的术语，但有其特定的含义。本文集中对以下几个关键词做了这样的处理：

"context" 在专门用来界定"民俗"时，特别是作者所界定的"民俗"概念时，被译为"承启关系"，但在描述一些其他事件时，也被译为"语境"或"背景"等。例如，作者对马林诺夫斯基的 context of culture "文化的承启关系"和 context of situation "场景的承启关系"等概念做过许多论述，倘若将后者译为"场景的语境"便局限了原来的概念范畴。见《承启关系中的"承启关系"》一文。

"communication" 在本文集中依照作者界定民俗的意思，被译为"交际"，而不是"交流"或"传媒"等。

由于 verbal 和 oral 的不同，前者多被译为"言语"或"口头言语"，而后者为"口头"。例如，verbal art 被译为"口头言语艺术"，而 oral tradition 被译为"口头传统"。

Meta-narrative 以及其他以 meta 为前缀的术语，如 meta-language 和 meta-folklore 等都将 meta 译为"亚"，而不是"元"，分别译为"亚叙事""亚语言"和"亚民俗"。

此外，本文集中曾有部分文章在刊物上发表过，但在此文集中对个别字词或句子做过修正。

# 目　录

目　录

## 第四编：非洲民俗研究

## 第五编：犹太式幽默研究

# Contents

## Part One: Folklore in Context

## Part Two: Genres in Folklore

## Part Three: Concepts in Folklore

## Part Four: African Folklore Studies

## Part Five: Jewish Humor

◆◆ 第一编 ◆◆

# 承启关系中的民俗

　　作为一个现代学术学科的民俗学在 20 世纪 60 年代经历了一次革命，或者说学科的范式转换。其核心就是从"文本中心论"的（民间）文学路径转向"承启关系中心论"（包括由此发展出的"表演中心论"）的路径，吸收了人类学、哲学、心理学、社会语言学等理论概念与方法。在这场范式转换中，将民俗界定为"交际""事件"，这标志着一代学者的新观念和新方向，也奠定了美国民俗学至今还在延续着的研究模式。代表这场学科革命的年轻学者之一，并提出"民俗是小群体内的艺术性交际"的就是丹·本-阿默思。

　　本编中的四篇文章时间跨度达半个世纪，由此，系统地体现了本-阿默思在研究和发展民俗的定义与承启关系概念过程中，如何追根溯源，借鉴多学科理论观点，为民俗学提出新的思考。从 1967 年的《在承启关系中探求民俗的定义》，到 1977 年的《民俗的承启关系：暗示与启示》，再到 1993 年的《承启关系中的"承启关系"》，本-阿默思以这"三部曲"展示的不仅是他个人的理论探索，更是民俗学在这几十年所经历的学科拓展和深入。尤其有意义的是，在 2014 年，本-阿默思以《民俗的定义：一篇个人叙事》回顾和反思了近半个世纪里有关思想的经历，通过个人叙事，展现了民俗学家之间互动的"亚民俗"实践，生动地讲述了一个学术定义的形成与发展过程。

　　的确，至少在美国民俗学界，对民俗的承启关系的关注已经是学科的基础，而每当提到这个理论观点，本-阿默思的这几篇文章是无法回避的。尽管现在"表演"成为更为流行的术语，但是，表演论的理论基础之一就是承启关系概念。正是本-阿默思将民俗学的承启关系从最初的狭隘的口头言语表演的"语境"或"场景"，通过借用马林诺夫斯基的术语，扩展到更大的社会和历史层面上的"文化承启关系"，有助于民俗学研究能从更高的视野对民俗在历史、社会和政治，以及多元文化中的运用与地位有了更清晰的认识和理解，并找到更合逻辑的分析路径。这个路径不仅有助于民俗学走出"文本"的象牙塔，而且也成为后来发展起来的公共民俗的核心关注之一。

# 1

# 在承启关系中探求民俗的定义

【编译者按】本文（*Toward a Definition of Folklore in Context*）是作者在1967年美国民俗学会年会上宣读的论文，后发表于《美国民俗学刊》（*Journal of American Folklore*, 1971, 84（331）: 3–15）。稍后收录于裴雷迪斯（Americo Paredes）和鲍曼（Richard Bauman）主编的《面向民俗学新观点》（*Toward New Perspectives in Folklore*），得克萨斯大学出版社1972年版，第3—15页。本译文最初发表在《民俗研究》（1998年第4期），包括"译者序"："这篇文章一经发表便成为现代民俗学的经典文章之一，对此后关于民俗与民俗学的定义和研究产生了划时代的影响，也确立了作者在当今民俗学研究上的重要地位。作者首先系统地概括总结了过去有关对民俗和民俗学的定义，指出了其中对作为一门学科的民俗学的定义所存在的不足，强调提出民俗的交际进程（communicative process），创造性地提出'小群体内的艺术性交际'（artistic communication in small groups）为民俗的核心。这个定义至今仍发挥着重要作用。"现对原译文做了个别标点符号和用词的修改，也对一些术语做了统一处理。

民俗（folklore）的定义之多，之异，犹如一个流传甚广的民间故事。这一现状要归因于语义和理论的差异。德文的Volkskunde，瑞典文的folkminne，印度文的loksabitya，都隐含着英文的"folklore"无法全部兼容的细微异义。① 不仅如此，人类学家和文学家又把自己的偏好注入其对民俗的定义。事实上，他们各自把民俗视为具有异乡情调的研究课题，试图建立归属关系，但又如隔栏之青草，呜呼，可望而不可即。因此，人类学家视民俗为文学时，文学家界定民俗为文化。② 民俗学家自身则寻求阐述性③、直觉性④，以及操作性⑤定义；无疑，这一切虽有助于对民俗性质的澄清，但同时，他们迂回在关键问题的边缘，即，不是把连接笑话和神话、姿势和传说、习俗和音乐的线联系起来，而是把它们分门别类地孤立起来了。

定义民俗的艰辛是名副其实的。其原因既出于民俗的性质本身，也源于这一概念的历史发展。民俗早期的定义笼罩着浪漫的迷雾，并被"大众古俗"（popular antiquities）的含义萦绕——这也是汤姆斯（W. Thoms）力图以"民俗"（folklore）来取代的概念。这些定义的隐含是对素材的古老、创作的匿名或集体性，以及俗民（folk）的单一性的评

---

① 有关这些术语的讨论分别参见鲁兹（Gerhard Lutz），*Volkskunde：Ein Handbuch zurGeschichte ibrer Probleme*（Berlin, 1958）；哈特克兰兹（Ake Hultkrantz）的《常用民族学概念》（*General Ethnological Concepts*），Copenhagen, 1960, 243 – 247；埃理克森（Manne Eriksson）的《与斯勘地那维亚素材和语言有关的民族学和民俗学的问题》（"Problems of Ethnological and Folkloristic Terminology with Regard to Scandinavian Material and Languages"），《1951 年斯德哥尔摩的欧洲与西方民族学国际联会文集》（*Papers of the International Congress of European and Western Ethnology*），埃理松（Sigurd Erixon）编，Stockholm, 1955, 37 – 40；潘德（Trilochan Pande）的《印度和巴基斯坦的民俗的概念》（"The Concept of Folklore in India and Pakistan"），*Schweizerisches Archiv Fur Volkskunde*, 59, 1963, 25 – 30。有关这个问题的概述参见莱格罗斯（Elisee Legros）的《论民俗的术语和倾向》（"Sur Les noms et les tendances du folklore"），Liege, 1962。

② 例如，比较《冯-瓦氏标准民俗，神话和传说词典》（"The Funk and Wagnalls Standard Dictionary of Folklore, Mythology, and Legend"）中的赫斯柯维茨（Melville J. Herskovitz）和巴斯科姆（William R. Bascom）的定义与艾斯匹诺萨（Aurelio Espinosa）和利奇（Mac Edward Leach）的定义。利奇（Maria Leach）和弗莱德（Jerome Fried）编著，New York, 1949, 398 – 400。

③ 汤姆斯（William Thoms）、《民俗》（Folklore），邓迪斯（Alan Dundes）编：《民俗的研究》（*The Study of Folklore*），Englewood Cliffs, N. J., 1965, 5；邓迪斯《民俗是什么？》（"What is Folklore?"），《民俗的研究》，1—3；巴亚德（Samuel P. Bayad）：《民俗的素材》（"The Materials of Folklore"），《美国民俗学刊》，66, 1953, 9—10。

④ 巴特津（Benjamin Botkin）：《美国民俗之财富》（"A Treasury of American Folklore"），New York, 1944, xxi；阿特利（Francis Lee Utley）：《民俗之定义》（"A Definition of Folklore"），考菲（Tristram P. Coffin）编：《我们的活传统：美国民俗概论》，New York, 1968, 3 – 14。

⑤ 阿特利：《民间文学：一个操作的定义》（"Folk Literature：An Operational Definition"），《美国民俗学刊》，74, 1961, 193—206。另收入邓迪斯编辑的《民俗的研究》，7—24。

判——这一切对民俗来说都是表面的，而不是本质的。例如，一首民歌的古老是依年代形成的；创作者的确认是依史学描述的；而这首歌与某一群体的关系则依它的社会性来界定。每个因素都有其注解和释义价值，但都不能把这首歌定义为民俗。因此，在汤姆斯最初对民俗的定义中，把"习俗、规矩、迷信、歌谣、谚语等"结合起来的原则对这些题材来说并不是本质的，而只能作为其科学学科的发展进程中的粗糙框架。

此后，试图把这些明显不同的现象结合起来以求构筑一个定义的努力遇到了民俗的本质何在的固有难题。一方面，民俗形式——如智力创造物（mentifacts）和人工创造物（artifacts）——是超有机体（superorganic），即，这些形式一旦创作出来，其本土的环境和文化承启关系便不再是其继续存在的必备条件。① 背景信息对素材的分析释义会变得必不可少，但对这些民俗形式的独特存在则无关紧要。故事和民歌可以改变媒体，跨越语言界线，从一文化传入另一文化，并仍保持充足的相似痕迹使我们能从其所有的变文中识别出相同的核心。民间艺术品的存在能超越其使用者，并能在其文化作为整体已灭绝后继续存在，因此而成为实实在在的古代遗留物。今天，一个民间音乐家可以通过电视网络为数百万人表演，并以最接近在其自己小群体中的风格和方式来演唱和演奏，由此将其艺术远远扩延到他的社会圈之外。所以，民俗的素材是流动的、可操纵的、跨文化的。

另一方面，民俗在极大程度上是有机现象，即，它是文化的一个集合部分。把故事、民歌或雕塑与其产生的场所、时间，以及社会的任何分离都会给它们带来质的变化。社会承启关系、文化态度、修辞场景，以及个体的能力都是变量，这些变量使结构、文本以及言语、音乐或雕塑作品的最终亚文本（texture）各具特色。受众本身——无论是儿童或成人、男人或女人、稳定的社会或临时形成的群体——影响着某种民俗类型（genre）和表现的方式。② 不仅如此，把普通叙事分类为不同类型，

---

① 有关超有机体的概念的讨论，参见彼德尼（David Bidney）的《理论人类学》（*Theoretical Anthropology*），New York，1953，129 – 131。

② 戴琳达（Linda Degh）：《有关讲故事的社会功能的一些问题》（*Some Questions of the Social Function of Story-telling*），ACTA Ethnographica，6，1957，91 – 147。

在很大程度上要取决于对这些故事的文化态度和对口头传统的本土分类。因而，在从一个文化到另一个文化的传播进程中，故事也可能跨出叙事的类别；同一个故事在一个群体中可能是神话，而在另一个群体中可能是童话（Märchen）。这种情况下，对这个故事的实际类型分类就是不适当的，因为它不依从任何自身的内在特征，而是取决于对它的文化态度。最后，与书面文学、音乐和美术不同，民俗的形式和文本可由不同的人在不同的场合重复表演。表演的场所，在最后的分析中，是所有文本承启关系的关键。职业或业余艺术家的独特才能，背诵时的情绪，以及观众的反应都会影响到他的故事或歌的文本内容。

因此，民俗的定义不得不始终围绕主题的这一双重性，并常对民俗素材进行不同的，甚至观点冲突的论证。尽管复杂多样，但还是可以从诸多的定义中辨别出主题的三个基本概念；民俗也自然为其一：知识整体、思想方式，或艺术形式。这些分类并非各自独立，相互排斥。它们之间的差异通常只是强调点的不同，而不是实质的不同；例如，对知识和思想的强调暗含着对素材内容以及对其看法的强调，相反，对艺术的重视则表明了对其形式和传播媒体的重视。当然，这三个焦点所涉及的假设范围不同，联系到一系列有关民俗的重要定义，故而，也将有关研究引向不同的方向。

然而，由于知识、思想和艺术都是文化的大范畴，民俗学家便只好主要在同一范畴内区分不同的主题和现象。就此目的来说，他们有着在社会承启关系、时间深度和传递媒介三方面都合格的民俗素材。因此，不能否认或分离民俗的有机的结构整体。民俗不是无源之水。无论怎样定义，民俗要依社会承启关系而存在。这种关系可能是地理的、语言的、民族的，抑或是职业等因素的组合。不仅如此，民俗还要求有时间的过滤净化。民俗可能是"新瓶中的旧酒"，也可能是"旧瓶中的新酒"，①但几乎从没被认为是新瓶中的新酒。总之，民俗必须，至少部分地通过口传的渠道，经过时间的过滤。任何其他媒体都有可能使素材置于民俗之外。

进一步，民俗学家一方面基于社会承启关系、时间深度和传递媒介

---

① 巴特津，xxi-xxii。

之间的若干联系，另一方面，又基于民俗作为知识整体、某种思想方式和某种艺术形式的概念，来构筑他们的定义，如下表所示：

| 社会承启关系 | 时间深度 | 传递媒介 |
| --- | --- | --- |
| 知识群体拥有 | 古俗物 | 言语或模仿 |
| 思想集体再现 | 遗留物 | 言语 |
| 艺术群体创作或再创作 | 古俗物言语或模仿 | |

在社会承启关系和民俗之间可以区分出三种关系：拥有、再现，以及创作或再创作。从根本上讲，"民俗"的字面释义形成了第一种关系。据此，民俗是"人民的学识"①，"人民的智慧，人民的知识"②，或更完整地说，"俗民（folk）的俗识（lore），知识集合，知识或教诲"③。这种把民俗视为一个群体共享之俗识的观点，无论在理论上还是在实践上，都表明了不同程度的共同拥有。首先，民俗可以是一个社会的知识的总和。由于一个群体中的任何一个成员都不能完全掌握该社团组织的一切史实，所以，在这个意义上讲，民俗必然是基于集体信息的抽象合成体，因为这些信息储蓄在许多个体的记忆中，也是"人民传统的信仰和习俗的全部"④。

其次，与上述相反，民俗一直被认为只是某群体中全体成员共享的知识。这个定义排除了一个社团组织内那些只有经过选择而被秘传的人所掌握的信息，因为该定义把民俗只限定为"民众的知识"⑤。在此，民俗是真正的"共同财产"⑥。

---

① 班恩（Charlotte Sophia Burne）：《民俗手册》（*The Handbook of Folklore*），London，1931，1。
② 索柯罗夫（Y. M. Sokolov）：《俄罗斯民俗》（*Russian Folklore*），New York，1950，1。
③ 伯格思（Ralph Steele Boggs）：《民俗：物质，科学，艺术》（"Folklore：Materials，Science，Art"），《美洲民俗》（*Folklore Americas*），3，1943，1。
④ 弗雷泽（James G. Frazer）：《〈旧约〉中的民俗》（*Folklore in the Old Testament*），Vol. 1，London，1919，vii。
⑤ 艾斯匹诺萨，399。
⑥ 巴亚德，8。

最后，如弗雷泽（J. Frazer）所定义，① 这真正同群体共有的俗识可以在整体规模上以"全体的集体行为"来表现，包括每个成员都参加的节日、礼仪和仪式。最后，民俗可以被界定为每个成员在其家中私下所遵行的习俗和规矩，尽管全社会的人也都遵守这些习俗和规矩。这最后的释义虽然在理论上可行，但没有一个定义把民俗限于如此狭隘的范畴。

民俗与社会承启关系的第二种关系是建筑在英国进化论和法国社会人类学之上的。据此，民俗表现了某种集体的和自发的思想方式，正如瓦拉纳克（A. Varagnac）所下的定义："民俗是没有教条的集体信仰，没有理论的集体实践。"② 在这种情况下，所行习俗、礼仪，以及其他规矩是其所持思想方式的再现。集体思想的概念，根据民俗之诸多定义的承启关系，有几个不同含义。第一，它指的是缺少个体痕迹的、平均的、非例外的思想，"人类思想的习惯方式"③。第二，它暗示原始人类的特别思维模式，正如早期民俗学家和人类学家所构想的那样。例如，哈特兰德（E. Hartland）把传统、童话之科学（science of fairy tale）的主题定义为"未开化人的心理现象之总和"④。从这意义上讲，民俗是"早期人类的心理表现"，因为它包括了所有领域，无论是哲学、宗教、科学，还是历史。

思想的这些方面都集体地再现在人民的民俗中。有关原始人所具有的特殊思维模式的观点被列维-布留尔（Lévi-Bruhl）发展为"集体再现"（the collective representation）。民俗，如其他社会事实一样，是这特殊思想方式的再现。它表明了原始人类意识中独具的对自然和社会现实的特有的神秘感。虽然列维-布留尔的理论不再被人们无条件接受，但仍然被作为定义民俗的基础，正如赖森（J. Rysan）的定义所示，"民俗可以被定义为在社会群体意义上的基本情感，如敬畏、恐惧、仇恨、尊敬，以及欲望等的集体性具体再现"⑤。

---

① 弗雷泽，vii。

② 瓦拉纳克（Andre Varagnac）：《民俗的定义》（"Definition du Folklore"），Paris，1938，18。

③ 伯格思，1。

④ 哈特兰德（Edwin Sidney Hartland）：《童话之科学》（"The Science of Fairy Tales"），London，1891，34。

⑤ 赖森（Joseph Rysan）：《我们的文明能够创造出新民俗吗?》（"Is Our Civilization Able to Create a New Folklore?"），《南大西洋通讯》（South Atlantic Bulletin），18，1952，10。

当用集体性和共同性原则把民俗定义为艺术时，特别要考虑到的是民间文学的创作。在此意义上产生了两个概念：共同创作和再创作。第一个概念——在美国的主要倡导者是顾迈尔（F. Gummere）——隐含的意思是民歌，特别是民谣，为共同创作的产物。[①] 这个观点早已被放弃了，但还不像庞德（L. Pound）所坚持的观点那样荒唐。[②] 虽然对民谣起源的解释令人怀疑，但还可以把这一进程用于对民俗的其他形式的阐述。布哈南（P. Bohannan）记述了一个关于装饰拐杖和其他物品的集体创作的例子。那个群体的许多成员，包括人类学家本人，都参与了那些木制品的制作。[③] 我本人的一些信息提供者，尼日利亚中西部的贝宁市（Benin）的歌曲创作者，毫不犹豫地承认——根本不考虑如此承认会给我们带来的理论困难——他们常常是独立创作歌曲，但他们所属的歌唱队此后要再加工，直到每个人满意为止。至此，共同创作的观点完全被排在民俗的定义之外，而在可行之处被共同再创作的观点所取代。例如，泰勒（A. Taylor），明显地把这个概念加在他对民俗的定义中。[④] 实际上，这一进程隐含在口头传承和文本变化的观点中。再创作与创作的概念的差异只是在创作时间的长短上。民俗的主要特征保持一致：口头艺术是一个群体长期创作的总和。事实上，当这一假设本身受到挑战时，被动创作的观点也就被引入了。根据这个观点，观众的反应作为创作行为的一部分与民间艺术家的主动想象是同样重要的。[⑤]

从实质上讲，群体再创作的观念涉及民俗与另一要素——时间深度——之间的关系。其素材在一文化中的不断循环，"一代传一代"[⑥]，已

---

① 顾迈尔（Francis B. Gummere）：《俗谣》（*The Popular Ballad*），New York，1908。

② 庞德（Louise Pound）：《诗源与歌谣》（*Poetic Origins and the Ballad*），New York，1921。

③ 布哈南（Paul Bohannan）：《非洲社会的艺术家和批评家》（*Artist and Critic in an African Society*），史密斯（Marian W. Smith）编《部落社会的艺术家》（*The Artist in Tribal Society*），New York，1961，85 – 94。

④ 泰勒（Archer Taylor）：《民俗》（*Folklore*），《冯-瓦氏标准民俗，神话和传说词典》，I，402。

⑤ 参见悉多（C. W. von Sydow）《民俗论文选》（*Selected Papers on Folklore*），波德科（Laurits Bodker）编辑，Copenhagen，1948，11 – 43；安德森（Walter Anderson），*Kaiser und Abt, die Geschichte eines Schwanks*，FFC No. 42，Helsinki，1923，397 – 403。

⑥ 伯格思，1。

成为识别民俗事象的判断标准。汤普森（S. Thompson）认为"传统这一观念成了检验能否被民俗一词包含在内的任何事物的试金石"①。然而，根据这一观点，传统不能有任何创新，即使有，也必须"至少经人们口头传播几辈子"②。这一关于民俗的概念包含在汤姆斯最初的定义中，并被民俗学家保持至今。阿特利（F. Utley）曾在《冯－瓦氏标准民俗，神话和传说辞典》中对诸多定义作了内容的分析，发现"传统"一词的极大影响力没有受到任何别的概念的挑战。③ 传统的意思指的是既作为知识（过去的"智慧"），也作为艺术（古老的民歌和故事）的民俗。联系到思想和信仰，相对的时间深度就更符合民俗的要求。它所指的是遗留下的素材，正如爱德华·泰勒（E. Tylor)④ 和安德鲁·朗（A. Lang)⑤ 的进化理论所暗含的那样。由此，"民俗"只指在人类进化早期有重要作用的文化；或者经过时间的考验而成为"活化石"，⑥ 或者只存活在最少暴露于文明之光的社会阶层。

在上述三个因素中，传递媒介在民俗的定义中是贯穿始终的。几乎从一开始，口头方式的传递就被视为民俗的最重要的特征——无论是作为知识、思想，还是艺术。一种事象能否成为民俗，判断的首要前提是口传，不借助书面文本的口头传承。当考虑到视觉的、音乐的，或运动的形式时，传递可以是通过模仿。⑦ 其基本假设是：这一独特的传递方式使素材具备了独特性，否则就会失掉这特征。在这意义上，民俗作为一门学科要早于麦克卢汉（M. McLuhan）提出"媒介就是信息"。⑧

---

① 汤普森（Stith Thompson）：《本世纪中期的民俗》（*Folklore at Midcentury*），《中西部民俗学刊》（*Midwest Folklore*），1，1951，11。

② 道尔逊（Richard M. Dorson），*Bloodstoppers and Bearwalkers*：*Folk Traditions of the Upper Peninsula*. Cambridge, Mass. ，1952，7。

③ 阿特利：《民间文学：一个可操作的定义》，193。

④ 《文化的起源》（*The Origins of Culture*），Vol. 1，New York，1958，70 – 159。

⑤ 《格林的家常故事集》（*Grimm's Household Tales*）的"前言"，Vol. 1，汉特（Margaret Hunt）译，London，1884，xi-lxxv。

⑥ 波特（Charles Francis Potter）：《民俗》（*Folklore*），《冯-瓦氏标准民俗，神话和传说辞典》，401。

⑦ 伯格思，1。

⑧ 麦克卢汉（Marshall McLuhan）：《理解媒体：人类的扩延》（*Understanding Media*：*The Extensions of Man*），New York，1964，23 – 39。

口头传统的判断标准由此就成了民俗学家固守其素材独特性的最后要塞。在共同创作的理论垮掉，遗留论破产后，民俗学家便更坚守这一观点：民俗是"言语艺术"，"尚未记录下的智力创造物"，以及"口头传递的文学作品"。[①] 关于民俗的这一概念受到研究无文字社会的人类学家和认为这是区分民俗与文学界限的文学研究家的欢呼。虽然民俗学家不得不承认这一传递的纯粹性常受到文字文本的感染，但还是认为识别素材是否为民俗的最后标准是其实际流行方式，即使这素材曾经被以言语为媒介的方式流行过，它仍被视为民俗。

传递媒介这个准则虽然广为接受，但并没界定出民俗到底是什么；甚至没能提供辨别流行方式的条件。结果，不是定义民俗，而是确立了一些民俗应是什么的理想模式。这些试图以经验来协调浪漫的做法实际上阻止了这一学科的科学研究，并部分地导致了如此之事实：当其他学科在19世纪出现，并大步发展时，民俗学仍在经受不断增加的困扰。

现在仍然有必要提问，"以言语方式流行，并在特定的社会环境里长期传递的到底是什么？"这个反问本身反映了各种定义民俗之努力的导向错误。他们寻求的是把民俗描述为静态的和有形的事物的方式。诸多列举性定义包括的是若干事象的名单，而实质性定义则视民俗为艺术、文学、知识，或信仰。事实上，民俗既非其一，亦非其综合。民俗的确包括知识，也是思想的表现，艺术性的组合，但同时，民俗也是不可化简为这些分类的独特现象。

为了认清民俗的独特性，有必要先改变我们现有的对这主题的看法。到目前为止，大多数定义都认为民俗是对事象的搜集。这些事象或是叙事、旋律、信仰，或是实物。这些都是成品或成形的思想；有可能搜集它们。实际上，这最后的特征从民俗研究的一开始就成了其基石之一。对事物的搜集要求能对物体从其实际承启关系中进行有方法论的概括。这一点无疑是可以做到的；这对研究目的来说也是最基本的。然而，这种概括只能是方法论的，不应与该事物的性质相混淆，更不能取而代之。不仅如此，任何基于这些概括了的事象的民俗定义注定要错误地以部分代替整体。为了定义民俗，必须

---

① 巴斯科姆：《口头艺术》（"Verbal Art"），《美国民俗学刊》，68，1955，245—252；孔格玛兰达（Elli-Kaija Kongas-Maranda）：《民俗的概念》（"The Concept of Folklore"），《中西部民俗》，13，1963，85；阿特利：《民间文学：一个可操作的定义》，204。

对现象以其存在方式来检验。在其文化承启关系中，民俗不是各种事象的集合，而是一个进程——更准确地说，民俗是一个交际的进程。

有必要指出，对民俗的这种概念化与先前视民俗为进程的观点有着实质性差异。那些观点注重传递、修饰，以及文本变异的动性，[①] 因而永恒固化了进程与事象之间的二分法。他们强调物体在时间和社会上的传递，并对叙事者与其故事之间做了方法和理论的分离。这些对民俗的定义在逻辑上是合理的，因为在一个人与其歌，一个孩子与其游戏之间终究要有区分。但是，从马林诺夫斯基（B. Malinowski）的功能论到海姆斯（D. Hymes）的"口传民族志"（ethnography of speaking），[②] 不断地对故事、民歌和谣谚的背景环境的强调使我们不仅能以承启关系来研究，而且能以此来定义民俗。在这个框架中——也是所有民俗形式的真正归宿，不存在进程与结果之间的二分法。叙事本身就是故事；因此，叙事者、他的故事，以及他的听众都联系在一起了，成为一个统一体的多个组成部分，而这个统一体本身就是交际活动。

民俗是发生在特定时间的行为（action）。民俗是一种艺术性行为。它涉及创造性和审美反应，这两者都聚合于艺术形式本身。在这个意义上讲，民俗是通过艺术媒介表现的一种社会交往，与其他言语和姿势方式不同。这一特点是基于不同的，且被一群体的全部成员所认可和遵守的文化习惯，由此使民俗区别于非艺术交际。或者说，民俗的定义不只是个分析性的结构体，基于主观地对某些事象的排除和包括；相反，它有着文化和社会的基础。民俗不是"很大程度上为一个人从中所求的东

---

① 参见阿特利《民间文学的研究：范围与用途》（"The Study of Folk Literature: Its Scope and Use"），《美国民俗学刊》，71，1958，139；亚伯拉罕（Roger D. Abrahams）：《文化中的民俗：关于分析方法的笔记》（"Folklore in Culture: Notes toward an Analytical Method"），《得克萨斯文学和语言研究》，5，1963，102；高斯廷（Kenneth S. Goldstein）：《实验民俗：实验室与实地》（"Experimental Folklore: Laboratory vs. Field"），《国际民俗：纪念翰德（Wayland Debs Hand）传统文学，信仰，习俗论文集》，维戈斯（D. K. Wilgus）和索墨（Carol Sommer）编辑，Hatboro，1967，71 - 82。

② 海姆斯（Dell Hymes）：《口传民族志》（"The Ethnography of Speaking"），《人类学与人类行为》，格莱闻（Thomas Gladwin）和斯图特万（William C. Sturtevant）编辑，Washington, D. C.，1962，15 - 53。

西"①；民俗是特定现实的、艺术的和交际的进程。划分民俗与非民俗的界线的出发点应在于其形式的文本、亚文本和承启关系，在此多少借用了邓迪斯分析民俗的三个层次。②

使民俗成为特定的交际方式的亚文本标志是故事和歌曲的开头与结尾的定式，以及在其中产生的行为结构。开头和结尾的定式标志着其中的事件为特定叙事种类，不致使其与现实混淆。正如中非地区的阿散蒂族（Ashantee）的讲故事人在指其故事中的想象事实时所明确表述的，"我们不是真想这样说，我们不是真想这样说"③。然而，故事和指示性言语不必像小说与事实那样相联系。民俗性的历史叙事，如传说，④ 毕竟与事件的年谱有着明显的形式上的不同。这一观点，应该承认，还有待进一步研究。然而，"就像在民间故事里那样"的习惯说法——每当现实与艺术性叙事的行为结果偶合时，人们便这样说——印证了对某种民间故事结构的注意。同样，谚语和谜语等类型各有独特的语法和语义结构，使它们与普通日常用语有别，并常被使用。不仅如此，这些艺术性形式被视为文化上有别的交际种类。它们有特定的名称或识别特征，使其各具特色，有别于其他社交方式，表现出文化上的特性。

其中，每一种方式又有明显的亚文本特质，区别于其他交际方式，如谣谚、旋律、和声或特定图案。某种意义上讲，这是对艺术的反证。据此，一个口信（message）不被视为有艺术性，因为它具有这些特质，但是，其亚文本特征恰好作为标志而区分它为有艺术性。由于民俗形式常与其他社交方式混在一起，就要有这种亚文本的标志以便区别于其他形式，不致混同。因此，讲述一个故事有必要采用有明显特征的言语模式，如背诵，并在说一句谚语时都可能要改变语调。⑤

--------

① 福思特（George M. Foster）：《民俗》（Folklore），《冯·瓦氏标准民俗，神话和传说词典》，I，399。

② 邓迪斯：《文本，亚文本和承启关系》（Text，Texture and Context），《南方民俗季刊》，28，1964，251—265。

③ 拉特雷（R. S. Rattray），Akan-Ashanti Folk-Tales，Oxford，1930，x。

④ 巴斯科姆：《民俗的形式：散文叙述》（The Forms of Folklore：Prose Narratives），《美国民俗学刊》，78，1965，3—20。

⑤ 参见赫佐格（George Herzog）和布鲁阿（Charles G. Blooah）《利比亚的贾波谚语：土著部落生活中的警言》（Jabo Proverbs from Liberia：Maxims in the Life of a Native Tribe），London，1936，8。

最后，文本承启关系的惯例使民俗得以被区分出来。这些特征包括时间、地点，以及与民俗行为同时发生的伴随事件等。"凡事都有定期，天下万物都有定时。"（《圣经旧约·传道书3：1》）故事可以白天讲，在市场、乡村食杂店或街头讲；或在晚上讲，在场院、休息室或咖啡屋讲。歌曲和音乐则有不同的表演场所。虽然这些特征可能有其他功能，如限定民俗于闲暇和礼仪活动，但也在那些没有时间、地点和劳动的复杂区分的文化中使艺术与非艺术有所区分。某种意义上讲，这为文化中的民俗提供了空间性、时间性和社会性定义。

民俗的这些交际标志不一定在全部三个层面上存在——文本、亚文本和承启关系。对于那些讲故事、唱歌、演奏音乐和绘画的人，可能只在一个层面，也许三个层面，来识别某种社交活动是否为民俗。总之，对他们来说，民俗是界线分明的文化类属。

虽然在社交模式和交际媒体上说民俗是独特的种类，但不一定被该文化视为分离开的概念。事实上，在该认识体系中，其形式可能被分为明显不相关的类别，如，历史、传统、舞蹈、音乐、游戏，以及故事。这种分类方法的理由存在于民俗性交际之性质本身。民俗，正如其他艺术，是一种象征性行为。其形式所具有的象征意义远远超过某一文本、音乐和弦或古物的外在内容。文本的特定语法和语义结构，表演的特有背诵韵律，以及行为发生的时间和地点会有文本自身无法表达的象征内含。所以，在他们对这些素材的分类中，人们会以此作为一个参考标准，而不是该形式的象征模式。这在表面上看很有道理。例如，传说通常表明编年史上的真实；神话象征宗教上的真实；寓言暗示道德上的真实。依此参考标准，一个定义要分别从历史、宗教，以及伦理方面来考虑。然而，如果它们的实际文化交际模式是定义的关键，那么，所有这些形式都只是民俗的同一进程中的不同表现方式。

允许在民族性与行为性的分类之间有可行差异，这暗示着，在某种情况下，以承启关系所定义的民俗要依赖于具体的交际方式，而不一定要依靠对它们的特定文化概念。在依观察而得出的分析论与依参与而得出的内部解释论之间可能有重叠处；但是，为了使这一定义有交叉文化的应用，对素材的分析方法必定要以方法论优先。

同样，接受分析论与文化论之间就社交进程方面有可行差异的观点，使得民俗的范围扩延出了口头艺术观念所限定的界线。作为一种艺术进程，民俗可能在任何交际媒体中都有所表现：音乐的、视觉的、运动的或戏剧的。理论上讲，民众自身不必在旋律、面具，以及故事之间做概念上的联系。从文化的观点来说，它们完全可以互不相关，各自在不同场合存在的独立现象。与其他各自以声音、运动，以及视觉为媒体的交际方式相关，且体现出对其特质性的文化认识，这就足够了。韵律，这一要素使人类的噪声变为音乐，动作和姿势变为舞蹈，物体变为造型。因此，从根本上讲，它们是艺术性交际。而且，民众也视其如此，因为在允许这些行为的文化中，是有固定的时间和地点的承启关系的。就音乐和舞蹈而言，没必要把它们从非艺术交际中区分出来。它们的艺术性特质是内在的，是其存在本身之根本。然而，对于作为民俗的这些媒体还有进一步区分的必要。区分的要素应是特定的民俗的社会承启关系。

作为一种交际进程，民俗也有它的社会局限，即，小群体（small group）。这是民俗的独特的承启关系。小群体的概念，50 年代初在社会学家中非常流行，[1] 似乎绕过了民俗学家的领地。那些民俗学家更得意于使用较浪漫的，甚至有点伤感情调的词："俗民"（folk）。因为，至少在美国，曾经与"俗民"一词相联系，表示边缘的、低社会经济地位的含义早已不再被使用了，[2] "俗民"的概念几乎等同于群体的概念。一个群体可以是"互相交际的若干人，通常经过一段时间，且数量少到每一个人都能与所有其他人交际，不是间接的，而是面对面的直接交际"[3]。一个群体可以是一个家庭、街头的一伙人、一屋的工人、一个村子，或甚至一个部落。这些是不同秩序、不同特质的社会单元，然而，他们都不同程度地展现出同一群体的特征。民俗活动的产生，必须具备两个社会条件：表演者和观众都必须处于同一场合，必须属于同一相关群体。这

---

① 有关这方面研究的批评概述，参见戈兰别斯基（Robert T. Golembiewski）《小群体：研究概念和操作的分析》（*The Small Group：An Analysis of Research Concepts and Operations*），Chicago，1962。

② 参见伯格思，1—8；肯尼斯和玛利-克拉科（Kenneth W. and Mary W. Clarke）《介绍民俗》（*Introducing Folklore*），New York，1963，I；邓迪斯《民俗的美国概念》（"The American Concept of Folklore"），《民俗研究学刊》（*Journal of the Folklore Institute*），3，1966，229–233。

③ 赫曼斯（George C. Homans）：《人类群体》（*The Human Group*），New York，1950，1。

表明，民俗交际产生于人们面对面，直接互动的场合。

至此，有必要提醒一点：即使当一文学主题或音乐风格流行于某地区、某国家，甚至全世界时，其实际存在要依赖于这种小群体场合。这种情况下，叙事者了解他的观众，并与观众有特别的联系；观众知道表演者，并对其特定的表演方式做出反应。当然，彼此的熟悉程度就一般群体的规模而言是相对的。在某地区享有名声的说书人（讲故事者）也能为其本村之外的人表演。他对这些人的了解当然不如对本村人的熟悉。然而，即使在这种情况下，表演者和观众都属于同一相关群体。他们说同样的语言，具有同样的价值观、信仰，以及背景知识，遵循同样的社交行为和规范体系。或者说，要使这种民俗交际存在，小群体场合的参与者必须属于同一相关的群体，一个包含相同年龄或相同职业、地区、宗教，或伦理联系的群体。无论在理论还是在实践上，故事和音乐都可以给外人讲述和表演。有时这被解释为传播。但是，民俗只有发生在自身群体时才忠实于其本质。总之，民俗是小群体内的艺术性交际（folk-lore is artistic communication in small groups）。

这定义中省去了两个关键的民俗学术语，即，传统和口头传递。这并非偶然。作为一种约束，传统在文化意义上的应用不一定要依赖于历史事实。通常，传统只是一种修辞手段，或一种社会工具性的惯例。一个与过去事象有关的故事，以及对故事的历史性的文化信念，是两回事，但这两者的结合使得这些故事不得不表现得似乎是从古俗传下来的一样。而且，在尚古怀旧的文化中，传统的约束可能是作为引入新思想的工具；故事可以作为达到这个目的的媒介。因此，民俗的传统性是一种偶然特质，只是在某些情况下与其相关，而并非是其客观的内在特性。事实上，有些群体特意把古俗的含义与某些民俗形式分离开来，而把这些形式表现为新事物。例如，儿童俗（lore of children）便因此以其所谓的新颖而产生效果。通常，儿童认为他们的歌谣是自己的新发明创造。[①] 同样，谜语必须是听者不熟悉的。一个已知的谜语在措辞上是矛盾的，不再能达到其修辞功能。实际上，谜语恰恰会因为它们是传统的，并被该群体的

---

① 参见伊欧纳（Iona）和欧匹（Peter Opie）《学童的智慧和语言》（*The Lore and Language of Schoolchildren*），Oxford，1959，12。

成员一致认为如此，而不再流行，直至消失。①

在这两种情况下，民俗的传统性是一个分析性结构体。它是个学术的，而非文化的事实。经过艰辛的研究，素材的古俗性确立了，而讲述者本人却全然不知。所以，传统不应是在承启关系中定义民俗的评判标准。

使民俗摆脱传统的困扰也还有方法论的原因。经过时间的考验，单一地对这些事象的研究，并不能为我们提供对民俗的混时传播、选择，及其记忆原理的系统理解。由于传统的评判标准决定了一种先入为主的对事象的选择，任何对这些问题的研究都缺乏"控制资料"来检验其结论。总之，对传播的研究要求对遗忘和记忆的原理进行深入的研究。故此，即使对传统本身的研究也要求我们扩大民俗的范围，不要只限于那些经过时间印证的故事和歌曲。那些构成小群体交际进程的艺术性表现形式有着重大意义，无论它们以此方式存在的时间是长还是短。"所有的民俗都是传统的，但并非所有传统都是民俗"② 的说法完全可以修正为"有些传统是民俗，但并非所有民俗都是传统的"。

进而言之，如果民俗作为一门学科只聚焦于传统，它则"与其存在之理由相矛盾"③。如果民俗研究的最初假设是基于其主题事象的消失，它则无法阻止这一学科步其后尘。如果挽救传统于遗忘的企图成了民俗学家的唯一功能，他则又回到他所极力避开的古俗搜集家的角色了。因此，正是为了民俗的学术研究之利益，我们要改变这一主题的定义，以求在这领域进行更广泛、更有动力性的研究。

同理，口头传播的观念亦如此；强调所有民俗文本的"纯"会使民俗的学术研究走向破灭。由于现代交际手段的出现，坚持这一标准的民俗学家眼看着自己坐守的准则流逝而去。他们必然集中精力于那些孤立的形式，因而忽视文化、艺术媒介，以及交际渠道之间的真正的社会与文学的转换。事实上，口头文本跨入了书面文学、造型艺术和音乐艺术的领域；反之，

---

① 高斯廷：《苏格兰东北的猜谜传统》（"Riddling Traditions in Northeastern Scotland"），《美国民俗学刊》，76，1963，330—336。

② 比较巴斯科姆的（"Folklore and Anthropology"），《美国民俗学刊》，66，1953，285。

③ 海姆斯：《评〈北美印第安故事——成人读本文集〉》（"Review of Indian Tales of North America：An Anthology for the Adult Reader"），考菲编：《美国人类学者》（*American Anthropologist*），64，1962，678。

歌曲和故事的口头流传也受到印刷品的影响。这一点早已被认识到了，这也一直是那些在寻求没受印刷品和广播污染的素材的民俗学家不断受挫的原因。以民俗为进程的观点也许为走出这个两难境地提供了一条出路。相应地，不是文本的生命历史，而是其当前存在的方式，决定了它的民俗学研究的价值。一方面，那些融于小群体内的艺术性交际的大众乐曲、流行笑话，或政治逸事都是民俗，无论它们以此方式存在于这一承启关系中的时间有多长。另一方面，那些在电视上或印刷品上出现过的歌曲、故事或谜语便不再是民俗了，因为其交际的承启关系发生了变化。

　　这个定义可能背离某种学术传统，但同时，也可能引出一条新路。阻碍民俗研究成长为一个羽毛丰满的学科的主要原因是偏重事象搜集的倾向。民俗研究的三角规划——搜集、分类和分析，正体现了这倾向。这一过程形成于19世纪，作为对当时盛行的一些关于民俗的较有推测性的观点的实证论反应。然而，此后，经验主义已赢得了两次上风。民俗的学术研究——是在对单线文化进化论和太阳中心说与心理分析的普遍象征论的反驳中发展起来的——始终有着它内在的局限和错误概念。部分原因是对事实的注重。因为民俗研究是起始于文学和语义学，所以，一件实物、一个故事、一首歌曲或一条谜语的文本，甚至一个孤立的字，都成了经验事实。这方法限定了民俗研究的可行性，缩小了可以从已有素材中引导出基本概论的范围。这可能适用于克拉普（A. Krappe）声称把民俗作为重建人类精神历史的历史科学的观点，但是，这完全不适于发展对社会民俗之本质的任何主题的研究。所以，当人类学、社会学和心理学等社会科学走向成熟时，它们把民俗纳入各自的研究领域，并只作为其他现象的反射和折射。民俗成了"文化的镜子"，但不是其中的动因；成了基本个性的折射，但不是行为中的个性。然而，一旦视其为一进程，民俗便不必再是边缘性的折射或反射；民俗可以被视为一个以其自己的方式进行互动的范畴。①

------

　　① 本文的初稿题目为"民俗：再来一次定义游戏"（Folklore: The Definition Game Once Again），宣读于1967年11月在多伦多召开的美国民俗学会年会上。

*2*

# 民俗的承启关系：暗示与启示

【编译者按】本文（"The Context of Folklore: Implications and Prospects"）发表于1977年威廉·巴斯科姆（William Bascom）编辑出版的《民俗学前沿》（*Frontiers of Folklore*，Westview Press，1977，pp. 36 - 53）。巴斯科姆在该文集的前言中高度赞扬了作者的这篇文章。这是继作者《在承启关系中探求民俗的定义》（参见《民俗研究》1998年第4期，第11—19页）对承启关系研究的新发展，与后来的《承启关系中的"承启关系"》（参见《民俗研究》2000年第1期，第112—125页）形成了较完整的三篇有关承启关系的理论建构。

## 引言：描述性民俗学

几年前，被一位前辈学者打上"年轻的突厥人"标签的一群民俗学者，[1]

---

① 理查德·道尔逊（Richard M. Dorson）在《民俗与民间生活概论》（*Folklore and Folklife: An Introduction*，1972，45 - 47）。（"年轻的突厥人"原文是 young Turks。"突厥人"（Turks）现在一般指土耳其人。有关"突厥人"的文字记录最早的是公元前200年的中文文献。本文所用的意思是指这些年轻人敢于创业，又因为他们多是中东犹太人或犹太后裔，包括邓迪斯、本-阿默思、亚伯拉罕、鲍曼等人，也可理解为"不安现状的年轻人"——译注）。

倡议要提出民俗学新观念。[1]其实，并非如这个标签所暗示的，他们既不是要谋反，也不是要反叛。他们每个人都以自己的方式试图将民俗置于社会生活的现实中来审视作为社会互动中的象征的叙事、歌谣和谚语。他们持有一个共同观点：民俗是社会生活的真实过程，也因此试图拓宽民俗研究的经验基础。"承启关系"（context）这一概念，无论从表面还是内含意义，成为产生新的逻辑概念的大框架。当然，这个概念既不是新的，也不是他们这些人特指的。[2]诸

---

[1]　参见《迈向民俗学的新观念》（*Toward New Perspectives in Folklore* 1972）。另外可见 L. M. Zemlianova, *Sovremennaia Amerikanskaia Folkloristika*（Contemporary American Folkloristics）（1975）, pp. 269 – 273. 感谢 Dana Howell（Todes）提供这个参考文献。

[2]　近年来，"承启关系"成为学科新概念之一，Susanne Langer 在其 *Philosophy in a New Key*（1942）一书中有讨论。虽然不一定是"历史上的一个有启发的思想"，概括了一代人的哲学，但是，承启关系已经成为几个学科的核心思想。在对《圣经》的研究中，Hermann Gunkel 早在 1906 年就运用了"Sitz im Leben"（生活环境）这个概念，见，"Die israelitische Literatur", *Die orientalischen Literaturen*, P. Hinneberg, Ed.（Kultur der Gegenwart I/7, B. G. Teubner, Leipzig, 1906）, pp. 53 – 112. Gunkel 也在后来的写作中发展了这个概念，关注的是对《旧约》中出现的口头传统在成文之后的不同阐释，特别是有关这些传统在人民生活的地位作用，识别出独特的韵文与诗歌类型，将它们与具体环境联系在一起。他的传记作家们支持，Gunkel 本人创造了口头传统中的"生活环境"这个概念，参考了当时的民俗学研究。参见 Werner Klatt, Hermann Gunkel（1969）, pp. 106 – 148. 有关《旧约》的新近研究，见 Martin J. Buss, "The Study of Forms", *Old Testament Form Criticism*, John H. Hayes, Ed.（1974）, pp. 1 – 56; Jay A. Wilcoxen, "Narrative", Ibid, pp. 57 – 98; Klaus Koch, *The Growth of the Biblical Tradition*: *The Form-Critical Method*（1969）; Rolf Knierim, "Old Testament Form Criticism Reconsidered", *Interpretation* 27, 435 – 468（1973）; D. A. Knight, "The Understanding of 'Sitz im Leben' in Form Criticism", *Society of Biblical Literature* 1974 *Seminar Papers* Vol. 1, George MacRae, Ed.（1974）; Burke O. Long, "Recent Field Studies in Oral Literature and the Question of Sitz im Leben", *Semeia* 5, 35 – 49（1976）. 马林诺夫斯基（Malinowski）在他的有关民族志语言理论中也构建了"承启关系"这个概念。他将以词语联系起来的文化现实的承启关系与赋予特定语言以意义的场景承启关系做了区分，但在他的写作中，他将两个概念混合使用了。见他的著述，"The Problem of Meaning in Primitive Languages", *The Meaning of Meaning*, C. K. Ogden and I. A. Richards, Eds,（1923）, pp. 296 – 336, and *The Language of Magic and Gardening*: *Coral Gardens and Their Magic*, Volume II（1965）, pp. 3 – 74. 弗思（J. R. Firth）将马林诺夫斯基的场景承启关系概念运用到语言学和意义的问题上，见 Papers in Linguistics 1934 – 1951（1957）. 有关场景的承启关系的讨论，参见 D. Terence Langendoen, *The London School of Linguistics*: *A Study of the Linguistic Theories of B. Malinowski and J. R. Firth*（1968）, and R. H. Robins, "Malinowski, Firth and the 'Context of Situation'", *Social Anthropology and Language*（1971）, pp. 33 – 46. 承启关系的概念对人类学有着核心的意义，尽管比马林诺夫斯基和弗思所运用得更广泛。拉德费尔德（Robert Redfield）引用 Milton Singer，建议"人类学研究是基于承启关系的：涉及一些大传统的元素，如，圣书、故事元素、老师、仪式或者超自然物等，并将这些联系到普通人，作为人类学家眼中的日常生活的承启关系"，见 *The Little Community/Peasant Society and Culture*（1956, 1960）, p. 51. 但是，目前在民俗学中所使用的这个概

如"交际"、① "表演"、② "规则"③和"语法"④等术语被用作描述

---

（接上页注）念没有将"承启关系"与"文本"做出区分。正如邓迪斯所提出的，可以是平行的研究 ［见 Alan Dundes in "Text, Texture and Context", *Southern Folklore Quarterly* 28, 251 – 265 (1964)］，或是如鲍曼所明确提出的可以是彼此的延伸（见 Richard Bauman, "Verbal Art as Performance", *American Anthropologist* 77, 290 – 311 (1975)。近来有关民俗的承启关系的研究主要依靠雅各布森（Roman Jakobson）的著作，特别是，"Linguistics and Poetics", *Style in Language*, Thomas JL Sebeok, Ed. (The M. I. T. Press, Cambridge, 1960), pp. 350 – 377, 以及海姆斯（Dell Hymes）的有关民族与社会语言学的研究，如 "The Ethnography of Speaking", *Anthropology and Human Behavior*, Eds., T. Gladwin and W. C. Sturtevant (1962), pp. 13 – 53; "Introduction: Toward Ethnographies of Communication", *American Anthropologist* 66, vi, pt. 2. *Special Publication: The Ethnography of communication*, Eds. John J. Gumperz and Dell Hymes (1964), pp. 1 – 34; "Models of the Interaction of Language and Social Life", *Directions in Sociolinguistics: Ethnography of Communication*, Eds. John J. Gumperz and Dell Hymes (1972), pp. 35 – 71. See also Dell, Hymes, *Foundations in Sociolinguistics: Ethnographic Approach* (1974)。除了这些将承启关系作为核心概念的研究外，民俗学家也发现与这个思路一致的是有关贝特森（Gregory Bateson）发展起来的"框架"概念的分析，见 "A Theory of Play and Fantasy", *Steps to an Ecology of Mind* (1972), pp. 177 – 193, 以及戈夫曼（Erving Goffman）, *Frame Analysis: An Essay on the Organization of Experience* (1974)。承启关系这个概念在文学研究中也很显著，延续了形式主义和符号主义的研究，Michael Holquist 提出，"我们现在所看到的是对现存文本的不同方面的新关注，是基于其他各种著作的发展，是对'有关文本的语境'的反抗"（"If Language is the Only Way to See Meaning, Then Narrative is Blind……" paper read at the 1976 Annual Meeting of the Modern Languages Association in New York), pp. 15 – 16. 但是，因为民俗的承启关系涉及公共表演，因此，有种或明确或含糊的假设，即承启关系，如果文本一样，是有受规则和规律制约的。因此，出现了社会中的民俗运用是要受到描述关系制约的思想，民俗学家和关注比较研究的人类学家都面临一个两难境地，如 Julian Pitt-Rivers 所表述的，"Contextual Analysis and the Locus of the Model", *Archives Europeen de Sociologie*, *European Journal of Sociology* 8. 15 – 34 (1967)。目前，"承启关系"已经成为语言学、审美学、哲学和文学理论的核心概念。

① 参见 Dan Ben-Amos, "Toward a Definition of Folklore in Context", *Journal of American Folklore* 84, 3 – 15 (1971)。

② 参见 Roger D. Abrahams, "A Performance – centered Approach to Gossip", *Man* 5, 290 – 310 (1970); "Folklore and Literature as Performance", *Journal of the Folklore Institute*. 75 – 94 (1972)。Richard Bauman, "Verbal Art as Performance", *American Anthropologist* 77, 290 – 311 (1975); Dan Ben-Arnos and Kenneth s. Goldstein, Eds. *Folklore: Performance and Communication* (1975) . *Proceedings of a Symposium on Form in Performance*, *Hard-Core Ethnography*, Eds. Marcia Herndon and Roger Brunyate (Austin, 1975)。

③ 参见 Elli Kangas Maranda, "Theory and Practice of Riddle Analysis", *Toward New Perspectives in Folklore*, Eds. Americo Paredes and Richard Bauman (1971), pp. 51 – 60。

④ 参见 Dan Ben-Amos, "Analytical Genres and Ethnic Categories", *Genre* 2, 275 – 301 (1969)。

性概念来分析作为社会行为的民俗。对故事和歌谣在其场景性的承启关系中的再发现，揭示说明了民俗是意识形态，① 以及艺术。② 由此，有可能将民俗构想为一个文化系统，其自身具有可被发现和分析的融合机制。③

　　上面提到的《新观念》有其系统性，如同宗教代表了从历史性和比较性民俗学向描述性民俗学的过渡。如同语义学向语言学的过渡，所改变的不只是方法，而更有意义的是理论方面的。描述性民俗学满足了汉森所提出的成为一个理论的标准，因为它是"对所观察的资料的一个条理清晰、有系统性的概念模式。其模式的价值在于其融合多种现象的能力，而如果没有理论，那些现象就显得或是令人惊讶、不可思议，或是彻底被忽视"④。历史民俗学派关注的是不同时代的相同之处；比较民俗学派审视跨文化的可比性；对承启关系的描述所分析的是在特定社会中民俗表演如何被融入一个艺术性交际体系中。描述民俗学是建立在从结构主义和符号学所产生出的理论框架之上的。借此，描述民俗研究也认同"完整论、变迁论，以及自律论"⑤。然而，描述民俗研究不是聚焦于某一个独立文本或单一类型，而是全社会范围的民俗交际。《新观念》的目标是去发现某社会的成员的民俗表演所体现出的可能的和可接受的变异，以及自律论可解释的现有民俗的异同，同时，参照社会结构、文化宇宙观和象征符号，以及普遍的口头行为。

　　描述性民俗研究仍处于其初始阶段。目前只有极少数的研究文章，⑥

---

　　① 参见 Clifford Geertz, "Religion as a Cultural System", *The Interpretation of Cultures* (1973), pp. 87 – 125, 193 – 233。这些文章于 1966 年和 1964 年分别发表。

　　② 参见 Anthony Forge, Ed. *Primitive Art and Society* (1973), pp. xiii-xxii。

　　③ 参见 Dan Ben-Arnos, "Folklore in African Society", *Research in African Literatures* 6, 165 – 198 (1975)。

　　④ 参见 Norwood Russell Hanson, *Patterns of Discovery: An Inquiry into the Conceptual Foundations of Science* (1969), p. 121。

　　⑤ 参见 Jean Piaget, *Structuralism* (1970), p. 5。

　　⑥ 参见 Richard Bauman and Joel Sherzer, Eds. *Explorations in the Ethnography of Speaking* (1974); Dan Ben-Amos and Kenneth s. Goldstein, Eds. Folklore: Performance and Communication (1975); Barbara Kirshenblatt-Gimblett, Ed. Speech Play: Research and Resources for Studying Linguistic Creativity (1976)。

包括（4—7篇）纲要性短文，以及博士学位论文。<sup>①</sup> 正如劳里·航柯和维尔莫斯·沃格特所指出的，这个趋势有着重要，但尚未完成的诺言。<sup>②</sup>尽管如此，深入地从其文化和场景的承启关系中触及叙事、歌谣、俗语和谜语，已迫使我们重新思考民俗学的基本概念框架，重新构建民俗与其他口头交际体系（主要是文学）的关系。《新观念》的影响深远，难以言表，颠覆了曾经是有关民俗、文化以及进步的理论根基。那些思想是随着现代的系统论思想，以及十七八世纪的知识而产生的，可能并没出现批评的意识，便被融入现代的社会科学和人文科学。

## 文学与民间文学

有关民俗的思想（即使不是这个术语本身），是作为启蒙运动的黑暗面发展起来的，对立于那个时代所激发的新思想。理性主义"对民众及其创造物，特别是文学，嗤之以鼻，视为粗野、无知、不懂措辞、缺少精细思辨和升华的思想。对民间文学的这种贵族态度是理性主义运动的代表特色"<sup>③</sup>。那些赞美理性主义者所鄙视的具有诗意的浪漫主义者，颠覆了对民众及其文学的态度和价值审视，但是，他们没有拒绝文学与民间文学内在的根本二元对立论。创用了"民间文学""民间诗歌"和

① 以下是部分博士学位论文，注明外，都来自宾夕法尼亚大学：Michael J. Bell, *Running Rabbits and Talking Shit：Folkloric Communication in Urban*（1975）；Allessandro A. Falassi, "Stasera a Vegalia"：Structure and Contexts of the Tuscan Folk Narrative（University California, Berkeley, 1975）；Bert H, Feintuch, Pop Ziegler, Fiddler：*Study of Folkloric Performance*（1975）；Michael K. Foster, *Beyond the sky：An Ethnographic Approach to Four Longhouse Iroquois Speech Events*（1974）；Gregory Gizelis, *Narrative Rhetorical Devices of Persuasion in the Greek Community of Philadelphia*（1972）；Juidth T. Irvine, *Caste and Communication in a Wolof Village*（1973）；John H. McDowell, *The Speech Play and Verbal of Chicano Children：An Ethnographic and Sociolinguistic Study*（University of Texas at Austin, Austin, 1975）；Herminia Q. Menez, *Folkloric Communication Among Filipinos in California*（1973）；Peter I. Seitel, *Proverbs and Structure of Metaphor Among the Haya of Tanzania*（1972）。

② 参见 Lauri Honko, "Genre Theory Revisited", *Studia Fennica* 20（1976），p. 22；Vilmos Voigt, "Semantics and semiotics of Works of Art in High/Folk Literature"，1976 年布达佩斯的国际比较文学研究会第八届大会。

③ 参见 Martin Schutze, "The Fundamental Ideas in Herder's Thought", *Modern Philology* 19（1921），p. 118。

"自然诗歌"等词的赫尔德，① 从政治、社会、教育和历史角度来考量"民众"（Volk）。"民众"是一个民族中被统治者，而不是统治者，并且常常被用作"民族"这个概念的同义词。民众是一个民族中很少受到教育的，也是古代和现代都没有达到一定文明程度的人。其中最后表述的特征尤其重要，因为这也暗示着"民众是一个不同于哲学家、诗人和演说家的一个阶层；一个不同于贤人的阶层。天生不明智没学识，他们一定是那些人为的文化培养方法难以奏效的人，而同样的方法对哲学家、诗人和演说家则行之有效。所以，他们更接近于自然人"②。作为卢梭的追随者，更是他的老师哈曼（Hamann）的信徒，赫尔德将自然人理想化，羡慕其诗性的表现。对他来说，民间文学在个体作家的性格、其主题，以及他的本土受众的集体性格或当地环境之间达到很高的和谐度。因此，他认为，"民间诗歌是所有诗歌的最高级类型和终极标准"③。

这样，赫尔德建立了一个概念框架，由此确定了文学与民俗的二元对立关系。尽管浪漫派赞美理性主义所斥责的特质，但是，在他们之间，就这两种文学的基本特征而言，并没有争议。对创作文学和民间文学的讨论充满了"高与低"的比喻用法。④ 无论是从历史、进化论、社会、文化，还是艺术角度，民俗都被视为文学的丫鬟，有着无法摆脱的低级出身和素养。

如此之关系概念已扎根于文学和知识的社会基础。无论是在古代，中世纪欧洲，还是处于现代发展中的社会，每当介绍文学功能时，它都是作为区分社会阶层的要素之一。它划分出富裕阶层和贫穷阶层，统治阶层和被统治阶层。⑤ 一旦获得识字能力，它也会永远固化社会地位。由此而导致的社会阶层结构又成为判断其结果之价值的比喻：有文化和没文化的人的创造力与他们各自的社会地位相对应。作为穷人阶层特有范畴的口头艺术需要其演说者自己赋予其意义。有文化的知识分子将他们

---

① 参见 Martin Schutze, "The Fundamental Ideas in Herder's Thought", *Modern Philology* 19 (1921), p. 117。

② 参见 Georgiana R. Simpson, Herder's Conception of "Das Volk" (1921), p. 9。

③ 参见 Martin Schutze, op. cit. p. 119。

④ 参见 Max Luthi, *Volksliteratur und Hochliteratur* (1970)。

⑤ 参见 Samuel Noah Kramer, *Sumerians: Their History, Culture and Character* (1963), p. 231。

从"地球上可怜的人"中所看到的粗陋扩延到他们的语言和口头艺术中去。即使是那些羡慕民间文学的人也将其简朴、天真和自发性单独挑出来，作为他们所最喜欢的特质，如约翰·格林威所说，"要求民歌有文学价值就是否定其民间的唯一特性——不世故的直来直去。民众中有许多不很有条理的诗人，但是几乎没有像弥尔顿那样的雅人；想在民歌中发现弥尔顿式的水准就是要把民歌提高到有意识的艺术的水平"①。

## 承启关系中的民间文学

这个谬论的前提已经深深根植于民俗的概念之中。对此，我直到去年在尼日利亚的贝宁市进行实地调查时才明白过来。② 我当时要做的是运用从民俗学的"承启关系派"所产生出的原理，将特定文化的交际事件作为其社会生活模式和口头行为的一部分去加以检验。在贝宁，有两种场合是凸显讲故事活动的，一个是"依波塔"（ibota），另一个是"欧克波彼"（okpovbie）。依波塔主要是家庭场合，孩子、年轻人、妇女，以及家长都参与。欧克波彼则是更具有节日性的事件，有许多客人或来访者参加，通常是因为有婚礼、守灵或是其他仪式活动而聚集一群人。两者的主要区别是参加欧克波彼的是有着专业艺术家的打扮的人。现在，在欧克波彼上，有当地的乐人表演，但是在过去，专门讲故事的人讲贝宁的历史，自己弹着一种七弦的低音琴作为伴奏。③

贝宁的专业讲故事人是独自谋生的，不同于那些属于传统行会的艺术家和艺人，④ 也不同于吟诵王族世系传统的本巴拉（Bambara）和沃罗夫（Wolof）的结盟的游走诗人。⑤ 贝宁的故事人常常是处于边缘的个体地位，不属于职业行会或酋长社会。贝宁是个有明显阶层结构的王国，

---

① 参见 John Greenway, *American Folksongs of Protest* (1953), pp. 18 – 19。

② 在此感谢古根海姆基金会对我在贝宁研究的赞助。

③ 参见 Dan Ben-Amos, *Sweet words: Storytelling Events in Benin* (1975)。

④ 参见 Paula Ben-Amos, *Social Change in the Organization of Woodcarving in Benin City*, Nigeria (1971)。

⑤ 参见 Dominique Zahan, *La Dialectique du Verb chez les Bambara* (1963), pp. 125 – 148。

围绕王族人物及其宇宙观有许多社会组织，但专业讲故事的人则没有社会地位。这样，住在乡下的讲故事的人属于本村的同龄群体，但当他们进城表演时，他们又是陌生人。

有一个这样的讲故事人，叫阿米耶凯本·欧格贝波尔（Aimiyekeagbon Ogbebor）。[①] 1966 年，当我在贝宁做实地调查时认识了他，并在好几次的欧克波彼上对他进行了录音。当我在 1975 年 11 月末返回贝宁时，正好看到他躺在停尸台上。

欧格贝波尔是贝宁最受欢迎的讲故事人之一。在我第一次和第二次去贝宁之间，他的名声影响到了大众媒体，一家当地的录音公司出了四张他说唱故事的唱片。[②] 受唱片的时间限制，那些故事都很短。他在实际的欧克波彼上讲故事时，一个故事就可能持续一两个小时，包括叙说、唱歌，还有吟诵。他在 1966 年给我讲过的故事是关于一个贝宁国王欧巴·依瓦克帕（Oba Ewuakpe）的生平和业绩，他在 18 世纪初时在位，依据的是推测的历史年表：[③]

国王的母亲去世了，国王把许多人作为陪葬送她到精神世界。这让下面的酋长们感到很不满，就谋划造反，也不再带着进贡的东西去朝拜他了。国王很孤独，也开始没吃的了，就决定回到他母亲以前的村子去。回家的路很远，可一路上只有他最忠实的王后陪着他。他来到河边时，摆渡的划船人不载他，尽管他不断说自己是国王。最后，那个摆渡人答应了，但是有一个条件，就是允许他强奸王后。无能为力又别无选择，国王忍受了这样的羞辱。

之后，当国王快走进他母亲的村子时，遇到一群清理道路的人。他说，"我是国王。我要回到我母亲的村子"。他们说，"要是你不帮我们清理道路，你就过不去"。

---

① 参见 Dan Ben-Amos, "Two Benin Storytellers", *African Folklore*, Richard M. Dorson, Ed. (1972), pp. 103–114。

② 参见 *Akpata Music*, Vol. Ⅰ, No. 6386045; Akpata Music, Vol. Ⅱ, No. 6383046; Aimiyekeagbon Ogbebor and His Group, No, 62590102E; Aimiyekeagbon Ogbebor and His Akpata Group, No. 6361125。

③ 参见 Jacob Egharevba, *Short History of Benin* (1968), pp. 37–39。

国王只好被迫像他曾经命令过的下层人那样亲手干起活来。他就这样一次次被羞辱，但终于安定下来，并开始开垦一片土地了。慢慢地，国王重新积累了财富，并决定回到贝宁城里。

可是在城里，情况没有变，酋长们还是反抗他，不断有骚乱。王后也陷入绝望，只好去见一个占卜人。那个人说，国王应该把王后活埋了，然后在宫殿周围放些空篮子和火把。尽管国王反对，可是王后坚持让他把她活埋了。他就照办了。

悲剧发生不久，当国王正坐在宫殿里为死去的王后和自己的不幸悲伤时，有个酋长偷偷往院子里看了看，发现了空篮子和火把。他认定这是个信号，是别的酋长违背了他们共同的约定，并在晚上给国王送来了贡品。他害怕自己是最后一个归顺国王的酋长，马上跑回家，带着礼物和贡品送到国王的宫殿，并请求饶恕。随后，别的酋长也都效仿，一个个都朝拜了国王。于是，国王重新得到国王的宝座和权力，报复了他的敌人，使贝宁人得到了和平安宁。

这个故事讲了近两个小时。那是 1966 年 5 月 3 日的晚上。故事情节广为人知，贝宁的许多人，哪怕有一点历史知识的人都能讲这个故事。至少有两个贝宁的作家将这个故事编成了戏剧，[①] 都保持了欧格贝波尔所讲的情节。可是，欧格贝波尔讲的时候，只有不到四分之一是按照故事线索讲的。整个故事中穿插了许多歌和吟诵的词语。唱歌是这种叙事场景不可缺少的一部分。例如，当他要平静一下自己的难过情绪时，他就唱起来，或是当描述到仪式事件时，他就唱那时该唱的歌。他吟诵的短语中有适于那种场合和贝宁传统的谚语和典故。场景性引用语（situational references）包括问候语、感激语，以及向主人、贵宾和普通人说的祝福语。传统性引用语（traditional references）包括谚语，对别的故事和典故的概要性引用，以及涉及贝宁历史上重要事件的人物和地方的诗句。

场景性引用语是所有的人都明白的，可是传统性引用语中的典故则只是有些人懂，有些人则模模糊糊不清楚，要看每个人的受教育程度。

---

① 参见 Emvinma Ogieriaikhi, *Oba Ovonrarnwen and Oba Ewuakpe* (1966)；Osarenren Omoregie, *Oba Ewuakpe*. Mimeograph. n. d。

我为了弄清楚这些典故、谚语和引用语，不得不拜访一些年纪大的人。贝宁的高级酋长欧玛瑞吉是阐释传统最好的人。

对这些文本的完整翻译和分析还处在整理的初级阶段，可能需要几年才能完成。在此，我无法提供对该表演中的非叙事部分的背景的完整和系统的分析，也无法深入解析他在故事中所引用的主题和人物。但是，即使是初步的审视也可以揭示，那些对听众来说似乎随意和点缀性的传统性引用语，其实有着鲜明的统一性，用了贝宁人的整个叙事传统中可抽用的类比和对照来衬托主题。这些典故，还有谚语，发挥了"亚叙事"（meta-narrative）的作用，使得叙事人能引领他的主人公，评述他的举止，怜悯他，并将叙事场景中的情况与他个人的境况相类比。作为艺术家，欧格贝波尔并不只是讲述，也不是像海姆斯和鲍曼所建议的那样将故事表演出来，而是将国王的故事置于贝宁口头历史的承启关系中，形成了他自己对故事的态度。文化史、叙事性场景，以及讲述场景，通过讲述人所选择的引用语和典故，融合在一起。欧格贝波尔构建出一套"文化意识流"程式，从中人物和事件快速闪现出来，然后消失在背景之中，将舞台让给别的人物，而他们又都是被随时提到，似乎显得无序，但这一切都围绕一个特定的故事，将其最独特的方面以讲述人所构想的方式展示出来。不知不觉，不认字的欧格贝波尔循序了 T. S. 艾略特的规则：将自己个人才能置于他自己的传统的承启关系中。当然，我们也可以说，他展现了诺斯罗普·弗莱所遵循的准确性：作家在直接或间接暗示给他的，先前已经存在的文学主题和人物的承启关系中进行再创作。①

尽管贝宁的故事讲述人明显不是作家，但是，他们是口头诗人和叙事人；他们没有西方的文学背景，但是有他们自己文化、城市、村子，甚至个人世界的背景。对口头表演叙事的这些特质的认识，要求我们必须修正我们现有的对"民俗"及其与文学的关系的观念。依此逻辑，口头诗人在本质上等同于文学作家。

民俗的简单直白存在于外人的眼里。从文化角度看，一个民间故事、一首歌和一条谚语可以具有任何一位学识渊博的作家所创作的作品所具

---

① 参见 Northrope Frye, *Anatomy of Criticism*: *Four Essays* (1957)。

有的复杂的概念意义、内涵，以及深远意义体系。格林威所认为的民歌缺少深奥性，及其对其他民俗形式的如此推理，绝不是民间文学的内在特性。借助口头言语的创造性，口头叙事与任何其他言语创作都具有同样的表达能力、意义、多重性，及其关系的复杂性。

当然，如此论断需要一些限定条件才能成立。首先，有必要警惕浪漫派的态度的逆转：将深奥世故性，而不是简单直白性，赋予民俗的各种表达形式，并坚持认为它们在本质上优越于其他各种口头言语艺术。其次，我们必须注意到，并非所有的民俗表达形式都具有那些在贝宁专业讲故事人的叙事中所能辨认出的特质。许多叙事和歌谣具有其他特质，因讲述者的年龄、表演中的承启关系，以及民俗的类型而定。认识到如此潜在的多元性是进一步发展民俗学对承启关系研究的一个关键。置民俗于其文化和场景的承启关系之中来审视，这使得我们能够解释各种口头言语艺术能力之间的差异，及其在不同表演中达到目的的不同表现。换句话说，民俗学中的承启关系论的研究是描述性的，但是它有潜力将民俗研究超越描述，并为民俗的多元性提出一个理论解释。

## 承启关系论的民俗研究模式

承启关系论的民俗研究所提出的理论模式可能具有以个人、社会，以及口头言语为坐标的三个维度。个人坐标代表的是个人在其社会中的成长及其运用民俗时的不同身份转换；社会坐标代表的是在个人成长的每个阶段，对每个人都是已知和开放的交际事件与民俗表现形式的多元性；口头言语坐标关系到将任何一个现实方面，包括想象的现实，转换到口头言语表达形式的能力。

对此模式的进一步表述可能要运用历时性与共时性的概念。在这种情况下，历时性可用来说明某个人一生的变化，而不是口头言语形式的变化；共时性用来说明交际事件与口头言语形式的同时性，不只是因为它们共存于社会之中，而且还是因为，特别是就此例而言，它们可以让每个人参与。换言之，目前的模式试图将心理学的认知因素融入各种民俗形式的表演，作为对此提供解释的新维度。尽管在承启关系论的民俗研究框架内的分析是侧重社会和文化层面的，但是，目前的模式则试图强调分析角度的必要性，即需要有一个能将个人及其变化能力包容到一种民俗理论的分析角度。

通过对在个人、社会和口头言语表达坐标上发现的变量及其准确关系的理顺，可以解释民俗形式的简单性或复杂性。与浪漫派——无论是新发展的还是历史上的观点相反，简单性不是民俗形式的内在特质，而是取决于说话人的个性，以及说话或歌唱时的社会环境。儿童歌谣很可能被视为本质上是"简单的"，但是，这个特质不能归于口头表演的本性，而只能归于个人有限的经历、心理语言运用能力，以及口头言语创作能力。

# 有序与无序

为了避免对口头艺术和写作文学的结构等级做出评价和判定或构建，我们可以采用一套并非独创的判断标准，将社会中的口头言语创造性视为以言辞确立有序和无序的努力。口头言语表达不是在真空中进行的，而是关系到说话人的文化、社会、宗教，以及语言现实。在表演中，每个人都有两个选择：有序性的，即，以某种有序性表现他个人的，或是想象的或是真实的经历和叙事，试图以言语的形式复制出现实；无序性，即，改变现实，将其反映在现实生活中不为人所知的一系列关系中。个人可以自己创造出这些选择，也可以从他自己的文化中已知的民俗类型里选择某种说唱类型。

创建秩序是为了要在观念上复制口头表达的现实，"如实"讲述历史，以仿佛亲历的方式叙说各种经历，并将幻觉以仿佛亲眼见过的方式表述出来。在这些情况下，现实的边界是由所处文化和个人状况来决定的。秩序感是作为概念框架去进行选择或合并以便将事件做出排序。即使这其实不能复制历史，但是，通过对此事件的叙说或想象，其理想的秩序代表了一种渴望的目标和模式。巫师的故事便是有关一个以巫术为现实的社会秩序的故事。尽管可能存在这样的事实，即，其超自然世界可能代表着与说话者所认知的现实世界相反的一面，[1] 但是，超自然的主题本身，只要是在说话人所认知的世界范围之内，就不会使其成为对无序世界的描述故事。进一步来说，那些民俗学家称为传说（legend）的叙事，如鬼故事，也可以用有序和无序的概念来解释，从而避免令人棘手的信仰问题。[2] 依此，传说是有关无序的故事，但表现为有序的叙事。从主题上看，这些故事不代表我们所认知的真实世界，但在表演中，它们显得真实，或至少似乎是复制了说话人所认为的现实。传说的意图是将超自然的事物包容到现实中。

与此相反，任何意图和目的的有关无序的叙事都是言语的创作，是在构建一个异样现实的世界，一个说话人和听众都不了解也没经历过的世界。童话是有关无序的故事中的主要例证，这种故事都有各种魔器，而且主人公具有能打破我们的世界的自然法则的能力。但是，有序性故事和无序性故事之间的关系相对复杂。正如费南迪兹所提出的，[3] 神话和民间故事可以对社会和文化现实的秩序实施发挥作用。在这种情况下，就有必要将这种秩序的实施理解为是从宗教经历向社会层面的经历的关系转移，是在为一种现实创建不同的理想模式，而这模式是说话人构想出来的原初的和无序的世界。同样，从相反的角度看，对无序世界的构建也可以被阐释为一种对理想现实的口头言语创造，对不存在的事物状态的渴望。

在这个口头言语坐标内，还有必要区分一下两种有序与无序的模式：横组合模式和纵组合模式（借用语言学概念）。试图构建横组合秩序的努力涉及原因、时间或空间概念的序列关系。纵组合的有序与无序则没有这样的关系，而只是对它们在自己文化中做认知的相同与相反事物的分类安排。例如，在上面提到的国王的故事中，其叙事顺序本身有横组合秩序模式，也有纵组合秩序模式，即，使用涉及类似场景的与该事件和

---

[1]　参见 *The Reversible World：Symbolic Inversion in Art and Society*. Barbara Babcock, Ed.（1978）。

[2]　参见 Linda Degh and Andrew Vazsonyi,"Legend and Belief", *Folklore Genres*, Dan Ben-Amos, Ed.（1976），pp. 93 - 124。

[3]　参见 James Fernandez,"The Exposition and Imposition of Order：Artistic Expression in Fang Culture", *The Traditional Artist in African Societies*, Warren L. D'Azevedo, Ed.（1973），pp. 194 - 220。

人物有关的俗语典故等。对于一个没有背景知识的听者来说，这样的纵组合模式没有什么意思，因此他会将此视为无意义的，无序的典范模式也因此被排斥忽略掉。

从语言现实自身来说，无序存在于口头言语之中。例如，绕口令，如其名所示，就是试图将一种语言置于语音的无序之中；而双关语和谜语是在一种语言的形态学和语义学层面引入无序。

语言学意义上的无序形式对当前模式中的个人坐标有直接影响。绕口令和谜语主要是儿童使用，也主要是说给儿童听的，为的是让他们在语音、语法和语义层面掌握那种语言。有序感常常表现在儿童的叙事中，以有主题的重复方式出现。程式化的故事，即，同样的情节以不同人物重复，主要出现在儿童故事中。基于我对贝宁的叙事传统的研究，尽管还是处于初步阶段，但我可以说，叙事的复杂性随着叙事人和听众的成熟而增加。儿童叙事涉及主题上和结构上的不断重复，而成人叙事则转向主题的变异，但仍保留结构上的重复。在业余的讲故事人中，他们的重复主要是在横组合方面。只有那些进入关注所有的词语及其意思，并关注传统事件的专业叙事人，才有能力构建出纵组合性的有序和无序，将某一特定事件与整个贝宁传统联系到一起。

然而，即使是专业讲故事人，他对自己口头言语创作性的彻底掌握只展示于对该表演恰当的承启关系之内，而不超出这个范围。每个社会都有一套适于表演的交际活动，每个故事或歌的复杂和简单程度与表演场合和参与的人相互依赖。所以，叙事人和听众越是成熟，语言的使用就越综合。成人与专门的讲故事人可以利用儿童可懂的语音和语义层面的有序和无序，但是，反向的过程就是不可能的了。

总而言之，在文化的承启关系中研究民俗可以揭示口头言语表达的多样性。这样的研究所传递的思想是，识字能力本身体现了口头言语创作的质的变化，也提出这样的观点：作家所运用的语言特性，也许除了已经印在纸上的，至少一大半也同样被口头诗人和讲故事人所使用，而且始终如此。仅就文学来说，暂且不论文化的其他方面，识字能力并没有为口头言语艺术带来质的变化。自从古腾堡（Gutenberg）革命以来，已经有太多的垃圾被印刷出来。反之，承启关系的研究已经并将进一步证明，口头的表演并不妨碍复杂的口头言语创作。依此，从文化和场景的承启关系中研究民俗不仅能扩展研究的经验领域，而且也能为解释和探索社会中的口头言语创造的多元性提供一个基础。承启关系论的研究基础已经有了，一些方向也清楚了，但是，具体实际的研究还处于前沿。

*3*

# 承启关系中的"承启关系"

【**编译者按**】本文（"Context" in Context）发表于《西部民俗》[*Western Folklore*, 1993, 52（2）: 209 - 226] 的专刊，《民俗学的理论化：迈向对文化政治的新观念》，是作者继《在承启关系中探求民俗的定义》与《民俗的承启关系》两篇文章后对有关理论的新发展。本译文最初发表在《民俗研究》（2000 年第 1 期），包括"译者序"："这是作者于《在承启关系中探求民俗的定义》一文后，对民俗学理论研究的又一贡献。文章总括了对'承启关系'的不同理解，提出了看法，也代表了美国民俗学在近三十年里对这一概念的发展。在此，context 一词被译为'承启关系'是为了更贴近英文的多重意义，因为它指的不仅是文本（text）的承启关系，而且也包括文本之外的相关联系。这个概念的发展是民俗学研究走出文本研究，迈向更广阔的研究领域的极重要一步。"现就个别字句做了修正，将部分专有名词的译法做了统一处理。

"承启关系"（context）一词在当今的用法指的是在广义上界定了的组合体（composition）或结构的背景，也指已知段落的上下文。在民俗研究中，该术语的用法取自人类学、语言学、社会语言学、社会学、心理学和哲学的理论与方法，又与文学理论、历史、文化研究的用法偶合（参见 Goodwin and Duranti，1992）。然而，它最直接的来源则是人类学的功能论。1954 年，巴斯科姆（William Bascom）提出，任何功能论的分析都要求有适当的"民俗的社会承启关系"的描述，包括特定形式的叙事时间和地点，叙事者的身份和观众的组合，以及叙述者与文本的关系，表演中戏剧和修辞手法的使用，观众的参与，传统类型的民间分类与民众的相应态度（1954：334）。

从这个角度看，承启关系的分析探讨是民俗学对社会功能论的贡献（巴斯科姆，1953：290）。起初，当马林诺夫斯基提出人类学的功能论时，他探求的是文化的不同方面，包括民俗，是如何维系着社会的聚合。但是，当他谈到 "文化的承启关系"（context of culture）和 "场景的承启关系"（context of situation）的问题时，他转向了原始语言中的意义问题[马林诺夫斯基，1946（1935）：307；1965（1935）；18]。这个从社会到意义的焦点的细微变化几乎没有被人们注意到。然而，这为民俗学中承启关系的分析提供了某种可接受的线索。当承启关系的概念在1971年被作为一个根本要素来重新将民俗定义为 "小群体内的艺术性交际"（本-阿默思，1971：13），并作为新观点的统一性原则（裴雷迪斯和鲍曼，1972）时，民俗学家对此的反应仿佛它是个崭新的，而非熟悉的学术术语。[①] 其批评者视承启关系为文本（text）的对立概念（琼斯，1979a，1979b；沃德，1977，1979；维戈斯，1973，1986），而其辩护者则视承启关系的概念本身为新观点，认同于 "交际""常规""表演" 和 "修辞" 这些辅助术语（巴斯科姆，1977；道尔逊，1972：45—47）。批评者和辩护者两方都忽略了承启关系理论介入民俗研究时的一些实质性变化。

## 从解释到阐释

与传统学术习惯割裂的努力并未考虑多少承启关系的内在性，这一点以前就被注意到了，而更多的是考虑在民俗的分析模式上从解释到阐释的转换。这个变化有着分析性和实用性的两重性。先前的诸多理论，从19世纪的进化论到现代的程式论（formulaic theory）无不在提供对构

---

① 20世纪的前半叶，在对民俗学研究成果的概括性学术讨论中，从未有过关于承启关系的研讨（汤普森，1953）。据《美国民俗学刊百年索引》，米勒（Miller，1952）第一次使用该词，此后，特别是60年代，该词成了美国民俗学研究的标准术语。

成民俗事象的内容、方式、行为，以及信仰的因果解释。这些理论不可避免地涉及到构筑模式和假定文化的普遍——而非自然的——规律，并以此为前提，力图对民俗的持续性给予理性化的解释。如此之分析模式盛行于各派学说，不亚于缪勒（Muller）的"太阳神话"和剑桥的"神话—礼仪"理论。即使在新理论的形成涉及对先前的理论的驳斥时，以形式主义和历史地理论为例，新旧理论双方却共享着因果解释的分析模式。

相比之下，承启关系分析并不解释民俗；它阐释民俗，寻求的是意义而非因果（参见航柯，1986）。承启分析考虑的不只是文本，而是民俗在社会中的全部经验。这种方法视民俗为有逻辑结论的口头表演的言语艺术，强调任何有效的阐释都要考虑到整个文化，社会和场景的承启关系。文本的意义是它的承启关系中的意义。任何民俗文本在转换到不同的文字、历史或文化承启关系中时，都被赋予了新的意义。由于其转换的本质，民俗文本没有单一的意义，任何重复的、顾及历史的使用都暗示着先前的承启关系为其全部意义的组合部分。有效的阐释是对在承启关系中的文本的阐释。

## 文本与承启关系之争：假的两难问题？

就承启分析而言，在文本和承启关系之间不存在二分法；除非需要启发，否则没有必要把文本和承启关系构想为交际的不同层次，或为融于彼此和文化及社会的一系列形式。民俗存在于承启关系的状态中。理克尔提出了一种唯名论的解决方法，以调和文本与承启关系之间的明显二分法，把社会行为视为且称为文本（1971a，1971b）。如此之再命名使文本成了承启关系的暗喻。这种对文化活动的再思考打开了无穷的阐释和发现新意义的大门（格尔茨，1973；霍巴特，1985）。

同时，这种把承启关系视为文本的暗喻观点，强调指出表演场景的绝对个人化的潜在危险。每一句话，每一次对已重复的（repeated）和可重复的（repeatable）文本的表演都可以被比作一首诗，或任何单独的艺术性创作。事实上，罗伯特·乔治斯（1969，1976）早已预见到这种承启分析可能导致的困惑，虽然他视其为一善行而非恶果。他说，"任何一个讲故事活动的全部信息都是依特定讲故事人和特定听众而产生和确定的，且依这两要素而存在，因为听众的互动形成了社会交叉关系的网络，这也是那个具体讲故事活动的独有特性"（1969：324，强调为作者所加）。

从理论上讲，承启关系描述增加了每一民俗表演的特殊性。两首诗不会完全一样，同理，两个故事，两首歌，或吟诵的文本也不会彼此相同。构成民俗表演的全部因素之聚合均相同的可能性是微乎其微的。然而，承启关系调和着任何言语及其信息的独特性。决定着任何承启关系中的民俗表演的社会习规，文化和语言的规范，说话的格调，这些都会限定每一活动的独特性。使其不超越交际的文化常规，对此，说话者不但知悉，且有能力因需要而改变（鲍曼，1977；鲍曼和布里格斯，1990；海姆斯，1962，1964，1971，1972，1974：135—141；路易斯1969；莱昂斯，1972：83—84；梅罗克斯，1983）。

从实用上看，承启关系是民俗的阐释者（interpretant）。阐释者一词取自皮尔斯（C. S. Peirce, 1839 - 1914）的符号学。尽管没有使用承启关系一词，皮尔斯对语言学、哲学、人类学和民俗学理论的符号学的概述得出这样的结论，即，承启关系发挥着民俗信息的阐释者的作用［鲍曼，1977；本-阿默思，1971，1977；基望，1989：1—2，69—76；考夫曼，1974：440—441；莱芬逊，1983：22—23；莎匹罗，1983：14—15，49—60；维特根斯坦，1968：142—143（525），188］。承启关系，就如阐释者，是符号和实物之间的"中介物"（莎匹罗，1983：15）。应用于具体的场景（伊科，1976：1460），它修饰和决定着词汇的意义（蓝格，1976［1942］：139），且转换着对实物的预知和概念（哈恩，1942）。杜威曾指出这样一个事实，即，从民族志角度阐释艺术品的承启关系的美术馆把各种器皿作为艺术品来收藏。这已成为民俗研究和博物馆研究的公理。布勒尔（K. Buhler）的语言形成定式对民俗来说同样适当："语言的象征领域……为构思和理解提供了另外一条线索，一个可以'承启关系'一词概之的线索；因此，总体来讲，场景和承启关系是两个来源，在任何情况下都有助于对言语的准确阐释。"［布勒尔，1990（1934）：169］

这种阐释功能在对民俗的比较分析上尤其有价值。其中的固定文本、完整主题、叙事模式、标准角色在不同文化中都有重复出现。它们的意义和重要性是依承启关系而定的。讲故事的人，歌手和吟诵者会因其广泛的，甚至全球性的传播而被遗忘，可他们说过和唱过的内容则不会被忘却。对于这些人，其意义存在于一定时间的一定文本、一定社会的一定形象里。在每一具体情况下，承启关系发挥着阐释性作用，赋予说话者与听众所感知的言语以意义。当文本稳定，在主题、词法、结构或暗喻的任一层次上，承启关系是可变的，且正是承启关系影响到文本可能产生的意义上的差异。因此，正是承启关系发挥着对民俗文本的阐释者的作用。

然而，民俗的承启关系依附性表现出渐变的趋势。文本的稳定性和承启关系的依附性，两者直接发生关系。一个民俗文本越简单，且越稳定，其承启依附性越高，相反，一个文本越长，且越是在口传上多变，其依附性似乎越低。例如，谚语的意义是承启关系依附性很高的，因此，也就抽象不定（克里克曼，1984；克申布拉特-金布莱特，1973；赛特尔，1976）；相反，民间故事，甚至史诗，这些都有较广泛的文本组织变化，它们在某一文化中的多种承启关系中都保留着意义的稳定性，因此，具有较低的承启关系依附性。

这一观点更多情况下适于某一表演发生的直接承启关系中。但就广义上的文化的承启关系而言，即使较长和较松散的文本也不能从其限制中使自身复杂化。即使那些具有明显低依附性的文本也是从其特定社会，所用语言，以及阐释自身的文化象征体系的广泛承启关系中获取其独特意义的。它们同样受到形成其文化的承启关系的意识形态、历史知识、思想方式、价值体系、审美原则，以及行为准则的约束。文本与承启关系之间的这些关系在诸多关于特定类型及其在不同社会的表演研究中都显而易见。

## 承启关系与民俗类型

在阐述承启关系中的文本的复杂性时，民俗学家依靠在不同社会里对特定类型的研究的丰富传统。对表演、修辞和社会互动的理论强调，在掌握文本与承启关系之间的特定类型关系上起了重要作用。

谚语是从已文本化的传统中的引言（幕卡罗夫斯基，1971）。从中，使用者对某一场景，或某一社区的过去，或某个被象征性地求助来疏通文化智慧的个人，施以全部权威，以求解决特定的社会冲突（亚伯拉罕，1968a，1968b；阿利瓦，1971；阿利瓦和邓迪斯，1964；布里格斯，1988：101—170）。这种权威的使用出现在非正常的、解决冲突的，本质上可能是说教性的谈话中，甚至诉讼的场景。通过对谚语的使用，说话者表现了权威。大多数的民俗学家通过假设性重建的场景的承启关系，已获悉了相当的民族志信息，然而，新近的研究试图直接观察谚语使用的动力性（例如，布里格斯，1988：101—170）。

谜语常被联想为谚语的补充或对应物，表现出承启关系上的对立。对谜语使用的跨文化调查暗示了它在儿童和青年之间的盛行，而不常被老年人使用。教育性谜语有助于学知识，但没什么道德寓意。人们在礼仪危机的场景，而不是社会冲突的场景使用谜语。在非洲社会，除了单纯的娱乐价值外，谜语还被用于辅助青春期的成年礼。在中世纪欧洲和亚洲文化中，谜语是求爱行为和婚礼仪式的一部分——民间故事和歌谣所反映出的过去的时尚（民间故事类型 851 "不能破谜语的公主" 和 851A "杜兰朵"；儿童第 1 号 "机智破解的谜语"）。谜语创造出一个认识上的虚构世界，与某一文化已知的语音或语义表达顺序有着相反的关系。谜语引发幽默，给人以娱乐和幻觉，而不是判断。谜语不像谚语那样引证伦理道德。人们把谜语同用于其他娱乐手段，而不与法律等程序联系在一起（博恩斯 1976）。

歌谣吟唱的承启关系同样大多数处于娱乐场景。例如，在 18 和 19 世纪的苏格兰，农场农民们在做活，休闲和节日时表演谜语（布肯，1972：255—270；1985：62—65）。在英格兰都市中心，即使早期的文学作品和文献也证明了人们在街头和集市（乌兹巴克，1990），聚集在一起吟诗唱歌的事实（高斯廷，1976），这也是男人酒吧吟唱的主要特色（邓恩，1980；匹格凌，1982，1984；任维克，1980）。歌谣的文本变异之广表现出更多的是表演依附性，而不是承启关系依附性（例如，尼尔斯，1986；波特，1976，1986）。吟唱者保留着歌谣的主题的相对稳定，赋之以自身的传统和个人风格，因而歌谣文本有较低的承启关系依附性。然而，在词汇、象征、形象和主题上，它们吸取当地的、流行的，以及历史的事实，伦理价值观及文化规范，这些为其创作、阐释和理解提供了较广泛的承启关系（匹格凌，1982；任维克，1980；托尔肯，1986a，1986b）。如今，研究吟唱的交际性承启关系的需求已被充分认识到了（安德森，1991；匹格凌，1984）。

　　在所有的民俗形式中，叙事比任何其他类型都更多地被用于承启关系的分析。尽管如此，大多数研究只注重到讲故事本身的单一方面，而没有综合全部的场景。对民间故事的承启关系的分析衍生于对讲故事人的角色的研究；看这个人是否为游走或定居于某社会的人，了解这个人的个人知识程度，考证讲故事本身的环境和活动，以及比较特定的叙事类型。对叙事场景的社会互动，以及对在承启关系中所表演文本的诗意的研究，无论是观察到的或是重构的，已成为最近的研究方向之一（鲍曼，1986；鲍曼和布里格斯，1990；密尔斯，1991）。

# 承启关系的新定义

　　在方法论上，存在着几种对民俗形式的承启关系分析的观点。鲍曼提出民俗实地调查者要在六个方面来组织所搜集到的资料：（1）意义的承启关系（其意义是什么？）；（2）组织机制的承启关系（适于该文化的哪一方面？）；（3）交际体系的承启关系（与各种民俗有何关系？）；（4）社会基础（属于哪些人？）；（5）个人承启关系（如何构成个人生活的一部分？）；（6）场景的承启关系（在社会场景中有何用途？）（鲍曼，1983：367）。卡布根霍基把叙事进程分为场景性承启关系、语言承启关系（布朗和尤尔，1983：46—50）、文化承启关系、认识承启关系，以及类型的承启关系。在谈到歌谣的承启关系时，托尔肯提出要检验：（1）表演的直接的人的承启关系；（2）社会的承启关系；（3）文化心理的承启关系；（4）物体的承启关系；（5）时间的承启关系，即表演发生的时机（托尔肯，1986：36）。

　　在实际应用上，上述的和可能另外存在的承启关系之分类对研究都有指导性作用。然而，包含于各种承启关系之中，且为承启关系分析之根本的两个关键词是文化的承启关系和场景的承启关系。这两个词都是马林诺夫斯基的首创。文化的承启关系［马林诺夫斯基，1935（1965）：18］包括并指代的是说话人所共享的知识、行为规范、信仰体系、语言比喻、言语风格、历史知识，以及道德和法律准则。文化的承启关系是对民俗感知和阐释的最大的框架。这个概念来源于18和19世纪流行的思潮，从浪漫主义到马克思主义，从文化进化到心理分析。这些思想运动的共同之处是依国家、民族、经济、宗教、社会和意识形态诸多因素来决定审美的原则。据此，任何美学表现都源于其文化的承启关系，且被其所解释，又反过来反映出这种文化的承启关系。在民俗学的人类学派的话语（discourse）研究中（鲍曼，1983），文化作为一个整体，是美学，是作为艺术的民俗所依附的承启关系。文化是由为说者和听者阐释民俗言说（folklore utterances）的一系列象征，由思想、信仰和知识所组成。在对承启关系一词作为交际框架所做的文学阐释中，文化的承启关系被用为最广泛的承启关系循环圈，包含了各种可能的承启关系。

相比之下，场景是言语民俗的最狭窄、最直接的承启关系。对场景作为民俗表演的承启关系的探索，无疑已成为当今最引人注目的研究方向之一。马林诺夫斯基认为说话的场景是阐释言语信息的关键。马林诺夫斯基通过对人们在彼此熟悉，并熟悉所做的事时而交换的隐语的研究，认为场景的概念是他的语言民族志理论的基石；他认为场景在有意义的表述形成过程中起着关键性的作用（马林诺夫斯基，1923：306—309）。

马林诺夫斯基本上吸收了语言学家和人类学家的成果。包括维格纳（Philipp Wegener）为语言研究提出的场景理论（*Situationstheorie*）。在他的基于心理学而发展的类型学中，维格纳区分出三种场景，从中，承启关系提供理解单一性词汇表述的方法。这三种场景为感知场景、回忆场景、意识场景（维格纳，1971：135—138）。更直接地，马林诺夫斯基从格地纳（A. Gardiner）的作品，以及与其本人的讨论中得到对他自己的观点的支持。根据格地纳的理论，言语要求具备三要素同时存在：说话者、听者及词汇。而且，"说话者与听者必须处于同一时空场景"（1932：49；见49—52）。布勒尔构筑了相似的言语模式。他受益于柏拉图关于语言的对话，《对话录》［1990（1934）：30—39］，强调语言的教育和交际性质。布勒尔建立了一个三角形模式，以发出者（表达）——接收者

（要求）和再现物体和事物状况的信息来表明说话的场景［1990（1934）：35］。

在语言学方面，"承启关系理论也许是20世纪符号学成长中最有影响力的一个因素"（尤利曼，1959：65）。对于民俗研究，雅各布森（Roman Jakobson，1896－1982）提供了一条贯穿捷克形式主义，美国实用主义和伦敦语言学派的线索，使它们共同形成承启关系分析的出发点。他认为承启关系在口头交际中具有一种参考作用："说话者向听者发出一个信息。为了有效，这个信息要求一个有所参考的，能被听者捕获的，或是言语化了的，或是能够言语化的承启关系。"（雅各布森，1960：353）随着方法的进步，其他学科对承启关系概念的注意有所提高，场景的承启关系从被动的参照体变为说话者与词语之间互动关系的场面。不同领域的发展趋势或是有助于形成场景的概念，或是在平行的方向得以发展。在心理学上，承启主义（contextualism）最初是一种感性理论（皮波1938；哈恩1942），但近些年来，心理学研究提出要把承启关系作为一个互动的事实（罗斯诺和乔格迪，1986）。在哲学上，美国的实用主义者和普通语言哲学家都认为承启关系是理解和阐释的中心点。杜威从思想和艺术方面归纳了这一研究方法（1931，1934）。在普通语言哲学家中，维特根斯坦强调了承启关系对认定词汇含义的重要性（1968：525，539，652，686；181，188）。同时，奥斯丁（1962）及其追随者西尔（1969），[①] 视言语为一个场景中的一种行为方式（古德温和杜蓝迪，1992：16—19）。就民俗而言，最具重要性的是社会语言分析中的戏剧化模式（dramatological model），它展示了面对面的和界定了的互动的复杂性（古德温和杜蓝迪，1992：22—25）。稍后的影响来自巴赫金（M. Bakhtin）及其圈内的人。他们把文学作品作为主题和行动，以对话的言语来解析，从中，承启关系是"潜在的未完成部分"（巴赫金，1986：147）。这些思想在美国的文学理论上得到进一步的发展（例如，古勒，1981）。然而，在各派思潮中对承启关系分析影响力最大的是口传民族志（ethnography of speaking）理论（海姆斯，1962，1964，1971，1972；见布朗和尤尔，1983：35—58；古

---

① 西尔（John Searle）在后来的文章中（1980）把文化的承启关系并入场景的承启关系，强调了言语的背景的重要性。

德温和杜蓝迪，1992：25—27），特别是就其对民俗研究的直接影响力而言（鲍曼，1977，1983；鲍曼和布里格斯，1990）。

场景的承启关系是一个互动的场面，从中，说话者的年龄、身份和性别在其交际中获得象征性的重要性。同理，法规、生活方式、衡量标准、语调、戏剧化、风格、惯例，以及表演的时间和地点都传达着意义。在场景的整合性中，其不同要素相互作用，有能力不断再界定和协定交际的框架（奥尔和迪鲁兹奥，1992；甘佩兹，1982：130—152；1992）。在场景的承启关系内，存在着不同组成部分的语义价值之间的互动。例如，年长意味着权威和传统性，且适于使用谚语，而不能用谜语，因为谜语是对已定的认识体系的挑战，更适于青年人。在互动的场景的承启关系中，年龄本身，以及由此引申到的其他要素，都是可协定的。

这个界定似乎有些狭隘。尽管如此，场景的承启关系仍是一个复杂的分析体，包含无穷尽的事实，以有限的人类智力，我们尚无法观察或理解它。一方面，表演的场地可能包括那些对交际有一点或根本没有作用的事项，对它们的详细叙述有可能导致清仓点货般记录的荒谬（杨格，1985：116；希尔维斯坦，1992），或包罗万象、目标不清的错误（布里格斯，1988：13）。另一方面，如说话者的心理素质（极其重要），可能在承启关系中只是隐含着，或只与场景界线之外的活动有联系。那么，这时的场景的承启关系范围是什么呢？扬格（1985），同奎恩一样（1961：60），提出运用贴切原则（principle of relevance）。因此，"不仅并非全部周围环境为承启关系，而且并非全部承启关系是周围环境"（扬格，1985：116）。尽管贴切原则有点主观，且缺乏准确性，但与承启理论的阐释本质是可以兼容的。

## 承启关系之内与之外的民俗

从方法论上而言，对场景的承启关系的阐释被民俗研究的需求进一步复杂化了。民俗学家有着一个双重矛盾的目标：获得文本，并观察该文本在不受到民俗学家的存在而影响的社会中的表演。从这个角度出发，高斯廷提出视承启关系为自然的、人工的和诱导的（高斯廷，1964：

80—90；布里格斯，1986：11—13）。这些观点适于清仓点库式的实地调查计划。它们能描述研究者对表演的干预程度，并可被反过来向叙述者和歌唱者建议如何应付搜集者（哈林，1972；密尔斯1991）。可是，把搜集场景无论描述为自然的或是人工的，以某种理想的，未受干扰的表演来进行估价的做法是有误导性的。

承启关系是个无法定价的概念，而且没有一个承启场景能优于另一个。因此，任何调查场景形成自身的承启关系，无论它于想象的或事实的没有研究者在场的表演的近似值有多大。民俗学家出现在一个记录场景对任何叙述者与歌唱者都是有意义的，能够有助于加强叙述者在其群体中的地位，或使他能向一个外人展现他和他的群体共享的传统。人们在自己的社会中表演民俗形式的承启关系是民俗"事件"（events）。一个事件，即"承启主义的根本暗喻"（萨宾，1977：4），是一个实际上已界定的承启关系。这关系也具有适于民俗表演的已知规范和习惯。通过这个承启关系，所言之群体确定其沟通方式。

违背一个活动的常规是可能的。但不可能违背承启关系的常规。因为，违背一套规范的表演也具有其自身的承启关系。任何话语都离不开承启关系，因为新的场景都有各自的承启关系，或是在实际的文化体系之内，或是之外。不仅如此，如果这种违背是有意的，且有意义，这暗示了较高程度的承启关系依附性，因为表演是从其与传统规范和习惯的对立中获得其重要性的。民俗形式的表演可以是在其文化上界定的范围内，也可以在此范围之外，但它们绝不会脱离开承启关系。

在技术世界中，人们通过印刷品、大众媒体、民俗复兴节日，以及向旅游者展示的方式表现传统。在这种承启关系中的民俗表演涉及自我定位，以使自己的传统性被关注。任何对此传统的删减都是不正宗的，而由此产生的真民俗与假民俗之间的对照涉及评价时所用的词，其中，传统性具有最优先的积极地位。然而，这些活动创造，以及表演都有其各自的承启关系，且对各自真实正宗。在此，有关传统化进程的描述对其阐释是必不可少的（海姆斯，1974；鲍曼和布里格斯，1990）。所以，承启关系的概念不仅是对传统社会中的民俗研究的一个挑战，也是对现代背景上的民俗研究的挑战。这个概念涉及把民俗观点扩延到新的承启关系中去（博伊斯，1990；施瓦茨曼，1984），扩延到传统性的展示的分析中去。正如民俗主义（folklorism）所示，展示性承启关系使民俗感染上了政治和感情上的隐含和意义（亚伯拉罕，1981；鲍辛格，1990；本迪克斯，1988，1989）。[①]

## 引用书目

Abse, D. Wilfred. 1971. *Speech and Reason：Language Disorder in Mental Disease and a Translation of the Life of Speech by Phillipp Wegener.* Charlottesville：University Press of Virginia.

Abrahams, Roger D. 1969a. "A Rhetoric of Everyday Life：Traditional Conversational Genres." *Southern Folklore Quarterly.* 32：44 – 59.

——. 1968b. "Introductory Remarks to a Rhetorical Theory of Folklore." *Journal of American Folklore* 81：143 – 158.

——. 1981. "Shouting Match at the Border：The Folklore of Display Events." In *"And Other Neighborly Names"：Social Process and Cultural Image in Texas Folklore*, ed. Richard Bauman and Roger D. Abrahams, pp. 303 – 321. Austin：University of Texas Press.

Andersen, Flemming G. 1991. "Technique, Text, and Context：Formulaic Narrative Mode and the Question of Genre." In *The Ballad and Oral Literature*, ed. Joseph Harris, pp. 18 – 39. Cambridge, Mass. ：Harvard University Press.

Arewa, E. Ojo. 1970. "Proverb Usages in a Natural Context and Oral Literary Criticism." *Journal of American Folklore* 83：430 – 437.

Arewa, F. Ojo, and Alan Dundes. 1964. "Proverbs and the Ethnography of Speaking Folklore." *American Anthropologist* 66, part 2：70 – 85. Special Publication：*The Ethnography of Communication*, ed. J. J. Gumperz and Dell

---

[①] 本文是为了翻译成德文版《童话百科全书》而撰写的，包括较完整的参考书目。现因篇幅所限，删减了一些书目。为此，我向那些影响了我的想法，但没能列出其书目的作者表示歉意。感谢罗杰·亚伯拉罕、查尔斯·布里格斯、李·哈林和艾米·舒曼对本文初稿所提出的有价值的评论。

Hymes.

Auer, Peter and Aldo di Luzio, eds. 1992. *The Contextualization of language*. Amsterdam/Philadelphia: John Benjamins.

Austin, J. L. 1962. *How to do Things with Words*. Oxford: Oxford University Press.

Bakhtin, M. M. 1986. *Speech Genres and Other Late Essays*. Trans. Vern W. McGee; ed. Caryl Emerson and Michael Holquist. University of Texas Press Slavic Series, No. 8. Austin: University of Texas Press.

Bascom, William R. 1953. "Folklore and Anthropology." *Journal of American Folklore* 66: 283 – 290. .

——. 1954. "Four Functions of Folklore." *Journal of American Folklore* 67: 333 – 349.

——. 1977. "Frontiers of Folklore: An Introduction." In *Frontiers of Folklore*, ed. William Bascom, pp. 1 – 16. Boulder, Colorado: Westview Press.

Bascom, William R. , ed. 1977. *Frontiers of Folklore*. AAAS Selected Symposium 5. Boulder, Colorado: Westview Press.

Bauman, Richard. 1983. "The Field Study of Folklore in Context." In *Handbook of American Folklore*, ed. Richard M. Dorson with Inta Gale Carpenter, pp. 362 – 368. Bloomington: Indiana University Press.

——. ed. 1977. *Verbal Art as Performance*. Rowley, Mass. : Newbury House.

Bauman, Richard, and Charles L. Briggs. 1990. "Poetics and Performance as Critical Perspectives on Language and Social Life." *Annual Review of Anthropology* 18: 59 – 88.

Bausinger, Hermann. 1990. "Folk Culture in a World of Technology. " Trans. Elke Dettmer. *Folklore Studies in Translation*. Bloomington: Indiana University Press.

Ben-Amos, Dan. 1971. "Toward a Definition of Folklore in Context. " *Journal of American Folklore* 84: 3 – 15. Reprinted in *Toward New Perspectives in Folklore*, ed. Americo Paredes and Richard Bauman. Austin: University of

Texas Press.

Bendix, Regina. 1988. "Folklorismus: The Challenge of the Concept." *International Folklore Review* 6: 5 – 15.

——. 1989. "Tourism and Cultural Display: Inventing Traditions for Whom?" *Journal of American Folklore* 102: 131 – 146.

Boyce, Mary E. 1990. *Story and Storytelling in Organizational Life.* Ph. D. dissertation. The Fielding Institute.

Briggs, Charles L. 1986. *Learning How to Ask: A Sociolinguistic Appraisal of the Role of the Interview in Social Science Research.* Cambridge: Cambridge University Press.

——. 1988. *Competence in Performance: The Creativity of Tradition in Mexicano Verbal Art.* Philadelphia: University of Pennsylvania Press.

Brown, G. , and G. Yule. 1983. *Discourse Analysis.* Cambridge: Cambridge University Press.

Buchan, David. 1972. *Ballad and the Folk.* London: Routledge and Kegan Paul.

——. 1985. "Performance Contexts in Historical Perspectives." *New York Folklore* 11: 61 – 78.

Buhler, Karl. 1990 [1934] . *Theory of Language: The Representational Function of Language.* Trans. Donald Fraser Goodwin. Amsterdam/Philadelphia: John Benjamins.

Burns, Thomas A. 1976. "Riddling: Occasion to Act." *Journal of American Folklore* 89: 139 – 165.

Culler, Jonathan. 1981. "Convention and Meaning: Derrida and Austin." *New Literary History* 13: 15 – 30.

Dewey, John. 1931. "Context and Thought." *University of California Publications in Philosophy* 12: 203 – 224.

——. 1958 [1934] . *Art as Experience.* New York: Capricon Books.

Dorson, Richard M. 1972. "Introduction: Concepts of Folklore and Folklife." In *Folklore and Folklife: An Introduction.* ed. Richard M. Dorson, pp. 1 – 50. Chicago: University of Chicago Press.

——. 1977. "Who Are the Folk?" In *Frontiers of Folklore*, ed. William R. Bascom, pp. 17 – 35. Boulder, Co.: Westview Press.

Dunn, Ginette. 1980. *The Fellowship of Song: Popular Singing Traditions in East Suffolk*. London: Groom Helm.

Eco, Umberto. 1976. "Peirce's Notion of Interpretant." *MLN* 91: 1457 – 1472.

Gardiner, Alan H. 1932. *The Theory of Speech and Language*. Oxford: The Clarendon Press.

Geertz, Clifford, 1973. "Deep Play: Notes on the Balinese Cockfight." *In The Interpretation of Cultures*, pp. 412 – 453. New York: Basic Books.

Georges, Robert A. 1969. "Toward an Understanding of Storytelling Events." *Journal of American Folklore* 82: 313 – 328.

——. 1976. "From Folktale Research to the Study of Narrating." *Studia Fennica* 20: 159 – 168.

——. 1980. "Toward a Resolution of the Text/Context Controversy." *Western Folklore* 39: 34 – 40.

Givon, T. 1989. *Mind, Code and Context: Essays in Pragmatics*. Hillsdale, N. J.: Lawrence Erlbaum.

Goffman, Erving. 1974. *Frame Analysis: an Essay on the Organization of Experience*. New York: Harper and Row.

Goldstein, Kenneth S. 1964. *A Guide for Field Workers in Folklore*. Hatboro, Pa.: Folklore Associates for the American Folklore Society.

——. 1976. "Monologue Performance in Great Britain." *Southern Folklore Quarterly* 40: 7 – 30.

Goodwin, Charles and Alessandro Duranti. 1992. "Rethinking Context: An Introduction." In *Rethinking Context: Language as an Interactive Phenomenon*, ed. Alessandro Duranti and Charles Goodwin, pp. 1 – 42. Cambridge: Cambridge University Press.

Gumperz, John J. 1982. *Discourse Strategies*. Cambridge: Cambridge University Press.

——. 1992. "Contextualization Revisited." In *The Contextualization of*

Language. ed. Peter Auer and Aldo di Luzio, pp. 39 – 53. Amsterdam/Phila-
delphia: John Benjamins.

Hahn, Lewis Edwin. 1942. *A Contextualistic Theory of Perception.* Berke-
ley: University of California Press.

Handler, Richard. 1988. *Nationalism and the Polities of Culture in
Quebec.* Madison: University of Wisconsin Press.

——, and Jocelyn Linnekin. 1984. "Tradition, Genuine or Spurious. "
*Journal of American Folklore* 97: 27: 3 – 90.

Haring, Lee. 1972. "Performing for the Interviewer: A Study of the
Structure of Context. " *Southern Folklore Quarterly* 36: 383 – 398.

Hohart, Mark. 1985. "Texte est un con. " In *Contexts and Levels: An-
thropological Essays on Hierarchy*, ed. R. H. Barnes, Daniel de Coppet and J.
R. Parken, pp, 33 – 53. Oxford: JASO.

Honko, Lauri. 1986. " Folkloristic Studies on Meaning: An
Introduction. " *Arv* 40: 35 – 56.

Hymes, Dell. 1962. "The Ethnography of Speaking. " In *Anthropology and
Human Behavior*, ed. T. Galdwill and W. C. Sturtevant Washington, pp. 13 – 53.
Washington, D. C. "Anthropological Society of Washington. " Reprinted in *Read-
ing in Sociology of Language.* ed. Joshua Fishman, pp. 99 – 138. The Hague:
Mouton, 1968.

——. 1964. "Introduction: Toward Ethnographies of Communication. "
In *The Ethnology of communication*, ed. John J. Gumperz and Dell Hymes,
pp. 1 – 34.

——. 1971. "The Contribution of Folklore to Sociolinguistics. " *Journal
of American Folklore* 84: 42 – 58.

——. 1972. "Models of the Interaction of Language and Social Life. " In
*Directions in Socioliguistics: The Ethnography of communication.* ed. John J.
Gumperz and Dell Hymes, pp. 35 – 71. New York: Holt, Rinehart and Win-
ston.

——. 1974. *Foundation in Sociolinguistics: An Ethnographic Approach.*
Philadelphia: University of Pennsylvania Press.

Jakobson, Roman 1960. "Closing Statement: Linguistics and Poetics." In*Style in Language*, ed. Thomas A. Sebeok, pp. 350 – 377. Cambridge, Mass. : MIT Press.

Jones, Steven. 1979a. "Slouching Towards Ethnography: The Text/Context Controversy Reconsidered." *Western Folklore* 38: 42 – 47.

——. 1979b. "Dogmatism in the Contextual Revolution." *Western Folklore* 38: 53 – 55. Kaivola-Bregenhoj, A. 1992. "The Context of Narrating." In *Folklore Processed in Honor of Lauri Honko on His* 60*th Birthday* 6*th March* 1992, ed. R. Kvideland et. al. , pp. 153 – 166. *Studia Fennica Folkloristica* 1; NIF Publications, No. 24. Helsinki: Suomalaisen Kirjallisuuden Seura.

Kirshenblatt-Gimblett, Barbara. 1973. "Toward a Theory of Proverb Meaning." *Proverbium* 22: t32 1 – 827. Reprinted in *The Wisdom of Many*: *Essays on the Proverb*, ed. Wolfgang Mieder and Alan Dundes, pp. 111 – 121. New York: Garland, 1981.

Krikmann, A. 1984. "On Denotative Indefiniteness of Proverbs." *Proverbium* 1: 47 – 92. ( Originally published in 1974. )

Langer, Susanne K. 1976 [1942] . *Philosophy in a New Key: A Study in the Symbolism of Reason, Rite, and Art*. Cambridge, Mass. : Harvard University Press.

Levinson, Stephen. 1983. *Pragmatics*. Cambridge: Cambridge University Press.

Lewis, David. 1969. *Convention: A Philosophical Study*. Cambridge, Mass. : Harvard University Press.

Lyons, John. 1972. *Structural Semantics: An Analysis of Part of the Vocabulary of Plato*. Oxford: Blackwell.

Mailloux, Steven. 1983. "Convention and Context." *New Literary History* 14: 399 – 407. Malinowski, Bronislaw. 1946 [1923] . "The Problem of Meaning in Primitive Languages." In *The Meaning of Meaning*, ed. C. K. Ogden and 1. A. Richards, pp. 296 – 336. New York: Harcourt, Brace and World.

——. 1965 [1935] . *The Language of Magic and Gardening. Coral Gardens and Their Magic*. Vol 11. Bloomington: Indiana University Press.

Miller, Robert J. 1952. "Situation and Sequence in the Study of Folklore." *Journal of American Folklore* 65: 29 – 48.

Mills, Margaret A. 1991. *Rhetorics and Politics in Afghan Traditional Storytelling.* Philadelphia: University of Pennsylvania Press.

Mukarovsky, Jan. 1971. "Prislovi jako soucast kontextu [The Proverb as a Component of Context]." In *Cestami poetiky a estetiky.* Prague: Ceskoslovensky spisovatel [originally written in 1942 – 43].

Niles, John D. 1986. "Context and Loss in Scottish Ballad Tradition." *Western Folklore* 45: 83 – 106.

Paredes, Americo and Richard Bauman, eds. 1972. *Toward New Perspectives in Folklore.* Austin: University of Texas Press.

Pepper, Stephen C. 1938. *Aesthetic Quality: A Contextualistic Theory of Beauty.* New York: Scribner's Sons.

Pickering, Michael. 1982. *Village Song and Culture.* London: Croom Helm.

——. 1984. Popular Song at Juniper Hill. *Folk Music Journal* 4: 481 – 503.

Porter, James. 1976. "Jeannie Robertson's My Son David: A Conceptual Performance Model." *Journal of American Folklore* 89: 7 – 26.

——. 1986. "Ballad Explanations, Ballad Reality, and the Singer's Epistemics." *Western Folklore* 45: 110 – 121.

Quine, Willard van Orman. 1961. *From a Logical Point of View: Logico-Philosophical Essays.* 2d ed. New York: Harper and Row.

Renwick, Roger deV. 1980. *English Folk Poetry: Structure and Meaning.* Philadelphia: University of Pennsylvania Press.

Ricoeur, Paul. 1971a. "The Model of the Text: Meaningful Action Considered as a Text." *Social Research* 38: 529 – 62.

——. 1971b. "What is a Text? Explanation and Interpretation." *In Mythic Symbolic Language and Philosophical Anthropology: A Constructive Interpretation of the Thought of Paul Ricoeur*, ed. David M. Rasmussen, pp. 135 – 150. The Hague: Martinus Nijhoff.

Rosnow, Ralph L. and Marianthi Georgoudi, eds. 1986. *Contextualism and Understanding in Behavioral Science*: *Implications for Research and Theory*. New York: Praeger.

Sarbin, T. R. 1977. "Contextualism: A World view for Modern Psychology." In *Nebraska Symposium on Motivation*. ed. A. W. Lanfield, pp. 1 – 41. Lincoln: University of Nebraska Press, 1977. Reprinted in *The Social Context of Conduct*: *Psychological Writings of Theodore Sarbin*, ed. V. Allen and K. E. Scheibe, pp. 15 – 36. New York: Praeger 1982.

Scharfstein, Ben-Ami. 1989. *The Dilemma of Context*. New York: New York University Press.

Schwartzman, Helen B. 1984. "Stories at Work: Play in an Organizational Context." In *Text*, *Play*, *and Story*: *The Construction and Reconstruction of Self and Society*. 1983 *Proceedings of the American Ethnological Society*, ed. Stuart Plattner and Edward M. Bruner, pp. 80 – 93. Washington D. C. : The American Ethnological Society.

Searle, John R. 1969. *Speech Acts*: *An Essay in the Philosophy of Languages*. Cambridge: Cambridge University Press.

——. 1980. "The Background of Meaning. " In *Speech Act Theory and Pragmatics*, ed. J. R. Searle, F. Keifer and M. Bierwitsch. Dordrecht; Reidel.

Seital, Peter. [ 1969 ] 1976. "Proverbs: A Social Use of Metaphor. " Genre 2: 143 – 162. Reprinted in *Folklore Genres*, ed. Dan Ben-Amos, pp. 125 – 144. "Publications of the American Folklore Society Bibliographica and Special Series," Vol. 26. Austin: University of Texas Press.

Shapiro. Michael. 1983. *The Sense of Grammar*: *Languages as Semiotic*. Bloomington: Indiana University Press.

Silverstein, Michael. 1992. "Contextualization Revisited. " In *The Contextualization of Languages*, ed. Peter Auer and Aldo di Luzio, pp. 39 – 53. Amsterdam/Philadelphia: John Benjamins.

Thompson, Stith, ed. 1953. *Four Symposia On Folklore. Held at the Midcentury International Folklore Conference Indiana University*, *July* 21 – *August* 4, 1950. Indiana University Publications Folklore Series, No. 8. Bloomington:

Indiana University Press.

Todorov, Tzvetan. 1984. *Mikhail Bakhtin: The Dialogical Principle.* Trans. Wlad Godzich. *Theory and History of Literature*, Vol. 13. Minneapolis: University of Minnesota Press.

Toelken, Barre, 1986a. "Context and Meaning in the Anglo-American Ballad." In *The Ballad and the Scholars*, ed. D. K. Wilgus and Barre Toelken, pp. 29 – 52. Los Angeles: The William Andews Clark Memorial Library.

——. 1986b. "Figurative Languages and Cultural Contexts in the Traditional Ballads." *Western Folklore* 45: 128 – 139.

Ullmann, Stephen. 1959. *The Principles of Semantics.* Glasgow University Publications No. 84. 2d ed. London: Backwell & Mott.

Ward, Donald. 1977. "The Satirical Song: Text versus Context." *Western Folklore* 36: 347 – 354.

Wilgus, D. K. 1973. "The Text is the Thing." *Journal of American Folklore* 86: 241 – 252.

——. 1986. "The Comparative Approach." In *The Ballad and the Scholars*, ed. D. K. Wilgus and Barre Toelken, pp. 1 – 28. Los Angeles: The William Andrews Clark Memorial Library.

Wittgenstein, Ludwig. 1968. *Philosophical Investigations.* Trans. G. E. M. Anscombe. Oxford: Blackwell.

Wurzbach, Natascha. 1990. *The Rise of the English Street Ballad* 1550 – 1650. Cambridge: Cambridge University Press.

Young, Kathrine. 1985. "The Notion of Context." *Western Folklore* 44: 115 – 122.

# 民俗的定义：一篇个人叙事

【编译者按】本文（"A Definition of Folklore：A Personal Narrative"）发表于 Estudis de Literatura Oral Popular，3：9 – 28，2014。丹·本-阿默思将民俗定义为"小群体内的艺术性交际"，是出于 20 世纪 60 年代他对民俗的承启关系的关注，以及对当时流行的定义的不满，当然也受到人类学、语言学（特别是"口传民族志"）和俄国形式主义的影响。他在尼日利亚对埃多人的田野调查，直接促成了这个定义的形成。起初，学界对这个定义多持否定的，至多是模棱两可的态度，然而，随着时间的推移，学界的反应逐渐转为肯定。作者在近半个世纪后讲述了自己的思想历程，对深入了解这个定义和美国民俗学的发展大有裨益。

当卡梅·奥里奥尔（Carme Oriol）教授邀请我参加纪念已故的何塞普·普霍尔（Josep M. Pujol 1947 – 2012）教授的学术研讨会时，一开始我婉拒了。我对他说："除了你们俩合作编撰的（西班牙的）加泰罗尼亚民间故事索引①之外，我没有拜读过他的其他著作……我不太熟悉他的学术成果。"

她答道："你肯定不熟悉，除非你懂加泰罗尼亚语，因为他只用加泰

---

① 见 Oriol-Pujol（2008）。

罗尼亚语写作①。但是"，她补充道，"他了解你的著作"。随后，她传送给我一份她即将发表的关于普霍尔教授的纪念文章（Oriol，2012）。在其中，她提到，普霍尔教授受到我的老师理查德·道尔逊（Richard M. Dorson）教授的著作以及我本人对民俗的定义的影响。那一刻，我感到惭愧和难过。惭愧，是因为我们彼此缺乏交往。他读过我的东西，而我却不了解他的；难过，是因为我们再无法见面，我也无法当面跟他讲我定义民俗的过程，更不能与他讨论，受益于他的广博学识和深刻洞察力，以完善这一概念。斯人已去，这不可能了。现在，我只能隔着四十六年的光阴，来将我定义民俗的经过，作为我个人的故事，讲给你们——他的学生和同事们听。

我所提到的四十六年这个数字有其特殊的叙事意义。

我题为"在承启关系中探求民俗的定义"的文章发表于1971年的《美国民俗学刊》②，但它写成于1967年。促成我给民俗下一个新定义的机缘，是一位出版商邀我写一本民俗学入门教材。开始着手时，我想应该先界定一下该书的核心概念。出版社的编委会中有人提出了一个富有眼光的想法。通常，入门教材都由各学科的资深教授、经验丰富的教师和造诣精深的研究者撰写。然而，正如托马斯·库恩敏锐地观察到的那样，这些"教科书是维系常规学科持续的教学手段"（Kuhn，1962：137－138）。这些教材从当前主导性的学科范式的成形阶段出发，勾勒学科的线性历史。它们有三个固有的基本缺点：（1）忽视"该学科在该时代的历史完整性"（Kuhn，1962：3）；（2）它们的历史叙事，借用乔治·斯托林（George W. Stocking，1965）的概念来说，是"现在主义"的；（3）它们确认和重申各自学科的"规范科学"性，而不是普遍存在于年轻学者中的新思潮，而这，才可能是学科未来发展的趋势。显然，有人向编委会提出了别出心裁的建议，让年轻学者从其自身角度和眼光，来探讨各自学科当前和未来的理论、方法问题。出版商随后着手在学术界

---

① 在我们交谈之后，何塞普·M. 普霍尔的三篇文章被译为英文，以"Three Selected Papers on Catalan Folklore"（Pujol，2013）为题出版。其中包括"'Folkloric Bibliography of Josep M. Pujol'（2013：65－69）"。他的加泰罗尼亚语论文被卡梅·奥里奥尔和艾米丽·桑佩尔（Emili Samper）编成文集（2013）。

② 见丹-本-阿默思《在承启关系中探求民俗的定义》，张举文译，《民俗研究》1998年第4期。——译注

搜罗各学科的后起之秀。尽管民俗学在美国高校中地位寥落，但出版商仍决定将其纳入这一系列面向未来的教材中。

直到今天，我都不知道是谁建议出版商联系的我。彼时，我只发表了寥寥的几篇文章：在瑞士、印度和尼日利亚各发表了一篇短文章；在美国发表了两篇文章。我因协助我的老师，希伯来大学的多夫·诺伊（Dov Noy）教授编辑《以色列民间故事集》而稍有薄誉。然而，这一切并不足以向出版商表明我能担负编撰一部面向未来的民俗学教材的重任。回想起来，这要归因于师友的推荐，不论是因为他们自己不想写这种教材，还是因为他们认可我的能力。无论如何，我那时不揣浅陋，竟自信能够完成任务。

那是 1967 年。1966—1967 学年我在加利福尼亚大学洛杉矶分校的人类学系任教。当时，我经过在尼日利亚中西部埃多人中八个月的田野调查之后，刚回到美国。我于 1966 年 1 月 15 日，即第一次军事政变①之日抵达尼日利亚，8 月底回到美国。

回国后，我在加利福尼亚大学洛杉矶分校的人类学系担任教职，并与新成立的非洲研究中心、当时蜚声国际的民俗学与神话学中心建立密切的联系。后者由汉德（Wayland Hand，1907 - 1986）教授领导，囊括了维戈斯（D. K. Wilgus，1918 - 1989）、沃德（Donald Ward，1927 - 1990）、阿米斯特德（Sam Armistead，1927 - 2013）、普维尔（Jaan Puhvel）和乔治斯（Robert Georges）等著名学者。

那也是美国民俗学会独立举办年会的第一年。此前，它轮流依附于美国现代语言学会和美国人类学学会的年会之下②。学会发出征文启事

---

① 这是尼日利亚历史上的重要里程碑，然而对于刚抵达首都拉各斯机场的我来说，我当时觉得它是一场巨大的骚乱。关于 1 月 15 日尼日利亚政变的历史研究，参见 Richard Akinnola（1998：1 - 7）；Adewale Ademoyega（1981）；R. Luckham（1971：17 - 50）；L. A. Nwachuku and G. N. Uzoigwe（2004：32 - 38）；A. Nwankwo（1987：97 - 124）；John Oyinbo（1971：36 - 80）；A. Arthur（1987：97 - 124）；S. K. Panter-Brick（1970）。

② 美国民俗学会的前九届年会（1889—1897）是独立举行的。接下来的四次年会（1898—1901）与美国自然学家协会年会一起举行。第十五次年会（1903 年）再次单独举行。1916 年到 1941 年，美国人类学协会年会一起举行。1942—1943 年没有召开年会。之后，又举行四次独立的年会后（1944 年两次—1946 年）。美国民俗学年会轮流依附于美国人类学协会年会和现代语言协会年会之下。1966 年才又独立召开，直到现在（见 Susan A. Dwyer-Shick，1979）。当时，这次年会被认为在美国民俗学史上具有历史意义，参见 Rosemary Lévy Zumwalt（1988）。

时，我正在尼日利亚，访谈故事讲述人和歌手，参加埃多人的祭神仪式。就我来说，我根本没考虑参加此次会议。因此，会议议程中没有我的发言安排，我只是旁听了这次召开于波士顿的、有历史意义的美国民俗学年会。

然而，1967年会议的征文启事发出后，我急于参与。那时候我已经和出版社的编辑会过面了，甚至可能还签了约。我当时想，构想中的第一章很适合作为会议发言，所以，我发去了题为"民俗：再来一次定义游戏"的论文提要。

起这样的题目，我当时并不是想淡化我的民俗定义的意义，因而模糊地表述；也不是想制造所谓的犹太式幽默的修辞效果［精神分析学家马丁·格罗特雅恩（Martin Grotjahn）将犹太式幽默界定成先自我批评，以抵御他人可能的批评］（Grojahn 1966）；也不是为了抵消批评意见的策略，回应道"这只是个游戏罢了"。

相反，到20世纪60年代中期，学界充斥着对"民俗"的各种定义和再定义，这模糊了而非澄清了学科的界限、身份、主题和研究目标，阻碍了学科的发展。在此二十年前，世界各地的民俗学家纪念威廉·汤姆斯（William Thoms）创造"Folk Lore"① 一词一百周年时，也对其展开了全面的重估。时任美国民俗学会会长的赫斯柯维茨（Melville Herskovits）和时任英国民俗学会会长的洛德·拉格伦（Lord Raglan），两人都在其主席发言②中，关注"民俗"的模糊性，或者说这个词所导致的学科停滞问题。

正如其演讲标题所示，认识到民俗概念在开始和随后的矛盾，让赫斯柯维茨认为对民俗"重新定义"很有必要。他指出，汤姆斯的民俗概念中的"俗"与"文学"是同义词，然而他本人认为这个概念应作为"大众文化"，而非文学或大众文学的替代物。对他而言，"大众古俗"不仅包括"风俗习惯，行为规范与迷信"，也包括"歌谣、谚语等"。三十二年后，赫斯柯维茨意识到，在重新定义的过程中，他遇到了与当年汤姆斯一样的

---

① 1846年8月12日，威廉·汤姆斯以 Ambrose Merton 为笔名，在给《雅典娜神庙》刊物编辑的一封信中首次提到 "Folk Lore" 一词，参见 The Athenaeum no. 982（22 August, 1846）：862–863。关于威廉·汤姆斯及其创造 "Folk Lore" 一词的研究，参见 Duncan Emrich（1946）；Richard M. Dorson（1955；1968：75–90）；Marian A. Smith（1947）。

② 见 J. Gersehnhorn（2004）and L. M. Smith（2009）。

矛盾。在汤姆斯主导的新成立的民俗学会的章程中："民俗协会致力于保存和出版关于流行传统、传奇歌谣、谚语、迷信和古代习俗（英国和外国），以及与之相关的所有主题。"（Herskovits，1946：90）随着这个术语在世界范围内被普遍接受，民俗成为解释性理论的对象，这些理论导致了民俗概念内在差异的加深。进化论者将民俗理解为人类原始社会的遗留物，民族情感则将其作为连接一个民族的纽带。"民"的本意与其外延融汇在一起，以至于包括了社会各个阶层，不论其经济地位如何。美国的情况更为复杂，因为必须应对移民和本土传统之间的关系。为了应对这多重困境，赫斯柯维茨选择将民俗仅仅视为"民间文学"（Herskovits，1946：100）。

拉格伦选择了截然相反的路径。他从三个方面审视了民俗学作为一个知识探索领域的学科困境：首先，把研究局限在濒临消亡的陋俗迷信之中，让人沉闷和沮丧，完全不能吸引那些对现在和过去都感兴趣的人；其次，这类课题多年来充满了学刊，以致可研究的话题已明显趋于枯竭；再次，许多习俗和信仰，对于早期的民俗学学生来说是新鲜的，现在，即使不是全世界，也是全英国皆知的了（Raglan，1946：98）。

他的解决方案与其观察不一致。不像五十年后的一些美国民俗学家提出的那样[1]，抛弃它的研究目标和名称，他主张，要像一小部分民俗学者做过的那样，将民俗学这门学科进行重构[2]，确切地说，将其确定为一门历史学科。它的研究课题不是反应或全球的甚或民族的政治、社会或者经济变革，而是民众日常生活中的区域历史变迁[3]。

---

[1]  参见 Jane C. Beck（1997）；Regina Bendix（1998）；Barbara Kirshenblatt-Gimblett（1998）。关于反对改变名称的相关研究见 Ben-Amos（1998）和 Elliott Oring（1998）。

[2]  Wilhelm Heinrich Riehl（1859）；Johann Georg, von Hahn（1864）；George W. Cox（1881）；Edwin Sidney Hartland（1891）；George Laurence Gomme（1908）；Alexander H. Krappe（1930）。学科属性和学科地位一直是民俗学研究反复讨论的论题，例如 Munro S. Edmonson（1971）；W. Brückner and K. Beitl（eds.）（1983）。

[3]  在洛德·拉格伦提这个建议的时候，在 1929 年的法国，民众日常生活史的研究已经成为历史学领域研究路径之一，马克·布洛赫（MarcLéopoldBenjaminBloch1886 - 1944）和吕西安·费弗尔（Lucien Paul Victor Febvre，1878 - 1956）一起创办了"经济与社会史年鉴"，从而开创了一个有影响力的历史研究学派。倡导将日常生活纳入历史学的审视之下，是该学派的一个重要特色。关于年鉴学派的研究，参见 N. Birnbaum（1978）；M. Blochand L. Febvre（1994 - 2003）；A. Burguière（2006）；P. Burke（1990）；S. Clark（ed.）（1999）；C. Fink（1989）；R. Forster（1978）；M. Harsgor（1978）；L. Hunt（1986）；J. Tendler（2013）。

对民俗的重新理解不限于百年纪念时。六年后，时任美国现代语言协会主席的阿彻尔·泰勒（Archer Taylor）将民俗视为"联想思维"的表达。对他而言，民俗涉及联想思维而非逻辑思维所形成和传承的材料。谣言或迷信是一种民俗，其中联想思维对其保存和传承至关重要。它的形式、使用和有特色的异文是由无意识的、不自觉的过程所决定（Taylor，1952）①。

在描述民俗的特性时，阿彻尔·泰勒又激活了"联想思维"的概念②。爱德华·泰勒（Edward B. Tylor）曾认为这一概念是"神秘科学"的基础（Tylor，1958：115－116）。他也可能受到吕西安·列维-布留尔（Lucien Lévy-Bruhl）的影响，因为他在以前的文章中引用了布留尔的著作。后者提出"前逻辑思维"原则（Lévy-Bruhl，1919）是原始社会的显著特征（Taylor，1946：104）。无论如何，这一概念不但没有澄清当时的民俗学家们的困惑，反而为其火上浇油。

20世纪中叶是民俗学史的一个矛盾的里程碑。一方面，回顾这门学科所取得的长足进步和具体学术成果时，学科领军人物会感到自豪③。另一方面，如果从单一学科的角度梳理研究课题，就会卷入思想史的多条线索的纠缠，以及多学科理论与方法的交叉。这为民俗的主题、对象和形式带来沉重的负担。玛丽亚·利奇（Maria Leach）在其《冯-瓦氏标准民俗神话和传说词典》④中汇集的二十一个简短的定义，共同指出了各种对"什么是民俗"的回答的缺陷。在一篇回顾性文章中，阿特利（Francis Lee Utley）将"口头"和"传统"视为定义民俗时最常用的两个特征，因此可以认为两者是民俗的共同特征（Utley，1961）。然而，许多困扰着学科、阻碍着民俗学家构建一个全面的分析概念时的非常见特征，被他忽略了。

利奇的词典中给民俗下定义的学者的名单，读起来就像一份民俗学史课程的考卷。然而，仍有一些杰出学者没被包括进去。例如，罗曼·

---

① 参见他的早期文章：Taylor（1946）。

② 他在 *Funkand Wagnalls Dictionary* 中提出这一概念，然而，并没有又在定义民俗时提到它。参见 *Journal of Folklore Research* no. 33（1996）：255－264。

③ 见 Stith Thompson（ed.）（1953）。

④ 重刊于 *Journal of Folklore Research* no. 33（1996）：255－264。

雅各布森（Roman Jakobson），他曾为一部关于斯拉夫神话的辞典撰写了一篇佳作①，也发表了他与鲍加基耶夫（Peter Bogatyrëv）合作的当时鲜为人知，但后来影响深远的关于民俗的独特性的文章②。还有博格斯（Ralph Steel Boggs）③，一位国际知名的研究西班牙民俗的学者，他也没包括在内。虽然如此，这份名单仍展现了20世纪40年代美国民俗学研究的广度、深度和差异度，这些差异体现了学者们将学科交叉的研究观念贯彻到令人眼花缭乱的地步。

一连串的定义民俗的文章随之而来，它们都想厘清其脉络。年长学者试图划定学科界限，特别是民俗学与人类学、文学之间的界限，或试图将人类学与文学融进民俗学视野中④。这样做的时候，他们遵循了朱姆沃尔特所描述的美国民俗学学术传统，即"不同观点的对话"（Zumwalt，1988）。而同时，年轻学者则试图解决先前的理论中的矛盾，并进一步为解决民俗学的难题提出自己的答案⑤。

学术史和公共空间都充满了对民俗的定义的不满。1950年，我的老师理查德·道尔逊发表了名为"民俗与伪民俗"的文章，抨击了民俗的商业化和流俗化。其核心是区分社会生活中的民俗与为了商业、民族主义、博览会的目的而在流行文化中展示的伪民俗。同时，随着民俗在通俗读物中的流行，民歌复兴运动也引起关注，这使作为研究课题的民俗概念受到新的挑战⑥。不管是城市还是乡村，文字社会还是无文字社会，剧场化的民俗能等同于本土社会中的民俗展演吗？民俗的本真性问题不也正产生于这一时期吗？⑦

----

① 见 Jakobson（1949-1950）．他与彼得·鲍加基耶夫合作的文章与定义民俗的问题直接相关。因此，他的名字没出现在名单上，让人觉得不可思议。

② 见 Bogatyrëv and Jakobson（1929）。另见 Heda Jason（1991）。

③ 他是一位享誉国际的民俗学家，执教于北卡罗来纳大学的罗曼语族研究所（the Department of RomanceLanguages）。1939年，他于此开设了民俗学课程。有关他的研究，截止到20世纪中叶的作品目录，见 Boggs（1951）。

④ 例如（按发表的时间顺序列出）：William R. Bascom（1953；1955）；Marian W. Smith（1959）；Francis Lee Utley（1958；1961）。

⑤ 如 Roger D. Abrahams（1963）；Elli-KaijaKongas（1963）；Alan Dundes（1965；1966）。

⑥ 见 Ronald D. Cohen（2002）；Ian Russell 和 David Atkinson（eds.）（2004）。

⑦ 见 Regina Benedix（1997）；Leslie Pincus（1996）；Theodor W. Adorono（1973）；Jacob Golomb（1995）。

　　这些问题困扰着我和我的学界朋友们。渐渐地，定义民俗成了我的一种个人需要，而非仅是一个学术课题。为了把自己从困惑中解脱出来，我必须尽可能简洁地问自己三个相关的问题：首先，民俗是真的吗？也就是说，"民俗"是我们的观念或意识形态史中虚构的，还是社会文化的实在？其次，倘若换个名称，"民俗"还依然是"实在"吗？还会在我们观念中独具特色吗？如果这样，它具有恒常性，还是具有社会、历史短暂性，一个随着社会变迁而消逝的短暂文化现象？再次，民众如何在行为、语言和认知方面，区分他们社会生活中的民俗行为？如果说民俗的真实性和普遍性是理论前提的话，那么它的行为方面就是可观察的，因而是学科描述、分析和阐释的对象。在我以前有限的学习和研究中①，我所接触的民俗都来自文学作品以及其他可得到的印刷品，但是为了将其作为一种实用的社会实在来定义，我得深入社会生活中去。

　　为此，我凭借1966年在尼日利亚埃多人中生活、研究他们的口头传统的仍鲜活的经验。听他们讲故事、唱歌、说谚语、演奏音乐，看他们跳舞、装饰神龛、举行仪式，这让我直接接触了现实中的民俗。但是这时，我还需要把经验转化为民俗的一个新的定义，让其不仅能描述，而且能将其作为学术分析的主体。这种反思性的经验转换，要求我们不仅要从民俗学学科的层次，更要从一般学科的层次探讨这一现象。显然，相关的科学哲学成果颇多，我无力穷尽。我进入这一知识领域的门径是怀特海（Alfred North Whitehead）的文章《过程与实在》。它1927年和1928年写成于爱丁堡大学，首次出版于1929年②。我的定义虽不是怀特海哲学在民俗学的应用，然而，他的文章，或者说我所理解的他的意思，帮助我挣脱了对现实生活的事象导向的研究，转向过程导向的研究。前者注重对古物的知识遗产的好奇与搜集，这是民俗学起步阶段所关注的核心内容③。我推断，民俗在被放进档案柜之前，在被析为母题和类型之前，在成为浪漫

---

　　① 我的题为"In Praise of the Besht: Commentary and Motif-Index"的硕士论文（1964），后来收录在我和杰罗姆·明茨（Jerome Mintz）一同翻译出版的 *In Praise of the Baal Shem Tov*（1970）中。我的博士论文题目是"Narrative Forms in the Haggadah: Structural analysis"（1967c）。

　　② 见 F. S. C. Northrop and Mason W. Gross（eds.）（1961）：567–746。

　　③ 见 Dorson（1968：1–90）。

主义者理想化的对象之前，就已然是实在①。这是怎样的实在呢？

其他学科也必须调查和记录事实，但记录是观察的一部分，而非事实本身。在这里，怀特海是富有教益的。他建议我们在自然和社会中观察、研究过程。我们应该研究作为互动、关系和行动的实在之流动。学科研究的是进程而非静态。学生可以在研究时视其为静态，将其抽象为韦伯（Max Weber）所谓的"理想类型"②，但这些技术手段只是为了弥补我们有限的观察能力。历史学家的所有档案研究所要揭示的，不是孤立的文献，而是时间维度中事件之间的因果关系，这些关系富有解释力，能及时展现事物发展的过程。过程的概念适用于社会、人文、自然科学等门类下的学科。就民俗学而言，确定人类社会普遍存在的特定过程很有必要，这也是民俗学作为一个学科的目标。

社会生活中的过程与学科研究过程之间存在着内在的不协调。社会与自然并不是为各学科的研究而存在的，纵然是，两者之间的关系是也相反的。学科试图适应研究现实，然而，即使如此，两者之间的对应也远非完美。到20世纪60年代中期，民俗作为一个概念，民俗学作为一门学科，有着足够长的历史，发展出向不同方向的研究领域，这使得区分社会情景中的民俗更为复杂。当时，我所在的宾夕法尼亚大学的系被命名为"民俗与民众生活"，部分地反映了民俗学史的曲折，而非美国社会的变迁（Miller，2004）。因此，我首先试图确定社会中可以被看成"民俗"的过程，然后再对其进行学术的再现。

为此，依据我的田野经验，我把"交际"当作民俗的过程。它可以是言语的、视觉的、音乐的、动态的，但必须涉及交际过程。这个概念已经不是第一次出现在民俗学研究中了③，然而我的灵感直接来源于甘柏兹（John Gumperz）和海姆斯（Dell Hymes）编的《美国人类学家》学刊的题为"交际民族志"（1964）的专刊，特别是其中海姆斯的《导论：走向交际民族志》（Hymes，1964）一文。海姆斯将交际民族志构想为

---

① 参见 Abrahams（1993）。

② 关于马克斯·韦伯社会学理论中"理想类型"概念的研究参见 Becker（1933 – 1934；1940）；Burger（1976）；Cahnman（1964；1965）；Rogers（1969）；Weber（1947；1949）；for the application of this concept to folklore see Ben-Amos（1992）；Honko（1968；1976；1980；1989a；1989b）。

③ 例如 R. Bascom（1955：247）。

"由语言构成的又一个描述性科学"，其所聚焦的是整个交际事件，而语言只是其中一部分①。

这种交际的观念可以为民俗学研究提供坚实的基础。但是，正如海姆斯所提出的那样，这种观点既宽泛又狭隘，因为它排除了视觉艺术、音乐和舞蹈等非语言的交际形式，而这一观点在当时是学科范式的一部分。事实上，当时我并不太关注学科史。我故意将作为民俗学重要组成部分的"传统"②这一概念，视为一个可有可无的，而非必备的定义标准③。然而，仅仅是挑战过去的学术成果是不够的。建立民俗的社会文化和学术分析概念之间的对应关系，也非常有必要。为此，我提出，民俗是一种独特的交际方式，它在语言、视觉、声音、动作和表演上都是独具特色的。

"艺术性"不是一个评价性的而是描述性的术语，指向表演的审美维度。艺术性是区分民俗与我们社会生活交际行为的本质特征。以言语民俗为例，表演者通过采用言语标记，如开始和结束的程式、风格与音域、叙事模式、主题范围等来辨别言语民俗的形式。这些标记区别于其他形式的言语交际，并受到因文化而异的表演规则的约束。民俗学致力于分析和阐释不同言语类型，这些类型在表演者眼中具有艺术性。

那时我还没有读过彼得·鲍加基耶夫和罗曼·雅各布森的文章，即出版于1929年的《作为一种特殊创造形式的民俗》（Bogatyrëv-Jakobson，1929）。然而，我选择"艺术性"这一概念来修饰交际，可能受到俄罗斯

① 这篇论文成为海姆斯最有影响力的文章之一。他一直笔耕不辍，继续产出高水平的学术作品。他是以下三个学术组织的主席：美国民俗学会（1973—1974），美国语言学会（1982）和美国人类学协会（1983）。他的主要民俗学研究文章收录在 *Foundations in Sociolinguistics*：*An Ethnographic Approach*（1974）和 "*In VainI Triedto Tell You*："*Essays in Native American Ethnopoetics*（1981）这两本书中。

② 从民俗学的定义中删除"传统"这个概念已经成为学界极具争议性的议题。尽管我在定义民俗时忽略"传统"这一属性，在民俗学及其相关领域，"传统"一直并仍将是学者探索和分析的对象。关于传统的研究，参见 Anttonen（2005）；Becker（1998）；Blank and Howard（2013）；Bronner（1998，2011）；Cashman et alii（2011）；Gaily（1989）；Glassie（1995）；Hobsbawm and Ranger（1983）；Honko（1988）；McDonald（1997）；Shils（1981）；Utley（1961）；Watson（1997）. LindaDégh 被 Journal of Folklore Research 特邀编辑一期主题为"文化、传统、认同"专刊时，她半开玩笑地邀我写一篇关于"传统"的文章，见 Ben-Amos（1984）。

③ 见 Ben-Amos（1971：13－15）。

形式主义者的影响。我曾读过普罗普的著作的英译本，也受到我在博士论文中提到的印第安纳大学民俗研究所的那些学生的影响①。

然而，将"交际"修饰为艺术性的，虽然必要，但还不够。四十六年前，通信技术在经历我们正体验的飞跃之前，就已经可以为百万听众播放被称为"民谣"的歌曲。这还是一个民俗事件吗？我的看法是，它超出了民俗的界限。社会上普遍认为这样的表演是"大众传播"。也许这是以另一种媒介传播的民俗，但这不是民俗表演。因此，除了艺术性之外，还需要加入社会性的限定。所以我提出，民俗是"小群体内的艺术性交际"，涉及在一个事件中面对面的交际，其中表演者和观众共享一个象征性的世界。

在1967年举行于加拿大多伦多的美国民俗学会年会上，我首次宣读了题为"民俗：再来一次定义游戏"的论文。我被安排在由维戈斯教授主持的"口头与书面文学"小组上发言。小组的其他发言人有艾伦·娄麦克斯（Alan Lomax）和罗伯特·亚当斯（Robert J. Adams），他们是研究日本民俗的专家，也是我的同学。还有来自俄勒冈大学的巴瑞·托尔肯（Barre J. Toelken），一位研究民谣和纳瓦霍民俗的专家，当时我不认识他，后来我们成了好朋友。我的发言排到了最后。艾伦·娄麦克斯是这个小组中最资深的学者，因此，他主导了小组发言进程②。他的发言超出了规定的20分钟，让我们其他人很有时间压力。轮到我的时候，已近午餐时间。我开始陈述论点，延伸思路，正要引导到我对民俗的定义时，维戈斯不耐烦地催我快点完成陈述。我后来才知道，他之所以打断我，仅仅是因为他饿了。

从多伦多回来后，我花了一些时间准备发表我的论文，并在同事的建议下，将标题改为正式的也多少有点自命不凡的《迈向民俗学的新观

---

① 今天，弗拉基米尔·雅可夫列维奇·普罗普（Vladimir Yakovlevich Propp, 1895 – 1970）是一位重要的民间文学学者。他的民间故事形态学分析极具开创性。1958 年，他作品的第一个英译本出版于印第安纳大学，并立刻影响了该校民俗研究所的学生。十年之后，作为美国民俗学会参考书目之一，他作品的第二个译本问世。他的作品，或者关于他本人及其理论的具体信息，参见 V. Propp（1968；1984；2012）and A. Dundes（1964b），P. Gilet（1998），Milne（1988）andseeI. Levin（1967）。

② 关于他的论文集，见 Cohen（2003）。关于他的传记，见 Szwed（2010）。

念》，寄给《美国民俗学刊》。时任主编格林韦（John Greenway）教授拒绝了我的稿件。然而，他做了一个让步，告诉我他把这篇文章转给了得克萨斯大学的埃佩雷迪斯（Américo Paredes）教授，学刊的候任主编。埃佩雷迪斯后来私下告诉我，虽然他不知道我的稿子是不是格林韦教授拒绝的最后一篇，但他还是很清楚地记得，这是他本人第一篇同意在《美国民俗学刊》上刊发的稿件。

格林韦没有刊发我的论文，而是选择了我印第安纳大学的同学，威尔施的《关于定义的一则笔记》（Roger Welsch，1968）。那时威尔施在内布拉斯加大学的德语系教书，他是一位优秀的年轻学者。1967 年至 1968 年间，他在翻译科伦的《民俗学方法论》（Krohn，1971），向美国学生介绍民俗学经典。后来，他成为一位研究美国中部民俗的杰出民俗学家，至少出版了十一本著作[1]。威尔施指出，定义一般都是无价值的，他还特别批评了我的定义。他劝告民俗学家不要反复界定民俗，指出意义的变动不居乃是语言的本质，"民俗"一词也不外乎是。他认为，定义是语言学而非民俗学的问题。他的文章宏辩深邃，使我认识到自己文章的明显的模糊之处。我的论点并不涉及"民俗"一词本身，而是涉及那些被社会认定为特殊行为方式的社会和言语行为，正是针对这些行为，学者们使用了民俗这一术语。

为我辩护的是理查德·鲍曼（Richard Bauman），我的一位朋友和同学。他在获得印第安纳大学民俗学硕士学位后，在宾夕法尼亚大学美国文化与人类学专业深造。后来，他成为《美国民俗学刊》的编辑，写了许多关于民俗表演理论的书，成为一位国际知名的学者[2]。他写道：

> 如果一位作者的一个不适当的标题遮蔽了文章真正的贡献，那么在 1967 年的多伦多的美国民俗学年会上，丹·本-阿默思的《民俗：再来一次定义游戏》就是如此。显而易见，民俗学者已经厌倦了旧的游戏，在本-阿默思的论文问世之前，罗杰·威尔施就发表过

---

① 他出版了 11 本书，最近的一本名为 *Embracing Fry Bread*（2012）。

② 他的一些研究成果，见 R. Bauman（1983；1986；1975；2004）。他曾任 *Journal of American Folklore* 主编（1981—1985）。

这样的观点，并引起同行们的强烈共鸣。然而事实是，本-阿默思并不是真的在玩游戏，或者说他通过改写规则，打造了一个新的游戏。同意与否他的观点，对我们也没什么坏处，正所谓债多不愁，虱多不痒。虽然，他的论文刊出后自会作金石声，我还是觉得有必要回应威尔施提出的几个问题，只为让本-阿默思的贡献得到应有的充分重视。幸好，这些问题没有触及本-阿默思的核心观点。对于上述的旧游戏，本-阿默思不仅置身其外，而且，就像他在小标题中也强调的那样，他已经在重新定义民俗学的整个领域了。我们必须从这个角度来看待他的贡献。很显然，本-阿默思并不是在谈论民俗的材料本身，当然也不想被列入事象导向的民俗学家之列。他的贡献的意义在于，他从交际过程和行为的角度考虑民俗。他所做的，完完全全是在推进将民俗视为行为的研究。因此，他开拓了民俗研究的行为科学之路。这个重新定位指向了学科的宏伟前景，面对它，当威尔施和其他人文主义者恐惧、愤慨地退却的时候，对一些像我这样的人来说，正当其时。民俗作为一门社会科学的观念，现在大家都已经比较熟悉了，然而大多数民俗学家仅仅是观念上认可，而不是将其付诸实践。即使是文学学者，仅仅基于和平共处的理念，也会认可其合法性。但作为行为科学的民俗学却是新事物（Bauman，1969：167）①。

后来，学界一致关注我对民俗的定义，对此，鲍曼的作用至关重要。他于 1967 年去得克萨斯大学做博士后研究员。1968 年，《美国民俗学刊》时任主编帕雷德斯教授编辑第 82 卷（1969 年）时，鲍曼成为他的同事。他们一起策划出一个关于民俗学理论的专刊，鲍曼担任"特邀编辑"②。

1970 年夏天，我在印第安纳大学暑期班任教，请我的老师道尔逊教授审阅我的手稿。他以前是《美国民俗学刊》（1959—1963）的主编，我很信任他的判断力。阅后，他说："论文很好，但是你必须在标题中体现

---

① 理查德·鲍曼的评论发表于《美国民俗学刊》，在帕雷德斯担任主编之后。

② 《迈向民俗学的新观念》专刊出现于 *Journal of American Folklore* 84，no. 331（1971）：iii-ix，3-171，之后又作为美国民俗学会的特别出版物单独出版。

出你的定义的独特性，以及如何独特。"

"其实"，我回答说，"我是从承启关系的角度界定民俗"。

"那就直说。"

我立即给帕雷德斯教授写信，让他把我的文章标题改为"在承启关系中探求民俗的定义"。当时，他和鲍曼准备出版《美国民俗学刊》的理论专刊，他问我能否使用我已不用的论文标题作为他们专刊的标题。我当时不假思索地在标题中突出承启关系这一概念，虽然我很喜欢它，但它在民俗学研究领域并不是新鲜事物。高斯廷（Kenneth Goldstein）在其《民俗学田野指南》中区分了人为的、正式的、非正式的、自然的、身体的、半正式的和社会的情景（Goldstein，1964：190）。邓迪斯（Alan Dundes）和亚伯拉罕（Roger Abrahms）强调了分析民俗文本时"承启关系"的方法论意义。《在承启关系中探求民俗的定义》发表20年后，我写了一篇回顾性的文章，讨论了此前这个概念在民俗和相关学科的研究中的使用状况①。然而，在他们的使用和民俗学争论中，"承启关系"是解释文本意义的概念。我建议，把文本和其承启关系视为一个整体。考虑到在定义民俗时有许多属性，是次要的、可选择的，甚至是根本不必要的，因而，通过将介词"在"插入我的文章标题中，我意在说明，我所提出的定义是立得住脚的，因为民俗就发生、存在、表演在承启关系中（Ben-Amos 1983）。因此，民俗是出于实用的目的，在文化社会中的"小群体内的艺术性交际"。

文章发表后，引起各种不同的回应。维戈斯在得克萨斯州奥斯汀举行的1972年美国民俗学年会上的主席发言最引人注目（Wilgus，1973）。用尊敬的学者基特里奇（George Layman Kittredge）的话来说，维戈斯的发言是对围绕《新观念》形成的年轻学者在理论、方法和术语使用上的正面迎击。我和鲍曼两人的文章都成了批判的靶子。在听他发言时，我们相互会心一笑，显然都有种满足感。我们意识到，作为民俗学的年轻人，能引起美国民俗学会主席的不满，说明我们做得对、做得好。

当时的其他学术权威的回应较为矛盾。例如，曾因"伪民俗"一词引起学界骚动的道尔逊，同情他的学生，视其为民俗学界的"年轻的突

---

① 见 Alan Dundes（1964a）；Roger D. Abrahams（1968）；Dan Ben-Amos（1993）。

厥人"（Dorson，1972：45）①。然而，在其《民俗与伪民俗》一书中评论
《新观念》时，他却持保留意见，认为这个新趋势并没有什么真正的新东
西（Dorson，1976：86 – 87）。这体现了威廉·詹姆斯的一个看法，即新
理论先是被拒绝，接下来被承认是真的，但意义微不足道，最后又被认
为根本不是新的（James，1907：198）。

四十六年前，年轻的民俗学者更易于接受这一理论。② 就我个人的努
力而言，我曾从不同途径探讨较传统的民俗研究方法。在这整个过程中，
民俗的这一定义和民俗概念的核心，一直支撑着我，成为我研究的基本
前提。

## 参考文献

Abrahams，Roger D. 1963. "Folklore in Culture：Notes toward an Ana-
lytic Method. " *Texas Studies in Literature and Language* No. 5（Spring 1963）：
98 – 110.

——. 1968. "Introductory Remarks to a Rhetorical Theory of Folklore. "
*Journal of American Folklore* No. 81：143 – 158.

——. 1993. "Phantoms of Romantic Nationalism in Folkloristics. " *Jour-
nal of American Folklore*：3 – 37.

Ademoyega，Adewale 1981. *Why We Struck：The Story of the First Nigerian
Coup.* Ibadan，Nigeria：Evans Brothers.

Adorono，Theodor W. 1973. *The Jargon of Authenticity. Trans. Knut Tar-
nowskiand Frederic Will.* Evanston：Northwestern University Press.

Agwuncha Nwankwo，Arthur 1987. *Power and Violence in Nigerian Poli-
tics.* Enugu，Nigeira：Fourth Dimension Publishing Co.

Akinnola，Richard 1998. *History of Coupd'etats in Nigeria.* Lagos：Media-

---

① 他对《新观念》专刊的导论性文章，基本上是他对其《当代民俗学理论》（1963）一文
的稍加改动之作。其中，他还增添了对"语境主义者"（Contextualists）的讨论（1972：45 –
47）。

② 参见 H. Glassie（1983：129）。

Researchand ResourceBureau.

Anttonen, Pertti J. 2005. *Tradition through Modernity: Postmodernism and Nation-State in Folklore Scholarship.* Helsinki: Finnish Literature Society.

Bascom, William R. 1953. "Folklore and Anthropology. " *The Journal of American Folklore* no. 66: 283 – 290.

——. 1955. "VerbalArt. " *The Journal of American Folklore* no. 68: 245 – 252.

Bauman, Richard 1969. "Towardsa Behavioral Theory of Folklore: ARe-plyto Roger Welsch. " *Journal of American Folklore* no. 82: 167 – 170.

——. 1975. "Verbal Art as Performance. " *American Anthropologist*, New Series, vol. 77, no. 2 (June 1975): 290 – 311.

——. 1983. *Let Your Words be Few: Symbolism of Speaking and Silence among Seventeenth-century Quakers.* NewYork: Cambridge University Press.

——. 1986. *Story, Performance, and Event: Contextual Studies of Oral-Narrative.* NewYork: Cambridge University Press.

——. 2004. *A World of Others' Words: Cross-Cultural Perspectives onInter-textuality.* Malden: Blackwell Publishing.

Bayard, Samuel P. 1953. "The Materials of Folklore. " *The Journal of American Folklore* no. 66: 17.

Beck, Jane C. 1997. "Taking Stock: 1996 American Folklore Society Presidential Address. " *Journal of American Folklore* no. 110: 123 – 139.

Becker, Howard 1933 – 1934. "Culture Case Study and Ideal-Typical Method: With Special Reference to Max Weber. " *Social Forces* no. 12: 399 – 405.

——. 1940. "Constructive Typology in the Social Sciences. " In *Contemporary Social Theory.* Eds. Henry E. Barnes, Howard Becker and Frances Becker. New York: Appleton-Century, p. 17 – 47.

Becker, JaneS. 1998. *Selling Tradition: Appalachia and the Construction of an American Folk*, 1930 – 1940. ChapelHill: TheUniversityofNorthCarolina.

Ben-Amos, Dan 1963a. "Folklore in Israel. " *Schweizerisches Archiv für Volkskunde* no. 59: 14 – 24.

——. 1963*b*. "Hebrew Parallels to Indian Folktales." *Journal of the Assam Research Society* no. 15: 37 – 45.

——. 1963*c*. "The Situation Structure of the Non-Humorous English Ballad." *Midwest Folklore* no. 13: 163 – 176.

——. 1964. "In Praise of the Besht: Commentary and Motif-Index", Unpublished M. A. Thesis. Bloomington: Indiana University.

——. 1967*a*. "Ikpomwosa Osemwegie: A Young Bini Poet." *Nigeria Magazine* no. 94: 250 – 252.

——. 1967*b*. "Story Telling in Benin". *African Arts/Artsd' Afrique*no. 1: 54 – 59.

——. 1967*c*. "Narrative Forms in the Haggadah: Structural Analysis". Unpublished Dissertation. Bloomington: Indiana University.

—— (ed. ) 1970. *In Praise of the Baal Shem Tov.* Editor and translator, in collaboration with JeromeR. Mintz. Bloomington: Indiana University Press.

——. 1971. "Towarda Definition of Folklore in Context". *Journal of American Folklore*no. 84: 3 – 15.

——. 1983. "The Idea of Folklore: An Essay". In *Studies in Aggadah and Jewish Folklore* edited by Issachar Ben-Ami and Joseph Dan. Folklore Research Center Studies 8. Jerusalem: The Magnes Press, pp. 11 – 17. [ Reprintedin VictorD. Sanua (ed. ): *Fields of Offerings: Studies in Honor of Raphael Patai.* Cranberry, N. J. : Associated University Presses, 1983, pp. 47 – 64; AlanDundes (ed. ): *Folklore: Critical Concepts in Literary and Cultural Studies.* Vol. I. London: Routledge, 2005]

——. 1984. "The Seven Strands of Tradition: Varieties in Its Meaning in American Folklore." *Journalof Folklore Research* no. 21: 97 – 131.

——. 1992. *Do We Need Ideal Types (in Folklore)? —An Address to LauriHonko.* NIF Papers no. 2. Turku: Nordic Institute of Folklore.

——. 1993. "Contextin Context." *Western Folklore*no. 52: 209 – 226.

——. 1998. "The Name Is the Thing." *Journal of American Folklore* no. 111: 257 – 280.

Bendix, Regina 1997. *In Search of Authenticity: The Formation of Folklore*

*Studies*：Madison：University of Wisconsin Press.

——. 1998. "Of Names, Professional Identities, and Disciplinary Futures" *Journal of American Folklore* no. 111：235 – 246.

Birnbaum, Norman 1978. "The Annales School and Social Theory [with Discussion]．" *Review* (*Fernand Braudel Center*) no. 1：225 – 242.

Blank, Trevor J. and Robert Glenn Howard (eds.) 2013. *Tradition in the Twenty-First Century：Locating the Role of the Past in the Present*. Logan：Utah State University Press.

Bloch, Marc；Lucien Febvre 1994 – 2003. *Marc Bloch, Lucien Febvre et les Annales d' histoire économique et sociale：correspondance*. 3 Vols. Ed. Bertand Müller, Paris：Fayard.

Bogatyrëv, Peter；Roman Jakobson 1929. "Die Folklore als eine besondere Form des Schaffens." In *Donum natalicum Schrijnen, verzameling van opstellen opgedragen aan. . . Jos. Schrijnenbijgelegenheidvanzijnzestigstenverjaardag*, 3*Mei*1929. Utrecht：Dekkera and Vander Vegt, pp. 900 – 913. [Revisedversion：RomanJakobson：*Selected Writings*. The Hague：Mouton, 1966, 4, pp. 1 – 15；Englishtranslation：PeterSteiner (ed.)：*The Prague School：Selected Writings*, 1919 – 1946. Austin：University of Texas Press, 1982, pp. 32 – 46.]

Boggs, Ralph Steele 1951. "Bibliography of R. S. Boggs Through 1950." *Folklore Americas* no. 11 2 (1951)：1 – 13.

Bronner, Simon J. 1998. *Following Tradition：Folklore in the Discourse of American Culture*. Logan, Utah：Utah State University Press.

——. 2011. *Explaining Traditions：Folk Behavior in Modern Culture*. Lexington, KY.：The University Press ofKentucky.

Brückner, Wolfgang；Klaus Beitl (eds.) 1983. *Volkskunde als akademische Disziplin. Studien zur Institutionelausbildung. Referat eines wissenschaftsgeschichtlichen Symposions vom 8. – 10. Oktober 1982 in Würzburg.* Österreichische Akademie der Wissenschaften, Philosophisch-Historische Klasse 414. Vienna：Der Österreichische Akademie der Wissenschaften.

Brunvand, Jan Harold 1968. *The Study of American Folklore：An Introduc-*

tion. New York: W. W. Norton and Co.

Burger, Thomas 1976. *Max Weber's Theory of Concept Formation: History, Laws, and Ideal Types*. Durham, NC: Duke University Press.

Burguière, André 2006. *The Annales School: An Intellectual History*. Trans. JaneMarie Todd. Ithaca: Cornell UniversityPress.

Burke, Peter 1990. *French Historical Revolution: the Annales School, 1929 – 89*. Standford, California: Stanford UniversityPress.

Cahnman, Werner J. 1964. "Max Weber and the Methodologica Controversy in the Social Sciences." In *Sociology and History: Theory and Research*. Eds. Werner J. Cahnmanand Alvin Boskoff. NewYork: The Free Press, p. 103 – 127.

——. 1965. "Ideal Type Theory: MaxWeber's Concept and Some of ItsDerivations." *Sociological Quarterly* no. 6: 268 – 280.

Cashman, Ray, Tom Mould and Pravina Shukla (eds. ) 2011. *The Individual and Tradition: Folkloristic Perspectives*. Special Publications of the Folklore Institute, no. 8. Indiana University Bloomington. Bloomington: Indiana University Press.

Clark, Stuart (ed. ) 1999. *The Annales School: Critical Assessments*. 4 vols. London: Routledge.

Cohen, Ronald D. 2002. *Rainbow Quest: The Folk Music Revival and American Society 1940 – 1970*. Amherst and Boston: University of Massachusetts Press.

—— (ed. ) 2003. *Alan Lomax: Selected Writings 1934 – 1997*. NewYork: Routledge.

Cox, George W. 1881. *An Introduction to the Science of Comparative Mythology and Folklore*. New York: H. Holt and Co.

Dorson, Richard M. 1955. "The First Group of British Folklorists." *The Journal of American Folklore* no. 68: 333 – 340.

——. 1963. "Current Folklore Theories." *Current Anthropology* no. 4: 93 – 112.

——. 1968. *The British Folklorists: A History*. Chicago: The University of

Chicago Press.

——. 1976. *Folklore and Fakelore: Essays toward a Discipline of Folk Studies*. Cambridge, Mass.: Harvard University Press.

—— ( ed. ) 1972. *Folklore and Folklife: An Introduction*. Chicago: University of Chicago Press.

Dundes, Alan ( 1964*a* ): "Texture, Text, and Context." *Southern Folklore Quarterly* no. 28: 251 – 265. [ reprinted in Alan Dundes: *Interpreting Folklore*. Bloomington: Indiana University Press, 1980, pp. 20 – 32. ]

——. 1964*b*. *The Morphology of North American Indian Folktales*. Folklore Fellows' Communications 195. Helsinki: SuomalainenTiedeakatemia.

——. 1965. "WhatIsFolklore?" In Alan Dundes ( ed. ): *The Study of Folklore*. Englewood Cliff, N. J.: Prentice-Hall, pp. 1 – 3.

——. 1966. "The American Concept of Folklore." *Journal of the Folklore Institute* no. 3: 226 – 249.

Dwyer-Shick, SusanA. 1979. "The American Folklore Society and Folklore Research in America, 1888 – 1940." Unpublished Dissertation. Philadelphia: University of Pennsylvania.

Edmonson, MunroS. 1971. *Lore: An Introduction to the Science of Folklore and Literature*. New York: Holt Rinehart and Winston.

Emrich, Duncan 1946. "Folklore: William John Thoms." *California Folklore Quarterly* no. 5 (1946): 355 – 374.

Fink, Carole 1989. *MarcBloch: A Life in History*. Cambridge, UK: CambridgeUniversity Press.

Forster, Robert 1978. "Achievements of the Annales School." *The Journal of Economic History* no. 38: 58 – 76.

Gaily, Alan 1989. "The Nature of Tradition." *Folklore* no. 100: 143 – 161.

Gershenhorn, Jerry 2004. *Melville J. Herskovits and the Racial Politics of Knowledge*. Lincoln: University of Nebraska Press.

Gilet, Peter 1998. *Vladimir Propp and the Universal Folktale: Recommissioning an Old Paradigm StoryasInitiation*. Middlebury Studiesin Russian Languageand Literature, Vol. 17. New York: Peter Lang.

Glassie, Henry 1983. "The Moral Lore of Folklore. " *Folklore Forum*no. 16 (1983): 123 –151.

——. 1995. "Tradition" . *Journal of American Folklore* no. 108: 395 –412.

Goldstein, Kenneth S. 1964. *A Guide for Field Workers in Folklore.* Hatboro, Pennsylvania: Folklore Associates.

Golomb, Jacob 1995. *In Search of Authenticity: From Kierkergaard to Camus.* London: Routledge.

Gomme, George Laurence 1908. *Folklore as an Historical Science.* London: Methuen.

Grojahn, Martin 1966. *Beyond Laughter: Humor and the Subconscious.* New York: McGraw-Hill.

Gumperz, John; Dell Hymes. (eds. ) 1964. "The Ethnography of Communication. " Special Publication of *American Anthropologist* No. 66, 6, pt. 2.

Hahn, JohannGeorgvon 1864. *Griechischeundalbanesische Marchen.* 2Vols. Leipzig: W. Engelmann.

Harsgor, Michael 1978. "Total History: The Annales School. " *Journalof Contemporary History* No. 13: 1 –13.

Hartland, Edwin Sidney 1891. *The Science of Fairy Tales, An Inquiry into Fairy Mythology.* London: W. Scott.

Hasan-Rokem, Galit 1998. "The Birth of Scholarship out of the Spirit of Oral Tradition: Folk Narrative Publications and National Identity in Modern Israel. " *Fabula* no. 39: 277 –290.

Herskovits, Melville J. 1946. "Folklore after a Hundred Years: A Problem in Redefinition. " *The Journal of American Folklore* no. 59: 89 –100.

Hobsbawm, Eric and Terence Ranger (eds. ) 1983. *The Invention of Tradition.* Cambridge, UK: Cambridge University Press.

Honko, Lauri. 1968. "Genre Analysis in Folkloristics and Comparative Religion. " *Temenos* no. 3: 48 –66.

——. 1976. "GenreTheoryRevisited. " Folk Narrative Research: Some Papers Presented atthe VIC ongress of the International Society for FolkNarrative

Research. *Studia Fennica* no. 20: 20 – 26.

——. 1980. "GenreTheory." *Arv*: *Scandinavian Year book of Folk-lore*no. 36: 42 – 45.

—— (ed.) 1988. *Tradition and Cultural Identity*. Turku: Nordic Institu-te of Folklore.

——. 1989a. "Folkloristics Theories of Genre." *Studiesin Oral Narra-tive*. Ed. Anna-Leena Siikala. *Studia Fennica* no. 33: 13 – 28.

——. 1989b. "Methods in Folk Narrative Research." In *Nordic Folklore*: *RecentStudies*. Eds. Reimund Kvideland and Henning K. Sehmsdorf. Folklore Studies in Translation. Bloomington: Indiana University Press, pp. 23 – 39.

Hunt, Lynn 1986. "FrenchHistory in the Last Twenty Years: The Riseand Fall of the Annales Paradigm." *Journal of Contemporary History* no. 21: 209 – 224.

Hymes, Dell 1964. "Introduction: Toward Ethnographies of Communica-tion." *American Anthropologist* vol. 66, no. 6, Special Publication "The Eth-nography of Communication": 1 – 34.

——. 1974. *Foundations in Sociolinguistics*: *An Ethnographic Approach*. Philadelphia: University of PennsylvaniaPress.

——. 1981. *"In Vain I Tried to Tell You"*: *Essays in Native AmericanEth-nopoetics*. Philadelphia: University of Pennsylvania Press.

Jakobson, Roman 1949 – 1950. "Slavic Mythology." In Maria Leach (ed.): *Funk & Wagnalls Standard Dictionary of Folklore Mythology and Leg-ends*. 2 Vols. Associate editor, Jerome Fried. New York: Funk & Wagnalls company, vol. 2, pp. 1025 – 1028.

James, William 1907. *Pragmatism*: *A New Name for Some Old Ways of Thinking*. New York: Longmans, Green and Co.

Jason, Heda 1991. "Marginalia to P. Bogatyrev and R. Jakobson's Essay 《Die Folklore als Eine Besondere Formdes Schaffens》." *Folklore* No. 102: 31 – 38.

Kirshenblatt-Gimblett, Barbara 1998. "Folklore's Crisis." *Journal of American Folklore* No. 111: 281 – 327.

Kongas, Elli-Kaija 1963. "The Concept of Folklore." *Midwest Folklore* no. 13 : 69 – 88.

Krappe, Alexander H. 1930. *The Science of Folk-Lore*. London: Methuen.

Krohn, Kaarle 1971. *Folklore Methodology*. Formulatedby Julius Krohnandexpanded by Nordic Researchers. Trans. Roger L. Welsch. Publications of the American Folklore Society bibliographical and Special Series, Vol. 21. Austin, Texas: The UniversityofTexasPress. [ Originally published as *Diefolkloristische Arbeitsmethode*. Oslo, Norway: The Institutef or Comparative research in HumanCulture, 1926. ]

Kuhn, Thomas S. 1962. *The Structure of Scientific Revolutions*. International EncyclopediaofUnifiedScience, Vols. 1&2. Vol. 2, No. 2. Chicago: TheUniversity of ChicagoPress.

Leach, Maria ( ed. ) 1949 – 1950. *Funk & Wagnalls Standard Dictionary of Folklore Mythology and Legends*. 2 Vols. Associate editor, Jerome Fried. New York: Funk & Wagnalls Company. [ Reprinted as " Definitions of Folklore. " *Journal of Folklore Research* No. 33 ( 1996 ): 255 – 264. ]

Levin, Isidor 1967. "Vladimir Propp: An Evaluation on His Seventieth Birthday. " *Journal of the Folklore Institute* No. 4: 32 – 49.

Levy-Bruhl, Lucien 1910. *Les fonctions mentales dans les sociétés inférieurs*. Paris: F. Alcan. [English Translation by L. A. Clare: *How Natives Think*. New York: A. A. Knopf, 1925. ]

Luckham, Robin 1971. *The Nigerian Military: A Sociological Analysis of Authority & Revolt* 1960 – 1967. Cambridge: Cambridge University Press.

McDonald, Barry 1997. "Tradition as Personal Relationship. " *Journal of American Folklore* No. 110: 47 – 67.

Miller, Rosina S. 2004. "Of Politics, Disciplines, and Scholars: MacEdward Leach and the Founding of the Folklore Programatthe University of Pennsylvania. " *The Folklore Historian* No. 21: 17 – 34.

Milne, Pamela J. 1988. *Vladimir Propp and the Study of Structure in Hebrew Biblical Narrative*. Sheffield: Almond Press.

Northrop, F. S. C. ; Mason W. Gross（eds.）1961. *Alfred North White-head*：*An Anthology.* New York：The Macmillan Company.

Noy, Dov（ed.）1963. *Folktales of Israel*, with the assistance of Dan Ben-Amos. Chicago：Chicago UniversityPress.

Nwachuku, Levi A. ; G. N. Uzoigwe 2004. *Troubled Journey*：*Nigeria Since the Civil War.* Dallas：University Press of America.

Nwankwo, ArthurA. 1987. *The Military Option to Democracy*：*Class*, *Powerand Violence in Nigerian Politics.* Enugu, Nigeira：Fourth Dimension Publishing Co.

Oyinbo, John 1971. *Nigeria*：*Crisis and Beyond.* London：Charles Knight.

Oring, Elliott 1998. "Anti Anti-' Folklore '. " *Journal of American Folklore* no. 111：328 – 338.

Oriol, Carme 2012. "Josep M. Pujol（1947 – 2012）. " *Fabula* no. 53, 3 – 4：295 – 298.

Oriol, Carme；Josep M. Pujol 2008. *Index of Catalan Folktales.* Folklore Fellows' Communications 294. Helsinki：Suomalainen Tiedeakatemia.

Oriol, Carme；Emili Samper（eds.）2013. *Això era i no era*：*Obra folklòrica de Josep M. Pujol.* Tarragona：Publicacions Universitat Rovira i Virgili.

Panter-Brick, S. K. 1970. "From Military Coup to Civil War January 1966 to May 1967. " In *Nigerian Politics and Military Rule*：*Prelude to the Civil War.* Common wealth Papers13. London：University of London and The Athlone Press, pp. 14 – 57.

Paredes, Américo；Richard Bauman（eds.）1972. *Toward New Perspectives in Folklore.* Publications of the American Folklore Society Bibliographical and Special Series, Vol. 23. Austin, Texas：The University of Texas Press. [Second edition Bloomington, Indiana：Trickster Press, 2000. ]

Pincus, Leslie 1996. *Authenticating Culture in Imperial Japan*：*Kuki Shuzo and the Rise of National Aesthetics.* Berkeley：University of California Press.

Propp, Vladimir 1958. *Morphology of the Folktale.* Trans. Laurence Scott. Ed. Svatava.

Pirkova-Jakobson. *International Journal of American Linguistics*, 24, No. 4, part III. Publication Ten of the Indiana University Research Center in Anthropology, Folklore and Linguistics. Bloomington, Indiana: Indiana University.

——. 1968. *Morphology of the Folktale*. 2nd revised edition. Ed. Louis A. Wagner. "Introduction" by Alan Dundes. Publications of the American Folklore Society Bibliographical and Special Series, Vol. 9. Indiana University Research Center in Anthropology, Folklore and Linguistics, Publication10. Austin: University of Texas Press.

——. 1984. *Theory and History of Folklore*. Trans. Ariadna Y. Martin andRichard

P. Martin. Ed. Anatoly Liberman. Theory and History of Literature, Vol. 5. Minneapolis: University of Minnesota Press.

——. 2012. *The Russian Folktale*. Trans. and ed. Sibelan Forrester. Series in Fairy Tale Studies. Detroit: Wayne StateUniversity.

Pujol, Josep M. 2013. *Three Selected Papers on Catalan Folklore: Traditional Literature and Ethnopoetics; Introduction to a History of Folklores; Extraordinary Stories, Urban Legends*. Eds. Carme Oriol and Emili Samper. Tarragona: Publicacions URV. Electronic version < http: //publicacionsurv. cat/ llibres-digitals/biblioteca-digital/item/419-three-selected-papers-on-catalan-folklore > [last access: July 2014].

Raglan, Lord . 1946. "The Scope of Folklore." *Folklore* No. 57: 98 – 105.

Riehl, WilhelmHeinrich 1859. "Die Volkskundeals Wissenschaft" In *Culturstudien aus drei Jahrhunderten*. Stuttgart: J. G. Cotta, pp. 205 – 229. [Reprinted in Gerhard Lutz (ed. ): *Volkskunde: Ein Handbuch zur Geschichte ihrer Probleme*. Berlin: Erich Schmidt, 1958. ]

Rope, Jonathan 2007. "Thoms and the Unachieved 'Folk-Lore of England' ," *Folklore* Vol. 118: 203 – 216.

Russell, Ian; David Atkinson (eds. ) 2004. *Folk Song: Tradition, Revival, and Re-Creation.* The Elphinstone Insitute Occasional Publications

3. Aberdeen： University ofAberdeen.

Shils, Edward 1981. *Tradition.* Chicago： The University of Chicago Press.

Simpson, GeorgeEaton 1973. *MelvilleJ. Herskovits.* Leadersof Modern Anthropology Series. New York： Columbia University Press.

Smith, LllewellynM. （directorandproducer） 2009. *HerskovitsattheHeartofBlackness* ［videorecording］. Berkeley, CA： California Newsreel.

Smith, Marian A. 1947. "Thoms, 《Folk-Lore》 and the Folklore Centenary." *The Journal of American Folklore* No. 60： 417 – 420.

——. 1959. "The Importance of Folklore Studiesto Anthropology." *Folkloreno.* 70： 300 – 312.

Stocking, Jr. GeorgeW. 1965. "On the Limits of 'Presentism' and 'Historicism' in the Historiography of the Behavioral Sciences." *Journal of the History of the Behavioral Sciences* no. 1： 211 – 218.

Szwed, John F. 2010. *Alan Lomax： the Man who Recorded the World.* New York： Viking Penguin.

Taylor, Archer 1946. "The Problems of Folklore." *Journal of American Folklore* no. 59： 101 – 107.

——. 1952. "The Place of Folklore". *PMLA* no. 67： 59 – 66.

Tendler, Joseph 2013. *Opponents of the Annales School.* NewYork： Palgrave Macmillan. Thompson, Stith （ed.） 1953. *Four Symposia On Folklore. Held atthe Mid century International Folklore Conference Indiana University*, July 21 – August 4, 1950. Indiana University Publications Folklore Series No. 8. Bloomington： Indiana University Press.

Thoms, William ［Ambrose Merton］ 1846. "Folklore." *The Athenaeum* no. 982 （August 22, 1846）： 862 – 863. ［Reprinted in Alan Dundes （ed.）： *The Study ofFolklore.* EnglewoodCliffs, N. J.： Prentice-Hall, pp. 4 – 6; "'Folk-Lore,' from 《TheAthenæum》 August22, 1846." *Journal of Folklore Researchno.* 33 （1996）： 187 – 189.］

Tylor, Edward Burnett 1958. *The Origins of Culture.* New York： Harper & Brothers. ［Originally published as chapters I-X of *Primitive Culture.* London：

John Murray, 1871.]

　　Utley, FrancisLee 1958. "The Study of Folk Literature: Its ScopeandUse." *The Journal of American Folklore* No. 71: 139 – 148.

　　——. 1961. "Folk Literature: An Operational Definition." *Journal of A-merican Folklore*No. 74: 193 – 206.

　　Watson, Stephen H. 1997. *Tradition (s): Refiguring Community and Virtue in Classical German Thought.* Bloomington: Indiana University Press.

　　Weber, Max 1947. *The Theory of Social and Economic Organization.* Trans. A. M. Henderson and Talcott Parsons. New York: The Free Press.

　　——. 1949. *Max Weberon The Methodology of the Social Sci-ences.* Translatedby Edward A. Shils and Henry A. Finch. Glencoe, Ill. : Free Press.

　　Welsch, Roger 1968. "A Note on Definitions." *Journal of American Folk-lore* No. 81: 262 – 264.

　　——. 2012. *Embracing Fry Bread: Confessions of a Wannabe.* Lincoln: University of NebraskaPress.

　　Wilgus, D. K. 1973. "The Text is the Thing." *Journal of American Folklore* No. 86: 241 – 252.

　　Zumwalt, Rosemary Lévy 1988. *American Folklore Scholarship: A Dialogue of Dissent.* Bloomington: Indiana University Press.

◆◆ 第二编 ◆◆

# 民俗的类型

在民俗学成为一个现代学科后的一百多年里，在不断界定什么是"民俗"的同时，一个根本问题是如何为民俗事象分类。由于受早期的文学路径的影响，民俗的类型（genre），更准确地说是民间文学的类型，被从"文学的种类"（或"文类"）来划分的，例如，神话、故事、童话和谚语等。虽然物质民俗也被注意到了，但都被视为"口头传统"的社会背景。到了20世纪60年代，当民俗学发生范式转换时，物质生活和信仰行为等民俗事象被视为与口头言语传统并列的民俗，于是，对民俗类型的细分就成为学科的新挑战，将学科发展推到一个瓶颈期。

本-阿默思在《民俗学中类型的概念》一文中，梳理了民俗学与其他学科在有关概念上的关系，清晰地展示了民俗学所经历的不同界定和所受到的不同影响，进一步阐述了民俗传统的动力性，也因此强调了民俗学在界定民俗类型概念时要以"特定"文化和社会的"特定"承启关系来认识和理解。在《分析类别与本族类型》一文中，本-阿默思创造性地界定了"本族类型"这个概念，在根本上打破了传统的欧洲中心论下的"普适"原则。这个概念所强调的是：一方面，无论是借鉴文学还是生物学的分类方法，民俗实践本身的独特表明，民俗是"超有机体"，而不是静态的文字文本和试验室的标本；另一方面，人类文化的多元决定了民俗实践的多样，因此，对民俗类型的概念是以特定社会和文化为基础的，而不是以学术概念为依据的。这是一个超时代的定义，影响到今天对不同文化和社会的民俗的研究，不论是从局内人眼光，还是从局外人眼光，或者说客位和主位观点。的确，对民俗类型的界定是各国民俗发展中都面临的问题。这中间所体现的不仅是学科方法问题，也有不同程度的文化态度问题。本-阿默思在《我们需要理想的（民俗）类型吗？——致劳里·航柯》一文中，更是以多学科和国际化的视角，进一步拓宽了民俗学的视野。

显然，在对民俗类型的研究中，本-阿默思的详尽和系统的逻辑论述，为发展民俗学理论体系做出了极大贡献。这对中国民俗学的发展有很大借鉴意义：例如，如何利用统一的中文"术语"来进行学术对话？如何在进行现代学术研究中，正确认识中国的民俗类型？中国社会历史上的民俗类型概念是什么？不同地区民众在民俗生活中又如何运用和维系他们的"本族类型"概念？

# *5*

# 民俗学中类型的概念

【编译者按】本文［"The Concepts of Genre in Folklore."*Studia Fenni-ca*，*Review of Finnish Linguisticsand Ethnology* 20，(1976)：30 – 43］是作者基于所编辑的《民俗类型》（*Folklore Genre*，1976）文集的前言而修改为独立论文的，旨在完整论述这个概念。

关于类型（genre）的定义与使用始终是困扰民俗学的一个核心问题，因为它不仅是一个学术分析的分类概念，也是一个方法论和特定时代的意识形态的反映。作者在本文中的分析成为民俗学近半个世纪来的经典文章，对此课题的研究有重要意义。有关类型的学术讨论，最早的专题研讨会是由作者于 20 世纪 60 年代末提议并主持的，该次研讨所产生的多数理论观点依然是学科的主要基础。读者可参照《分析类别与本族类型》一文，以便更好地理解有关民俗的类型概念。

如果"类型"（genre）① 概念显得不恰当，如果"形式"（form）的定义不清楚，如果有关"分类"（classification）的争论令人厌倦，如果对标准的辩论似乎徒劳，那么，错误不仅在于"类型"，而且在于我们自己。有关类型的各种术语是任何一种语言都不可缺少的一部分，是用来

---

① 本译文将 genre 译为"类型"，是考虑到这是对民俗的分类，而不只是对民间文学的分类。另见，王杰文《从"类型"到"类型的互文性"》［载《湖南师范大学学报》2011 年第 2 期，第 105—108 页］。该词在特定学科范畴也曾被理解或翻译为（文学或民间文学的）"体裁""格体"或"文类"。——译注

以言语表达话语的，是构想传统的不同类别（category）的。神话、故事、传说、歌谣，以及它们在其他语言中的对应术语，早在学者构建起民俗学的概念之前就已经存在了。当民俗学成为一个学科，其研究也披上科学的外衣时，我们借用了这些已经存在的术语，并将它们作为科学概念而教条化了。我们将它们从"自然语言"的承启关系中转化成学科术语，试图将它们作为科学语言来思考；而它们在自然语言中的意思非常明显地是含糊不清的，具有意义的多重性，可是科学术语需要的是意义清晰、所指明确的。

我们的失败是常识性的，毫不奇怪。① 自然语言与科学语言是不容易啮合的。即使当词语在课堂上被重新定义，它们依然保留先前的内涵，而且，在现实中存在的模糊边界会影响到已知模式的类别分析。民俗研究中那些具有自我反省意义的文章已经揭示出一些之前的有关特定形式的概念所存在的缺陷，以及类型概念普遍存在的问题。例如，罗伯特·乔治斯对传说定义的一个假设性合成进行过仔细分析，发现它没有逻辑性、一致性，因此也可以对其忽略不计。② 琳达·戴戈和安德鲁·瓦松尼基于经验对习惯使用的传说概念提出质疑，发现这个概念与其在现实中所指代的叙事不对应。界定传说的最主要特征是信仰，可它也似乎变得既太包容，又太排斥。一方面，对信仰的态度被用来看待那些不一定是传说的叙事；另一方面，有些客观和主观"存在"只出现在信仰体系之中，并受制于各种不同态度，从怀疑到嘲笑再到彻底不信。在这些情况下，所提及的叙事没有传说在文化中的那种作用。不仅如此，信仰概念本身也表现出很宽泛的语义范围，因此也无法成为分析类型定义的合格的标准。③

将"传说"作为民俗分类中的一个类别的努力面临着破灭，这就迫使我们从民俗研究的整体来重新考虑类型概念的价值和功能。阿兰·邓迪斯曾提出，类型的概念有碍于民俗研究，使学者难以检验根植于口头

---

①　参见 Ben-Amos，1969，275－301. 其他有关讨论都在下文中有所引用，而针对民俗的普遍问题，见 Dorson，1972，16－17。

②　Georges，1971，1－19。

③　Degh and Vazsonyi，1971，281－304 and 1973. 有关信仰与传说，见本文的参考书目。

言语表达的民间思想。作为研讨传统的动力原则，这个概念过窄过浅。他指出，在民俗中，有很大的一个范畴被排除在现有的分类体系之外，因此，只要类型研究的范式盛行，那个范畴的民俗就从未，也将不会被关注。① 与邓迪斯相反，劳里·航柯建议从民俗学家自己所挖的陷阱里救出各种类型，将它们视为"理想的类型"（ideal types），也就是每一特定表达方式所能达到的最高程度的模式。他倡导的是两个在原则上互不对应的系统，同时他也接受并试图证明分类模式与现实之间的差距。他的如此做法（见下文详解）导致他将类型仅仅作为技术术语、研究工具，最多只有注释符号价值，而没有概念价值。航柯所建立的分类只用于技术层面；它们不是为了理论目的，也不是从严谨的理论体系中提炼出来的，更不是从文化世界观中发展出来的。为了构建出一个类型，他利用了不同的，常常是互相矛盾的理论体系中的一些概念，如，内容、形式、风格、结构、功能、频率、传播、年龄和起源等。②

当然，作为研究工具，航柯的提议代表了对之前的分类系统的技术层面的改进，如他所说，这样做也有助于进一步的完善。但是，目前的问题是，技术层面的改进不再能满足我们的需要了。民俗研究中的分类体系的不协调一致是概念上的问题，不是技术层面的。我希望能证明，当前对类型分析的多种方法涉及不同的，常常是不相包容的思想问题，即，对民俗与文学的基本分类本质的不同观念。民俗学家和文学批评家都没有真正抓住现存有关类型概念的差异的根本，因为这些概念都是基于不同的分类体系的。例如，克劳迪奥·吉伦从历史角度来审视诗学体系，有意回避面对"类型概念本身所造成的问题"。③ 然而，正是这些根本问题，而不是其表面所宣称的东西，才造成了各种有关类型区分模式的不一致、臆断，以及分歧。在定义类型时，对特征的选择要次于观念的选

---

① Dundes, 1972, 93 – 103.

② Honko, 1968, 48 – 66. 将类型视为"理想类型"的倾向也出现在文学批评中，见 Hemadi 1972, 7 – 8。

③ Guillen, 1970, 195. 也见 Schwartz, 1971, 113—130, 认为"批评家试图回避有关类型的话题"。有关例证，见 Hernadi, 1972. Hernadi 对当代主要的类型理论做了综述，而没有考虑他们在对诗学的讨论中所用概念的本质是什么。与之相比，Kohler（1940, 135—147）讨论了这个问题，认为类型是真实存在的，不是概念的构建。这个观点对进一步研究类型概念无疑是很重要的。然而，目前情况还无法完全论证，因为需要解释这个现实的本质。对此，Kohler 的建议富有成效。

择，即，民俗的各种形式到底是什么样。

在过去的探讨中，民俗学者们已经为类型这个术语及其对应词、特定形式和详细分类，赋予了至少四种各具特色的意义：1）分类性类别（classificatory category）；2）永久形式（permanent form）；3）进化中的形式（evolving form）；4）话语形式（form of discourse）。每一种界定都是为了某一特定研究目的，而无法适用于分析其他问题。一旦每个概念的有限功用得到认知，各个不同的类型概念仍可以继续在民俗研究中发挥作用，提供适于不同研究项目的概念框架。

# 一　作为分类性类别的类型

19 世纪后半叶至 20 世纪前半叶，构建民俗研究中的分类体系被视为任何发展学科的研究的前提。如同走在前面的其他学科那样，这种策略有着务实的和逻辑的基础。通过确立用来组织材料的特征、形式和主体，也通过揭示出细节和个案的多重规律性模式，一个有着连贯的内在关系的分类系统会为明显杂乱无章的诸多信息提供建立秩序的原则。① 18 世纪的瑞典植物学家卡洛斯·林内斯（1708—1778）便提供了这样一个模式。他的分类使植物科学发生了一场革命。以此为鉴，民俗学者们预见，一个民俗的分析体系也会对研究传统生活和文学带来同样的效果。②

理论上说，现有的民俗的不同类型本应该是这样一个组织体系中的理想类别。歌德对大自然中的形式与诗歌中的类型的类比可能是这样一个体系的有力支持。③ 但事实上，这些假设都被证明是不成立的。分类体系在民俗研究中并没有如同它在自然科学中一样的效果，因为类型在其

---

① 有关民俗学中的分类，特别是有关叙事韵文的研究，见 Thompson, 1946, 413 – 427；von Sydow, 1948, 127 – 145；Propp, 1968, 3 – 18. 也见 Boggs, 1950, 1138 – 1147；Thompson（ed.），1953, 89 – 154。

② 例如，Thompson, 1955；von Sydow, 1948, 60 – 61, 127。需要指出，林内斯在旅行中记录了传统材料，并提出对其分类的计划。另见 von Sydow, 1919, 31。

③ 有关歌德对形态、文学的普遍类型，它们与民俗学的分类概念的关系，特别是普罗普的观点，见 Breymayer, 1972, 59 – 66。

体系形成中只发挥着次要的作用。林内斯发现的是自然中的内在秩序，而民俗学家构建了理想的秩序模式，并将其强加于传统的现实实践之上。他们的目的不是去发现规则和规律，而是利用设计出来的一个体系来协助对主题、故事和母题的历史性重建，以及从地理意义上对其传播进行追溯。为了追求这个目标，民俗学家选择去忽略，而不是强调民俗的各种类型之间的边界。例如，沃尔特·安德森的专著《皇帝和修道院长》（*Kaiser und Abt*）被赞美为这种学术研究的经典榜样。[①] 他便是在典故、谣谚、童话和笑话之间随意抽取事例来追溯他研究的叙事的历史。事实上，至关重要的历史地理传播的比喻，"如池塘中的涟漪"，强化了对类型区分的忽视。与历史地理派方法的研究目的相比，类型显得毫无意义。因为"同一个故事在不同地方会有不同的形式，也受到听众和读者的不同对待"[②]，还因为主题和母题"从一个童话传播到另一个童话，然后以新的形式传得更远，直到进入一个新的群体，开始一条新的路途"[③]，所以，对不同民俗形式的实践特色进行归纳显得既无意义也无目的。

因此，类型的概念在过去的民俗学的分类努力中只具有次要的角色作用。类型或是被视为理所当然，或是被视为民间叙事的下一层分类，但是从来没有被定义为一个概念性类别。一个例外是斯蒂思·汤普森的六卷本《民间文学的母题索引》，其中的综合设计、索引、类比和民俗文集，大多是以类型为框架的。故事与歌谣，犹如《圣经·申命记》所说的亚麻布和羊毛，在同一个作品中是难以融合的。在每一卷中，不同类型的术语用在各个章节。例如，他的《民间故事类型》是以"动物故事""普通民间故事""笑话和逸事""程式故事"，以及"未分类故事"等章节组织起来的。除了最后一类，其他都明显是韵文叙事性类型。然而，正是这最后一类，打乱了支撑这部著作和其他类似著作中的类型概念。他所使用的这些类型术语标示出了分类的类别，构成一个储藏和提取体系，有助于对文本的档案归类，以及在研究中的使用。对民俗的历史研究一直是从内容出发的，使用通行的有关民俗形式的术语来识别内容的

---

① Taylor，1964，120 – 121. 也见 Thompson，1946，449.

② Thompson，1946，22.

③ Krohn，1971，158.

异同（如，不同叙事），而不关注文化内涵或不同类型的概念，也不关心内在的文学特质。

不久前，劳里·航柯详细揭示了隐含在历史地理方法中的类型概念。他试图为我们提供一条线索，引导我们走出类型定义的迷宫，并指出未来的方向，但实际上他只阐述了过去。他借用了马克斯·韦伯的一个概念，贝奈戴托·克罗齐的一个文学分析法，运用于民俗学研究，提出要视类型为"理想类型"，而不作为真实的实体。每一个文本都构成一个独特的关系体系，其中包括风格的、结构的、主题的、功能的，以及历史的因素，这些因素只是为了构建一个理想的体系而存在。对各个类型所独立标识的传统的文本与（作为分类的类型的）理想的类型之间的关系，需要因不同情况而重新定义。① 无疑，航柯为民俗形式的分类提供了一个比历史地理派所坚持的更宽阔的基础，但是，他还是保留了历史地理派的类型概念，基本上是作为分类的一个类别。航柯建议考虑类型的功能、结构和其他特点，这的确增加了建立分类的类别时需要注意的因素。但是，各种标准的集合不等于有了新的系统理论，这仅仅是对一直被使用的概念的一种重新表述，无论它有多详细。历史地理派对类型的运用，在档案室、博物馆和图书馆被视为是理性的类型；它们是储存和检索信息的工具。对这个理想的结构添加新的因素并不能改变这个新构建的类别性类型的基本概念。这些民俗形式的"理想类型"存在于文件柜中，以及学者的分析对话中；在实际文化中，按照航柯的看法，只不过是文本的数量众多，而每一个文本都在其因素之间形成一个独特的关系体系。

作为分类类别的类型概念不只是存在于过去的学术研究和历史地理法之中。现代学者，如罗杰·亚伯拉罕和沃尔夫冈·考萨克，也将此融入自己的类型构建之中，用此概念来讨论表演的系统性，以及文学分析。这两位学者将类型作为独立文本之外的相互作用的分类类型。他们将各种类型以一定尺度排列出来，如亚伯拉罕那样，排位于"完全需要人际互动"和"完全排除"的两极之间，或如考萨克那样，一端是韵律文本，另一端是宗教和悬念叙事。每个文本都在这个两极式的框架中有一个与

① Honko, 1968, 48 – 66.

其他形式相关的位置。同时，每个独立文本会最接近这些分类类型中的一个，随着它与这些理想类型的相似度下降，它增加了与这个尺度上的下一个类别的关系。[1]

　　尽管同一个类型概念可能用于多种研究方法，但是，通常的情况是在一个学派内有两三个这样的概念被运用。例如，同样对历史地理派有兴趣的民俗学家不一定都把类型概念作为分类的类型，而可能在自己的研究中对类型的概念做些调整改变。例如，尽管卡尔·悉多（Carl W. von Sydow）激烈地批评阿奈-汤普森的分类体系，[2] 但事实上，他对类型的构想与绝大多数追溯主题的历史和地理分布的民俗学家是一样的。他还创建了一些新词——回忆类、想象类、嵌合类，每类都有些独特性，[3] 但是，与他之后的航柯一样，在改善分类体系的同时，他还是一直使用同样的类型概念。可是，当悉多构建叙事迁移原则时，他彻底改变了这个概念。在他的主题传播理论中，他将口头传统与自然的类比推向了极端，认为故事的不同异文应该被视为一个独特文化和语言区域的产物。运用植物学的术语"原型"（oicotype）便是他在概念转换上的鲜明特征。[4] 在他大量使用"原型"论述特定叙事的传播时，悉多也将这个思想原则运用于类型理论。他提出，不只是一个独立的故事，而即使是某个民俗形式的全部都可能是某个，甚至是唯一的文化环境的特产。"童话"是印欧文化独有的，较长的故事是犹太文化的，寓言是古希腊文化的，等等。[5] 当文学史与他的前提有矛盾时，他借助其他的理由辩解，并假设这些形式的纯正性受到了影响。这个理论所依靠的完全是不同的类型概念。这些民俗种类不再是抽象的分类类型，而是在文化和社会中具有历史和语言现实的各种民俗表现形式。

---

[1] Abrahams, 1969, 104 – 128 and Kosack, 1971, 18 – 47.

[2] Von Sydow, 1948, 127 – 145.

[3] Ibid. , 60 – 87.

[4] Ibid. , 51, 243.

[5] 见 von Sydow, 1948, 220 – 242 和 Taylor, 1931, 54 – 60。

## 二　作为永久形式的类型

当悉多仍然在两个类型概念之间摇摆不定时，进化论、功能论，以及结果论的民俗研究始终坚持认为类型是真实的文化构成部分，存在于全世界的口头传统中，并构成民俗的脊梁。用肯尼斯·伯克的话说，它们是永久形式，是变化中的历史侧重点以及辨别文化观点与语言表现的基础。① 它们具有独立的文学性，即使经历社会变化和技术发展也不变。

### （一）进化论路径

19 世纪英国的人类学和民俗学中的进化论所强调的是思想与精神能力，而不是文学形式。泰勒、朗、弗雷泽，以及高姆都认为，人类是向理性进步，在从巫术到宗教再到科学思想的进化，但是，在人类的各个进化阶段，其民俗形式始终是一致和不变的。泰勒认为，万物有灵论的人类初期的谚语与理性的人类的谚语在本质上是一样的，只是它在文化和社会中的地位变化了。事实上，民俗类型的发展正好与进化论的阶段相反。作为永久形式，它们继续在变化中的社会存在，但是，随着文化进步，它们在社会的地位，以及在类型的结构中，是向下退步了。那些在进化初期的文化中的民俗形式与后来进步了的阶段的形式是一样的，但是，其地位转向次要的边缘了。泰勒在这方面说得很详细。他认为，"谚语在历史上并没有改变其特色；从最初到最后都保持着完全固定的类型"②。然而，尽管在文明初期它们有更大的重要性，但是，在现代社会它们只是"祖先智慧的遗物"③。谚语在不变的社会中是个常量，它们是一种永久的形式，不变的元素，经历了各个进步阶段，但随着人类在知识上的进步而失去其原来的意义。不过，其他的进化论者对类型和文化

---

① 引自 Hyman, 1955 (1948), 247。

② Tylor, 1958 (1878), 89.

③ Ibid., 90, 泰勒的有关类型的概念虽然与宗教信仰和实践有关，但与上面的引用不一样。例如，他视正式祷告为一个类型，涉及符咒的演变。见 Tylor, 1958 (1878), 456 - 459. 这个观点与他的有关人类宗教进化的理论是一致的。

进步的关系有着不同的看法。例如，对艾丽斯·高姆而言，相比于民俗类型，进化过程表现得如同一种离心力，将主题从文化中心的类型推向边缘形式。随着人类的进化，出现了不同的主体和形式的分布。曾经是社会活动的核心的殉人祭祀仪式的主体，后来成为摇篮曲和儿童游戏的主题。①

将类型概念视为变化着的文化场景中的永久形式，这不只局限于19世纪的英国人类学家和民俗学家。事实上，格林兄弟一开始也是构建了类似的类型概念，尽管他们没有用进化论的术语去描述和阐释历史上的变化。文化接触和宗教冲突影响了口头传统中的形式与内容的关系。在基督教的冲击下，有关欧洲异教徒神话的主题分裂成童话、谚语、谜语以及口头言语形象，然后反映在农民的习俗与方言表达中。换言之，是历史环境，而不是进化，改变了民俗表现形式中的主题的分布。每个类型有其独特的属性和能力，但是，在不同的历史和文化环境中，同一个主体会出现在其他反映了这些变化的类型中。例如，神话需要有信仰的态度才能成立，但在缺失信仰时，同样的主题会转变成童话。②

他们的理论在现代学术中仍有流行，甚至成为类型的分类体系的基础之一。利特尔顿在没有注明引用他的前辈的观点的情况下提出了"叙事分类的二维模式"③。他建议，在进步和历史发展的进程中，欧洲社会依照事实与幻想，以及神圣与世俗的两个坐标，改变了对口头传统中的叙事主题的态度。利特尔顿假设，随着欧洲文明的理性的提高，曾经有过的对叙事主题的不断再评价，沿着这两个坐标改变了各自的态度。然而，每种态度都意味着特定的口头传统的类型。随着对主题的文化态度变化，叙事中的事实与幻想、神圣与世俗元素也相应增加或减少，其结果是在这些坐标的位置也发生变化。因此，依照这个观点，各种类型是永恒的，它们在事实性与宗教性的尺度上的位置是不变的，而变化的只是它们的主题。

---

① Gomme, 1894, 346 – 348.

② Grimm, 1883 – 1888 利用插图注释观点，另见，Thompson, 1946, 368 – 372; Peppard 1971, 50。

③ Littleton, 1965, 21 – 27.

### （二）功能论路径

人类学和民俗学中的功能派理论为作为表现方式的永久形式的类型理论补充了动力变化的一面。它们不仅仅是作为文化中的永恒的口头形式存在，而且也在社会事务中发挥积极作用。马林诺夫斯基在他的文化功能宏大理论中也考虑到了类型，将类型具体化为有效的作用体。他的功能理论已经成为解释一个群体的生物、社会和文化遗留物的基础。针对人类学中的文化进化论，他改变了探索的焦点：从解释现代生活中的遗留物到解释作为一个整体的社会群体的遗留物。文化中的每个单一元素，包括民俗类型，都是维系社会群体的有用因素。① 由此，"神话表达、强化信仰，并使其典范化；保护和巩固伦理道德；提高仪式的灵验性，也包含着实用的引导人类行为的规则。因此，神话是人类文明的关键成分；不是无聊的故事，而是重要和积极的力量；它不是有精英的解释或艺术的想象，而是原始信念和道德智慧的实用宪章"②。传说，通过赞誉叙事人的祖先而满足社会的渴望；故事则给人带来愉悦。因此，类型是达到一个目的手段；这目的又是用来满足社会和精神需求的。类型是具体的文化独立体，共同组合成一个有目的的行为体系，通过承启关系构成了与文化有关的连贯有序的整体。

一种类型实际上发挥的作用因观察和阐释角度的不同而有所不同。而且，民俗形式发挥作用的实际社会单元也可能有规模上的变化，从一个个体的一个小群体，到一个部落，甚至到一个国家。基于这些考虑，利奇和费斯逆向阐释了神话的功能，将神话构想为可操纵的和可分割的，而不是作为凝聚在一起不可分的力量。③ 但是，尽管阐释不同，所有这些有关类型的观念都视其为社会中的有效形式，具有独特的修辞作用以达到各自的功能，并为社会与文化互动提供一个协调平衡的体系。

最初，马林诺夫斯基设想，功能是普遍的，因此也对人类社会至关

---

① 见 Malinowski, 1960 (1944)。有关最近马林诺夫斯基对人类学理论的贡献的评价，见 Hatch, 1973, 272 – 335。

② Malinowski, 1948, 101.

③ Leach, 1964 (1954), 264, 278；Firth, 1960, 181 – 188；Georges, 1968, 168 – 198.

重要。据此，一个发挥功能作用的类型体系应该有普适性，并构成一个类型的划分模式以便储存信息，再从中提取全世界的传统的信息。这套逻辑只对巴斯科姆有意义；他以功能论为主要标准构建了一个为民俗形式分类的体系。[1] 可是他马上发现，虽然这个体系对信仰与不信仰以及娱乐的态度的确有普适性，但是，其应用则取决于特定文化。发挥功能作用的本族类型（ethnic genre）只构成一个受制于本族人的认知、表演和语言的相对体系。巴斯科姆注意到这些困难，但还是试图在韵文叙事的本土（native）类型和分析（analytical）类型之间找出同步关系：

> 神话、传说和民间故事不应被看作普遍认可的类型，但可以作为分析概念，并有意地运用到跨文化研究中，哪怕是其他的"本土类型"体系只被在本地（local）认可。它们是从欧洲民俗学者所用的三元分类中衍生出来的，很可能反映了欧洲的"民众"的"本土类型"；但也可以轻易减到二元分类体系，认可这个体系的社会将神话与传说合为一个类型（神话—传说），由此区别于虚构的民间故事。[2]

实际上，本土类型与分析概念之间的差异不是巴斯科姆所面对的唯一困难。更关键的是基于特定民族和跨文化体系上的类型概念的区分。如果说神话、传说和民间故事这些是分析概念，那么，它们只是每个故事可能接近的理想类型。但是，理想类型不应该受限于对信仰的态度，也不能有叙事的文化承启关系（只有某一独立故事才有这个关系问题）。如果巴斯科姆不顾这些困境，将时间、地点和信仰等标准应用于类型，并由此构建出一个分类体系，那么，他就必须将它们同时既视为永久形式又视为分类类型。但是，尽管这两个类型概念都各有其逻辑的有效性，它们之间的不可调和的差异就不允许将二者合并在一起，除非是扭曲民族志信息或牺牲其连贯性。

---

[1] Bascom, 1965, 3 – 20.
[2] Ibid. , 5.

### (三) 结构—形态论路径

事实上，这样一个前提是结构—形态论（structural-morphological）对谜语、谚语、故事和传说的分析的唯一合理依据。倘若这些民俗的类型仅仅是概念上的分类类型，那么就没有理由去定义它们的形式特质了。结构主义就会达到一个人跟自己下棋的境地。民俗学中结构—形态研究的最高目的是发现每个类型的独特性及其各自形式内的关系，以及它们在口头传统的整体中区分不同类型的能力。无论这些特质是否普遍，是否共存于所有文化的各自类型中，也无论它们是否独特，还是只是文化交际体系中的一部分，这些都还存在争议。例如，邓迪斯对类型的普遍存在问题就做过最大胆的论断。他不仅假设类型是口头传统的永久形式，而且也坚持在对民俗的科学研究中要将结构分析作为优先的方法。他写道，"作为一门科学的民俗学的主要需求是对所有民俗类型的描述性结构分析"①。他与乔治斯一起宣称，"民俗学中的结构分析的迫切目的是定义民俗的类型。一旦这些类型以其内部的形态特征做出界定，那么学者就可以着手下面的有意思的问题了，即，研究特定文化中的民俗形式的功能"②。

由此，乔治斯和邓迪斯设想，民俗类型的普适性，及其结构—形式特征的普适性是存在的。神话、传说、故事、谜语、谚语和歌谣只是在主题和风格层面会有异文和变化；它们的结构特征则被假设为普遍存在的。类型在每一特定文化中的交际属性被视为基于类型区分的普适原理之上的表面结构。民俗的各种形式的任何历史变化和文化修正只是基本结构的变异，而其根本结构则是永恒地根植于人类思想、想象和表达方式之中。或者引用另一个比喻：民俗类型好像坚实的容器，有着自己的结构，每个社会可以填充各自合适的文化、历史和象征实物。③

---

① Dundes, 1964, 112.

② Georges and Dundes, 1963, 111.

③ 有关民俗学中的结构分析和普适性讨论，见 Voigt, 1972, 57 – 72。

# 三 作为进化中的形式的类型——文明史论的路径

上述功能论路径和结构—形态论路径类型概念之间的差异至关重要，尽管它们有着明显的相似点。站在任何一种立场的民俗学家实际上用的都是相同的词语。特别是在结构—形态论与文明史形式分析论之间，有着一个明显的相同之处。两者都频繁使用"形式"（form）、（格式塔）"完形"（gestalt）、"关系"（relations），以及"模式"（pattern）等术语。但其相同也只是在这些词的表面之上。结构—形态论的前提是，每个文本和类型的根基，都有一个至关重要的"深层"结构，表现在叙事成分与特定故事之间的关系中。这个结构在民俗的形成过程中，具有认知上的，而不是历史上的首要地位。相比而言，视类型为"永久形式"的思想就是基于这样一个前提，即，在每个类型的根基都有一个独特的"意义场"（field of meaning）。民俗和文学的类型都是在人类口头言语表达方式的各自意义场中，从简单到复杂的形式的进化。

安德烈·约勒斯发展出了类型从简单（根本）到复杂的形式进化的命题，[①] 其理论基础是有关类型形成与转化的三个核心思想：1）语言具有在准确的条件下将词语转化为形式的内在能力，这个过程是一个基本的心智活动（Geistesbeschäftigung）；2）词语围绕独特的意义场（Bedeutungsfeld）凝聚为形式；[②] 3）当一个类型存在的条件发生变化时，该类型转化成一种新的类型，在意义上与先前的相呼应。简单形式（einfache Formen）是这些意义场的主要的，也是基本的表达方式；艺术形式（Kunstformen）是艺术性类型，较复杂，从历史上看是相同的意义场的较新的再现。简单形式的首要地位是文化和历史的，出现在所谓的典型的初民民族。随着人类进步和文化发展，它们进化成更复杂的形式，但仍保留着相同的意义场。

---

① Jolles（约勒斯），1929. 有关生平和著作简评，见 Thys，1964，41–48。
② 有关约勒斯对此概念的语言学贡献，见 Jolles，1934，97–109。

对约勒斯的批评多数是对分类体系的挑剔，或是对他的形而上的命题的不可证明和不适性的考虑。[①] 赞赏约勒斯有关叙事形式的进化观点的人常常修改他的理论，以至于改变了其有关类型概念的基础。例如，简·德·弗里斯接纳了约勒斯有关在变化着的历史性承启关系中民俗类型转化的观点，但是，回避了形式的起源与首要地位的问题。在弗里斯看来，历史事件，而不是意义场，才是任何民间文学创造的核心，但这仅限于英雄传说、英雄诗歌、神话和童话。

根据弗里斯的观点，那些具有非凡本质的事件是英雄生活的一部分，是"独特生活"，不属于历史叙事，也不是普通人的生活。他认为，英雄传说和英雄史诗构成社会和文化的神话，其进化关系到对英雄的崇拜。但是，随着最初的情况和现在的社会条件之间的差距增加，神话转化成新的类型——童话：失去了伤感，成为理想的反射，而不是仪式性行为的拘束，也成为不现实的乐观，这些对这个类型的转化至关重要，由此非凡的英雄神话变成平淡的叙事。换言之，弗里斯提出，神话和英雄传说向童话的转化，不是结构上的形式变异，而是因为社会视角的变化。来自这个制高点的观点淘汰了对神话，也就是信仰的基本态度，也取代了娱乐观。在这样的转化过程中，歌曲的吟唱从宫廷走向孩子的床边；叙事人也从宫廷诗人变成保姆和老奶奶。社会的城镇化以历史的风暴将神话和英雄诗歌从文化的中心吹向文化的边缘。因此，弗里斯不认为类型是从简单到复杂的进化，而假定民俗类型，即简单形式，是相互转化的。可是，如果按照弗里斯这样的观点，神话、传说、歌谣和童话就不再是基本的类型；而只有历史事件才可以获得首要地位。然而，这四种类型是一个连续体的各个部分，受到社会条件的影响，也都围绕着单一的意义场，即英雄生活，而存在。[②]

当弗里斯将约勒斯的基本形式概念作为历史术语时，科特·兰克则为民俗学的类型理论引入了功能心理学的维度。兰克将民俗的基本形式视为在呼应人类心理需求的过程中进化出来的表达方式。因为这些需求

---

① 另见 von Sydow, 1948, 60 - 64. 有约勒斯对民俗类型的最积极讨论，见 Bausinger, 1968, 51 - 64；Berensohn, 1930 - 1933, 484 - 498；Mohr, 1958, 321 - 328；Petsch, 1932, 335 - 369。

② 见 de Vries, 1963 and 1954。

对个人和社会都至关重要，兰克假定它们从人类诞生之时就存在，一直持续到现代生活。因此，对应于这些心理条件而进化出的民俗形式其实并不一定转化成更复杂的形式，而是维系了它们最根本的特质。由于有这些人类基本需求的根基，兰克认为它们是"不可减的原型类型"（irreducible archetypal types）。因为这些形式有着心理的，而不是社会或文化的基础，所以，它们是人类表达方式的普遍形式。至此，兰克保留了约勒斯的"简单形式"的基本特质，但是抛弃了它们变异成其他复杂形式的观点。与此同时，他用心理功能概念取代了意义场概念，但是，他构想叙事诗类型的效果仿佛是文学的语义场。任何转变成特定类型的母题、主题或情节都发生转化以符合特定的民俗种类的需要。[1] 所以，在发展约勒斯的"简单形式"概念时，兰克改变了类型的概念，将它从一个进化中的形式的概念变成永久形式的概念，同时，采纳了一些作为另外类型概念（即作为话语形式的类型）的基本原则。

## 四　作为话语形式的民俗类型

约勒斯有关意义场的形式概念也引出了第四个民俗类型概念，并由此构成独具特色的话语形式。[2] 根据这个观点，每个类型都与其自己的修辞特色、词汇、对待现实的态度、描述语言的应用、性格类型，以及主导的象征意义，这一切都标志着其口头传统内的独特话语形式。

马克斯·吕蒂和鲁兹·罗利奇等学者通过相互利用这些术语界定了这些话语形式，为的是提炼出相互排除的类型，如，"童话"和"冒险故事"。[3] 也许第一个以这种路径构想类型的是格林兄弟。他们发现，童话

---

① Ranke, 1961, 1 – 11.

② 有关类型学的讨论，见 Morris, 1971, 203 – 232. Morris 没有提到民俗类型，尽管认为"神话话语"是个独特类型（Morris, 1971, 213 – 214），此处所用的"话语形式"的概念比 Morris 要宽泛。

③ See Luthi, 1947, 1961, 1969, and 1970; Rohrich, 1956 and 1966. 有关将不同方法综合在一起来界定民俗类型的定义，见 Tenezc, 1970, 11 – 65。

有诗性，而传说具有历史意义。① 他们以此原则划分类型，或是明确提到或是暗示到，所考虑的不仅是每个类型的内容，也考虑到修辞特色的各个方面。从此，作为话语形式，童话和冒险故事的本质特征更加丰富和多变了。这也形成了一个范式，用来比较不同特征：包括这些形式的娱乐与教育、幻想与现实、乐观与悲观等方面。这些属性构成了一整套的话语特征、象征、主体、对童话和冒险故事的态度，以及从中表现出的社会、文化与宇宙观等观念。童话情节都是在不确定的时间和地点，超越自然法则，完全是被想象出来的；传说则是连贯一致的话语，其基础是经验性事实和传统的真实概念。用吕迪的话来说，作为人类的一种表达，童话包含着核心家庭中的关系，而传说代表着人类在整个社会中的行为。作为一种话语形式，每一类型都构成一个本体论实体，包括一系列可在语言、象征和现实之间界定的关系。一旦一个叙事母题或主题被融入这套体系中的任何一部分，它就受到在某种特定形式中的话语规则的制约。所以，类型是独特的实体，取决于能依据其话语规则而转化所有叙事特征的特质。

# 结论：作为文化认知类别的类型

在此所再现的不同类型概念不是为了做出选择或择优。每个概念都是民俗学理论体系的不可分的一部分；每个都能妥当地服务于自身界定的目的，且不限于进一步的改善。作为分类的民俗类型概念对功能论和结构论的民俗分析可能不尽满意，但是它满足了"以主题来储存和提取传统的信息"的需要。

尽管如此，有关口头传统中的类型的区分问题还是没有解决。在形式的模式内，类型定义的凝聚力完全依靠所构建出的体系的一致性和逻辑。即使当模式成为现实的暗喻时，它们也只是反映和再现出在社会中的关系，而几乎不会将自己作为一个体系复制出来。为了审视民众所说和所唱的民俗的类型类别和特色，首先有必要将它们视为自然语言中的

---

① Brothers Grimm, 1891, vii.

词语，而不是形式上的概念，再从民俗学运用的环境来考虑，这个环境就是民俗的交际和表演的承启关系。从这个观点出发，类型不是术语，而是分析的主体。它们不是形式上的，而是文化认知上的口头表达方式类别。

隐含在类型的文化体系中的是民俗交际和表演的语法。类型具有规范能力，以此划分出适合特定形式再现的鲜明的主题、结构和风格。类型也有区分独特性的能力。类型的特征也表明它对民俗表达方式的阐释界限，构建出所叙述或唱出的信息中的信仰、幽默或娱乐的关系。最后，但不是最次要的，类型有着分类能力，将民俗的个别表达方式与一种口头言语传统联系到一起，将任何新的民俗言语归入已有的艺术性交际的文化体系之中。

在文化实践中，类型通过一系列特征发挥功用，这些特征可用于认知、实用和表现层面。分类特征、概念类型，以及对其命名的术语都是民俗形式的文化概念的表现符号，并强调其象征意义。在特定的社会承启关系中的表演，通过特定人物在特定的时机和场合等框架中，构成实用的类型特征。类型的实质，其主题、特定语汇、内容与表演的风格特色、与叙事情景有关的结构关系，以及习语和比喻的表达，这一切构成了一系列类型划分和定义的表达方式。这三个层面（认知、行为、表达）的所有特征构成一组相关的特征，即一系列象征符号和意义，共同定义每个类型在其文化中的象征意义。①

**参考书目**

Abraham1, Roger D. 1969. "The Complex Relations of Simple Forms." *Genre* 2.

Anderson, Walter 1923. *Kaiser und Abt*. FFC 42. Helsinki.

Bascom, William1965. "The Forms of Folklore: Prose Narratives." *Journal of American Folklore* 78.

---

① 参见 Ben-Amos, 1972, 315; 1969, 275 – 301; 1970, 309 – 311 and 1975. Sec also Gossen, 1972, 145 – 167; Jauss, 1970, 79 – 101; Hymes, 1971, 49 – 80; Voigt, 1973, 135 – 141。

Bausinger, Hermann1968. *Formen der "Volkspoesie"*, Berlin.

Ben-Amos, Dan 1969. "Analytical Categories and Ethnic Genres." *Genre* 2.

——. 1970. "Toward a Componential Model of Folklore Communication." *Proceedings 8th International Congress of Anthropological and Ethnological Sciences 1968*, vol. II. Tokyo.

——. 1972. "Toward a Definition of Folklore in Context." Americo Paredes and Richard Bauman (eds.), *Toward New Perspectives in Folklore*. Austin.

——. 1975. "Folklore in African Society." *Research in African Literatures* 6.

Berensobn, Waller A. 1930 – 1933. Einfachc Formen. Lutz Mackenscn and Johannes Bolte (eds.), *Handworterbuch des dcutschen Marchen I*. Berlin.

Boggs, Ralph Steele1950. "Types and Classification in Folklore." Maria Leach and Jerome Fried (eds.), *Funk & Wagnalls Standard Dictionary of Folklore, Mythology and Legend II*. New York.

Breymayer, Reinhard1972. Vladimir Jakovlevic Propp (1895 – 1970), Leben, Wirken und Bedcutsamkeit. *Linguistica Biblica* 15/16.

Degh, Linda and Andrew Vazsonyi1971. "Legend and Belief." *Genre* 4.

——. 1973. "The Dialectics of the Legend", *Folklore Perprint Series* 1, no. 6.

Dorson, Richard M. 1972, *African Folklore*. Garden City, N. Y.

Dundes, Alan 1964. The Morphology of North American Indian Folktales. FFC 195. Helsinki.

——. 1972. "Folk Ideas as Units of World View." Americo Paredes and Richard Bauman (eds.), *Toward New Perspectives in Folklore*. Austin.

Firth, Raymond 1960. "The Plasticity of Myth." *Ethnologica* 2.

Georges, Robert A. 1968. *Studies in Mythology*. Homewood, Ill.

——. 1971. "The General Concept of Legend: Some Assumptions to be Reexamined and Reassessed." Wayland D. Hand (ed.), *American Folk Legend: A Symposium*. Berkeley and Los Angeles.

Georgel, Robert A. and Alan Dundes1963. "Toward a Structural Definition of the Riddle. " *Journal of American Folklore* 76.

Gomme, Alice Bertha 1894. *The Traditional Games of England, Scotland, and Ireland I.* London.

Gossen, Gary H. 1972. "Chamula Genres of Verbal Behavior. " Americo Paredes and Richard Bauman ( eds. ) . *Toward New Perspectives in Folklore.* Austin.

Grimm, Jacob 1883 – 1888. *Teutonic Mythology.* London.

Grimm, Jacoband Wilhelm 1891. *Deutsche Sagen*, 3rd ed. Berlin.

Guillen, Claudio 1970. "Poetics as System. " *Comparative Literature* 22.

Hatch, Elvin 1973. *Theories of Man and Culture.* New York.

Hernadi, Paul 1972. *Beyond Genre.* New York.

Honko, Lauri 1968. "Genre Analysis in Folkloristics and Comparative Religion. " *Temenos* 3.

Hyman, Stanley Edgar 1955 ( 1948 ) . *The Armed Vision: A Study in the Methods of Modem Literary Criticism.* NewYork.

Hyme1, Dell 1971. "The 'Wife' who 'Goes Out' Like a Man: Reinterpretation of a Clackamas Chinook Myth. " Pierre Maranda and Elli Kongas-Maranda ( eds. ) , *Structural Analysis of Oral Tradition.* Philadelphia.

auss, Hans-Robert 1970. "Litterature medievale et theorie des genres. " *Poetique* 1.

Jolles, Andre 1929. *Einfache Formen.* Halle.

——. 1934. Antike Bedeutungs felder. *Beitrage zur Geschichte der deutschen Sprache und Literatur* 48.

Kohler, M. Pierre 1940. "Contribution a une philosophie des genres. " *Helicon* 2.

Kosack, Wolfgang 1971. Der Gattungsbegriff "Volkerzahlung", *Fabula* 12.

Krohn, Kaarrle 1971. *Folklore Methodology, Formulatedby Julius Krohn and Expanded by Nordic Researchers.* Austin.

Leach, Edmund 1964 ( 1954 ) . *Political Systems of Highland Burma: A Study of Kachin Social Structure.* London.

Littleton, C. Scott 1965. "A Two-Dimensional Scheme for the Classification of Narratives. " *Journal of AmericanFolklore*78.

Luthi, Max 1947. *Das europaische VolksMarchen*: *Form und Wesen*. Bern und Munchen.

——. 1961. *Volks Marchen und Volkssage*: *Zwei Grundformen erzahlender Dichtung*. Bern und Munchen.

——. 1969. "Aspects of the Marchen and the Legend. " *Genre* 2.

——. 1970. *Once Upon a Time*: *On the Nature of Fairy Tales*. New York.

Malinowski, Bronislaw 1948. *Magic*, *Science and Religion*. Garden City.

——. 1960 (1944) . *A Scientific Theory of Culture and Other Essays*. New York.

Mohr, Wolfgang 1958. *Einfache Formen*. Werner Kohlschmidt and Wolfgang Mohr (eds. ), Reallexikon der deutschen Literaturgeschichte I. Berlin.

Morris, Charles 1971. "Writings on the General Theory of Signs. " *Approaches to Semiotics* 16. TheHague.

Peppard, Murray B. 1971. *Paths through the Forest*: *A Biography of the Brothers Grimm*. NewYork.

Petsch, Robert 1932. "*Die Lehre von den 'Einfachen Formen'* . " Deutsche Viertcljahrsschrift fur Litcraturwisscnschaft und Geistesgeschichte.

Propp, Vladimir 1968. *Morphology of the Folktale*, 2nd ed. Austin.

Ranke, Kurt 1961. *Einfache Formen*. Internationaler Kongress der Volkserzahlungsforscher in Kiel und Kopenhagen 1959. Vortrage und Referate. Berlin.

Robrith, Luiz. 1956. *Marchen und Wirklichkeit*: *Eine volkskundliche Untersuchung*. Wiesbaden.

——. 1966. *Sage*. Stuttgart.

Schwartz, Elias 1971. "The Problem of Genres. " *Criticism* 13.

von Sydow, Carl 1919. *Vara folkminnen*. Lund.

——. 1948. *Popular Prose Traditions and Their Classification*. Laurits Bodker (ed. ), Selected Papers on Folklore. Copenhagen.

Taylor, Archer 1931. "A Theory of Indo-European Marchen. " *Journal of American Folklore* 44.

——. 1964. "The Classics of Folklore", *Arv.* 20.

Teneze, Marie-Louise 1970. Ducontemerveilleuxcomme genre. *Arts et Traditions Populaires*18.

Thompson, Stith 1946. *The Folktale.* New York.

——. ( ed. ) 1953. " Four Symposia on Folklore. " *Folklore Series* 8. Bloomington.

——. 1955 – 1958. *Motif-Index of Folk Literature.* Bloomington.

Tylor, Edward B. 1958 ( 1878 ) . *The Origins of Culture.* New York.

Thys, Walter 1964. Andre Jolles ( 1874 – 1946 ) . *Yearbook of Comparative and General Literature* 13.

de Vries, Jan 1954. Betrachtungen zum Marchen, besonders in seinen Verhaltnis zu Heldensage und Mythos. FFC 150. Helsinki.

——. 1963. *Heroic Songs and Legends.* London.

Voigt, Vilmos 1972. "Some Problems of Narrative Structure Universals in Folklore. " *Acta Ethnographica* 21.

——. 1973. La hierarchie des genres dans le folklore. *Semiotica* 7.

*6*

# 分析类别与本族类型

【编译者按】本文（"The Analytical Categories and Ethnic Genre"）最
初发表于《类型》学刊［*Genre*, 1969, 2 (3): 275 – 301］，后收录于作者
所编辑的《民俗类型》（*Folklore Genre*）文集（1976）。作者在梳理"类
型"的内涵（另见本文集中《民俗学中类型的概念》一文）的基础之
上，在本文中进一步解析了"本族类型"（ethnic genre）这个概念，对研
究民俗类型产生重大影响。文中也分别使用了"本土类型"（native）、
"本地类型"（local genre）等概念，但鉴于"ethnic"一词自20世纪60
年代后在美国的特殊使用背景，在此将其译为"本族"以示不同角度对
"当地"的观察。

　　"什么是英雄故事?"这个问题是卡尔-赫曼·提尔哈根几年前提出
的。① 它也同样适用于质问其他民俗类型。努力寻找区分不同形式的主题
和结构属性，这一直是民俗学的主要任务。民俗学者都希望将自己的学
科研究建立在一个系统的基础之上。因此，阿兰·邓迪斯写道，"定义民
俗的问题，最终在于竭尽全力地定义所有的民俗形式。当这个任务完成
时，才可能为民俗做出一个面面俱到的定义。可是，到目前为止，在此

---

① 在写作本文的过程中，我受益于与高斯廷（Kenneth Goldstein）和施尔泽（Joel Sherzer）
的讨论。我妻子波拉的评论也很关键。
　　Carl-Herman Tillhagen, "Was ist eine Sage? Eine Definition und ein Vorschlag für ein europäisches
Sagensystem", *Acta Ethnographica* 13 (1964): 9 – 17.

学科的可举证的历史上，连一个类型都还没有彻底定义出来"。①

　　然而，如此责难与其说是针对民俗学家，倒不如说是针对口头文学的本族类型（ethnic genre）与所构建起的分析类别（analytical category）之间的不一致性本身。本族类型是交际的文化模式，分析类别是组织文本的模式。两者构成不同的体系，但又应该是相互关联的，犹如实质性事物对应于抽象模式。可是，这样的关系还没有具体化。任何民俗分类的分析模式中的内在基本问题是，这个分类体系必须协调综合不同的民俗交际体系，而每个体系有其各自的逻辑一致性，每个都基于独特的经验和认知类别。可是，这在方法论上，即使不论其逻辑，是不可能的。然而，作为民俗学者，我们没有关注这个不一致性，而在追求准确科学方法论的热情驱使下，放弃了文化现实，全力去构建理论分析体系。我们借助已经定义过的术语和分析，试图构建可能有跨文化应用价值的逻辑概念，设计可能成为学术话语基础的工具。可是，在此过程中，我们将各种交际的文化类别中形成的传统类型转化成科学概念。我们将其视为似乎可以脱离文化表现和认知的而独立存在的体系，并有其独特的内在特质；仿佛与口头传统的整体无关的，而是纯粹形式的部分。换言之，我们试图将产生于文化实践，根据说话人的认知体系所形成的民间命名体系改变为不受文化制约的，可用于分析的、完整的、客观的民间文学模式。现在所承认的这场失败，事实上是早就可以预见到的。

　　欲将民俗研究建立在科学的根基上的努力追随了四条路径：主题论、整体论、原型论和功能论。每种努力都希望在路的尽头发现对类型能做出符合方法论定义的公式。每种努力都将目标树立在构建出对民间文学进行有效的和客观的类别划分之上。可是，由此而得到的工具、术语和概念自然都出自特定的理论，针对的都是特定的系列问题。

# 主题论路径

比较民俗研究关心的是在不同传统中的主题的传播。在这个框架下，

---

① Alan Dundes, "Texture, Text, and Context", *Southern Folklore Quarterly* 28 (1964): 252.

类型自然就成为一种主题类别。这种对文本的类型分类的核心回答这样的一个问题："这（文本）是关于什么的?"传说是关于圣人、英雄、奇迹，以及其他种类的超自然现象。童话是关于"谦虚不张扬的英雄杀死对手，继承王位，并娶得公主"。① 寓言是关于植物、动物，以及包含传统智慧的谚语。这样对民间文学的研究路径有个隐含的前提：主题的相似暗示着类型的普遍性。一个表达形式的特性是由其内在的内容所决定。主题相同的故事自动地构成一个独立类型。认为主体内容与民俗学分类结构有直接对应关系的假设，的确有很大的方法论价值。它为对传统的分类提供了线索，因此也有助于对来自不同文化的文本的比较分析。但是，与此同时，这个前提同时具有进化论和传播论有关民俗类型的观点，经不住历史和文化事实的分析。这一点可以从下面的事例中得到证明。

童话是兴盛于17—19世纪的欧洲文学圈中的一种形式。在这期间，包括之前和之后的一段时间，童话在欧洲和其他大陆的城市和乡下的文盲群体中有着广泛的口头传播圈。从主题上看，这个类型在东方和欧洲古代文学中都有先例；然而，将《圣经》和希腊传统中相似的主体作为童话类型的例证，这完全是不尊重历史的做法。赫尔曼·甘科尔的《旧约中的童话》（1921）是对《圣经》研究的一个里程碑。在这本书中，甘科尔强调了口头传统在形成经书文本时的作用，并提出将许多《圣经》故事不作为历史，也不作为宗教训诫，而作为诗性叙事，具有与欧洲和亚洲各国相同的主题。与他之前的格林兄弟一样，② 甘科尔将童话定义为诗性叙事，与历史叙事的传说形成对比。就这个定义而言，他对许多《圣经》故事作为诗歌的阐释无疑是有效的。但是，使用童话这个类型术语意味着这是《圣经》中没有的特殊文学形式。

主题路径有关类型的定义在赫伯特·罗斯论述"希腊与意大利的童话"中尤其明显。③ 他干脆使用了约瑟夫·雅各布所编的《民俗手册》

---

① Stith Thompson, *The Folktale*, p. 8.

② Jacob and Wilhelm Grimm, Deusche Sagen, 3d ed. (Berlin, 1891), p. vii (1st ed., 1816).

③ Herbert Jennings Rose, *A Handbook of Greek Mythology Including Its Extension to Rome* (1928; 1959), pp. 286 – 304.

中的一系列民间故事主题,① 并将从古典文学中提取出的类似主体作为古代希腊和意大利的童话例子。其中包括这些故事:"丘比特与赛克"和"美女和野兽",尽管这些主题的确是欧洲童话传统的一部分,但在希腊,它们属于完全不同的类型——喜剧型浪漫故事。②

因此,对主题与类型之间的直接对应关系的先验假设导致了一个对文学种类的历史错位的概念。在其他情况中,同样的前提推导出有关不同形式之间的谱系关系。例如,文学史家们勾勒出从寓言到谚语(或是相反的③),以及从史诗④和浪漫故事⑤到歌谣的发展方向。较后形成的歌谣类型的"祖先"被列出抒情诗⑥和韵文式的宗教传说。⑦ 这些关系都是基于这样的假设:任何主题不可能同时是两个类型的主体;凡是具有这种主题相似性的都反映出直接的历史关系。但是,这两个假设都不一定正确。"国王与修道院长"的故事出现在许多韵文叙事中。⑧ 阿奈尔和汤普森将其划为浪漫故事类。⑨ 在犹太传统中,这属于一个笑话。⑩ 在英国民俗中,这是一首歌谣。⑪ 在这些形式中不一定存在类型关系。类似的

① Joseph Jacobs, "Some Types of Indo-European Folktales", in *The Hand book of Folk-lore*, ed. Charlotte Sophia Burne, rev. ed. (London: Sidgwick, 1914), pp. 344 – 355. 这是修订过的"故事部件"列表,见 S. Baring-Gould, "Household Tales", in Notes on the Folk Lore of Northern Counties of England and the Borders, ed. William Henderson (London, 1866), pp. 299 – 311.

② 参见 Ben Edwin Perry, *The Ancient Romances: A Literary-Historical Account of Their Origins* (1967), pp. 236 – 282。

③ Archer Taylor, *The Proverb*, pp. 27 – 32.

④ William Paton Ker, *Epic and Romance: Essays on Medieval Literature*, pp. 123 – 132.

⑤ William John Courthope, *A History of English Poetry* (1895), I, 445 – 468.

⑥ Louise Pound, Poetic Origin and the Ballad (1921), pp. 28, 45 – 46.

⑦ Julie R. Mackey, "Medieval Metrical Saints' Lives and the Origin of the Ballad" (Ph. D. diss., University of Pennsylvania, 1968).

⑧ 有关民俗传播的历史地理法的一篇经典研究是 Walter Anderson, Kaiser und Abt: Die Geschichte eines Schwanks, *Folklore Fellows Communications*, No. 42 (Helsinki: Suomalainen Tiedeakatemia, 1923)。

⑨ Antti Aarne and Stith Thompson, The Types of the Folktale, 2d rev. ed., *Folklore Fellows Communications*, No. 184 (Helsinki: Suomalainen Tiedeakatemia, 1961), pp. 320 – 321.

⑩ 参见 Haim Schwarzbaum, Studies in Jewish and World Folklore (Berlin: Walter de Gruyter, 1968), pp. 115 – 116, and Dov Noy, *Folktales of Israel* (1963), pp. 94 – 97。

⑪ Francis J. Child, *The English and Scottish Popular Ballads* (Boston, 1882 – 1898), 1, 403 – 414, No. 45.

有，"逃出危险的女仆"（钱尔德，95）的主题出现在西印度群岛的一个说唱故事里。[①] 尽管这个形式提供了较多的背景细节，这些在较简单的歌谣式的描述中没有，但是，这并不意味着一种类型是从另一种产生出来的，虽然它们在形式上有较紧密的联系。不仅如此，即使在某一文化传统内，同样的主题可能既出现在韵文中，也出现在诗歌中，例如，揭示凶手的"唱歌的骨头"这个母题。[②]

　　意识到主题与类型之间缺少对应性，这使得民俗学者转而接受一种克罗斯式的（Crocean）美学观，从而不再认为在口头传统中有纯形式的系统顺序。汤普森认为，"为了建立各种民间故事的准确术语的努力"是"毫无用处的"。[③] 他甚至画龙点睛地指出，"这种努力常常回避一下必要的决定，而常常展开冗长的辩论，试图说明一个特定故事到底准确地属于那个叙事类型"。[④] 露丝·本尼迪克干脆地说："没有一个民间故事是类型化的。"[⑤] 她这样以点带面地说，反映了她在祖尼人中做实地调查后所总结到的："故事是无法明显地以类别区分的。"[⑥] 所以，她接受克罗斯的美学，在无文字的人中研究言语艺术，并说"每个故事都是一个特定的群体的，有着其特定的生活方式和社会组织"。[⑦]

　　无疑是对民间文学的主题分类对提倡比较研究有着学科建设的价值；但是，其基本前提——主题与类型有着直接的对应关系，是经不住经验性的检验的，正如上面所示。有关主题的相似性暗示类型的相同性的前提，也许在特定时期的某一个文化的口头文学中是有效的，但是，对不同文化，或同一文化在不同历史时期的民间文学来说，是完全不连贯一

---

①　Elsie Clews Parsons, Folk-Tales of Andro Island, Bahamas, *American Folklore Society Memoir Series*, No. 13 (1918), pp. 152 – 154; and Martha Warren Beckwith, "The English Ballad in Jamaica: A Note upon the Origin of the Ballad Form", *PMLA* 39 (1924): 475 – 476.

②　有关韵文与诗歌形式的讨论，见 Aarne and Thompson, Types of the Folktale, Type 780 ("The Singing Bone"), p. 269。

③　Thompson, *The Folktale*, p. 7.

④　见 "Folktale," in *Funk & Wagnall Standard Dictionary of Folklore, Mythology and Legend*, ed. Maria Leach and Jerome Fried (1949), I, 408。

⑤　Ruth Benedict, Zuni Mythology, *Columbia University Contribution to Anthropology*, No. 21 (1935), I, xiii.

⑥　Ibid. , p. xxx.

⑦　Ibid. , p. xiii.

致的。

然而，主题不是秩序的必然标准。任何指定的数字或组合都可以作为类型区分的基础。不仅如此，主题分类本身涉及主观选择和排斥，这不可避免地使分类体系不客观。选取某些主题作为核心，同时又排除一些认为是不当的主题，这关系到个人的、文化的，或理论的主观判断，因此也否定了分析的客观性。而且，因为对民俗类型的主题分类涉及选择过程，所以它只能是对文学形式本身的不完全再现。例如，有关圣人和英雄的传说常常被分为不同的类型，因为其主人公不同。可是，这个路径的方法忽视了叙事的整个范围和内容的关系，如韵律、结构，以及表演等，而这些对这两种类型的区分也许有关，也许无关。

# 整体论路径

根据有关民俗类型的整体论观点，故事、歌谣、谜语和谚语不是情节的聚合或比喻的偶然组合。相反，它们是有着自己的有机体的形式上的和主题上的实体。这个有机体是任何民俗形式的内在本体论的现实。它不依赖于任何理论方向或有条件限定的观点，它不随着分析观点的变化而变化。因此，类型受制于结构描述，这是因为在理论上它可能说明这项形式中的不同元素如何相互关联，从而构成统一的行为场。因为每个民俗类型的独特性是整体论的基本前提，所以，它的主要研究方式是去发现，而不是去分类——那时典型的比较派的做法。追随这个研究方向的民俗学者主张发现口头言语信息的已有结构，但说话者或歌唱者以及听众不一定知道。尽管他们对违背结构原则的信息可以做出本能的反应，但是，他们不能指出让人不舒服的根源在哪里。只有发现这个类型的形式结构的人才能指出来。

当然，描述出在语言学层面所存在的不同民俗类型的特定结构属性是可能的：如从语音、句法和语义方面。也可能对它们进行情节和行为顺序的分析，从而构建出不同类型内在关系的抽象模式。① 从本质上说，整体论路径确认了民俗形式的本体论，将类型的概念从唯名论概念改变为一个现实的实体。类型不再只是一批相对类似的主题的集合标签，而是一个真实的形式，无论如何阐释或分类，它都是实际存在的。换句话说，对民俗类型的整体概念提供了一个基础，由此实现卡尔·悉多所希望建立的传统形式的"自然体系"②。的确，弗拉迪米尔·普洛普作为对民俗类型运用整体论方法的先锋之一，模仿自然科学的分类方法，将自己的描述称为民间故事的形态学。借用植物学中的术语"形态学"，普洛普认为这"是根据各个组成部分及其彼此之间和与整体的关系对故事的描述"。③

无疑，将植物学的科学原理运用到民俗学能够超越民俗的启发价值，并有可能得出自然科学中的逻辑的和经验的结论，但是，这与口头文学的独特本质是不可通用的。例如，在植物学，如果形式之间有结构的相似性，就可以使其有同样的结果，而在民俗学中，这就不可避免地得出结论说在两者类型之间存在谱系的关系。普洛普本人可能不会拒绝这样的结论。毕竟，他的研究目标之一就是构建出一种更客观和更准确的方法，以便取代亚历山大·谢洛夫斯基的有关民俗类型史的主题论。他本人认为一个故事的变文与其基本结构的模式关系是"类与种"（species to genus）的关系。④ 而其他学者，特别是对普洛普持批评态度的，将此关系以两种独特类型来发展此观点。阿彻尔·泰勒证明，神话中的英雄的生平典型性，其实与童话主人公的冒险经历是对应的，正如冯·海恩，

---

① 有关民俗的句法式、排序式和范式等的结构分析，见 Alan Dundes, "Introduction to the Second Edition", in *Morphology of the Folktale*, ed. Vladimir Propp, pp. xi-xvii. "Recherches semiologiques: L'Analyse structurale du recit", *Communications*, No. 8 (1966). Anne Retel-Laurentin, "Structure et symbolisme: Essai methodologique pour l'etude des contes africains", *Cahiers d'etudes africaines 8*, No. 30 (1968): 206 – 244; Eugenio Donato, "Of Structuralism and Literature", *Modern Language Notes 82* (1967): 549 – 574; Dell Hymes, "The 'Wife' Who 'Goes Out' Like a Man: Reinterpretation of a Clackamas Chinook Myth," *Social Science Information 7* (1968): 173 – 199。

② Carl Wilhelm von Sydow, in *Selected Papers on Folklore*, ed. Laurits Bodker, pp. 127 – 145.

③ Propp, *Morphology of the Folktale*, p. 19.

④ Ibid., p. 25.

欧塔·兰克、洛德·拉格兰、约瑟夫·坎贝尔等学者做概括的。① 因此，从结构上说，神话和民间故事是一样的，或至少在谱系上是相互关联的。克劳德·列维-斯特劳斯将神话与故事从模式上，而不是谱系上，来看待它们之间的关系，并简练地说，"故事是微缩的神话"。② 当以这个方向进行研究时，结构分析不再服务于其最初的勾勒民俗形式的目的，而暗示了将类型概念建立在寻找共同值的基础上，而不是寻找差异并做区分。关注形式的谱系而不是差异属性，这可能是其核心问题。

对民俗的结构分析也提出了另外一个问题。形态分析所暗示的将民俗类型从唯名论的概念转向现实概念，涉及有关这些形式的普适性问题。这些形态只是本地传统的结构，还是人类创造性想象力的内在特质？它们是本地的民俗交际体系的一部分，还是任何艺术性交际的内在本性？它们会超越文化边界吗？普洛普本人将自己的研究限定在俄罗斯民间故事，但是，因为他只分析了在欧洲广为流传的"普通故事"（AT 300 – 749），这就有可能假设这个结构在整个欧洲传统中是共享的。然而，邓迪斯成功地以此结构模式运用于对北美印第安人的口头传统的分析中，也暗示了这个民间故事结构可能具有普适性。③ 不同文化之间的叙事形式的相似性，即使是相隔甚远的斯拉夫文化和北美印第安文化，可能是由于历史传播、人口迁徙，或是独立创造。对此观点来说，哪怕是极小的可能性都指向了这些形式的普适性。

# 原型论路径

为了论证民俗类型具有普适的类别，就必须在结构模式、主题内容，以及每一个这些类型中的社会用途上有可交集之处。例如，如果将传说视为一个跨文化的类别，那么，有关圣贤的故事就必须在所有传统中按

---

① Archer Taylor, "The Biographical Pattern in Traditional Narrative", *Journal of the Folklore Institute* 1 (1964): 114 – 129.

② Claude Levi-Strauss, "L'analyse morphologique des contes populaires russes", *International Journal of Slavic Linguistics and Poetics* 3 (1960): 136.

③ Alan Dundes, *The Morphology of North American Indian Folktales*.

照同样的分类模式来划分。如果这样的普适性不存在，那么，这意味着民俗类型在本体论上是不依赖于文化的，而不受社会差异的变化之影响。因此，必须用超验的、超越文化的，以及普适的原型来描述其主题的相似性和形式的稳定性。安德鲁·约勒斯的"简单形式"（einfache Formen）① 据此认为，民俗类型从根本上是基本精神关注（Geistesbeschäftigung）的主要言语表达程式（Sprachgebärden）。他的假设是，人类心智所关注的是神圣的、家庭的、宇宙本质的，以及可解决的问题，还有积累的经历。所面临的是在道德原则、对事实的言语再现、不道德的事实的悬念，以及事实的是否恰当之间做出选择。这些是基本的精神关注，并且，在理论上，不依赖任何言语表达而独立存在。"简单形式"构成这些态度的基本的，也是主要的语言学程式。因此，传说、英雄故事、谜语、谚语、经历故事、大事记、童话，以及笑话，都是上述精神态度的不同言语再现。民俗类型不是关于这些主体，而从整体上看，它们本身就是这些主体的言语再现。每个形式都构成一个整体论的实体，一个互动网络场，其整体就是这些精神态度的再现或言语程式。反过来，这些主要形式辅助构成次要形式，即出现在书面文学的艺术类型之谱系模式。换言之，以柏拉图方式，口头传统的类型是对精神关注的模仿，文学形式构成这些关注的辅助发展。

科特·兰克提议从不同的角度来看主要形式的创造过程，把它们视为对人类感情的言语再现，而不是知识关注。② 因此，对他来说，这些形式不是精神态度的模仿，而是创造性精神力量的展示，一种从意识层面

---

① Andre Jolles, *Einfache Formen*: *Legende*, *Sage*, *Mythe*, *Ratsel*, *Spruh*, *Kasus*, *Memorabile*, *Marchen*, *Witz.* 有关理论讨论，见 Wolfgang Mohr, "Einfache Formen", in Reallexikon der deJchen Literaturgeschichte, ed. Paul Merker and Wolfgang Stammler, 2d ed. revised by Werner Kohlschmidt and Wolfgang Mohr (Berlin: Walter de Gruyter, 1958), I, 321 – 328; and Walter A. Berendsohn, "Einfache Formen", in Handworterbuch des deutschen Marchen, ed. Johannes Bolte and Lutz Mackensen, I, 484 –498; Robert Petsch, "Die Lehre von den 'Einfache Formen'" Deutsche Viereljahmchrift fur Literaturtuissemchaft und Geissgeschichte' 10 (1932): 335 – 369; Hermann Bausinger, Formen de "Volkspoesie", pp. 51 –64。

② Kurt Ranke, "Einfache Formen", trans. William Templer and Eberhard Alsen, *Journal of the Folklore Institute* 4 (1967): 17 –31. 德文原文发表在 Internationaler Kongress der Volkserzahlungsforscher in Kiel und Kopenhagen [1959], Vortrage und Referate, pp. 1 –11。

升起的心理学意义上的动力。对于朱利斯所说的精神关注，兰克以人类
灵魂的基本需要之假设取而代之，认为那是"各种类型的本体论原型"。①
由此，民间故事、传说、神话，以及笑话分别表现的是不同需要功能：
对神话般完美的世界的崇敬、面对人类破坏的心理逃避、现在与未来世
界之间的宗教调节关系，以及人类嘲笑人间事物与行为的心理能力。

朱利斯和兰克都以各自观点将口头传统的类别从言语转换到知识和
心理层面。然而，他们两人都是从相同的童话、传说、笑话和谚语文本
中得出有关产生这些类型的本体论原型之本质的观点。这样，他们的建
议就陷入循环困境中。首先，他们将现有的类型归纳到或是知识层面或
是心理层面，假设存在着独特的类别；随后，他们提出设想的体系与民
俗形式之间的因果生成关系。理论上看，基于明显的证据，即口头言语
表达，进而假设存在知识的或心理的体系，这的确是可能的；但是，由
此提出这些假设的类别是文本的模式或来源，这就陷入逻辑循环的困境
中。朱利斯和兰克缺少一个第三维度，即他们所联系到一起的两套类别
是彼此独立的。有必要证明，朱利斯所假设的精神关注，以及兰克所认
定的基本心理需求，的确是独立于民俗类型而存在的。

# 功能论路径

功能论对口头文学的类型探讨路径，实际上是聚焦于言语艺术形式
与现存的文化、心理和社会需求之间的关系。然而，追求这种研究方式
的人类学家关心的不是本体论，而是民俗类的现象。他们对类型的区分
不是基于口头文学形式固有的特质，而是在于如何认知和识别它们与所
联系的人的属性。功能论路径不关心类型到底是什么，而注意的是该社
会成员说它们是什么。因此，言语艺术的命名实际上成了文化经历的类
别，明确代表了对各种主题和形式的文化态度。在多数情况下，这些态

① Kurt Ranke, "Einfache Formen", trans. William Templer and Eberhard Alsen, *Journal of the Folklore Institute* 4 (1967): 17 – 31. 德文原文发表在 Internationaler Kongress der Volkserzahlungsforscher in Kiel und Kopenhagen [1959], Vortrage und Referate, p. 27。

度再现于信与不信的特定关系中，并成为对形式表达的分类，以及对文化中的功能分析性阐释的基础。作为文化经历，这样的对口头传统的分类是独具特色的。没有任何两个体系是彼此完全复制的。因此，基于某一特定文化体系去构建一个跨文化分析模式，这在名义和表述上与错误地将演绎模式视为真实的本族命名法是相矛盾的。威廉·巴斯科姆对这个内在的差异是很清楚的。他曾提出一个对韵文叙事的三分法体系。① 他将有明确定义的"神话、传说和民间故事"只作为"分析性概念，可以将它们有意义地应用于跨文化分析，即使有别的'本土类别'体系在当地被使用"。② 从民俗学家之间的一致性来看，运用如此有着明确界定的参考术语的确会有很大意义。但是，每当比较一个实际的文化经历与一个分析模式、一个独特的现象与一个普遍模式，这一类模式就不可避免地显露出其在阐释说明本族的民俗类别体系时的不足之处。当实际的本土类型与理想化模式不符时，调整是必要的。例如，当某些西非社会使用韵文叙事的二分法，而不是三分法分类体系时，巴斯科姆提出，"神话与传说陷入混合成为一个类别，即'神话传说'"。③ 在做出这样的调整时，巴斯科姆超出了他自己在提出分类体系时所设定的界限，将其视为具有历史文化的现实，并根据情况做了改变。尽管他始终使用本土名称术语，这个模式的内在前提不允许将本土的韵文叙事分类考虑为一个完整和复杂的象征体系。

那些努力要将多样的和不完整的命名体系综合起来的比较民俗学家们所经历的挫折感常常会导致如此的绝望之言，如约翰·格林威的宣言："多数获得文字之前的民族是不在乎对他们自己的分类的"，或者"原始人的心智……［其特征］是不愿意抽象化"。④ 这样的断言与其说是有关叙事的认知、区分与抽象化能力，倒不如说是反映出民俗研究的方法论问题。事实上，类似这样的错位概念之所以出现是因为没能识别出有关类型的分析性术语与本族名称之间的不同的功能和目的。分析性类型术

---

① William R. Bascom, "The Forms of Folklore: Prose Narratives." *Journal of American Folklore* 78 (1965): 3 – 20.

② Ibid., p. 5.

③ Ibid., p. 10.

④ John Greenway, *Literature among the Primitives*, p. 35.

语关注的是文学形式的本体论。其最终目标是界定什么是民俗类型，以有关主题的、形态的、原型的或功能的术语描述其文学的"存在状态"。[1] 类型的分析类别是在学术研究的承启关系中发展起来的，并被用于不同的研究目的。另一方面，本土名称没有外在目标，是定性的和主观的秩序体系。这种口头传统的分类所基于的逻辑原则是：只要对群体成员有意义，能指导他们确认和维系人际关系以及仪式行为。它们反映的是一系列规则：什么可以说，在什么场合，以什么方式，由谁说，以及对谁说。在我们的社会中，当一个人要收回自己的话时，他会说，"我只是开个玩笑"，他实际上将自己的话语转向了另一个类型。无论他说了什么，那一定是违背了通常的对话规则，但是，在笑话类型中，则是被允许的。因此，分析体系与本族体系之间的不一致性不等于说一个体系比另一个更逻辑、更抽象，或更高级。任何这类的评估对本族名称体系来说都是完全不恰当的。正如每种语言都有其独特的语法规则和逻辑一致性，本土的口头文学分类体系也是独特的，不需要与任何分析性的民俗类型划分保持一致。

本族的类型体系构成其民俗语法，也是对其交际规则在文化上的肯定，这些规则决定着在文化的承启关系中表达复杂信息的方式。这是一个自我完善的体系，借此，社会界定其经历、创造性想象力，以及社会评价。它包括各种独特形式，其中每一种都具有特定象征含义，以及可运用的社会承启关系范围。

每一个类型都由其一系列的形式特色、主题范畴以及潜在社会用途之间的关系构成其特征。例如，押头韵是在形式上重复使用的语音特征，通常出现在谚语、谜语、谣谚以及歌谣中，[2] 虽然不是必需的，但也是叙事中至少要有的。当它偶尔出现在故事和传说中时，会占据显著的地位。另一方面，韵文和诗性叙事可以在主题和结构层面达到重复的目的。从"恶棍或坏人通过媒人作用而得到婚姻"[3] 中发展出的作为故事的童话情

---

① Rene Wellek and Austin Warren, *Theory of Literature*, 2d rev. ed. (1956), pp. 129 – 145.

② 参见，例如 S. J. Sackett, "Poetry and Folklore: Some Points of Affinity", *Journal of American Folklore* 77 (1964): 143 – 153。

③ Propp, *Morphology of the Folktale*, p. 92.

节，可能在某种修改后，会出现在史诗中，但是，在多数欧洲传统中，这很少成为谚语的主体，因为寓言和传说常有这种情况。民俗在社会中的交际就是在这样的区分和对应体系基础上运作的。本土说话者对其自己的民俗的语法规则是敏感的，尽管不一定清楚地意识到。这些是分析者可以发现的。①

从另一个角度来看，也可以将本族的类型体系视为一种文化上的亚民俗。阿兰·邓迪斯最早引进了"亚民俗"（metafolklore）这个术语，主要是作为口头文学批评上的术语，指"对民俗类型的民俗学的评论"。② 作为例证，他引用了有关谚语的谚语，有关笑话的笑话，以及由说话人自己对所说出的话的阐释。然而，"亚民俗"一词在语义上有更深的扩延。亚民俗可以被理解为一个文化对自己的民俗交际所形成的概念，因为它表现在独特的形式、特定的称谓，以及在不同文化场合中使用时的社会适宜感。

本族的类型体系是亚民俗的认知对应物，是在文化上的明确陈述——说话者是如何对自己以言语和行为所构成的表达方式形成概念的。对类型的称谓表明了使用者对自己的言语艺术形式所认定的属性。对这些类型名称的阐释不应该是字面上的。这样的解释有可能指出一个词的词源，但不一定是当前的意义。"童话"不只是一个短故事，而是一个复杂的欧洲叙事形式，有其特定的主题范畴和人物安排。尼日利亚的贝宁人所用的"乌玛拉宛"（umaramwen）一词在字面上是"动物委员会"的意思。③ 但是，在我的研究中，我发现只有一个为我提供信息的人直接将

---

① 有关民俗的社会运用是按照一定的原则和规则的想法绝非新颖，在这些著作中都有直接和间接的使用，见 Roman Jakobson and P. Bogatyrev, "DieFolklore als besondere form des Schaffens", in *Donum Natalicium Schrijuen: Verzamenling van opstellen door ond Leerlingen en bevriende vakgenooten opgedragen ann Mgr. Prof. Dr. Jos. Schrijuen* (Nijmegen-Utrecht: Dekker & van de Vegt, 1929), pp. 900 – 913; Dell Hymes, "Introduction: Toward Ethnographies of Communication", pp. 1 – 34, and E. Ojo Arewa and Alan Dundes, "Proverbs and the Ethnography of Speaking Folklore", pp. 70 – 85, both in *American Anthropologist* 66, No. 6, pt. 2 (Special Publication, *The Ethnography of Communication*, ed. John J. Gumperz and Dell Hymes [1964]); and Dell Hymes, "The Ethnography of Speaking", in *Anthropology and Human Behavior*, ed. Thomas Gladwin and William C. Sturtevant (Washington, D. C.: Anthropological Society of Washington, 1962), pp. 15 – 53。

② Alan Dundes, "Metafolklore and Oral Literary Criticism", *The Monist* (1966): 505 – 516.

③ Hans Melzian, *A Concise Dictionary of the Bini Language of Southern Nigeria* (London: Kegan Paul, Trench, Trubner & Co. , 1937), pp. 12, 206.

这个词用在动物故事中，并视其内容完全是虚构的，而别的人都将该词理解为没有唱歌的故事。①

就类型而言，民俗表演的行为也具有一定的界定能力。例如，什么时候讲一个故事，这决定了它在该群体的社会、经济和政治活动中特定的时间顺序。马绍尔人的"伊侬"童话"必须是在黑夜里讲"。② 童话的名称本身没有任何这样做的暗示，但是，大家严格遵从这个不成文的规则，因此它成了马绍尔人对"伊侬"概念的一部分。梅尔维尔·赫斯柯维茨和弗朗斯·赫斯柯维茨向我们讲述了（现为尼日利亚贝宁地区的）达霍米人：

> 在他的叙事分类中，只有两个宽泛的类别："老故事"（bweno-bo）和"故事"（bebo）。前者被翻译成历史、传统历史，或古代知识等不同概念。这两个词的概念即使最年轻的讲故事人也很清楚。一方面，这些词承载着对传统知识和即兴创作的特定文化态度；另一方面，也说明了叙事中的由辈分、专长以及性别角色所决定的先后顺序。③

对故事的最后分析取决于每个社会如何以自己的术语对在数量或组合上所界定的类型。但是，从分析角度看，所有民俗实践者在交际中的特别属性可以分为三个层面：韵律的、主题的，以及行为的。对一个表达方式的韵律特性的概念体现出对言语声音与时间之间的关系的认知功能。主题属性的程式化依赖于行为、行为者，或者比喻之间的关系。对行为特征的认知形成于对一个交际事件的潜在社会关系组合的理解。对类型的本族定义可能融合任何一个层面，或全部三个层面的特征。一首歌与

---

① Dan Ben-Amos, "The Modern Local Historian in Africa", forthcoming in *Folklore in the Modern World*, ed. Richard M. Dorson, Proceedings of the IXth International Congress of Anthropological and Ethnological Sciences Chicago, September 1–8, 1973 (The Hague: Mouton). 本文中的例子来自我1966年在尼日利亚贝宁的实地调查。

② William H. Davenport, "Marshallese Folklore Types", *Journal of American Folklore* 66 (1953): 224.

③ Melville J. and Frances S. Herskovits, *Dahomean Narrative: A Cross-Cultural Analysis* (1958), pp. 14–15.

一个故事可能区别于表达信息的韵律格式、主题内容，以及社会为此表演所提供的机会等方面。

对说话特征的最普遍认知也许是其韵律特性。弗朗兹·博厄兹曾指出，"两个最基本形式，歌与故事，存在于全世界所有人之中"，所以，他建议，"它们应该被视为文学活动的最基本形式"。① 对他来说，"最基本"所指的是，在这样的承启关系中，这两种形式在文学创作发展中的地位。韵律形式构成世界文学的最初级共性，因此，也必然是对任何口头言语表达最基本的形式。但是，有可能从认知方面，而不是进化论方面，并从直接表明或潜在隐含的关系角度来理解韵文与诗歌。一条信息中是否存在或缺失深层的韵律结构是在任何交际事件中首先被注意到的特质，所以也是口头传统的分类中最基本和最包容的属性。由此，韵文和诗歌构成一对二元关系，其中，韵律的深层结构是区分这两个大类的关键属性。它也被用来界定任何言语交际的类别特征，而且不提供任何过渡中介点：一条信息或是有韵律或是没有韵律。可是，在诗歌类别之内，说话者可能辨认出几种不同的言语韵律重复模式，以此作为不同类型的特质。例如，安德泽耶夫斯基和路易斯注意到，"索马里人把自己的诗分成若干类，每一类都有特别的名称。他们的分类似乎主要是基于两个韵律要素：或是吟唱一首诗的曲调类型；或是所用词语的节奏规律"。②

口头言语信息是否含有韵律的深层结构可以表明该社会对某个主题的概念，或者可以提供了解叙事者意图的线索。例如，日常说话时的韵律涉及信息的内容。无论一个传说中讲述的是多么非凡的事件，其叙事的韵律表明了它的现实性和积极性。但是，当其与日常话语近似，只具有一种艺术价值，而且叙事者不需要寻求听众的信任时，他很可能在讲故事时，谨慎利用开场或终场的程式，将特殊词语或表达法插入故事中，以便让听众了解真正的信息本质，而不至于把虚构与现实混起来。因此，马绍尔人的"童话总是以'肯尼瓦太'一词开始，这个词没有固定的意

---

① Franz Boas, "Stylistic Aspects of Primitive Literature", *Journal of American Folklore* 38 (1925)：329. Reprinted in, *Language and Culture* (New York：Macmillan Co.，1940), pp. 491 – 502.

② B. W. Andrzejewski and I. M. Lewis, *Somali Poetry：An Introduction*, *Oxford Library of African Literature* (Oxford：Clarendon Press, 1964), p. 46.

思，但指的是，'这是个童话故事；也许是很久以前的事，不用当真，不一定总是合情合理的'"。① 同样，阿散蒂人开始讲故事时用这样的程式，"我们不是真心想这样说；我们不是真心想这样说"。② 在当下美国的用法，"你是否听说过……" 常常标志着插入正常韵律话语中的一个笑话。

同理，口头说出的诗歌表明了说话者对主体内容或场合的观念。韵律的使用可能有很广泛的意义，从宗教戒律到巫术力量，再到单纯的娱乐，一切都取决于使用的环境。但是，各种诗性表达的共同点是其有意区别于日常言语，区别于世俗、现实，或是真实存在。当然，这并不是说任何以诗的形式交际的信息在本体论上是假的，或说是想象的。多数歌谣和史诗都含有历史事实的核心部分。例如，让·瓦西纳甚至力图构建一种方法，即从非洲的诗歌吟唱中归纳出可能的历史事实。③ 几年前在美国流行的 "汤姆·杜力" 歌谣就是基于一个地方历史事件。④ 但是，有意识地以韵律形式来讲述这个故事暗示了要从感情上影响听众的意图，而不仅仅是要转达事实信息。实际上，在韵文故事中，在有韵律的言语的意义与对主体内容的文化态度之间存在一个矛盾；因此，这样的叙事常常需要特别声明说其不具有真实价值。相比之下，因为诗的形式表明与现实的脱离，所以，说话者若是有意图要证明所说的是真实的，就需要做出声明，如在作为证言的歌谣演唱的程式化的开头。

尽管韵文与诗歌是口头言语艺术的相互排斥的形式，某个表达法，甚或整个类型的韵律的结构，不一定要在韵律格式上统一，可能包含着不同韵律特性的部分。事实上，在非洲，演唱是讲故事活动的必要组成部分，有些人认为在韵文文本中是否有歌唱是区分不同类型叙事的主要特征。所以，克莱门特·多克告诉我们，"郎巴民俗分为两种叙事方式，依吟唱时的情绪而定。主要也常常出现在韵文故事的，叫'依西希米几索'。另一种，大致可译为'合唱式讲故事'，当地人有不同叫法，

---

① Davenport, "Marshallese Folklore Types", p. 224.

② R. S. Rattray, *Akan-Ashanti Folk-Tales* (Oxford: Clarendon Press, 1930), p. 8.

③ Jan Vansina, *Oral Tradition: A Study in Historical Methodology* (1965), pp. 148–151.

④ See The Frank C. *Brown Collection of North Carolina Folklore*, Vol. 2, ed. *Henry M. Belden and Arthur Palmer Hudson* (Durham, N. C., 1952), 703–714; and John F. West, *The Ballad of Tom Dula* (Durham, N. C.: Moore Publishing Co., 1970).

如'乌鲁西米'、'依西希米'、'阿卡希米'或'阿卡拉威',是有歌曲插入的韵文故事"。①

　　在中非地区的格巴亚人和贝宁人也这样划分他们的韵文叙事。在格巴亚人中,"在'陶'和'里兹昂'之间的主要区分特征是'吉玛'(歌)"。②贝宁人在区分歌与故事时,将后者界定为整个叙事有韵律结构:有歌的故事叫"欧克巴";没歌的故事叫"乌玛拉宛"。这种分类,即使是在有这两种讲故事方式的文化中也不是普遍的。其他文化完全可以不把吟唱形式作为一个区分类型的特征,而关注叙事的其他方面的特色。

　　将口头言语艺术分类为韵文与诗歌的基础是具体的、说话的生理现实。这是一个可观察的、可证实的过程,其特征属性不只是依赖于说话人的主观认知。韵律言语构成了与韵文在客观上不同的本体论体系。虽然不同文化的人可能在不同点上界定两个类别,两者的边界在同一个群体中也会有波动变化,但是,两者之间有一个本质的区别。与之相比,根据次要属性——主题的和行为特征,所构建的对言语艺术的本族命名体系是一个现象学的体系。它是民俗交际的社会经历的一个功能。因为言语民俗涉及交换信息的过程,必须要相互理解才可达到效果,所以,就必须有始终如一的交际规则。一个本族类型一定有其特征来界定其内涵,使其区别于其他的言语艺术形式。这个文化一致性和内在性事实可以保证对民俗体系有持续的讨论,如同其他社会科学那样。

　　就目前情况而言,有关这方面的任何建议在本质上一定是假设性的。所有需要对任何一个口头言语艺术体系进行解析的事实都不存在,因为民俗学家之前所寻求的答案是针对其他类型的问题的。

　　因为任何文化中的民俗体系在其社会中都在主题方面和行为方面发挥作用,所以,似乎可以在我们这样的初级探索阶段做这样合理的假设,即,每个类型都在两个层面包含独特的属性。进一步而言,因为一个本族类型是整个民俗体系的一部分,所以,它一定与相同的交际网络中的

---

① Clement Doke, Lamba Folk-Lore, *American Folklore Society Memoir Series*, No. 20 ( New York: American Folklore Society, 1927), p. xiv.

② Philip Noss, "Gbaya Traditional Literature", *Abbia*, nos. 17 – 18 (1967), p. 38.

其他形式有关系。因此，这些独特属性同时也与其他类型的界定特征有着对应关系。当然，这样的关系可能只存在于具有相同属性的方面。这样，就有可能比较两种类型的主人公、两种社会关系，以及两种不同的叙事结尾。

基于上述假设，有可能将本族类型视为一种包含一系列相关主题和行为属性的口头言语艺术形式，由此，作为一种范式，构建出民俗体系的各种元素之间关系。① 为了做进一步说明，也许最好引用一次有关民俗类型的讨论，其中之意图是要以演绎法界定每种形式的本质，以便明确建立有关这些术语的概念核心，如"神话""传说"和"故事"，再以归纳法分析同一个类型，最终有助于澄清之前的辩论。巴斯科姆对尼日利亚的约鲁巴人有关这两种韵文叙事的描述可以达到此目的：

约鲁巴人将故事分两类：民间故事（*alo*）；神话、传统或"历史"（*itan*）。民间故事是在干季的夜晚大家围着篝火为了娱乐而讲述的普通故事。另一方面，神话被视为是历史事实，老人引用其中的话语来调解仪式或政治事务中难办的问题。可是，两种话语都被占卜巫师在同样的情况下引用，作为"依伐"（Ifa）的词句。

总的来说，神话或历史的区分特点是其中的角色是神祇或传说人物，而不是动物，并被用来解释或证明当天的仪式行为是合理的。但是，正如博厄兹所指出的，因为故事中的角色和解释元素可以随意替换，所以，这些区分不足以从类型角度，并以情节分类出神话或普通故事。在有些诗句中，神祇依伐和艾舒以恶作剧的精灵出现，而不是乌龟；也有许多其他故事以动物为主要人物，还有些以乌龟本身为恶作剧精灵。在依伐的诗句中，神话和故事的目的都是和预言合理化，向听者或病人说明为什么特定的牺牲祭祀是必要的。

很明显，这些故事不是占卜巫术为了娱乐他们的听众而吟唱的，

① 在此所用的"区分特征"（distinctive features）和"比较属性"（contrastive attributes）构成了对雅各布森和他的合作者列维·斯特劳斯有关神话的社会结构的语言所发展的类似概念的延伸和修正，见 R. Jakobson, G. M. Fant, and M. Halle, *Preliminaries to Speech Analysis：The Distinctive Features and Their Correlates* (1952)；Roman Jakobson and Morris Halle, *Fundamentals of Language* (1956)；Claude Levi-Strauss, *Structural Anthropology* (1963), and *The Savage Mind* (1966)。

这些故事的功能也不限于提供娱乐或审美满足。它们不是没有实用功能，而是有其实用的一面，可与装饰华丽的服装、雕刻的面具，或宗教仪式中极具装饰性的器具做比较。一般认为，原始文化中的图像和雕塑艺术极少是纯艺术的。从这个意义上说，这是一个文学领域的应用艺术事例。作为巫术和宗教仪式一部分的口头咒语、神话，以及歌曲可以被作为"应用"文学艺术的例子。

这个观点的完整意义可能在过去没有被意识到，但完全可以去试着从这个角度来区分神话和民间故事，即，看它是否被作为仪式的一部分而使用。可是，根据约鲁巴人的分类，神话和故事都和占卜仪式有关，那么，以这个标准的划分就不比以情节人物划分更令人满意。约鲁巴人分类的真正根据似乎是看所讲的内容是被视为事实还是虚构。①

在此，巴斯科姆仔细地描述了这些类型的各自特征，引入各种证据，最后归纳出他的结论，即，故事与神话之间的差异是信与不信的对比。可是，以叙事的真实或虚构作为评判标准，这不是说话者自己对叙事本身的主题和行为属性的主要的态度基础，而是次要的。在这两个类型之间有着完整的程度区分标准，而将各种不同归纳为一对两极对立的属性，这在分析上是方便的，但从民俗志学角度看是简单化了。

当然，巴斯科姆的描述可以用来作为一个基础，去初步分析在约鲁巴民俗体系中两者交际方式之间的关系。以此，神话是一种口头艺术形式，始终关系到仪式或政治活动，其讲述者或是占卜巫术或是老人，涉及神祇或人类英雄，被视为宗教的或是历史事实。另一方面，故事是为了娱乐而讲述的，可由该社会中任何人来讲，其中的主人公通常是动物，并被约鲁巴人视为虚构的。故事与神话的属性在一个多维的框架内相互关联。所以，就讲述这两种类型叙事的社会场景而言，神话与故事的关系就犹如仪式或政治与娱乐的关系。在约鲁巴民俗中，以单数形式使用神话一词类似于巫师和老人之间的区别。从主题上来看，至少现在可以

---

① William R. Bascom, "The Relationship of Yoruba Folklore to Divining", *Journal of American Folklore* 56（1943）: 129 – 130.

这样考虑，而且也仅限于在这样的承启关系中，只有主人公的特性以及两个类型之间的比较，可等同于神祇和英雄之间的关系，或是与动物的关系。从整体上看，约鲁巴人将神话视为对历史或宗教事件的真实记述，而故事是对虚构活动的讲述。

可见，在同一类型中有共存的一系列特征，并在每个维度都形成对比的属性，基于这个现实，就有可能从约鲁巴人自己的看法中构成一个范式。由此，约鲁巴的民俗语法是：

神话：故事：//仪式/政治：娱乐：//老人/巫师：任何性别/任何年龄：//神祇/人类英雄：动物：//宗教或历史事实：虚构

这些关系也可以如此列出"约鲁巴人的神话与故事范式"

类　　型

| 维度 | 神话 itan | 故事 alo |
|------|-----------|----------|
| 场景 | 仪式/政治 | 娱乐 |
| 讲述人身份地位 | 老人/占卜巫术 | 任何年龄/任何性别 |
| 主人公 | 神祇/人类英雄 | 动物 |
| 态度 | 真实：宗教的或历史的 | 虚构 |

当然，对文本的分析越广泛，对其表演的观察和对其态度的审视就越细致，这个范式中所体现的神话与故事之间的区分特征也就越准确地反映出本族人对这两个类型的概念。这样的细节应该包括对每个类型的主题范畴、特定形式特质，以及内涵意义指向的区分。这个范式应该针对所有构成不同场景的社会组成部分，以及可从本族类型体系中的表达形式里归纳出的其他关系。

巴斯科姆对约鲁巴的神话与故事类型的描述，以及他在对两者之间的差异做出界定时所遇到的挫折，表明了这些属性的另外一个关系，即，对等性问题。有些类型特征不是独具特色的，但在特定环境中，借用语言学术语，它们可以自由变换（free-variation）。换句话说，一个属性与另一之间的替换在口头言语形式的意义与象征价值方面没有变化，而有着同样的效果。彼此属性的自由变换是由文化而决定的。由此可见，诸如在有关神祇艾舒被乌龟替代的叙事中，这些变换不是偶然的，因为在约鲁巴的信仰体系中，艾舒是神祇中的恶作剧精灵，[①] 就好像乌龟在动物中的角色一样。所以，在一定的环境下，它们彼此自由变换，而不对类型本身产生质的变化。

同样，依伐巫师对约鲁巴传统有着不同于一般人的特定概念。尽管巫师于占卜中在使用神话的同时也的确使用故事，但是，他们将所有的叙事传统都视为一个类别，如何恰当使用完全取决于仪式化的场景。对他们来说，所有的传统都有同样的象征价值，因此也都有同一个名称，将"所有的依伐叙事描述为'神话'"，[②] 而忽略通常在两个类型之间所被接受的二元对立。与他们这样对叙事的概念一致，而且尽管"巫师被认为比一般人知道更多的故事……他们可能不会讲这些知识用于世俗的目的"。不仅如此，"在依伐中，对巫师来说，以故事来娱乐，或是在别人讲故事时加入他们在故事中的合唱，这是他们的职业禁忌"。[③] 可见，在之前所描述的那种认为约鲁巴类型有着不可调和的特征的分析观点，现在变得与民俗语法规则一致的，跟约鲁巴巫师的看法一样了。

对立属性的关系代表了在民俗交际体系中类型之间的关系结构。它们只在其文化承启关系中形成对立。在娱乐与仪式或政治之间没有内在的对立，同样，将仪式与政治、宗教与历史视为具有同等属性的做法也没有本体论的理由。类似的还有，同一类型中的一系列相关属性在其文化承启关系中有着逻辑的一致性。例如，在其他社会中，动物可能与图腾有关，就可能与仪式和社会结构有着紧密的关系，胜过约鲁巴的恶作剧精灵故事的娱乐性和虚构关系。可是，对约鲁巴人来说，在他们的社会中，神圣的国王统治着宗教政治秩序，因此所形成的对立关系是合理有效的，与其文化的社会和宗教体系是一致的。从这个意义上说，对本族类型的分析还具有评判是非的价值。因为对民俗交际体系的文化概念

---

① E. Bolaji Idowu, *Olodumare God in Yoruba Belief* (New York: Frederick A. Praeger, 1963), pp. 80 – 85.

② William R. Bascom, *Ifa Divination: Communication between Gods and Men in West Africa* (Bloomington: Indiana University Press, 1969), pp. 130. 59. Ibid., p. 131.

③ Ibid., p. 131.

是整个文化认知现实的一部分，所以，在方法论上，应该可以从民俗的分类中推论出某种潜在于自然宇宙观和社会实体的命名体系中的普遍原则。

对一个类型的主题与行为属性及其在民俗体系中的地位的概括，通过民众对自己的表达方式的称谓得到最佳暗示。类型的名称通常反映它在交际网络中的象征价值，以及它们在文化认知类别中的地位。每个名称从各个方面代表着该类型的语义成分，以及将该文化中各个属性联合到一起的基本共同点。因此，即使是形式上相似的表达法也会在不同的文化的类型体系中有不同的意义。例如，谚语通常在一种语言中与一般的句法结构不同，但又在不同社会以类似的方式与日常说话连在一起。可是，在每个社会中，它们有着各自独特的象征内涵和交际价值。在尼日利亚北部的豪萨人将谚语（karin magana）从其在口头言语的承启关系中的应用来认定，① 而利比亚的迦伯人则视其为"老问题"（da'di kpa）。② 对马绍尔人（Marshallese）来说，谚语是"首要原则"③，而在希伯来《圣经》中"mashal"④ 的意思是寓言和楷模格言。

并非所有的文化在对散文与诗歌的关键格律区分之外还另外有一套明显的对口头言语艺术的语言学名称体系。这是现实，尽管人们有可能区分出不同类型的主题和行为特征属性。在这种情况下，泛指的类别名称所指的是包含该文化所认知的全部不同的主要特征属性。例如，塞拉利昂的林姆巴人只有一个泛指韵律表达的名称，"姆波尔"（mbɔrɔ）。根据曾记录他们的故事的露丝·芬尼根所描述的，"林姆巴人自己不再做更细的区分。在多数方言中，这同一个词用来指一系列不同的表达方式，从大家所共知的'民间故事'到更短小的形式，如谜语和谚语，同时也指我们通常所说的历史事实。林姆巴人对这些没有严格的区分"。⑤

从芬尼根的进一步描述中，我们看不出来是否真的是林姆巴人对各

① G. P. Bargery, *A Hausa-English Dictionary and English-Hausa Vocabulary* (London：Oxford University Press，1934)，p. 569.

② George C. Herzog and Charles G. Blooah, *Jabo Proverbs from Liberia*，p. 1.

③ Davenport, "Marshallese Folklore Types"，p. 231.

④ A. R. Johnson, *Vetus Testamentum*，Supplement，3：162 –169.

⑤ Ruth Finnegan, *Limba Stories and Story-Telling* (Oxford：Clarendon Press，1967)，p. 28.

种韵文形式不做区分，还是"姆波尔"一词是个多义词，在不同的语言和社会承启关系中有不同的意思，但是，林姆巴人似乎在行为上对"姆波尔"的不同形式是有区分的，即使不是在明显的言语中。在劝说、争论、演讲以及开玩笑时，说话人用的是较短小的形式，芬尼根将其类比为谚语或比喻。另一方面，讲故事人在晚上睡觉前的轻松气氛中，使用的是较长的"姆波尔"形式。① 可见，林姆巴人的社会行为的确暗示了"姆波尔"似乎是个概括的总名称，有不同的意思，在不同的场合有独特的形式。

无论如何，尽管"姆波尔"的概念似乎与英文中"韵文叙事"对等，但其内涵则完全不同。在林姆巴人的分类中，他们关心的不是韵文或其形式的叙事特质。根据芬尼根的描述：

> "姆波尔"的概念是集合性的……有两个主要组成部分……首先是与年龄和传统的关系，其次是比喻表达的思想……在前一种情况下，"姆波尔"似乎与其词根"波尔"（老）有关。"姆波尔"中的"姆"是"过去的时光"或"古代的方法"，而"彼波尔"意思是"老人"，常常指死去的祖先。"波尔"常常出现在不同的语法形式中，构成形容词，指"老"……而且，不管"姆波尔"一词的语言学意义的事实如何，这个词的确在林姆巴人看来是与年龄和传统的想法有关的……林姆巴人的确对"老人"的智慧和是否在场非常敏感。②

在先前的讨论中，芬尼根提到，"艺术的表达与灵感，无论是唱歌人、讲故事人、舞蹈人还是打鼓人，被认为其实都有同样的来源——死者，'老人'"。③ "'姆波尔'的第二层意思，在多数用法中很明显，就是其以比喻用法的评论或反应。这一点当'姆波尔'被用作暗喻、寓言和类比时自然特别明显，但即使当它指那些直截了当的故事时，似乎表明

---

① Ruth Finnegan, *Limba Stories and Story-Telling*, pp. 42 – 48.

② Ibid. , pp. 46 – 47.

③ Ibid. , p. 25.

了这层意思"。①

　　对类型名称的探索必须要超越词源阐释的限制。从历史和地理角度来看，同样的名称在相同的语言但不同的时代，以及有明显地区性的方言中都会有不同的意思。反之，两个不同的词可能在不同的时代有相同的意思。而且，随着应用，名称可能发展出一个复杂的语义结构，对此，词源研究本身是不够的。因此，对本族类型体系的研究必须将每个文化中的有关类型的认知、表达和行为层面结合起来。

　　虽然本族的民俗分类的意义早已被认识到，但在多数情况下，实际的研究常常因分类体系与本族体系之间的差异而受到挫折。前面所讨论的只是一个解释框架，希望指出可发展的方向，而不是展示结论性的理论和方法。但是，如果民俗交际，正如其本身的隐含性和复杂性那样，是基于特定文化界定的规则，那么，发现这些规则是至关重要的。类型体系是对这种民俗语法的最基本的本族划分方法。

---

① Ruth Finnegan, *Limba Stories and Story-Telling*, p. 47.

# 7

## 我们需要理想的（民俗）类型吗？
## ——致劳里·航柯

【编译者按】本文［"Do We Need Ideal Types（in Folklore）？——An Address to Lauri Honko"］发表于 NIF（*Nordic Institue of Folklore*）*Papers* 2. 1992. pp. 3 – 35. 作为对劳里·航柯教授六十岁生日的致敬，丹·本-阿默思总结了他与劳里·航柯关于类型理论的基本分歧：劳里·航柯通过引用利特尔顿的类型观点，将马克斯·韦伯的"理想类型"概念引入民俗类型学中，认为民俗类型应该是一种理想类型，而阿默思反对这一看法，他认为：1）普遍性的类型不一定是理想类型，劳里·航柯与利特尔顿所说的类型对应于韦伯的"极端类型"而不是"理想类型"；2）神话、传说与故事等常用类型概念，是具体历史的产物，而不可能适用于所有文化；3）民俗文本及其表演具有文化主观性，民俗学不可能成为通则性的"自然"科学；4）类型是民俗话语的分类类别，依赖于文化，因此不可能是普遍的。总之，阿默思反对对民俗进行统一的类型分类，而强调应理解当地的、文化性的、内在于文本之内的本土类型概念。

庆贺你六十大寿的最好方式，我想，不应是让你淹没于称颂之声中，虽然你应得赞美，也不是罗列你一长串的学术成就，而是继续与你进行民俗学问题的对话。走过时间长河中的某个里程碑，是一次庆贺的机会。年事渐高而带来的成熟、平衡感与更广阔的视野为我们所敬重。然而，与此同时，我们也都希望你始终保持年轻时的活力，继续我们热火朝天的讨论，无视年龄、永不示弱。唉，也许这样的努力是徒劳的，但这样的想法已令人激动。当你带着年轻的活力接近 60 岁生日时，我想概括总结一下我们或直接或间接投入了将近四分之一世纪的一场争论（本-阿默思，1969，1976a，1976b；航柯，1968，1976，1979—80，1980，1989a，1989b）。在这场争论中，你对我如此慷慨慈厚，远远胜于我的回馈，我不想改变我的态度，但突然之间，我也不愿任你沉迷于诸多礼貌的细节之中，让你逃离你应得的批评。现在还太早，还不是时候让你沉醉于功劳簿上（我没法不一语双关①）。我们之间的争论无外乎围绕着民俗类型的概念进行。类型理论与实践在 60 年代臻于民俗学的顶峰，然而我们两人都感觉到了危机，并对此做出回应。那个因"花孩子"② 的一代而值得纪念的时代，战争，学生们的反抗，我们也在斗争，当其他民俗学者对类型概念寄予厚望时，我们奋力拼合他们剩下的东西。你会记得，阿兰·邓迪斯认为类型是首要的概念，它将持久地使民俗学成为一门羽翼丰满的学术性学科。在《北美印第安人民间故事形态学》一文的总结中，他带着年轻的乐观主义总结道："作为一门科学，民俗学的首要任务，是描述性的分析所有民俗的类型。只有如此，民俗学研究才能真正成为一门科学。"（邓迪斯 1964a，112）

但邓迪斯对类型进行形态—结构性的描述后不久就改变了方法，他不再寻找民俗形式的"种属差异"（differentia specifica），而是转而关注他们的"类别特征"（genus proximum），类型开始被视为彼此相似而不是截然不同。他甚至与罗伯特·乔治斯（Robert Georges）一起注意到："形态分析将揭示，在不同民俗类型中可以找到某个特定的结构模式"（Georges and Dundes，1963，111），而他们也真的找到了。对谜语的分析为描述谚语提供了术语（Dundes，1975）。由于不可解释的文化原因，美洲印第安人民间故事的形态，也出现在了美国儿童的游戏中（Dundes，1964b）。其他的民俗学者不可能更成功了。孔格斯（Elli Kongas）与玛兰

---

① "沉醉于功劳簿上"与劳里·航柯教授的名字谐音。——译注

② "花孩子"是美国反越战运动中的典型形象：年轻的嬉皮士们用鲜花回应端着枪的士兵。——译注

达（Pierre Maranda）在民俗类型上所做的复杂巧妙的研究（1962），听起来像是列维·斯特劳斯式主题的变奏。民俗的结构分析所产生的影响力如此强烈，我们中的许多人很快意识到，如果没有严肃的学术修正，它将带我们走进死胡同。

在更传统的关于民俗类型的模型中，我们也没有找到出路，即使当时它们被塑造为功能性的术语，正如威廉·巴斯科姆（William Bascom，1954，334；1965）所做的那样。也许巴斯科姆过于犹豫，在将人类学理论引入文学分类后，他本可以得出合乎情理的结论，但他却畏缩了。他没有开启全新篇章，而是选择在一个不可能整合的领域中去整合。他呼吁，要更准确地叙述"人们自己所承认的民俗类别，以及……人们对这些类别的态度"（1954，334），但这与他自己希望在跨文化的基础上分析散文性叙事的愿望相抵触。他认为，"神话、传说和民间故事"只作为"分析性概念，可以将它们有意义地应用于跨文化分析，即使有别的'本土类别'体系在当地被使用"（Bascom，1965，5）。但他并未进一步说明，这样一种"有意义的"应用要如何完成。如果正如巴斯科姆所确信的，这些分类是普适性的，它们就不会与本土分类产生矛盾。而如果它们不是普适性的，从它们开始进行研究又有何"意义"呢？它们的跨文化应用只是名义上的，而不是实质性的。

但是，巴斯科姆最常被提及的失败，是把叙事分类的三分系统应用于他在民族志研究中最为了解的文化，即尼日利亚的约鲁巴人（Yoruba）文化上。在约鲁巴人中，巴斯科姆发现神话与传说重叠为单一分类，因此该文化中只有两个而不是三个叙事类型。

巴斯科姆认为，神话、传说与故事的三分法，至少"反映了欧洲'民俗'中的'本土分类'"（1965，5）。今天我们无须再抨击其中潜藏的傲慢，因为他试图将这一系统强加于世界上其他文化中。然而，正如我稍后将要说明的，就连欧洲民俗的"本土分类"这一假定也是错误的，因为它没有考虑到欧洲人中的阶级、文学史、读写能力等维度。

在我们各自试图预防民俗学秩序趋于消解、阻止分类体系走向崩溃的工作中，我们并不孤单。仅仅是六十多岁的这一代中[1]，我就能举出利特尔顿（Scott C. Littleton，1965）和我的同事亚伯拉罕（Rogers，1969），这两位同样经历了这一挫败过程，并针对民俗类型的困境形成了自己的解决之道。然而，与你我不同，他们希望在民俗学中重建支配性的分类模型。作为最早一批受到后现代主义影响的学者，他们提出了一个弹性的、可变动且处于变动之中的分类系统。他们不将类型视为放置文本的文件匣，而是考虑用比以往体系更好的方式——用滑动的刻度与成捆的特征去表现民俗的类型属性。

当文本出现于社会与历史中时类型会发生变化，利特尔顿与亚伯拉罕都构建出了弹性分类系统以适应这种变化。他们的不同之处在于，其各自的模型选择了不同的类型属性以确定类型的范围。对利特尔顿来说，文本的"参考文献"是关键，而对于亚伯拉罕而言，"表演"则是主要的枢纽，这预示了尚未繁荣的新理论的出现。

你的著作中曾引用利特尔顿的文章（航柯，1968，64；1989a，26；1989b，27-28），但只是为了与你自己的目标相比较。他当时已经着手开始修补民俗学界中盛行的术语混乱现象，这种混乱在当时和现在都存在。为此，他提出了一个由四种极端特性组成的二维图示：幻想的与历史的对应世俗的与神圣的。这四种特性组成一个类型的方形矩阵。利特尔顿在其中放置五个概念：神话（幻想的—神圣的）；民间故事（幻想的—世俗的）；神圣历史（真实的—神圣的）；历史（真实的—世俗的），而第五个概念是传说，利特尔顿将它放在这个方形的中心，意指它综合了所有四种特性。也许无论是从字面上还是从图像上，我们都可以将利特尔顿的方案称为关于民俗类型的"传说中心模型"。

为了使这一类型方形显得更精确，利特尔顿给它加上了从1到20的刻度，但是我想不出来如何可能量化所谓的历史性或幻想性。也许这些

---

① 在60年代的类型理论中，一般而言，并没有一个历史性的分水岭，虽然《类型》杂志（1968年至今）的创刊表明，对这一概念的研究有集中的趋势。关于这一主题，可参见本-阿默思1976b第247—282页中挑选的出版物书目。自那以后，这一主题仍在不断吸引理论与批评的注意。最新的讨论可参见以下研究：Bakhtin，1986；Brown and Steinman，1978；Genette et al.，1986；Jason，1977a；Jauss，1982；Nagy，1990，1751；Rosmarin，1985；Ryan，1979a，1979b；Schaeffer，1989a，1989b；Todorov，1990；Voigt，1976。

表示刻度的数字，是民俗学研究中实证主义最后的遗迹，从方法论上说这是不合逻辑的。不过，利特尔顿的方法的核心，是要改变分类的原则，从过去那种非此即彼的区分标准转为使用各种因素的综合——即：有一点这样，也有一点那样。幻想性与真实性、世俗性与神圣性通过特定方式组合而形成的叙事，会被归入某一类型，而当组合方式改变，它将趋近另一类型。相应地，它在类型方形上的位置也会随之改变。

在构建模型的同时，利特尔顿将不确定性引入了民俗类型的分类法中。他希望通过应对性的机制来减少术语混乱，但最后却证实了这种混乱。现在，我们可以将任何一个故事放在这个类型方形的任何一点上，视其与"幻想的"或"真实的"这类理想顶点的关系，用相对的而不是绝对的术语来描述它。

这一原则在民间叙事的文学史研究中也有深远应用。当故事在代际间传承时，它在类型方形上的位置也可能会改变。例如，尤金·韦伯（Eugene Weber，1981）提出，欧洲民间故事所蕴含的历史性，远比民俗学者们所认为的要多。其情节与人物反映出 17—18 世纪尖锐的社会与经济现实。当时，妇女在生产时死亡是普遍现象，充斥于故事中的后母与继女，不是想象的虚构，也不是儿童精神的投射（Bettelheim，1976），他们是真实家庭状况的反映。随后，在 19 世纪，医药与经济的发展提高了生活标准后，对于故事的说者与听者而言，这些故事就具有了幻想性的色彩，因此它在利特尔顿的类型方形上的位置就会改变，从现实性的一端移向神奇性的一端。

如果我给利特尔顿的模型取了个绰号叫"类型方形"，那只有把亚伯拉罕的模型称作"类型拱形"或"双拱形"才恰当。不过，他用来表示分类系统的图示有启发性价值而不是内在价值。亚伯拉罕寻找的是将民俗交流中的行动者整合进民俗类型分类系统的方式，以期建立一种不仅关于文本，也可说明其表演的模型。因此，他将所有的民俗类型都排列在一个可滑动的刻度上，从说话者们"主动参与"开始：在此端他们彼此交换谚语与谜语；到讲述人与听众对故事文本的"间接参与"结束：此时，他们彼此之间的互动程度相应降低。亚伯拉罕吸收了简森（Hugh Jansen）在其开创性的著作《言语民俗研究中的表演分类》（1957）中的观点，从今天的眼光来看，此文是一颗经典的宝石，而亚伯拉罕将表演的类型转化成了类型的区别性特征。

因此，利特尔顿与亚伯拉罕都提出要改变类型分类的方法。他们的模型都用大致相似代替截然不同、用相对概念代替绝对概念，用模糊的类型性识别代替泾渭分明。一个故事可以有传说性但不是传说，可以有幻想性但不是确切的幻想故事。一方面，正如科申布拉特-基布莱特（B. Kirshenblatt-Gimblett，1975）所描述的，在本尼迪克特与韦伯的方案中，讲述者与听众可以完全与故事相互交织；另一方面，同一个故事也可以用于犹太教士或牧师的宣教之中，而不是直接卷进实际生活。利特尔顿与亚伯拉罕在他们的方案中构建了不同的分类模型，更好地反映了历史与社会生活中的民俗类型。它们是分析性的模型，根据言语形式在其不同语境中的类型变化而转换与渐变。

## 一个提议：作为理想类型的民俗类型

至于你，劳里，你特别欣赏利特尔顿的模型。在你第一本系统讨论民俗类型的书中（1968，64），你就肯定了他的研究。随后，在他的模型与基础术语的基础上，你构建了自己更精炼的类型分类法（航柯，1979—80；1989，26）。他所使用的韦伯式术语"理想类型"似乎引起了你特别的注意。对利特尔顿而言，类型的理想类型就是分析性极点的近义词。他写道：

> 当同时使用两个标准时，我们就能得到这样的类别（事实的或想象的，神圣的或世俗的）。但这两个标准必须被理解为两个极点或理想类型（我的强调）之间建立的二元系统：第一个标准是绝对事实性的（或科学性的）与绝对幻想性的（或非科学性的）之间的二元系统，第二个标准是绝对世俗与绝对神圣之间的二元系统……这两个二元系统表明，这里一定存在渐进性，因此必须用连续性这样的术语来表达。没有任何一个特定叙述会完全接近于任一极点或理想类型（我的强调）（利特尔顿，1965，21—22）

利特尔顿随后放弃了这一想法与概念，再也没有提起过，至少没有在谈及民俗类型时提及。但是你，劳里，你将"理想类型"这一概念用作你的类型理论与方法的基石。如此，你一举三得。首先，通过化用韦伯的"理想类型"概念，你将民俗类型问题直接置入分析领域，并致力于一种学术性分类法（我没有忘记这句话中负面的一面）。其次，你在民俗学与社会学之间培养了新的联盟。虽然民俗学自己声称采用折中主义，但其实许多年来，它与社会学之间的联系其实很少（亚伯拉罕，1983，348—350；Ben-Amos，1990；Thompson，1980）[①]。因此，通过将"理想类型"这一概念引入民俗学研究的主流，你在这两个学科之间建立了一个新的、理论与方法上的共有基础。最后，尤其重要的是，用"理想类型"这一概念来分析民俗类型，这在民俗理论这一晦暗的领域中放置了一块清晰的路标，我第一次敢于这样说，它提供了一种陈述，能定义民俗类型是什么。

正如我所许诺的，以上三点我全部不赞同。如果你曾回溯贝内德托·克罗齐（Benedetto Croce）的美学理论，就像本尼迪克特在分析祖尼人神话时所做的（Benedict，1935），那么我反对你的方法时就会少些理由了。你会发现他的内心是位哲学家，他将类型视为理念，只有在构造分类体系时才会用到。

克罗齐所说的类型，正如韦伯所说的理想类型一样，都不存在。它们只有"作为关于文学的理念或信仰"时才有意义（Orsini，1961，109）。他只允许它们在文学分类中存在，而禁止它们进入分析或批评领域（Croce，1922，38；Orsini，1961，107），他的类型概念是为了针对当时标准化的类型文学批评，同时也反对将文学种类物化的进化论式文学史。不过沿着这条路发展下去，他对类型的思考中又加上了哲学基础，类型被认为是认知美学中的组成部分。事实上，当本尼迪克特声称祖尼人中"没有类型化的民间故事"，以及他们的故事中没有一个"可归入……清晰明确的类别"（Benedict，1935，I，xiii；）时，她误解了克罗齐关于类型的思想。依靠于克罗齐的权威性，她否认祖尼人有能力对自己

---

① 社会学家的书中很少引用民俗学的内容，一个少见的例子是 Eisenstadt，1965，20—22。同时参见 Fine，1987，他试图将约瑟夫·雅科布斯，《民—俗》过去的编辑视为社会学家。

的文学进行分类，用她所知道的神话、传说与故事的类别概念。如果克罗齐能把他关于欧洲文学的哲学观点扩展到祖尼人的叙事中，他将会特别考虑祖尼人自己对诗性行为的分类系统，而我可能就会倒向这位美学家，我在强调"本族类型"（ethnic genre）时（Ben-Amos，1969），他将成为我的哲学基础。

而你倒向韦伯时，人们本以为你会为民俗类型理论，不，为整个民俗学研究带来更多的变化，比你自己预期的还多。但是，当我注意到你的学术责任感，意识到你在掂量你的每个想法会受到多少赞成或反对时，我开始强烈地怀疑，"理想类型"这一概念所意欲给民俗学理论与方法带来的改变，是否真的是深思熟虑的、有目的、有计划的。而我所质疑的正是引入这一概念的目的。请注意，我的反对仅仅局限于在类型理论领域内使用理想类型这个概念。

也许在其他领域中，理想类型的分类方法是相当有价值的。例如，鲍辛格（Hermann Bausinger，1961，1990），他虽然没有直接引用韦伯或"理想类型"的概念，但仍然带着清楚的社会学倾向，研究了民俗在技术世界中的特性。他将它们模型化为一种理想类型的不同特性。他的概念可用于分析因果关系与因素相关性。在鲍辛格为其专著的英文版所写的序言中（1990，xi-xii），他限制了对这一模型的普遍应用。似乎是在弥补错误，他提及，他只研究了一个特殊的德国的例子，韦伯和他的阐释者们会将这种例子称为个体化的（Burger，1976，130 – 132；Watkins，1953，723 – 728；Weber，1949，86，100）或者"时代化与地方化"（dated and localized）的类型（Becker，1940，29）。但实际上，他在其研究中所强调的民俗特性，显而易见已经超越了德国甚至欧洲的边界。"民俗主义"这一术语，至少可以指称这一模型的一部分，已经超越了地理或历史的界限（Bendix，1988；Newall，1987）。正如韦伯关于权力的理想类型分类可以有理性的、传统的和卡里斯马的等不同情况（Weber，1947，324 – 385），鲍辛格的理论也可以成为在前技术、技术和后技术（电子）世界中研究民俗的理想分类法的起点。或者，从其他的视角来看，为无文字、文字与视听社会、移民与本地群体建立民俗模型也是可能的。这样的模型将会就因素与属性之间的因果关系与相互关联提出问题，将成为不同历史与地理语境中现行民俗的模型。

我想提出一个更严重的让步，它可能相当有损于我的论证。我想指出，普罗普的故事形态学理论（1968）也有理想类型的所有特征。他关于民间故事类型的模型正是这类叙事的理想类型。对叙事特征的识别、选择与组织，意识到故事形态的本体身份是一种理想形式，以及将此模型用于比较的意图，这些都表明，无论是在方法论上还是理论上，普罗普与韦伯与索绪尔都同样非常接近，如果不能说与前者更近的话，即使他并未宣称或表明自己与德国社会学之间的理论联系。不过作为德语教师（Levin，1967，32；Lieberman，1984，ix），他的研究中发现了新康德主义的痕迹并不令人惊讶，而韦伯形成概念的方法中正弥漫着新康德主义。当然我们也不会惊讶，后普罗普主义的学者们（Brémond，1970，1973，1977；Culley，1972，1974，1976；Dundes，1964a，1976；Greimas，1971a，1971b，1983；Jason，1977a，70 – 80；1977b；Meletinsky，1974；Milne，1988；Paulme，1976；关于这一潮流更完整的书目，参见 Holbek，1978）心照不宣地承认，形态学式的叙事分析在方法论上遵循构建理想类型的原则。无论是对普罗普模型的替换还是完善，他们都只是在更改建构的方法：引入不同的构成概念的元素，随之确定模型内部的新关系，但从未改变概念自身的性质。事实上，民间故事研究中的形态学潮流从头到尾都是韦伯式的，确认了韦伯在展示理想分类法的理念与方法时的说明。

虽然韦伯将概念提炼问题置于历史与经济领域中，但他对模型构建的思考同样适用于文学与民俗领域。他指出，对特征的体察与选择都是主观性的，毕竟，他文章标题中的"客观性"是带引号的。在历史或文学中，什么是"事实"，这是由研究者的认知兴趣所决定的。在一篇明显充满歧义的文章中，韦伯不容置疑地宣称："不存在绝对'客观'科学的文化分析"（1949，72）。社会中行动法则的形塑，取决于对"某种因果关系'规律性'出现"的感知，"我们能在汪洋恣肆的事件之潮中感知到的'法则'必须——根据这一概念——包含科学意义上现实的'本质'层面"（如上所引）。还有，"关于现实的，同时尊重文化含义及其因果关系的知识，能通过对反复出现的系列事件的探求来获得"（1949，75）。

将这些论断与故事类型学的主要前提进行比较，二者的相似如此明显，似乎已不再需要强调什么。韦伯的认识论假设同样解释了，为什么在紧密相邻的学问中却存在不同的形态学模型。这些模型之间的差异并不指向叙事过程中的矛盾或互不兼容的解释，而是源自一开始时文化或学科视角上的差异。每个形态学模型都与其最初的分析概念在逻辑上一致。

如果我们回溯韦伯自己关于"理想类型"概念的解释，用"文学"或"民间故事"代替韦伯自己使用的"历史"、"生活"或"社会"这些词，民间故事研究中的类型学模型与"理想类型"之间的关系就更明显了。对韦伯而言，"理想类型"是：

> 概念图像将历时生活的某些关系与事件联结成一个复杂体，这一复杂体被认为是内在一致的系统。从实质上说，这一建构其自身正如一个乌托邦，通过分析性地强调现实中的某些因素而获得。它与经验数据的关系仅仅存在于这一事实：即，这种类型所指的、由抽象结构所描述的、由市场所限定的关系，只要它被发现与被推测其在现实中存在于某种程度，我们就能通过引用理想类型，根据实际情况来说明这种关系的特征，使其清楚并易于理解。这一过程对于启示性和描述性的目的而言都是不可或缺的。理性类型的概念将帮助我们提高研究中的归源能力：它不是"假设"，但它将指出假设构成的方向。它不是现实的一种描述，但它将给描述提供明确的表达手段（韦伯，1949，90）。[①]

随后，他总结到：

> 如果我们尝试找到概念内容的通用定义，那么只有唯一的一种

---

① 译者注：商务印书馆的韦伯德译本中这一段译如下。"这种思想图象将历史活动的某些关系和事件联系到一个自身无矛盾的世界之上面，这个世界是由设想出来的各种联系组成的，这种构想在内容上包含着乌托邦的特征，这种乌托邦是通过在思想中强化实在中的某些因素而获得的。它与经验地给定的生活事实的关系仅仅在于：凡是由这种抽象的结构所描述的那种关系、也就是依赖于'市场'的各种事件被发现或被推测到实际上在某种程度上发挥作用的地方，我们就能够根据理想类型、根据实际情况来说明这种关系的特征，使它易于理解。这样做法的可能性对于启示和描述价值都是不可或缺的。理想类型的概念将训练研究中的归源判断：它不是'假设'，但它将指出假设构成的方向。它不是现实的一种描述，但它将给描述提供明确的表达手段。"参见马克斯·韦伯《社会科学方法论》，韩水法、莫茜译，中央编译出版社1998年版，第39—40页。

形式，就是上面解释过的理想类型。它是一个概念性的建构（*Gedan-kenbild*），既不是历史事实，也不是"真的"现实，它甚至不适于用作图示，真实情况或行动在其中可以被归并为一种实例。它的意义在于作为纯粹的、限定于理想性之内的概念，用这一概念，真实情况或行动可以被比较、被测量，可以解释其中某些重要的成份。这类概念是被建构的，以其为名，我们得以构造各种客观可能性的范畴之间的联系（韦伯，1949，93）。①

如果韦伯将自己的概念描述为一种抽象建构，并不反映现实，那么是否还有必要再说些什么，或是试图扭曲与阐释他的想法，使之与现在的民俗理论和实践产生关系呢？当文化现实已经为我们提供足够绝妙的概念时，为什么我们还要诉诸于人为制造的概念呢？如果现实存在的，可被识别的分类本身就是文化世界的组成部分，为什么我们还需要去构建作为理想类型的民俗类型呢？我的让步是，民间故事形态学使用了理想类型方法，不管我们是否愿意，这一现实带我们绕了一圈，又回到民俗学中类型分析危机的起点。也许这趟短途旅行的唯一收获就是意识到，在这一问题中，"理想类型"可能正是罪犯，而不是解决方案。

显而易见，我们也可以争辩到，不是韦伯式的普遍方法出了错，而是它应用于叙事形态学的具体方式不对。这样的话，你将民俗分类视为理想类型的方案，其意义尚有商榷余地。如果要正确解读你文章的主题的话，其实不仅仅是关于类型问题，更重要的是，你的核心是将民俗学视为一种通则性科学。你用明显对立的概念组来陈述你对当下理论的感觉。

---

① 译者注：商务印书馆的韦伯德译本中这一段译如下。"如果我们应该尝试对概念内容作发生学的定义，那么剩下的唯一形式就是其意义在上面规定过的理想类型。它是一个思想的图象（Gedankenbild），它不是历史实在或根本不是'本来的'实在，它也几乎不是作为实在应该当作样本而被分门别类地归在其中的图式而起作用的，相反，它具有纯粹理想的界限概念的意义，为了阐明实在的经验内容中某些有意义的成分，实在要用这种界限概念来衡量，并与之进行比较。这些概念是我们借以通过运用客观可能性的范畴构造各种联系的结构，而这种范畴判定我们指向实在而培养出来的想象是合适的。"参见马克斯·韦伯《社会科学方法论》，第43页。

我们可以……说，理想—分类的类型系统的目标是分析性的，并主要是为了解释普世的、跨文化的类型。自然的类型系统则紧紧受限于经验主义，这些类型是地方性的、在文化范围内的，甚至是独一无二的。表达同样意思的其他几组对立概念是"通则式的与特殊性的"和"主位与客位"。一方面是鸟瞰视角下研究者们共同认可的概念，另一方面是虫眼视角下，在被观察的文化之内所创造出来的类别与被使用的概念（航柯，1989a，18；另参见1980，43；1989b，28）。

你的隐喻透露出你所认同的思潮，也表明你希望民俗学继续发展的方向。对你来说，作为理想类型的类型概念，这只是将民俗学建设成为韦伯式社会学中的一个步骤，我还可以加上，是一个主要的步骤。[1] 正是出于这种学术视野，你大量使用"理想类型"这一概念，将其置于如此关键的位置，远远甚于利特尔顿对它的使用。而我所强烈反对的，正是你在使用这一概念时所暗示的学科进程。在相当程度上，你我所坚持的民俗类型概念，它们之间的不同正隐喻了我们彼此分歧，甚至是彼此冲突的民俗研究路径。无论是在学术上还是在诗意中，隐喻都有一种认知的力量，要求我们统合我们的思想。因此，我没有将我与你之间的讨论转入一般民俗学的领域，而是继续讨论类型与理想类型的问题。这一次，让它们成为自己，并且也是关于自己的隐喻与主题。为了实现这两者，有必要从以下四方面质疑你的提议：1）在你的分类法体系中，普遍性类型真的是理想类型吗？2）民俗的特殊类型：神话、传说与故事是理想类型吗？3）是否使用理想类型会让民俗学成为一门通则式科学？以及4）如果说对普世性的假设或追求是任何科学行为的先决条件的话，在什么层次上思考民俗的普世性是可能的？

---

① 理想类型及其分类法在现代社会学中是一个主要概念与方法，但并不是没有受到过挑战、批评与修正。它们所引起的论战对于社会学的出现有正面影响。关于这些争论，部分参见 Becker，1933－1934，1940。Burger，1976；Cahnman，1964，1965；Goode，1947；Hempel，1965；Kivistoand Swatos，1988；Lopreato and Alston，1970；Martindale，1959；Mckinney，1966，1967（补充的参考文献参见第215—217页的注释）；Nefzger，1965；Parsons，1968；Pepper，1963；Rickert，1986；Rogers，1969；Rose，1950－1951；Watkins，1953；Winch，1947。

1）普遍性类型就是理想类型吗？这一问题的提出，针对的是你对类型的构建、你的类型分类体系，与韦伯所构建的理想类型（Becker，1940）之间的对应性。韦伯自己使用了"类型"和"类型的"这两个概念术语（gattung 和 gattungsbegriffe），以区别个体性和一般性的类型、经验性的与抽象性的（Weber，1949，100－103；Burger，1976，130－135），这让问题变得更加复杂。这一区分造成这样一种印象，即在"理想类型"（ideal type）概念与"类型"（genre）概念之间，实际上存在高度的相似性，而事实上，民俗甚至文学类型中也可以有同一种理想类型。然而，当翰柏尔（Hempel）用逻辑检验韦伯的思想时（1965），他发现韦伯式的理想类型不是只有一种，而是有三种：分类性类型、极端类型与理想类型。第一种是"作为类别被建构出来的"，"类型学过程的逻辑是分类中最令人熟悉的逻辑"。在这里，"用于定义不同类型的特征，不仅仅提供了整齐清晰的格子，以包容所有个案能进入预定领域，同时也应该让它们自身听起来是普遍化的，因此可以提供预测的基础"（1965，156—157）。

翰柏尔关于极端类型的描述类似于利特尔顿所说的，分类类别就是"极端顶点或理想类型"（1965，21），你在自己的系统中也沿用同样的原则进一步发展。极端类型是"两个支撑渐变过程的概念，特定个体不会被判定为某一个概念……但在某种程度上展现这两种特质之一"（Hempel，1965，157）。翰柏尔接着提出了一个修辞学的问题，并且自己给出了答案："这些'极端'或'纯粹'式概念的逻辑形式是什么？显而易见，它们不能被建构为分类概念：个案不能作为实例被置于它们之下，而只能被描述为其特征在某种程度上趋近于它们。"（同上，157—158）

在实例与假设的"理想类型"之间存在相似性，这一原则指引了你自己关于类型的概念。虽然你涉及这一主题的文章，其引用书目并没有暗示你注意到了翰柏尔的分析，但你描述"理想类型"的术语却与他的立论惊人地相似。例如，你声称：

> 对比童话故事与传说，并仅仅用其突出特征来定义它们，会产生一个极化的理想类型，纯粹的童话故事与纯粹的传说居于其顶点，其辨别力是最大的。显而易见，这样的定义不适用于任何类型，因为如果把现存的多样化的童话故事与传说放入这一理想类型，它们

将倾向于滑向连接两极的中间，而不会在其顶端（航柯，1989a，17；另参见航柯，1968，61；1980，43；1989，27）。

翰柏尔指出，这些极端类型的逻辑"是排列关系与测量。因此，我们也可以称它们为'次序性的类型'"。接着，他总结到"作为一种规则，次序性类型学与分类性类型学一样，都属于科学学科发展的早期阶段，这一阶段关注大量'经验性'概念体系的发展，以此来进行描述和低层次的概括"（Hempel，1965，159 - 160）。因此，你所考虑的类型，在逻辑上不是韦伯所界定并使用的理想类型，虽然你这样称呼它们。它们是"极端类型"。"理想类型……意味着被用作一种阐释性或解释性的框架，其中涵盖一系列'通行经验原则'，这在某些现象的不同方面之间确定了'主观性意义'的联系，例如纯粹理性的经济行为、资本主义社会、手工业经济、宗教教派之类。但是，至少在理念上，理想类型并不表现为一般所说的概念，而更像是理论。"（Hempel，1965，162）

2）神话、传说与故事是"理想类型"吗？如果一般而言的类型不是理想类型，那么神话、传说和故事这些特定形式，可以成为普适性的模式，用于进行你所强烈支持的比较工作吗？你经常引用基里维纳人（Kiriwina）的类型体系，马林诺夫斯基将其记录下来，并认为它们就是神话、传说、故事三种形式具有普世性的例证（航柯，1968，58；1976，23；1989a，19）。你指出，马林诺夫斯基"发现，基里维纳人的讲述传统中有三种民族志类别，kukwanebu，libwogwo 和 lili'u，它们完全不能用传统的类型术语来描述，但其相互关系或多或少符合幻想故事、传说与神话的三分法"（航柯，1989a，19）。然而，虽然你认为，基里维纳人的讲述形式类似于神话、传说与幻想故事的分析性分类或说普世性类型，但它们之间的所有相似性都只存在于旁观者的脑中，在这个特殊的例子中，旁观者是一位在英国受教育的波兰人类学家（Roy，1988）。例如，只有在马林诺夫斯基的功能论谬误中，才可能将 lili'u 命名为神话。是他而不是基里维纳人自己将这些故事解释为社会的给定宪章，另外，他们同样没有、也不会认为这些叙事从根本上是错误的，正如"神话"一词所暗示的那样。正如马林诺夫斯基的学生埃德蒙·利奇所说的："神话（既是关于神、英雄以及他们与普通人之间关系的历史，也是一种特殊的类别），是学者的发明。它不是民族志学者在初民中所遇到的现象，无论这些初民是生活在神话时代还是处于任何其他'有意识的阶段'。"（利奇，1982，3）①。在古希腊"神话（muthos）一词实际指的是演讲行为，例如正式的夸耀、威胁、挽歌、辱骂、预言、祷告等等"（纳吉，1990，32；另见马丁，1989，10—42）。是古希腊学者希罗多德区分了逻各斯（logos）与神话（mythos），认为它们的区别在于是真实或虚构的叙述（德蒂安，Detienne，1986，42–62）。"神话"这一概念始终保持负面含义，即使有大量哲学与理论意在清除这种影响（Bidney，1955）。在这一意义上，神话无法与信徒坚信的信仰相比。从文化视角来看，信仰与神话在概念上是对立的。

　　另外两个叙事类别，同样是学术的或文学性的发明，在特定历史时期被介绍入欧洲学术话语系统中。传说性的叙事是许多人群：有文化的、半文盲和文盲人群之口头传统的组成部分，而作为一种带有超自然因素的历史性事件，传说这一类别最初出现在欧洲语言中，是在格林兄弟为其《德国传说》（*Deutsche Sagen*，1816–18）所做的序言中。当他们说："童话更具诗意，而传说则更带有历史性"（转引自 Ward，1981，I，1）时，这两种类型被确定为两种极端类型，从19世纪到20世纪大部分时间内，欧洲学术界关于传说的概念都受他们的模型影响（Gerndt，1988）。只有当赫尔德提出了民（volk）这一概念，且它成为我们这一学科进程的宪章后，民间故事才能如此被建构。② 稍早一些，在18世纪，"童话"作

---

　　①　在原始文本中，括号内的句子出现在前一段中，在其位置上本来意指"在这一意义上"。

　　②　有史可查，在浪漫主义与后浪漫主义的意义上使用 volk 这一术语，以及 volkskunde，volkslieder 和 volksmarchen 这几个复合名词的出现，都可以追溯到18世纪70年代末80年代初。赫尔德（Johann Gottfried Herder，1744–1803）对这一概念的形成发挥了核心作用。他在文学与学术圈内的同时代人使得这一术语为大众所接受，并在大众视野中稳定了下来。关于赫尔德的 Das Volk 概念，参见 Simpson，1921，Barnard，1965，54–87。他在其著作 *Volkslieder*（1778）中使用了符合名词的形式，同年，他在提交巴伐利亚学术奖章的文章《论诗歌对新旧民族习俗的影响》（*Über die Wirkung der Dichtkunst auf die Sitten der Völker in alten und neuen Zeiten*）中，清楚地阐释了民间歌曲的理论意义。Clark（1955，252）认为，这篇文章是《民间歌曲》一书未被出版的前言。"民间童话"一词最早出现在文学语境中，是在 Johann Karl August 的《德国民间童话》（*Volksmärchen der Deutschen*，1782–1786）一书中。参见 Anthony，1981 年书中对这一术语的讨论。同时，民俗学（Volkskunde）一词也付梓出版，最初出现在汉堡周报《旅行者》中（Linke，1990，118；Lutz，1982，34–37；Weber Kellermann et al.，1985，3）。

为文学术语在产生之初指的是一种文学类型（安东尼，1981，13—62；本-阿默思 1989）。这两个类型所反映的都是西欧与中欧的浪漫派作家的概念创造，当时他们尝试探讨其所在环境中的口头与半书面文学的创造性，并试图将其术语化（Andriés，1983；Brachilon，1975；Chartier，1987；Fink，1966；Gratz，1988；Mandrou，1964；Storer，1928）。为什么你还希望在非洲、大洋洲、美洲与其他地方找到同样的民间文学三分法，期望它具有普世性的规则，并在各地的叙事传统类别中一再出现呢？对世界上各种语言的术语进行更清楚与更仔细的分析，可以使我们对人类思想、言语艺术及其表演有更好的理解。不过我也同意你的说法，迄今为止我们为获得此种理解而付出的努力实在太少（航柯，1989a），但是信息的缺乏不能使宽恕无知成为正当的。在阐释博厄斯（Franz Boas）的作品时，朱迪丝·波曼（Judith Berman）表明，在过去，即使是伟大的学者在提供今天我们认为是关键性的信息时也并不一定非常小心。她指出：“博厄斯在用概念解释夸克特［Kwagul（Kwakiutl）］部落的文化类别时，常常前后矛盾。例如，他翻译 Kwakw’ala 语中的 *nuyam* 一词时，就用过‘神话’、‘故事’、‘传说’与‘传统’不同译法。”她接着评论道：“很奇怪，博厄斯强调用当地人自己的语言去记录他们的思想，这一原则看来并没有应用于当地人的英语词汇中”（波曼，1991，50）。在她自己关于 Kwagul 民族志文学类别的分析中（同上，117—134），波曼在不同的本土类型（native genre）之间确定了联系。她聚焦于 nuyam 这一词，用英语中的“神话、历史”来翻译，但随即指出，其主要的语义成分是所有权，而不是我们对这些词语所联想到的任何含义。

3）作为通则性科学的民俗学。如果说，将类型视为理想类型的话语能揭示你的民俗学理论的话，你会将类型视为概念性的构造部件，来将民俗学建造成一门通则性科学，即是说，作为一门其普遍原则能在任何文化、历史或社会情况下有效的科学。在不同人群中发现相同的类型概念，无论这些人群是谁，说什么语言，这将是民俗学形成概念的必要的第一步，这一科学过程应该类似于自然科学中形成概念的过程。

你采取了上述方法，从而延续了由阿尔奈（Antti Aarne）与汤普森（Stith Thompson）所开创的、民俗学学科值得尊重的传统。他们认为，在任何科学性的努力中，以林内斯（Linnaeus）模式进行分类与排序是首要

的工作。你将这一工作更推进了一步，希望将民俗学从罗列的层面推进
到形成概念、总结规则，以及过程性分析的程度。如果我说的没错的话，
你许多关于类型与理想类型的文章中都出现了建立两分模型的学术倾向，
而且变化很小，其意义就在于此。

虽然要冒重复的风险，还是让我用你自己的术语概括你的构型，以
一张表格的方式重申你的观点。

| A | B |
|---|---|
| 理想类型 | 自然类型 |
| 理想的 | 真实的 |
| 唯名主义 | 现实主义 |
| 方　法：分析性的 | 经验性的 |
| 世界性的 | 地方性的 |
| 跨文化的 | 从属于文化的 |
| 通则式的 | 特殊的／个案的 |

（资料来源：航柯，1982，43；1989a，18；1989b，28①）

你在今天这样的年纪，还排斥经验性的、基于事实的分析，而偏爱
唯名论与学术编织性的研究，这可能会显得有点奇怪，除非我们意识到
上述每一栏的概念之间并非完全同性。更进一步说，将这些对立概念结
对，已经纳入不同思想流派、学科与研究潮流的假设。它同样依赖于你
对它们理论原则的阐释。例如，我不会将"理想类型"与"自然类型"
对立起来，原因很简单，因为我假设文学与民俗类型都不是"自然的"，
而是对话语的社会认知类别。在亚里士多德的《诗学》开篇几句中已经
暗示了这一意思，在这里，他将本书主题约定为"普遍的诗学构成艺术

----

　① 航柯，1989a 中，通则的（nomothetic）与特殊的（particular）是一对概念，而在 1989b
中，"通则的"则与"个案的"（idiographic）相对而言。在同一篇文章中，"特殊的"对应于
"普世的"。

及其多样种类"（Else，1967，15；1447a8），这句话唤起与生物类别之间微妙的类比。相似的，在将唯名论应用于"理想类型"的同一模型之前，我认为有必要决定，是谁在为类别命名，民俗学者或者当地的说话人？毫无疑问，不会有两位类型理论的读者能构建起相似的对立性配对。在我看来，要解释这两种术语框架，其线索正在于其中一对对立概念上，即唯名论与个案研究。

威德尔班德（Wilhelm Windelband，1848－1915）以此种方法区分了自然科学与历史科学。他的学生瑞科特（Heinrich Rickert，1863－1963）很谦虚地将自己的作品《自然科学中概念形成的界限》（1986/1902）描述为对其老师理论的扼要重述。当马克斯·韦伯构建"理想类型"这一概念时，这本书对他有决定性的影响。虽然早期的社会学家认为，韦伯只是"空泛地提到了威德尔班德-瑞科特理论"（Becker，1933－1934，402）。托马斯·伯格（Thomas Burger，1976，3－56；94－153）不容置疑地证明，韦伯尤其继承了瑞科特的思想。韦伯在其文章《社会科学与社会政策中的客观性》（1949）中清楚说明了关于"理想类型"的想法，但没有引用瑞科特的著作，这使得这一继承关系晦暗不明，而你自己的参考文献中也同样没有提及这两种知识的模式。

我不应该如此冒昧，对你思想的来源做如此解释和列出参考书目。伯格（1976）用令人肃然起敬的细节分析表明，这几个术语在瑞科特著作中的含义，相应地也出现在了韦伯作品中。其至关重要的一点是，自然科学与社会科学，尤其是历史科学之间的差别。前者有可能构建关于因果关系的法则并放之四海而皆准，然而后者只能描述特殊事件。在特定界限之内，韦伯提出，理想的分类法使得研究者能在检验中将社会现实客观化，并用可重复的模式、规律与法则这类术语来确切表达。"概念的功能被假定为，在分析者的想象中再生产'客观'现实。因此，所有清晰界定的概念的非真实性会一再被提及。如果谁意识到，从康德最终发展起来的现代认识论有一基础理念，即，概念首先是以智力驾驭经验数据时的分析工具，而且也只能是这样，那么准确的基本概念一定是理想类型这一事实不会导致他停止继续构建概念。"（韦伯，1949，106）

你会想将类似的方法论引入民俗学中，以形成民俗学研究的新目标，将我们所研究的事件与文本客观化，最终投射出它们重复出现的模式与规律，也总结出它们在社会与文化中的运作法则。这样做的同时，你就将民俗学从一门个案化的学科变成了唯名论的学科。或者说，你将会使民俗学研究遵循与自然科学同样的原则，并形成它自己的普适法则。

韦伯不断提醒自己和他的读者"一切经验知识的客观有效性，都完全依赖于既定事实按照分类进行排列，这一分类在特定意义上说是主观性的，即是说，它们表达了我们认识的先决条件，并且基于真理的前提价值，这些真理只有经验知识才能提供给我们"（韦伯，1949，110）。[①]

民俗文本及其表演有另一种主观性——它们自己的文化主观性。它们构成了一种为文化所规范的现实。正如语言一样，它们也重复各种模式，它们的规律、规则，都是文化性的，而不是由学术所建构的。我们有幸，也有责任、有优势去发现这些文化性的创造、类别以及秩序的含义。我们所发现的规则是可被揭示的，而不是被建构的。含义是根植于文本之内的，而不是来自被建构的概念的。类型不是乌托邦，它们也不是任何分析性的主观建构，不能用做关于叙事、歌曲或任何其他言语形式的普世性的、超越性的概念。它们是认知性的建构，定义了说话者所传达的信息的含义，也通过与说话者自己文化中所交流的其他信息产生联系，而确定了说话者的位置。

民俗，正如新近建立的"经验人类学"（特纳与布鲁纳，1986）一样，"转移了我们的注意力，关注作为本土意义的经验及其表达……分析的基本单元是由我们所研究的人群所确定的，而不是由作为外在观察者的人类学家所确定的。通过聚焦于叙事、戏剧、狂欢节或其他任何表达形式，我们根据对方人群的情况留下观察单元的定义，而不是强加给他们一些类别，这些类别来自我们自己变动不居的理论框架。所表达的是对方人群关于他们自己经验的表述、模式与再现"（布鲁纳，1986，9）。

这一地方性知识（Geertz，1983）有广泛的应用。它表明"一粒沙中有整个世界"。也许接下来我不再继续解释，将类型视为当地的、地方性的、文化性的类别，与社区中的生命与语言紧密相连，这一看法有多么

---

① 参见中译本第59页。"一切经验知识的客观有效性依赖于并且仅仅依赖于既定的实在按照范畴得到整理，而这种范畴在一种特定的意义上，亦即在它表述了我们认识的先决条件的意义上是主观的，并且是受到唯有经验知识才能提供给我们的那些真理的价值前提制约的。"

重要的理论意义。你将允许我诉诸一种我们通常作为研究对象而不是实际使用的修辞策略：引述一个故事。这是一个关于詹姆斯·乔伊斯（James Joyce）的故事，由一位希伯来诗人以沙克（Avraham ben-Yitshak 1883－1950）回忆，然后由另一位诗人戈尔德伯格（Leah Goldberg）记录。

> 以沙克只碰见过乔伊斯一次，那是在瑞士。他们当时三人在一起，乔伊斯的德国出版商、乔伊斯和以沙克坐在某座房子的阳台上。乔伊斯一直保持沉默。那是他生命的最后几年，疾病让他虚弱，而且他的眼睛——他的视力几乎完全模糊了。一会儿之后有位年轻的作家加入了他们。显然，稍早一些他曾将自己的作品大声朗读给乔伊斯听。他希望听到《尤利西斯》的作者对自己作品的看法。但是几乎没法从乔伊斯嘴里挤出哪怕一个字。接着，也许是为了拍这位伟大作家的马屁，这个年轻的笔杆子开始说，今天，为了写一部小说，作者必须要成为四海为家的人，要清楚知道全世界发生了什么，还要熟悉每块土地上所有人的生活，诸如此类。他一直说，直到乔伊斯失去了耐心，尖锐地回答他："今天为了写一部小说，作者最应该知道的，是他自己的小家乡中正在发生的一切。"（Goldberg，1972 [1952]，297）①

4）民俗中存在任何普遍性的类型吗？从本族的、本土的，以及经验的视角来看，类型与普遍性在概念上就是相互矛盾的。类型是民俗话语的分类类别，依赖于文化，因此不可能是普遍的。只有站在上帝视角上才能制造普遍性的类别，也许如我们一样的凡人也可以在自然中去发现。但既然类型本身不是自然的产物而是人类的产物，它们就不可能是普遍性的。况且，民俗的分类法还从属于一个类型的悖论。在表演的创造性与反思性的结尾中，表达的分类法都起作用。既然没有文化表达能在某

---

① 乔伊斯的传记作家 Richard Ellmann（1959）对这一故事如此评论："你讲的这个故事，其他人认为是在 1920 年代，尤其是熟悉乔伊斯的 Arthur Power 这样说。我猜这件事发生在 1930 年代。"（1985 年 9 月 2 日的私人通信）

一分类框架之外被表演，它就一定首先从属于一个特定社会的类型惯例。而关于一种表达的后验性分类概念化，根据这一事实，依赖于一系列的文化惯例，这些惯例标志了表达的开始（参见鲍曼，1977，15－24）。

因此，要寻找表达中的普遍性，这需要首先检验口头民俗的先在类型性的属性，以求识别其特征，无论是想象性的还是历史性的，这些特征都内在于从经验到口头表达的转型。任何对其本质的提议都必然是假设，因为，找到某类言语行为并不符合类似原则的人群，这一可能性是永远存在的。无论如何，我想要提出，普遍性不在于类型，而在于差异，人们在言语表达中所制造的差异。这些差异存在于两个层面上：声音与意义，或者说表现性和指称性。这些差异在说话的方式，以及所说内容的价值之间设定了边界。其目标在于形式之间的区分性界线，以及内容之间的区别，而不是表达的形式或内容其自身。语音差别在不同讲话之间设置了带有或不带有度量性基础结构的边界（Nagy，1990，37）。这种度量性基础结构可以是音节的、重音的或音调的，其形式可能不同，但其测量声音的原则始终稳定。这一差别是首要的、普遍性的，虽然在不同的说话社区中，韵文与非韵文语段会有各自不同的区分界线。在每一社区中，这一区分都是首要的、决定性的，就像妊娠一样，绝对不能有一点这样、有一点那样，它是二者必居其一的区分。然而，说话中的度量性的基础结构，可以通过分析而被发现，正如戴尔·海默斯（Dell Hymes，1981，1983，1987a，1987b）与弗吉尼娅·海默斯（Virginia Hymes）在研究俄勒冈州的克拉克默斯的切奴克印第安部落（Clackamas Chinook）以及东北海岸其他人群的叙事时所做的那样，由此，这一研究也改变了观察者以及我们对当地人的表达的看法。口语中的度量性基础结构可以具有平行性结构，能同时在古代与当下口头文化中被发现（Fox，1988），或者也能在歌曲中更完整地被识别出来，不过在特定文化中，它在相当广泛且彼此不同的言语表演中一再出现（纳吉，1990，17—51）。对诗性文本的扫描需要独创力（Johnson，1979，1985，1988），需要我们投入分析性的努力，才能发现说话者所做出的区分。

至于指称性的区分，这与叙事性陈述的真实性价值有关。在与阿德曼托斯讨论故事的教育价值时，苏格拉底非常清楚地表达了这一区分：

"演说是否有双重形式，一个为真，一个为假呢？"

"是的。"

"他们应该受到这两种形式的教育，而且首先应该受到假的教育，对吗？"

"我不明白你怎么这么说"，他说。

"你不明白吗，"我说，"我们最先是给孩子们讲故事。而哪些故事从整体上来说都是虚构的，尽管其中也有些真实的东西"（Bloom，1968，54；376e–377a）。

苏格拉底承认，即使在虚构性的叙述中也可能有真实的成分，这强调了真实这一概念的复杂性与含糊性。寓言可能会传达道德真理，但它仍然是虚构性的。宗教叙事中可能会有从属于信仰的真理，但这不是实证主义的证明。人们在自己的文化知识与世界感知的框架中区分叙述的真假，在这一框架内部，这样的区分是绝对的。正如对口语中是否存在度量性基础结构的区分一样，在真实与虚假之间也不存在任何中间位置。对某一特定叙述自身真实性的挑战，并不会损害这一区分本身，它仍然是首要的、核心的以及普遍性的。一旦这一区分被识别出来，它就可能被置于各种不同类型的核心。有可能将小说视为真实、历史真实视为小说，也有可能用别的形式来进行修辞反转，例如戏仿、反话，以及纯粹的谎言（鲍曼，1986），但所有这些之所以成为可能，都必须建立在真实与虚假之间存在区分的基础之上。

# 结　论

现在，在这篇致敬文章的题目中我所提出的问题，答案已经相当明显了。探求"理想类型"的出发点曾是希望一劳永逸地解决民俗中类型概念的混乱状况。然而在这一过程中越来越清楚的是，事实上，民俗学者不应该指责概念的增多，而是这些术语含义的分歧。毋宁说，在反映传统的文化分类现实一事上，他们已经尽力了。概念之间的混淆与多样化，术语之间相互重叠的含义，这都是民俗本土的、本族的与世界性的现实，通过理想类型来重塑概念的努力并不会掩盖这一情况。

不要将我们方法论上的独创力用于遮掩现实，我们也可以选择暴露现实；不要建构一个人为制造的统一系统，我们更应该去探索术语自身的多样性，探讨它们在文化上的不稳定性与历史中的可变性。它们随阶级、地区与方言而不同的称谓。理想类型是塑造概念的一种方法，但是许多语言中都存在类型术语这一现实表明，这些概念已经被塑造好了。它们不附属于任何分析性方法或理论框架，但它们反映了当地人的看法与观点，就是讲故事、唱歌与引述谚语的那些人。他们传达自己的文化主体性，也在表述信息含义时传达自己的概念。他们前后不一致，这是因为生活与思想就是前后不一致。他们模棱两可，这是因为他们的语言与说话方式就是模棱两可。任何为了我们自己的方便，而强迫这种基本多样性通过分析而变得整齐划一，都会导致水泄不通。事实上，已经是这样了。

◆◆ 第三编 ◆◆

# 民俗学的基本概念

　　本-阿默思不仅在民俗的定义、承启关系，以及民俗类型的界定和理论构建上有着突出贡献，还在更多的基本概念上进行了格物致知的研究。本编所选的四篇文章代表了他对一些基本概念的深究。例如，他在《民俗学中母题的概念》中，梳理了母题这个概念在文学研究中的发展历程，再进一步分析了民俗学对母题的借用和不同研究路径。这篇文章成为民俗学研究母题的重要基础。在《传统的七股力量：论传统在美国民俗学中的多重意义》中，本-阿默思对传统这个概念进行了极其深刻的剖析，不仅说明了普遍的学术认知，也突出了美国的历史与文化特色，对了解美国社会和民俗学有着重要指导意义。当然，本-阿默思也对谜语、谚语、童话等专题撰写过类似的经典性文章，因篇幅所限，无法尽收本文集。

　　本-阿默思对民俗以及民俗学概念的深究也表明他在不断努力维系和开拓这个学科领域。除了第一编所介绍的他对民俗和承启关系的定义和分析外，本编的《民俗研究史：我们为什么需要它？》和《民俗思想辨析》代表了他捍卫民俗学的学科地位的努力。当美国民俗学在20世纪90年代末面临学科发展的困境时，本-阿默思积极撰文，强调对学科名称的坚守和对学科研究对象的专注。通过比较民俗学与其他学科，本-阿默思进一步说明，民俗学的学科之所以陷入发展困境正说明民俗学要明确和坚持对学科核心内容的研究，并强调民俗学如何能体现其独特性，为认知人类文化和社会以及日常生活做出独特贡献。

# 民俗学中母题的概念

【编译者按】本文（*The Concept of Motif in Folklore*）发表在《二十世纪的民俗研究》（*Folklore Studies in the Twentieth Century*），是英国民俗学会百年纪念会议（1978 年）的论文集，由维尼夏·纽沃尔（Venetia J. Newall）主编，1980 年，17—36 页。该文已成为民俗学母题研究的一篇经典文章。本译文最初发表于《民间文学论集》（2）（内部资料，中国民间文艺家协会辽宁分会理论研究组编，沈阳，1984 年，349—380 页。张举文译，李扬校）。该译文是较早引进有关母题概念的文章之一，对国内有关母题的研究产生了一定的推动作用。先前的译文有诸多错误和失误，包括铅印排版中的错字，现重新翻译，补充了注释，并对部分术语做了统一处理。

母题（motif）已成为民俗学中一个独具特色的概念。按照理查德·道尔逊（Richard Dorson）的观点，[①] 运用斯迪思·汤普森（Stith Thompson）的《民间文学母题索引》（*Motif Index of Folk Literature*）的能力，已成民俗学家必不可少的技能，而且也是民俗学家区别于其他文化领域学者的决定性特征。虽然这个术语对我们学科影响深远，但是，它所表达的概念还一直是含糊、多变、易被滥用和受到责难，并且常常被视为一

---

① Richard M. Dorson, "Introduction: Concepts of Folklore and Folklife Studies", *Folklore and Folklife: An Introduction.* ed. Richard M. Dorson (Chicago, 1972), 6.

个障碍，而不是有利于研究的工具。① 然而，现在出现了要重新弄清母题概念的迹象。其中一些人是有着结构形式主义声誉的民俗学家，他们曾是这一概念的最有敌意的批评者。②

在这种新颖的呼声消失于坚持与反对其倾向的浪潮中之前，至少是在我们的声音变为呜咽之前，我们应该回顾一下母题概念在民俗学中产生和衰落的经过，考察一下为什么历史地理学派最早采用了这个概念，比较一下历史上曾有的可选概念，最后分析一下使母题成为最佳选择的概念的特质。只有弄清楚母题概念在民俗学以外的意义和应用之后，才可能审视这个概念在民俗学内部的转化变迁。有了这样的理论历史的梳理，我们将能更好地评判母题概念在当前民俗学研究中的重要性和有用性，有效地应对此领域的未来发展。

# 最小叙事单元和历史地理学派方法

历史地理学派的方法（historic-geographic method）产生于芬兰，是对

---

① 最近有个汤普森的《民间文学母题索引》（1955—58）的批评涉及分类的贴切和实用问题，见 John Greenway, *Literature among the Primitives* (Hatboro, Pa. , 1964) . 291 - 292, 将母题作为分析单元的可行性问题，见 Alan Dundes, "From Etic to Ernie Units in the Structural Study of Folktales", *Journal of American Folklore*. LXXV (1962), 95 - 105, 以及对母题分析的价值本身的质疑，见 Melville Jacobs, "A Look Ahead in Oral Literature Research", *Journal of American Folklore*, LXXIX (1966), 413. 多数这些批评出现在 1960 年代初，即《索引》于 1958 年出版之后。最新的是 Ronald Grambo 批评，认为母题被视为许多变化了的元素的混合体，见 "The Conceptions of Variant and Motif, A Theoretical Approach", *Fabula*, XVII (1976) . 251。

② 例如，Lubomir Dolozel, "From Motifemes to Motifs", *Poetics*, IV (1972), 55 · 90; E. Meletinsky, S. Neludov, E. Novik and D. Segal, "Problems of the Structural Analysis of Fairytales", *Soviet Structural Folkloristics*, ed. Pierre Maranda (The Hague, 1974 ), I, 91, and Eleazar Meletinski. "Principes semantiques d'un nouvel index des motifs el des sujets", *Cahiers de Litterature Orale*. II (1977) . 14 - 15. 有关联系是建议将民俗的母题概念运用到宗教和圣经的研究中，见 Gerald E. Warshaver, "A Comparative Study according to the Traditio-Historical Method", *Folklore Forum*. V, ii (1972), 38 - 54, and Grambo, op. cit. 同时，母题概念也被用于对古代和中世纪的口头史诗研究中，例如，Michael N. Nagler, Spontaneity and Tradition: A Study in the Oral Art of Homer (Berkeley, 1974), 64 - 130, and Joseph J. Duggan, *The Song of Roland: Formulaic Style and Poetic Craft* (Berkeley, 1973 ), esp. 160 - 121. 2. See also David E. Bynum. *The Daemon in the Wood: A Study of Oral Narrative Patterns* (Cambridge, 1978), 79 - 81。

19 世纪关于民间故事起源的争论所作为的民族主义和经验主义的回应。[1]
其目的是废除一些具体的国家，如印度、希腊，[2] 或中东，[3] 或某一进化
阶段——或是原始、野蛮或是文明的生活，[4] 作为所有民间故事的唯一源
头的特权地位。为了达到这些目的，历史地理学派将发现，而不是再发
现，每个已知故事的起源形式（Ur-form），（又因为每个故事都产生于特
定的时间和地点）追溯其迁徙路径，以及叙事元素的主题变异，作为其
研究目标。第一个任务是为历史地理研究叙事提供一个共用的参考框
架，[5] 而第二个任务，也是我们现在所关心的，是提供基本的分析工具，
借此有可能进一步寻找民间故事的起源形式。

在此分析过程中，一个隐含的观点是，叙事是从基础的阶段变化、
成型，再经过时间合成详尽完整的故事。按照洛克（Locke）的思想，故
事有简单和复杂之分，而前者必然进化到后者。通过对文本内容变异的
详细分析，以起源形式的变迁路径为重点的研究应该揭示这样的进化进
程。完整的故事因为过于复杂，如果不事先分划成若干最小叙事单元，
就无法重构其过去。1924 年，卡尔·科伦（Kaarle Krohn）以赞同的态度
引用了卡尔·斯比思（Karl Spiess）在 1917 年的论述：

---

① 见 Kaarle Krohn, Folklore Methodology, tr. RogerL. Welsch（Austin. 1971）. 4 – 5. 174 –
177；Jouko Hautala. *Finnish Folklore Research* 1828 – 1918（Helsinki, 1969）；William A. Wilson.
*Folklore and Nationalism in Modern Finland*（Bloomington, 1976）. 53 – 66.

② Auguste-Louis-Armand e. g. Loiseleur-Deslongchamps. *Essai sur les fables indiennes et sur leur
introduction en Europe*（Paris, 1838）；Theodor Benfey, *Pantschatantra: Funf Bucher indischer Fabien,
Marchen, und Erzahlungen,*（Leipzig, 1859）, 2 vols, Stith Thompson, *The Folktale*（New York, 1946）.
15 – 16, 373 – 379. 在他的有关民间故事的印度起源理论中，Benfey 认为希腊是有关动物故事和
寓言的摇篮，有伊索寓言为证。

③ Emmanuel Cosquin, *Etudes folkloriques, recherches sur les migrations des contes populaires et leur
point de depart*（Paris. 1922）；idem, *Les contes indiens et l'Occident*（Paris, 1929）.

④ Andrew Lang, "Introduction", *Grimm's Household Tales*, tr. and ed. Margaret Hunt（London,
1884）, xli-lxx；Edwin Sidney Hartland, *The Science of Fairy Tales: An Inquiry into Fairy Methodology*
（London, 1891）；John Arnott MacCulloch, *Childhood of Fiction: a Study of Folk Tales and Primitive
Thought*（New York, 1905）.

⑤ "故事类型" 有助于此目的。有关民间故事类型的概念，见 Krohn, 28 – 33, 126 – 134；
Stith Thompson, *The Folktale*, 415, 426：Heda Jason, "Structural Analysis and the Concept of the 'Tale
Type'", *Arv*, XXVIII（1972）, 36 – 54；ibid. , "The Russian Criticism of the 'Finnish School' in Folk-
tale and Scholarship," *Norveg*, XIV（1970）, 285 – 294；Kenneth Laine Ketner, "Identity and Existence
in the Study of Human Tradition", *Folklore*, LXXXVII（1976）, 192 – 200.

作为一个整体，民间故事在其构思上太易变化，以致无法作为比较的对象；另外，其关系经常是完全受单一的特征所限定，这一事实暗示了这些特征导致一种独立的存在形式，其自身很容易从一种承启关系中脱离开，又很容易进入另一种承启关系。它们被很肯定地概括出来，有着很清楚的轮廓，并且其特征只需用几个词就可以描述。所以，它们是可控制处理的，足以被运用于比较研究。①

斯比思把这些叙事特征称为"母题"（motif；*Motiv*）或"特质"（trait；*Zug*），即，"童话的最小的主题单元"。② 尽管科伦在大原则上同意斯比思的方法论，但在根本思想上，对叙事母题、完整故事，以及它们之间的关系的本体论，他们有着分歧。斯比思将母题视为不受承启关系约束的单元，有其独立的存在，因此，能够融入无数个叙事关系。复杂的故事表现的是母题与母题群之间的组合变化，所以，尽管母题的数量有限，但是故事的数量是无限的。③

与之相反，科伦设想"每个童话原型都有其独自特殊的母题"，④ 所以，在叙事特质的结合中，其历时性优先于最小单元本身。作为一个整体的故事，不论它可能有多么复杂，都是出现在一个特殊的时间和地点。故事之间所产生的任何相似之处，都是由于历史性的变化和母题从一个故事到另一个故事的转移而造成的。科伦建议，至少作为"一个工作前提……假设每个母题最初都属于某个特定原型，由此而迁移转化"。⑤ 无论如何，最小的叙事体，在寻求民间故事的历史形式中，还保留为基本的分析单元。

尽管有差异，这两个关于童话起源的理论建立起在民间故事历史比

---

① 原文，Karl Spiess, *Das deutsche Volksmarchen*（Leipzig, 1917），37；这里引自 Krohn, 29 - 30。

② Spiess, 37。

③ 比较 Johann Georg von Hahn, *Griechische und albanesische Marchen*（Leipzig, 1864），43. Hahn 注意到不同文化中的叙事的相同性，因此，坚持无限合成的可能性的看法，事实上，他发现，这些合成是极有限的。

④ Krohn, 31.

⑤ Ibid. ；也可参见 105 - 106。

较研究中，作为一个分析概念的"最小叙事单元"的重要性。科伦的《民俗学研究方法》（*Diefo lkloristische Arbeists methode*）一书是芬兰学派的既有总结性又有纲领性的研究宣言，也修正了作为研究工具的可分离的叙事特质，借此来恢复和重建民俗形式的原型，并追溯它们的历史变迁。不仅如此，作为一个研究项目，《民俗学研究方法》还有一个甚至更有抱负的目标，即，建立历史民俗研究的科学原则。

为此目的，运用此方法须有两个直接的必要条件。第一，要对民间故事的最小叙事单元做出准确而不含糊的定义；第二，要有一个分类体系，能将在全世界的叙事中的这些最小叙事单元组织起来。从理论上说，这样的目录应该列出随着故事传播而发生变化的基本叙事元素。实际上，科伦认识到了变化不一定就发生在最基本的元素内，而是在重要的叙事划分中，如"情节"或"程式"。在它们内部，有可能分离出更小的单位，"可以称之为'要素'（factor；*Momente*）"每个主要部分的小成分都包括若干个"主要的"或"基础性的"特质，这些又更准确地被描述为"次要元素或细节"。[①] 尽管科伦为了这个目的特意避开"母题"一词，但是，它与更小的叙事成分的划分之间的关系还是不清楚，而且，他偶尔还视二者为同义词。[②]

尽管这些术语都很含糊，但是，为了跨文化研究的目的，最基本的研究需要是一个列有最小单元的目录，以此可以在不同层面分析故事，而其单元出现在诸多故事中。汤普森的《民间文学母题索引》就是为应对这一特殊需要而编著的。汤普森在编写此《母题索引》时所基于的假设（也是林奈所接受的）是，一个分类体系是将任何知识转化为科学学科的基本前提。为此，他使用了"母题"这个概念，而这个概念在民俗学研究中已经被使用了，而且也正在被运用于文学和艺术批评的学术研究中。

---

① Krohn. , 31.

② Ibid. , 126 – 127.

# 萨宾·巴伦-高尔德的"故事基本成分"

　　从历史角度看，母题概念并不是历史地理学派研究叙事的唯一可用的概念。追溯到 1866 年，萨宾·巴伦-高尔德（Sabine Baring-Gould，1834 – 1926）神父①是一个著名而又多产的作家，曾被称为"是在大英博物馆的目录中，被引用的比任何其他活着的人都多的人"。② 他从比较语义学借用了"根"（root）的概念，③ 建议以此为最小叙事单元：

　　　　"每一种语言"，他认为，"都有其主根茎，而且这些根茎连在一起，向外扩展，多多少少经过某种磨损和变化后，成为字词。其基本成分的数量是固定的。虽然数量不大，但从中产生出的词语是无数的，并且还在继续变化。在很大程度上，同样的道路也可以用来理解家庭故事。在同一种族的各民族中，存在着在许多既有特定的共同点又有特别的不同点的故事，但它们都有着各自不可混淆的基本成分组合体，使得追溯其主根茎变得容易"。他还在结论部分说到，"尽管法文的'花园'（jardin）与英文的'花园'（garden）在拼写和发音上不同，但是，有谁会怀疑它们在意义上的相同？有时，在同一个国家，一个基本成分可以发展出几个不同的意思，如'花园'（garden）和'看守'（warden）。同理可见于故事，尽管故事之

---

① 有关目录见 William Addison, *The English Country Parson*（London, 1947）：William Purcell, *Onward Christian Soldier：a Life of Sabine Baring-Gould, Parson, Squire, Novelist, Antiquary, 1834 – 1924*（London, 1957）；Bickford H. Dickinson, *Sabine Baring-Gould, Squarson, Writer, and Folklorist, 1834 – 1924*（Newton Abbot, 1970）. See also his own memoirs：S. Baring-Gould, *Early Reminiscences 1834 – 1864*（Detroit, 1967）；*idem*, Further Reminiscences 1864 – 1894（Detroit, 1967）。

② Richard M. Dorson, *The British Folklorists：A History*（Chicago, 1968）, 295.

③ 有关语言学的"词根"的讨论，见 Holger Pedersen, *The Discovery of Language：Linguistic Science in the Nineteenth Century*, tr. John W. Spargo（Cambridge, Mass., 1931）, 1 – 30；Otto Jespersen, *Language, its Nature, Development and Origin*（London, 1922）, 367 – 395；R. H. Robins, *General Linguistics：An Introductory Survey*（Bloomington, 1964）, 206 – 213. 感谢 John Fought 提到这些参考文献。

间可能在表面很不相似，但是，仔细审视，就常能看出的它们的基本成分的同一性"。①

在这些假设的基础上，巴伦-高尔德提议把他从哈恩（J. G. von Hahn）的《希腊和阿尔巴尼亚的童话》（*Griechische und albanesische Marchen*，1864）② 中经过极少调整后，提取出的故事基本成分用来建成一个分类体系。他把"故事基本成分"（story radicals）划分为两类，一是"家庭故事"，二是"各种各样的"主题。在第一类中，社会关系是核心，在第二类中，超自然世界是核心。

1. 家庭故事

A. 有关妻子与丈夫

B. 有关父母与孩子

C. 有关兄弟与姐妹

D. 有关订了婚的人

2. 各种各样的

A. 人与无形世界

B. 人与人的相配

C. 人与兽

D. 靠雅典娜保护的运气（智慧女神雅典娜的神像，她的保护被信为是对特洛伊城的安全的保证）

这一分类体系和故事基本成分的概念对民俗学研究几乎没有什么影响作用。威廉·拉斯顿（William Ralston）和约瑟夫·雅各布（Joseph Ja-

---

① Sabine Baring-Gould, "Household Stories", *Appendix to W. Henderson*, *Notes on the Folklore of the Northern Counties of England and the Borders* (London, 1866), 209 – 300.

② Dorst, John and Dan Ben-Amos, "From the History or Folklore Notebook", in preparation. Baring-Gould 没有注明对 J. G. von Hahn 的引用，但是这两个模式都被 William Ralston 注意到了，他写道："对民间故事的分类做得最细致的是 J. G. von Hahn，他在自己的 Greek and Albanian Tales (1864) 前言中提到一种归纳模式。他的模式后来被 Baring Gould 所运用和改进，见，Story Radicals (Henderson, "Folklore of the Northern Counties")，W. R. Ralston, "Notes on Folk-Tales", The Folk-Lore Record, I (1878), 76。

cobs）修改和完善了他的分类。① 但是，由于汤普森和任何其他芬兰学者都没有把他们的努力与巴伦-高尔德的成果联系起来，所以，后者对叙事分析和分类的贡献仍然大多没被注意到。② 事实上，巴伦-高尔德的体系与芬兰学派的理论有着密切联系，比芬兰学者们后来认识到或承认的更紧密。首先，想要建立一个封闭的分类体系的努力暗示着叙事元素的数量是有限的，这是巴伦-高尔德明确表述过的一个原则。其次，他的"故事基本成分"作为叙事核心的观点引发了科伦有关故事的形成和特定故事中的母题联系在一起的探索。两者均认为叙事发展于最初的核心，其核心在之后的版本中的持续存在，形成了故事之间的相似性。最后，主题的中心性和边缘性之间的区分使巴伦-高尔德能够避开讨论理论上的差异，而这差异后来在科伦和斯比思的思想中得到分别的辨析。巴伦-高尔德把叙事的稳定性归为故事的根，承认自由的主题变化导致其成为故事的边缘。

尽管这些理论有其关联之处，但是，"故事基本成分"的观点不适于历史比较研究的需要。专注诸多叙事变文所共享的核心主题单元，这转移了对那些在不同变文中发生变化的，属于边缘的和易变的故事元素的注意，可是这些元素可能会为故事的历史提供线索。适当的最小叙事单元应该能够包括不变和可变的主题。变化本身应是一种选择，而不应是其单元的必要的一面。至此，母题概念的出现满足了这些条件要求。

## 德国浪漫主义运动中的"母题"

如同民俗的思想本身，母题的概念是从德国浪漫主义作家的作品里

---

① William R. S. Ralston, "Notes on Folk-Tales", *The Folk-Lore Record*, I（1878），77 – 78；George L. Gomme, *The Handbook of Folklore*（London, 1887），117 – 135，修改后可参见 Joseph Jacobs, "Some Types of Indo-European Folktales", *The Handbook of Folklore*, ed. Charlotte S. Burne（London, 1913），344 – 355.

② 一个例外是道尔逊，他写道："Baring-Gould 巧妙地期望《民间故事类型索引》的出版"。见"foreword", *Folktales of England*, eds., Katherine M. Briggs and Ruth L. Tongue（Chicago, 1965），xvii. 另见 *The British Folklorists*, 295 – 297, 390。

产生出来的。这两个概念分别从浪漫主义思潮中掀起的民族主义和美学心理学浪潮中获得灵感。母题（Motiv）一词是指在情节中推动发展的元素，以及激发人物活动和叙事发展的动因。

例如，让·保罗（Jean Paul，即 Johann Paul Richter，1763 – 1825）认为，母题，与情节和人物一起，都是史诗、戏剧和小说中的主要元素。他把母题视为文学心理上的因素，推动情节发展的动因。① 与此类同，约翰·爱伯哈德（Johanne August Eberhard，1739 – 1809）把元素（elements；Gliedern）和母题（motif；Motiven）区分为两个类别（categories），由幻想决定形象顺序。由此，母题表现的是元素之间的动力关系，即行为及其动因。②

"母题"一词出现在歌德和席勒两人的通信中，③ 以及由此产生出的《论史诗和戏剧性诗歌》一文中。该文包含了一个不同种类母题的体系划分法，是从母题对情节的影响来论的。据此，有五种母题：

1）进步的，使行动向前发展……

2）退步的，使行动与目标相违背……

3）迟缓的，使行动进展受到拖延……

4）追溯的，把发生在诗所表述的时代之前的事件引入诗中……

5）展望的，期待诗所表述的时代之后可能发生的……④

歌德分类法的主要准则是在一个特定文学承启关系内的母题功能，而不参考其主题或类型。尽管他试图区分史诗与戏剧，但是，母题本身，及其主题或形式，并没有发挥澄清彼此关系的作用。确切地说，母题可能同时出现在这两种类型中，因为两者的唯一区分标志是叙事与时间的关系。"一位史诗诗人叙述的完全是过去的事，而戏剧家展现的完全是现在的。"⑤

---

① Jean Paul, *Vorschule der Aesthetik* (Hamburg; 1804), section 68.

② Johanne August Eberhard, *Handbuch der Gesthetik fur gebildete Leser aus allen Standen in Briefen herausgegeben* (Halle, 1803 – 5), I, 98.

③ Stewart Chamberlain, ed., *Briefwechsel zwischen Schiller und Goethe* (Jena, 1910), 48, 132, 146, 151, 152, 181, 191, 193, 271.

④ J. E. Spingarn, ed., *Goethe's Literary Essays* (New York, 1964), 101.

⑤ Ibid., 100.

然而，功能性描述仍不是一个实质性定义。歌德对他用的母题一词的准确性并不清楚。在他的信件和谈话中，母题一词表现出具有双重的主题或动因意义，尽管它们是相关的。他用"渴死"的母题来指"占星术母题"，并且他把《奥德赛》中关于由一个陌生人的到来而引起一个女人内心不安的情景描述成"最可爱的母题"。[①] 在歌德的《威廉·迈斯特的学徒年代》（*Wilhelm Meister's Apprenticeship*）中，迈斯特在讨论哈姆雷特时说道：

> 所以，我的计划是，决不改变这些最先提到的庄重场景，或至少会全部地或个别地尽可能利用它们；但是，对那些外在的、单一的、已经失去或正在失去作用的母题（本作者强调），要彻底抛弃，代之以一个可独立的母题。[②]

稍后，在迈斯特和瑟罗的讨论中，迈斯特说："哈姆雷特回来了；因为他在教堂院子里的徘徊也许会让他想出某个幸运的'母题'。"[③] 在对"母题"的这样的用法中，暗含的意思是"动机或动因"，可是在其他场合下，这个词又用来指特定的主题。艾克曼在 1824 年 2 月 25 日，作为对歌德的呼应，写道："今天，歌德给我看了两首极著名的诗，都有极高的道德倾向，但是，其中的几个'母题'毫无疑问是自然的和真实的，有着世界性的不朽风格。"[④]大约一年后，1825 年 1 月 18 日，艾克曼引用了歌德的话，来评论他们都认识的一个女诗人的诗，并为她写了一篇杂感："我根据它们的主体，用了几个字概括了它们的特征，我觉得你会很满意所用的有价值的'母题'的。"这些概括特征包括，"塞尔维亚姑娘的谦逊""情人心里的矛盾"，以及"情人来自海外，白天守望着她，夜晚让她惊讶"。随后，艾克曼评述道，"仅仅这几个母题就激发了我的美好感情，以至于我感到我仿佛在读那些诗，而不再想知道细节了"。歌德在他

---

① J. E. Spingarn, ed. , *Goethe's Literary Essays* (New York, 1964), 152, 188 – 193, 48.

② Johann Wolfgang von Goethe, *Wilhelm Meister's Apprenticeship*, tr. Thomas Carlyle (New York, 1962), 280.

③ Ibid. .

④ John Oxenford, tr. , *Conversations of Goethe with Eckermann and Soret* (London, 1874), 63.

的回答中评论道，"没有人梦想一首诗的真正力量存在于其场景，即'母题'之中。正是由于这个缘故，千万首诗诞生了，而其中'母题'毫无意义，感情和音韵的诗句反映的只是一种存在感"。① 在此，歌德运用了"母题"一词，不仅意味着主题，而且也是对场景的简洁描述。从这种意义上说，歌德可能反映的是意大利剧作家卡罗·高兹（Carlo Gozzi，1720－1806）的观点。高兹认为，各种悲剧一共有三十六个基本情节。弗兰德里克·索瑞（Frederic Soret，1795－1865）注意到歌德在1830年2月14日的一次谈话中的评论："高兹会坚持认为只有三十六个悲剧性场景。席勒用尽心思要找到更多的，但他甚至还没有高兹发现得多。"②

事实上，所有这些在应用和意思上的变化，并不是互相矛盾，而是相互补充的。在歌德的信件、谈话和文章中，"母题"一词指一个戏剧场景及其精练描述。对一个场景的简练总结必须概括其核心特征，要想做到这一点，只能转向动因力量，即促成情节中的人物行动的主动原因。在这种意义上说，母题不是最小叙事单元，而是对一个叙事的最小程度的精练归纳。

从这个观点出发，行动的终极动因变得与主导叙事场景，甚至可以扩大到整个作品的抽象的思想一样了。从歌德对艺术中主题和形式统一性的研究的背景来看，母题的概念涉及为史诗、戏剧或小说提供统一体的基本思想。这个观点成了被接受的母题意义，不仅如此，一部那个时代的美学词典将这个词描述为："情节的源泉，逐渐达到自我实现行为的

---

① John Oxenford, tr., *Conversations of Goethe with Eckermann and Soret* (London, 1874), 106－107. 在此，翻译者加了一个译注，值得完整引用。他写道："这个母题（德语 motiv）是个很难掌握的词，和类似的一些词一样，似乎常常改变原来的意思。根据语汇学家的看法，德语的表达总是与英语一样的，一首诗如果有很好的结构，就可以说是有好的母题（motiviert），或者说，有足够的母题使其产生不同效果。但是，在上面的段落中，'母题'似乎不是一首诗的'主题'，还有知道，'母题'在音乐中也有这样的意思。每当'母题'这个词出现时，都用斜体，读者只能尽自己的全力去根据上下文来理解了。"
② Ibid. , 439. 有关 Gozzi 对德国浪漫主义的影响，见 Hedwig Hoffmann Rusack, Gozzi in Germany (New York, 1930)，对有限的悲剧场景的发展，见 Georges Potti, *The Thirty-six Dramatic Situations*, tr. Lucile Ray (Ridgewood, N. J. , 1916)。

主要原因……诗人必须以此建立统一性。"①

正如德国浪漫主义运动所发展出来的那样，母题概念有了内在的两极性，对任何一件作品来说，其内涵既有最小成分又有最大目标的意义，既有抽象的一面也有具体的一面。在这种情况下，最小叙事单元成为行动的不可缺少的"动因"，没有了它，整个故事就淡然无味了。借此，这个动因也概括了一篇作品的核心意义，由此表达了作者希望通过诗歌或故事要传递的抽象思想。因为这个动因在理论上说可以是隐含的，也可以是明示的，所以，没有必要用文本表达这个动因，而可以通过行动和人物的关系来推断，或是通过阐释来重构。如果艺术本身是一个世界的话，那么浪漫派的母题就是它的大地上的一粒沙石。

# 罗斯金的美学观点与母题

约翰·罗斯金（John Ruskin）使"母题"的概念从其两极性意义的模糊中提取出来，但又在此过程中逆转了这个术语的内涵。母题不再是最小的单元，无论是在叙事或视觉作品中。而对他来说，母题是任何艺术品的"一个主导的情感目的"。② 他把母题的中心从最初的原因换到最后的原因，而且通过其最终极目的以目的论的观点解释艺术。不同于浪漫派的母题观点，"最小单元"不是对某单一场景或整个作品的中心思想概述，而是有助于其表达。他断言，"一个很大的构图或构思中的最小构成部分是为了有助于整个作品"。不顾可能有的读者的怀疑，他断然地说，"……这是不可想象的，但这是事实"。③

从这个观点出发，每一个可辨认出的最小部分，无论是一条线，一种颜色，或是一个形状，都对受众产生某种情感效果。艺术家通过选择适当的"最小细节"并和谐地把它们组织成一个整体而达到其作品的主

① Ignaz Jeitteles, *Aesthetisches Lexicon: Ein alphabetisches Handbuch zur Theorie der Philosophie des Schonen und der Schonen Kuinste. Nebst erklarung der Kunstausdriicke aller aesthetischen Zweige* (Vienna, 1835–37), II, 98.

② John Ruskin. *Modem Painters* (New York, 1872), V, 175.

③ Ibid. .

导目的。"例如，波浪形的线表达运动；而如果图画的动因是表达平静休闲，其效果就会是错位的。水平和有角度的线表现静止和力量，如果用来表达焦虑不安和柔弱无力，就会破坏原来的设计。所以，在进入细节之前有必要确认动因。"①

罗斯金使用了该词的不同意思，结果，他更强调了对最小单元的使用。和歌德一样，他在使用母题时，是从每个艺术作品的承启关系中考虑其功能，尽管他把这与艺术目的，而不是情节进展连在一起。他关心的是美学评价，所以，他是从其相互关系和与整体目的相应的方面审视最小单元的。然而，尽管做了如此具体的分析，罗斯金仍含蓄地假设，最小单元有着绝对与普通的意义。它们是全世界的形象语言的词素，超越文化与相对认知，对任何承启关系都有特定的影响。动因改变，但是最小单元是永恒的，尽管数量有限，但意义独特。它们加入无限的组合，但为了美学效果，任何构图都必须依靠这些形状与线条的内在意义。

大约六十年后，艺术史家潘诺夫斯基（Erwin Panofsky, 1892 – 1968），重启了视觉母题的概念，将该词的意义转回到早期的最小单元的意思，并建立了有启发性的分析框架，尽管这概念很少被系统地应用过。② 但是，在这种发展成为可能以前，有必要把母题一词从文学批评和美学评价的词汇中转入文学研究的术语中。

## 母题：从美学评价到文学研究

为母题概念成为文学、艺术以至后来的民俗学研究的分析工具打下基础的是威廉·施罗（Wilhelm Scherer, 1841 – 1886）和威廉·狄尔泰（Wilhelm Dilthey, 1833 – 1911）两位学者。施罗是"19世纪后期最有影响的德国文学史家"。③ 他提出将孔德的实证主义应用到了文学史中。如

① John Ruskin. Modem Painters (New York, 1872), V, 175.

② Erwin Panofsky, *Studies in Iconology*: *Humanistic Themes in the Art of the Renaissance* (New York, 1939), 18 – 31.

③ Rene Wellek, *A History of Modern Criticism*: *1750 – 1950* (New Haven. 1965), IV, 297.

同巴克尔（Henry T. Buckel, 1821 - 1862）在英国，[①] 泰恩（Hyppolyte Taine, 1823 - 1893）在法国一样，[②] 施罗寻求在经验主义基础上建立起文学与社会之间的关系。根据他的观点，这种研究需要对"传统，经验和学识"（Erbertes, Erlebtes, Erlerntes）进行准确和严密的分析，将它们作为一个国家在任何时期影响艺术与文学的决定性因素。[③] 这三概念与泰恩所用的术语，"民族、环境、时间"（larace, lemilieu, etle moment）相平行。

通过对传统文化、历史经验、社会和宗教意识的考察，施罗寻求从经验角度，从一个民族的语言、诗歌和文学史所展示出的东西构建起该民族的特色。作为雅各布·格林（Jacob Grimm）[④] 的学生，也是他的第一个传记作者，施罗将语用学视为一种包含了一个民族所有文化表象的科学。他希望通过具体地研究德国文学史来论证这一观点的有效性。[⑤] 他对一个民族群体的独特性的兴趣，需要对所有不适于该群体的理想模式的元素进行识别，将它们认定为在本质上不属于该民族核心气质的元素。这样，就有必要追溯这些元素的起源与外在影响渠道。为达到这个目的，母题的概念起着决定性的角色作用。施罗坚持认为，"母题的历史要仔细地追索，特别是要注意借用的和与之对应的元素"，[⑥] 因为，只有这样，才有可能从本土的文化元素中过滤出外来的东西。

这种研究需要有两个对母题的本质有清楚的思想和准确的定义。对于对文化道德和它们的文学表象感兴趣的施罗来说，"母题之纲要"（the doctrine of motifs）基本上就是文化道德标准之纲要。[⑦] 母题本身只是有文

---

① 见 *Civilisation in England.*（New York, 1870），2 vols。

② *Histoire de la litterature anglaise*（Paris, 1863 - 4）and *Philosophic de L'art*（Paris, 1865）.

③ 文学和民俗学中决定论传统不仅限于 19 世纪，而是延续到现在。一个代表是 Heda Jason, "A Multidimensional Approach to Oral Literature", *Current Anthropology*, X（1969），413 - 426。

④ Wilhelm Scherer, "Jacob Grimm", Preussische Jahrbucher, XIV（1864），632 · 680；XV（1865），1 - 32；XVI（1865），1 - 47, 99 - 139. 目录另见，Jacob Grimm（Berlin, 1865）。

⑤ 他的主要研究是 *Geschichte der deutschen Litteratur*（Berlin, 1883），English translation by F. C. Conybeare. ed. F. Max Muller, *A History of German Literature*（New York, 1886）。

⑥ Otto Wirth, Wilhelm Scherer, Joseph Nadler, and Wilhelm Dilthey as literary Historians（Chicago. 1937），7. See Wilhelm Scherer, *Geschichte der deutschen Dichtung im elften und zwolften Jahrhundert*（Strassburg and London, 1875），1 - 10.

⑦ Wilhelm Scherer, *Poetik*（Berlin, 1888），213. Ed. Richard Moritz Meyer, 1885.

学程式的一个思想、一个标题、一个主题和一个主体，以及一个抽象观点。① 在叙事与故事中，母题是"一个诗性主题的基本连接部分"。② 但是，依施罗所见，因为诗歌在本质上是通过"行为与人物之间的关系"挑战一切可能的事，③ 所以，在他的"母题之纲要"中所隐含的意思是，那些主题的连接部分正是这种关系。一件文学作品的中心思想通过行为与人物的关系变得很明显，而这中心思想，从定义上说，就是一首诗、一个故事或一场戏剧的主要母题（Hauptmotive）。但是，施罗意识到这样的事实，即，某一个母题不能完全包含一件作品的所有伦理原则，他也辨认出那些支持主要文学行为的辅助母题（Nebenmotiven）的存在。

施罗根据行为与人物之间可能的关系提出一个分类体系。虽然只是一个框架，但是，这个体系包括如下类别：

人与人之间的关系

非自然的爱情

对一个女孩的自然的爱情；相互的和不相互的

【自然爱情】对妻子

【自然爱情】对别人的妻子

婚姻

男人的自私

妻子的【自私】

男人的忠诚

妻子的【忠诚】

拒绝丈夫的妻子【阿里斯托芬的剧中的利斯特拉塔的婚姻】

假装的婚姻

妻子受到不公正的指责

父母与孩子之间的关系

李尔王

---

① Wilhelm Scherer, *Poetik* (Berlin, 1888), 212.

② Ibid, 也见 Wellek, IV, 299。

③ Scherer, Poetik, 214.

杀母的欧列斯特①

把孩子做牺牲【亚伯拉罕和以撒】或杀死孩子【布鲁图斯】的父亲②

杀死自己孩子的母亲【女谋杀犯格雷琴】③

谋杀兄弟者【该隐与亚伯】

非法的结合

娶母婚姻【俄狄浦斯】

乱伦

通奸【菲德拉】

兄妹不知道真关系而陷入爱情【歌德的《兄妹》】④

友谊

发誓终生友好的朋友【达蒙】⑤

好意恶果【《克拉维果》中的卡洛斯】⑥

主人与仆人

古罗马剧场里的奴隶

阿谀奉承者

堂吉诃德与桑丘·潘沙

相互牺牲

仆人为主人

---

①　See *Aeschylus*, *The Libation Bearers*, 892 – 1062；*The Eumenides*, 585 – 613，和 *Euripides*, *O-restes*.

②　Lucius Junius Brutus 目睹了自己的儿子被以阴谋罪处死，因为他的儿子们谋划将被贬的 Tarquinius Superbus 重新获得王位。见 Virgil, Aeneid, VI, 81, 7 – 13。

③　In Goethe's Faust (1808). Vol. I.

④　Die Geschwister (1787) 剧中的一场，写于 1776 年。

⑤　Damon and Phintias (erroneously Pythias) 是来自 Syracuse 的两个朋友。当 Damon 被谴责要处死时，他提出允许他在死前见见他的妻子和孩子。一开始，这个要求被拒绝了，但是，在赴刑场的路上，他遇到了他的朋友 Pythias。Pythias 已经准备好了，如果 Damon 不能按时回来，他就替他死。Damon 便回家了。尽管一路艰难险阻，但他还是及时赶回来。结果，两个人都被免罪释放。见 Cicero, *Tuscular Disputations*, V, 63, xxii. Richard Edwards 将此经典故事改编为戏剧。Damon and Phithias (1571) and John Banim, Damon and Pythias (1825). 见 Gesta Romanorum, Tale 108。

⑥　歌德的悲剧《Clavigo》(1774) 中 Clavigo 的朋友。

乌尔夫德瑞奇①为他的百姓

个人之间的关系，但不是个体与个体，而是单个人与一个群体、社区、社会圈以及他们的一般兴趣：

英雄与他的国家或人民【考德斯，阿米尼斯】②
一个人与另一个人的关系
伊利亚特
与财产的关系
怪吝鬼
与精神事物的关系
对科学【不满足的研究者：浮士德】
对正义【米迦勒·寇哈斯】③

最后的这些母题属于人与自身关系的部分：

与上帝的关系
宗教上的英雄
作为文学主体的耶稣·基督
穆罕默德④

---

① 1250 年前写的中古德文的史诗中的主人公。

② Codrus 是雅典的最后一个国王。在 Dorian 侵略 Peloponnesus 时，他得知 Delphic Oracle 预言到，如果他活下来，那么雅典人将被战败，于是，他故意在敌人阵营中寻死。当 Dorians 得知他死了以后就撤兵了。另见，*Pausanias*, *Description of Greece*, 11, 19, 6；VII, 25, 2；VIII, 52, I；Lycurgus, Contra Leocratem, 84 – 87. Arminius（c. 18 or 16 B. C. – A. D. 19 or 21），Tacitus, Annals, I, 63 – 8；11, 9 – 18；也被称为 Hermann der Cheruske. 作为 Cherussi 的头人，他在公元 9 年从罗马回到家乡德国后领导了一次对罗马力量的抵抗运动，在许多德国浪漫主义小说和戏剧中受到赞扬。

③ A hero in a novel by Heinrich von Kleist（1777 – 1811）小说中的英雄人物，基于其 Enzahlungen（1810）的编年故事。Kohlhaas 是因为环境以及他的强烈的正义感而被驱使成为罪犯的主人公。

④ Schere，Poetik，214 – 216.

在上述体系中，社会关系是关键的命名原则。理论上，这个体系可以成为对文学与社会的经验关系的分析框架。在不同的人类发展阶段，或在不同的民族中，还应该有不同的文学母题的分布，以便反映社会现实。萨宾·巴伦-高尔德神父在构建分类体系时运用了相似的准则，但他的目的仅是文学比较。同他不一样的是，施罗的母题概念及其分类排除了那些不连贯一致的元素，这使得有可能划分出较小的单元，审视其在文学作品中的重要作用。

施罗假设母题是被清楚地划分好的文学单元，每个母题都表现一个单元性的思想，而且每一个母题都与产生一个民族文学的文化历史传统、经验、学识相对应。从这方面讲，他的"母题纲要"就是文化纲要，包括所有反映在文学中的价值观。根据他的观点，在社会与文学之间存在着对应关系，因此，有可能，甚至有必要，将文学视为反映社会文化变化的社会性文献。在这种分析中运用的母题，就有可能区分出外来的元素和本土的思想。

# 狄尔泰的诗论中的"母题"

从其设想和目的上看，梯尔赛的诗论与施罗的文学理论形成了鲜明的对比。尽管他们是同时代的人，甚至在学生时代还是相识，两人也都选雅各布·格林在柏林的文学讲座课，① 但是，他们对 19 世纪知识界的学风则有着迥然相异的态度。施罗把在自然和社会科学上发展的模式运用到文学研究，而梯尔赛坚持要"以人类生活固有的概念"去理解它，② 强调主体的问题优先于方法论。根据他的观点，只有这样，才有可能说清楚通常难以观察到的人类生活的复杂性。在继续寻求基于经验主义基础的概括时，梯尔赛断言：

---

① 见 Wilhelm Dilthey, "Wilhelm Scherer zum personlichen Gedachtnis", *Deutsche Rundschau*, XLIX (1886), 132 – 146; Peter Salm, *Three Modes of Criticism: The Literary Theories of Scherer, Walzel, and Staiger* (Cleveland, 1968). 6。

② Wilhelm Dilthey. *Gesammelte Schriften* (Stuttgart, 1914 – 74). V, 4. 也见 Horace L. Friess, "Wilhelm Dilthey", *The Journal of Philosophy*, XXVI (1929). 11。

对人类的研究，要始于一个基本的方法论中最普遍的概念，然后转入该范畴中更确定的进程和原则，其方法是在自身的主体问题上做实验，就像物理学那样。我们不能只凭将科学的方法转用到我们的研究范畴而自称为伟大的科学思想家的忠实门徒；我们必须将我们的只是做出调整来适应我们的主体问题的本质，这样，我们才能像科学家那样对待自己的研究主体。我们通过屈从而征服自然。对人类的研究不同于科学研究，因为后者接触的是事实，这些事实作为外在的和分离的现象呈现到人的意识中，而前者接触的是人的心智经历的活着的现实关系。因此，科学通过结合假设和推理达到与自然的交接点，而研究人类的科学是基于直接经历的心智交接点。对自然，我们去解释；对心智生活，我们去理解。内心经历紧伴着我们完成某事，同时还将个体的心智生活功能结合成一个整体。其中的整体的承启关系经历是第一步，此后我们才能区分出个体的部分。这意味着研究心智生活、历史和社会的方法与获得关于自然的知识的方法极其不同。①

同他这种观点一致，梯尔赛为诗论建立了程式化的框架，② 其中母题与其他的概念同时发挥作用，如主题、诗情、情节、人物、行为，以及表现手法。通过对一篇作品内的这些元素的分析，对文学的理解成为可能。这样的审视方法阐明了创造性想象力的心理维度如何运作，也能对艺术家的"内在"心智生活有所洞见。③

梯尔赛从对文学作品的整体观发展出了一个有普遍性的母题概念，并没有运用于文化比较，也没用于对进化历程的文化历史重构。

与施罗不同，梯尔赛想象写诗的过程是从心理学方面，而不是从社会进化论角度来考虑的。他不认为社会道德与文化信仰现实与文学作品

① Quoted from H. P. Rickman, ed.. W. *Dilthey*: *Selected Writings* (Cambridge, 1976). 89. 原文发表于1894，现在见 Dilthey, Gesammelte Schriften, V, 143 – 144.

② "Die Einbildungskraft des Dichters: Bausteine fur eine Poetik" (1887), *Gesammelte Schriften*. VI, 103 – 241. Notes in VI, 307 – 320.

③ 特别参见 *Gesammelte Schriften*, VI, 216 · 28。

现实之间有直接的对应性。相反，他认为艺术创造性是一个选择过程，此过程只是将有限的具有特质的场景融入文学作品中。一旦这些场景进入一个诗的承启关系中，它们的意义可能会发生变化，以便调整在该作品中的位置，以及与其他元素的关系，如那些在文学中活跃的元素：主题、情节、人物，以及行为。

与他的浪漫派前辈一样，梯尔赛从戏剧性场景方面考虑母题。这是激发与联合行为的力量。跟他们一样，他也假设只有有限数量的母题存在，并像施罗那样，提出在同一作品中主导与辅助母题的出现条件。但是，他的母题概念与先前的有着明显的不同，他假设这些场景不只是文学想象的结果，而是根植于生活经历的行为。

依梯尔赛所见，母题是成为艺术的生活场景（Lebensverhältnis）。这种主题转化通过各种对比的诗情效果而实现，也依靠艺术家掌握生活场景所意指的意义和情感的能力。所以，母题是经历了艺术转化的生活场景，因该场景所包含的统一的诗性激发力的意义与逻辑结果而发生变化。

> 一篇长诗中有若干母题在发挥作用。其中，必要主导的激发力量，促使整篇作品保持统一性。可能有的动因数量是有限的，要想描述每个动因的发展过程，那就是比较文学历史的任务了。[1]

在梯尔赛的诗论中，母题具有双重功能：作为一种生活经历，也作为其艺术的转化。一方面，母题是有潜力成为诗的生活场景，另一方面，它是已经历了艺术转化并获得额外意义的生活场景。将母题作为一种经历的观点被认为是影响艺术创造性的心理过程，而作为一个文学元素，母题是从其与其他的诗论概念，以及其他母题的关系角度来被理解的。

通过构建这样一个保护双重母题功能的诗歌理论，梯尔赛建立了超出民族、社会和语言界线的历史诗论的框架，却保留着经验主义和实体

---

[1]　Gesammelte Schriften, 216. 也见 Rudolf A. Makkreel, *Dilthey*: *Philosopher of the Human Studies*（Princeton，1975），1946；Kurt Miiller-Vollmer, *Towards a Phenomenological Theory of literature*: *A Study of Wilhelm Dilthey Poetik*（The Hague. 1963），173 –174. 这个引言与之前的使用有矛盾，见 *Gesammelte Schrjften*, VI. 124 and Wellek, IV, 324。

方面。他使母题的比较研究理性化。对改变着的艺术家对现实的感知的探索，为历史诗论提供了心理学基础；比较母题分析展示了相似的场景在艺术转化中的不同。

# 作为民俗学概念的母题

理论上说，梯尔赛的母题概念和他关于比较历史研究的框架，对民俗学研究和重建起源形式的需要应当是最适当的了。对单个母题的跨文化和历史性研究，无论是将其作为不变的叙事核心还是可变的元素，无论如何，都是历史地理学派方法的基础。梯尔赛对潜在的母题的普适性的认识，为进行起源形式的比较探索提供了灵活性。无疑，将施罗和梯尔赛的诗歌理论在可通融的方面进行综合，会有助于在方法论上的改善。母题是在行动和人物之间的关系上表现出的一个思想，这个观点要比作为"生活场景"的母题概念更准确。

然而，事实上，两种诗歌理论都对民俗学研究没有直接影响。只有母题概念本身还一直困扰和刺激着民间故事研究者。19 世纪末 20 世纪初，"母题"一词变得广泛流行，随之也展开了许多有关其意义的讨论，但后来就失去了分析价值。朱利叶斯·彼得森（Julius Petersen）写道，"母题，总的说来，是最被滥用的，因此也是用于诗歌分析中的意义不清的概念。还没有别的词达到这样的程度。可以称之为'海绵词'，因为它吸收了各种表达方式，也负上了累赘"。①

难怪，在这样的概念混淆中，汤普森直率地在重订的《民间文学母题索引》的结论中写道：本书"根本不是基于任何哲学原理而成，而主要是来源于实践经验，来源于反复的试错"。② 但是，对此问题的回避，

---

① Julius Petersen, "Das Motiv in der Dichtung", Dichtung und Volkstum: Neue Falge des Euphorion, Zeitschrift fur Literaturgeschichte, XXXVIII (1937), 45. 比较此情况与 20 世纪后半期对"结构"一词的运用。见 Roger Bastide. ed., *Sens et usages du term structure dans les sciences humaines et sociales* (The Hague, 196 2); Jean Viet, *Les methodes structuralistes dans les sciences sociales* (The Hague, 1965); Raymond Boudon, *The Usages of Structuralism.* tr. Michalina Vaughan (London, 1971)。

② Stith Thompson. *Narrative Motif Analysis as a Folklore Method* (Helsinki. 1955), 7.

并不能让它们消失。将实际解决方案视为优先于哲学原则，这当然有一定的有用价值，但是，这也导致，至少部分地，斯坦利·海曼对此方法所概括的局面，即，"无生育力"和"无观点"。[①]

遗憾的是，尽管汤普森是为了民俗学研究眼前的迫切需求而选择了暂时的解决方法，但他还是创造了一部有长久生命力的著作，因为，虽然它有缺点，但它毕竟是一部必不可少的百科全书性参考书。他自己把《民间文学母题索引》只认为是未来研究的工具，而不是研究本身。"本书对于将来的民俗学研究的关系如同字典与作家，或地图与要继续探险路程的人的关系一样。"[②]但是，这种比拟是不恰当的。母题在民俗中不能等同于一种语言中的词汇。它们并不是形成民俗的成分，而只是由汤普森和他的学生们在特定叙事传统中提取并命名，从而构建出的条目。词语，或进一步的词素，在口头或书面语言中有着象征意义，而母题则是有关民俗研究的语言中被构建的符号，换言之，是学者们有关民俗的话语工具。母题是存在于故事中的元素符号，而不是叙事元素本身。对这些叙事单元的划分和命名完全依赖于汤普森所构建的分类体系。当汤普森假设母题"贯穿传统"时，[③]他就像卡西尔（Cassirer）的"原始人"，相信他所命名的力量的真实存在。[④]

这个说法可以用一个例子来澄清。随便选一个母题，如 B291.2.1. "作为信使的马"。这是基于这动物在许多故事中出现的无数次的行动而抽象化出来的，而其本身并不是最小叙事单元。如此命名的母题表示一种在许多行动中或可被推断的思想，但是，它在叙事中并没有词语在一种语言中那样的功能。当然，每个母题的抽象化程度是不一样的，从对某个事件的总结，如，F104.1.13.2 "由于看到裸体男人（丈夫）而羞死的女人"，到一个很泛泛的思想，如 G303.3.3 "动物形状的魔鬼"。总而

---

① Stanley Edgar Hyman. "Some Bankrupt Treasuries", *The Kenyon Review*. X (1948), 485.

② Ibid. 9. Munro S. Edmonson 写道："民俗学中的母题就像语言学中的语音学，或一般文化研究中的模式、主题、结构，以及价值。从最大意义上看，它们是结构单元"，*Lore：An Introduction to the Science of Folklore and Literature* (New York, 1971), 47. 他对汤普森的阐释似乎与汤普森本人的意思不一致。

③ Thompson. *The Folktale*, 415.

④ 参见 Ernst Cassirer, *Language and Myth*, tr. Susanne K. Langer (New York. 1946), 44 – 62。

言之，与汤普森所想的相反，母题不是构成故事的最小单元。

的确，汤普森把母题定义为"一个故事中最小的元素"，尽管他加了两个限定条件："1）具有贯穿传统的能力。为了具有这种能力，它必然具备2）某种非凡和震撼的力量。"① 在划分母题时，单元的范围是必不可少的，但已不再是足够的准则。为了使这个单元在对故事的比较研究和历史重构中有价值，有必要给现存的量化准则加上质化的前提条件。只有当一个主题在至少一种传统中，最好是在多种文化中，重复出现，它才能成为历史地理学派研究的一部分。一个叙事元素的连续存在更多地依赖于心理因素，即它对叙述人和听众的影响。

汤普森不仅为母题下了定义，并且也解释了它的存在。他的基本观点是，母题不是最小叙事单元，而是有能力成为一个叙事中的一部分的传统的最小单元。根据汤普森的定义，这个元素不受限于它所出现的特定的故事，它必须出现在若干故事中，这样才能被认定为母题。由此，界定母题的同样术语也被用来解释母题的存在。

在这一特定问题上，汤普森含蓄地有别于与阿瑟·克里斯坦森（Arthur Christensen）对母题的定义。后者认为，心理方面对构建一个有动力和不断进化的母题的概念是必要的部分。② 根据克里斯坦森的观点，母题是可能借此对一个叙事进行分析的最小组成部分，无论这个叙事是历史性的还是虚构的。这些叙事元素是以其新奇、或是悲剧与喜剧的效果吸引观众的段落情节。所以，奇特是母题的内在特质，由此，它有可能保留在社会记忆和传统中。这是汤普森接受的一种解释。一旦叙事元素对该文化中的叙事人和听众都不再新奇了，它就不再是母题了。反之亦然，那些让听众感到新奇和非凡的情节，就具有了转化成母题的特质：

> 我们所称的"母题"是有意义的元素，它们在不断"追赶着"——根据一个无法确认的心理学法则，为了进入新的组合，可

① 参见 Ernst Cassirer, *Language and Myth*, tr. Susanne K. Langer（New York. 1946），44 – 62。

② Arthur Christensen, *Motif et Theme*（Helsinki, 1925）. 汤普森提到这部著作，但认为过于哲学化，见 *Motif Index of Folk Literature*，I, 10 – 11。

以随意地脱离其最初的关系。如果将原始人的叙事与有较高文明程度的人的故事做一比较，很可能看出来，被视为历史描述的原始叙事与一个由简单叙事元素构成的真实故事相似，其中，可以正确地说，是没有母题的。在图腾时代，说话的动物、巫术行为、人变动物，以及人与动物的性交，这些与其他时代的战争和狩猎等行为同样正常和自然。然而，在那个时代，一个特质是一个叙事的一个简单元素，这个特质在视巫术行为和角色转换等为异常，有着不同程度的文明社会中，可能成为一个母题。①

如此多变的母题概念是不适于用来概括在全世界范围内的叙事，因为，其中的情节可以因其文化的承启关系而改变其叙事地位。所以，尽管汤普森在定义母题时融入克里斯坦森的有关新奇的观点，但是，汤普森排除了这个特征所隐含的文化相对论原则。

在构建成他的定义后，汤普森从整个母题中区分出人物、物体和行动三大类。"第一类是故事中的人物，例如，诸神、不寻常的动物、巫师与妖怪仙女之类的神奇精灵、或者甚至是习惯的人类角色，如可爱的小女儿或残酷的继母。第二类是行动背景中的某些项目，例如，魔器、奇异风俗、奇特信仰等。第三类是单一的事件，构成大部分的母题。"② 阿兰·邓迪斯（Alan Dundes）早已指出，"如果母题可以是人物、器物和事件，那它们就难以成为单元。它们不是单一性质的衡量标准…… 此外，这样的母题分类也不是相互独立的。有谁能想象出一个没有人物或器物，或者两个都没有的事件吗？"③

事实上，汤普森对母题的分类显得是"后验"的观察，而不是最初"先验"的分类基础。在他试图把顺序引用到"整个地球上的传统叙事材

---

① Arthur Christensen, *Motif et Theme* (Helsinki, 1925), 5 – 6. 比较俄国形式主义派的 Victor Shklovsky 对 "defamiliarisation"（ostraneniye）概念的使用（"Art as Technique", Criticism：Four Essays, tr. and ed. Lee T. Lemon and Marion J. Reis (Lincoln, Nebrask, 1965), 3 – 24, 捷克结构主义派 Jan Mukarovsky 所使用的 "foregrounding" 概念（"Standard language and Poetic Language", in *A Prague School Reader on Esthetics, Literary Structure*），以及 Style, tr. and ed. Paul L. Garvin (Washington. D. C. , 1964), 17 – 30。

② Thompson, *The Folktale*, 415 – 416.

③ Dundes. 97. 也见 Grambo, 243 – 256。

料"中时，① 汤普森运用两个各自独立的生物学和目录学分类模式。他故意避开对叙事元素的字母顺序排列，认为那样是随意的、语言学上是狭隘的分法，因此用途也有限。② 他提出，分类体系应该为民俗学提供一个科学的根据，就像林奈的生物学分类体系一样。同时，他的标记方法，像美国国会图书馆的那样，应该方便于登记和查找母题。

然而，出于这个动机的综合分类方法已经不比以前的体系更"科学"了。最重要的是，建立与生物学分类体系相对应的母题分类体系，这是一个错觉。林内斯通过他的分类体系，的确发现了一个自然中现存的秩序以及现存的关系。他的分类体系是基于动植物类属的内在特质而建立的。与之相比，图书目录分类是对现实施加一种秩序。这是个随意的秩序，不是取决于主体的特质，而是依靠其外在的表现，如符合的形状与其可用性以及字母顺序，它们与口头传统没有内在关联。在实用、方便与批评的考验中，在汤普森手中，母题是从叙事的最小单元转化成分类的最小单元。他将对最小单元在形成和传播叙事中的功能，以及它们在故事的承启关系中的关联性的关注，转移到对它们在分类体系中的位置的关注。

试图将母题分类的努力始于歌德，但是，当母题一词刚获得某种概念意义时，最初的分类体系就涉入对叙事或戏剧形式的最小单元之间关系的程式化构建。在整个 19 世纪，当文学主题的传播与其对文化和社会的影响占据了学术的中心地位时，母题也成为追求更广泛的研究目标的工具。汤普森从没失去对全球性民俗学研究焦点的关注，③ 但是，在准备面对所取得的成就时，手段胜过目的，由此，对正在寻求答案的问题产

---

① Thompson, *Moti flndex*, I, 10.

② Attempts to arrange ideas, motifs or titles in alphabetical order were made by Friedrích Hebbel in a review of *Deutsche Sagen von Adolph Bude* (1839). In *Samtliche Werke*, ed. Richard Werner (Berlin, 1904), X, 390 – 392, and in the work of Scherer's student Otto Brahm, *Das Deutsche Ritterdrama des achtzehnten Jahrhunderts. Studien uber Joseph August von Torring, seine Vorganger und Nachfolger* (Strassburg, 1880), 145 – 167. 在美国，在博厄斯的建议下，包括了这些印第安人的故事：A. L. Kroeber, "Catch-Words in American Mythology", *Journal of American Folklore*, XXI (1908), 222 – 227, and R. H. Lowie, "Catch-Words for Mythological Motives", *Journal of American Folklore*, XXI (1908), 24 – 27. Kroeber 以与汤普森类似的方式讨论了动机与类型的问题（p. 226）。

③ 参见 Stith Thompson, "The Challenge of Folklore", PMLA. LXXIX (1964), 357 – 365。

生不良影响。

# 作为最小民间叙事元素的母题

最令人迷惑和难以捉摸的仍是最基本的问题，即，最小叙事单元、其本体论，以及它在一个叙事、一首诗、一出戏或一个大传统内的位置、角色问题。①

对起源形式的比较研究和历史地理学派的研究使母题陷入到双重的观点之中。一方面，它是故事的基本主题，是特定情节的主要动力；另一方面，它有着一个叙事的最基本的成分，有着从一个故事转移到另一个故事的能力。母题是"有能力在传播过程中存在的最小叙事元素"。②这个定义暗示着将叙事元素彻底脱离承启关系。母题成为传统内部及其不同范畴之间可永恒移动的元素，有着可进入和脱离叙事组合的同样能

---

① 有关文学中对母题的研究的参考文献、概论和讨论，见 Franz Anselm Schmitt, ed. *Stoff-und Motivgeschichte der deutschen literatur: Eine Bibliographie* (Berlin, 1965)，特别是第3—4页，（第一版 KurtBauerhorst 编辑，1932 年出版，另在 1959 年、1976 年再版）; Elizabeth Frenzel, *Stoff und Motivgeschichte* (Berlin, 1966); Z. Czerny, "Contribution a une theorie comparee dumotif dans les art", in Stil-und Formprobleme in der Literatur. *Vortrage des VII Kongress der Internationalen Vereinigung fur moderne Sprachen und Literaturen in Heidelberg*, ed. Paul Bockmann (Heidelberg, 1959), 38 – 50: Sophie-Irene Kalinowska, "A propos d'une theorie du motif literraire: les formantes", *Beitraege zur Romanischer Philologie*, l (1961), 78 – 82; Oskar Katann, "A Review of August C. Mahr, *Dramatische Situationsbilder und Bildtypen*" (Stanford University Press, 1928), Euphorion: Zeitschriftfur Lireraturgeschichte, XXXJI (1931), 97 – 101; Wolfgang Kayser, *Das sprachliche Kunstwerk* (Bern, 1951), 61 – 78; Joseph Korner, "Erlebnis-Motiv-Stoff", *Vom Geiste neuer Literaturforschung: Festschrift fur Oskar Walzel*, ed. Julius Wahle and Victor Klemperer (Wildpark-Potsdam, 1924), 80 – 90; Willy Krogmann, "Motiv", Reallexicon der deutschen Literatur-geschichte, eds. *Werner Kohlschmidt and Wolfgang Mohr* (Berlin, 1965), II, 427 – 432; idem, "Motivubertragung und ihre Bedeutung fur die Literarhistorische Forschung", *Neophilologus*, XVII (1932), 17 – 32; idem, "Motivanalyse", Zeitschrift fur angewandte Psychologie, XLII (1932), 264 – 272; August C. Mahr, *Dramatische Siruationsbilder und Bildrypen: Eine Studie zur Kunstgeschichte des Dramas* (Stanford, 1928), 9 – 15. 有关哲学的运用，见 Rudolf Eisler, *Worterbuch der Philosophischen Begriffe Historisch Quellenmassig Bearbeitet*, ed. Karl Roretz (Berlin, 1929), II, 184 – 189; William P. Alston, "Motives and Motivation", *The Encyclopedia of Philosophy* (New York, 1967), v. 399 – 409.

② Max Luthi, Marchen (Stuttgart, 1962), 18. 也可参加 "Europaische Volkliterature: Themen, Motive, Zielkrafte", *Weltliteratur und Volksliteratur*, ed. Albert Schaefer (Munich, 1972), 66 – 79。

力。之前的母题分类将其分为主要的和辅助的，而此时，母题的分类不再与母题的意义有关系，而是根据这些叙事元素的传播转换能力。

例如，根据罗丝（Anna Birgitta Rooth）的观点，核心母题是最不易分离的，离开它，整个故事的基本结构就受影响。与之相比，"细节母题是次要的；它们依附于核心母题，即使去除，也不影响主要的情节"。一个核心母题和几个细节的母题的结合，组成了"复合母题"（motif-complex），也就是"一个故事内的最小合成单元"。在罗丝辨析中，只有复合母题，而不是单一母题，"才能被视为独立的，甚至是自给自足的。母题只是这个结构中的一个单一元素；所以，它既不可以被保留，也不可以单独联系……它总是依于一个或更多的母题，由此而构成一个复合母题或单元……"①

托马谢夫斯基（Boris Tomashevsky）也做了类似的两类母题区分：一类是"不可以被省略的，叫'必然母题'（bound motifs）；另一类是可以被省略而不影响整个事件的时间过程的，叫'自由母题'（free motifs）"。②

这种将母题视为淘汰游戏一样的思想，所需要的不仅是对自由母题和必然母题的指定，还要考虑到彼此自由变化的母题，即，那些在相似的叙事承启关系中可以调换的母题。对此，克里斯坦森称之为"对应母题"（corresponding motifs）。③

移动母题及其叙事的承启关系之间的必然联系取决于该元素在整个作品中的逻辑位置。在构建一个母题与一个叙事场景之间的关系时，不再考虑实质和意义。将母题视为一个游动于文学范畴的元素的思想，不涉及一个可分离的叙事成分和整篇作品之间的语义联系。

所以，在行为和意义之间，有必要做出术语上和概念上的区分。在母题与思想之间、行为与意义之间，没有必要的直接关系。克里斯坦森区分了最小叙事元素的具体和抽象方面，把前者指为母题，后者称为主题。"利用主题一词，他理解了由一个母题或多母题之结合所表达的基

---

① Anna Birgitta Rooth, *The Cinderella Cycle* (Lund, 1951), 31 – 3; see also 237 – 240.

② Boris Tomashevsky, "Thematics", *Russian Formalist Criticism: Four Essays*, 67.

③ Christensen, 6.

本思想……有些故事有主题，有些没有主题。……在另外一些故事中，主题是次要的，兴趣主要是寓于母题或母题结合的吸引人的人物中。故事越接近于历史记叙（冒险路程、历史故事、地方原因论），主题就越乏味无力；故事就越接近寓言，主题也就越有主导作用。"① 根据这种区分，很明显，主题是故事的寓意，是故事要传达的信息；当母题是纯粹的情节和行为时，主题是母题的意义，是具体行为表达的抽象观念。格利瓦斯（Greverus）对这区分做出了回答。她论述道：主题是从内容中提取的，这样，她就避免了主题和母题之间的混淆。"借助主题概念，我能理解提炼于一个故事的基本思想，以及该故事所包括的思想。这些基本思想通过叙事实体而得到实现。实体包括较小的主题单元、母题的……"②

对母题和主题之间的分析方法上的分离，暗示了要解决浪漫主义的母题概念的双重约束的意图；浪漫派的母题概念将最小叙事单元认定为母题，其他相关的和最大意义为主题。一个民间故事，或是广义的任何一件艺术品，可以有一个主导主题，但可有许多母题。据此，也就能理解维谢罗夫斯基（Veselovskij）了。他在19世纪末把主题视为母题的复合体。从他那时代的眼光来看，他认为母题是一种程式，借此，初民们回答有关自然的形而上问题。这样的程式有能力扩延，并通过有意识的艺术性选择、组合和模式化而发展，最终成为一个完整的主题。维谢罗夫斯基认为主题是艺术性的，而不是母题的哲学性抽象化，③ 这与瓦格纳派（Wagnerian）关于音乐中母题和大主题之间的关系的看法是相似的。④

从这个观点看，重复成了母题和思想之间的关系上的关键特征。但

---

① Christensen, 8.

② Ina-Maria Greverus, "Thema, Typus und Motive: Zur Determination in Erzalforschung", IV International Congress for Folk-Narrative Research in Athens (1. 9. – 6. 9. 1964), ed. Georgios A. Megas, Laographia, XXII (1965), 135.

③ A. N. Veselovskij, Lstoriceskaja poetika, ed. V. M. Zirmunskij (Leningrad, 1940), 493 – 495. "Thematic Poetics", 493 – 596, V. F. Sismarev and V. M. Zirmunskij. 也参见 V. Propp, *Morphology of the Folktale* (Austin, 1968), 12 – 13。

④ 另见, "Leitmotiv", and 'Motif, in Harvard Dictionary of Music, ed. Willi Apel (Cambridge, Mass. , 1969), 465 – 466, 545 – 546。

这已不再是发生在叙事传播中的重复，而取决于母题能否渡过艰难时代的特殊能力。事实上，将最小叙事单元作为母题的概念化进程，源于在相同传统或作品中，但在不同承启关系中，有意识和有意义的重复使用相同的情节，甚至是暗喻。正是因为母题在可变的文学承启关系中的出现才形成了它的意义和功能。母题用来连接不同叙事承启关系的互动，使其相互有所反映，构成概念上的整体，即使不是叙事上的整体。这个思想呼应于浪漫派的母题思想，认为"核心母题"成为"隐含的思想"的同义词，① 尽管有两个例外。第一个是，这个母题不一定是某场景内推动行为的动力；它最多是说话人或作家的修辞力量。第二个是，至少在两个历史叙事中出现重复，这是它的关键特征。这种有关母题的思想被有条理地运用在宗教研究中。在讨论它在《旧约》中的地位时，塔尔曼（Shemaryahu Talmon）提出如此定义：

> 文学母题是代表性的复合主题。这种复合主题以易变的形式和联系出现在《旧约》的框架内。它是根植于具有人类学或历史学性质的实际场景中的。在其次要的文学场景中，母题表现了与起源性场景中有内在联系的思想和生活经历，并被用来为读者重现起源场景中参与者的反应。母题再现了那个场景的原初意义，而不是场景本身。它不只是有关感受的重述，而是强调和强化对其再现的本身。②

由于有了这些复杂的联系，这样的母题已不再是最小的或最基本的单元，而是有着历史维度的"代表性复合主题"。它的意义在对宗教的现象论的研究中凸显出来了，如彼德·伯格（Peter Berger）所定义的，因为母题是"可以追溯其历史性发展的宗教经历的特殊形式或格式塔完形心

---

① Anders Nygren, *Agape and Eros*, tr. Philip S. Watson（London, 1953），37.

② Shemaryahu Talmon, "The 'Desert Motif' in the Bible and in Qumran literature", *Biblical Motifs: Origins and Transformations*, ed. Alexander Altmann（Cambridge, Mass., 1966），39. See Warshaver, note 3, 建议使用母题概念进行民俗分析。

理"。① 这种母题的意义完全依赖于它最初和后来的承启关系，而且它从其内在互文性中发展出它的修辞效果。

修辞性母题的概念和历史地理学派采用的移动母题思想恰恰相反。它暗含着象征符号与自由流动的主题之间的意义和意图，以及人为的调整，这些符号和主题，不受任何操控，在故事之间自由流动，也在语义之间移动。

认为母题在民间文学中毫无拘束地游动的观点是对开始研究起源形式的努力是必要假设。然而，对形式和主题的相互关联的仔细分析表明，既使是似乎混乱的世界，也存在着秩序。母题出现在一个叙事作品的特定位置，或者与特定的类型有关系。换句话说，有一种控制着母题转移的内在的文学规则体系，而且它们从一个文本到另一个文本的转移遵循某种可以发现的原则；它们的传播不是无规律的，也不一定受社会和文化条件的影响，② 但却有着民俗性文学的基础。例如，罗伯特·彼彻（Robert Petsch）将辅助和完成叙事人物的成分区分为：结构动因（Frame-motive；*Rahmennotive*），核心动因（core-motive；*Kernmotive*），以及完成动因（completing motive；*Füllmotive*）。其中的每个母题都有其在所限定的叙事内的行为范畴。那些在叙事中占据不同位置的母题是不能互换的。或者说，每个母题有其形式上的定位，以此决定它在文学范畴的行动。③

阿尔伯特·威塞尔斯基（Albert Wesselski）对整个历史地理派持批评态度。他提出，民间故事的主题与形式之间存在一种对应关系，以此，母题出现在特定的类型中，而不是任何类型。他的区分的基础是人们对待叙事的态度，由此决定了所描述的类型的标准。因此，他分出神话母题（*Mythenmotive*），被相信为事实，但不是；现实母题（*Gemeinschaftsmo-tive*），被相信，也是事实；文化母题（*Kulturmotive*），不是事实，也不被相信为事实。每个叙事的民间类型，如童话、长故事，以及冒险故事，

----

① Peter L. Berger, "The Sociological Study of Sectarianism", *Social Research*, XXI (1954), 478.

② 见 Franz Boas, *Race, Language and Culture* (New York, 1940), 437 – 445, 451 – 490 (最早分别于 1891 年和 1914 年发表)。

③ Robert Petsch, *Motiv, Formel und Stoff*, *Zeitschrift fur deutsche Philologie*, LIV (1929), 378 – 394.

都有其各自的不可互换的母题，除非是出现文化条件变化，即，对涉及某些再现主题的思想的信仰或是减弱或是加强时。① 威塞尔斯基的分类法不只是另外一种分类；他的方法对叙事形成和母题迁移的理论有重要意义。按照他的观点，每种类型的都有数量和种类有限的恰当的母题，跨越这些文学形式界线首先需要改变对这些主题的文化态度。

虽然威塞尔斯基是位文学家，但是他犹如一位人类学家那样对历史地理派的母题概念提出挑战，引入文化态度概念作为划分最小叙事单元的必要维度。在对口头言语艺术的分析中，有关文化、意义及其再现的问题常常在理解口头叙事中的象征时受到惯习的束缚。相比之下，对视觉艺术的分析，因为针对的是有形的，以及有典型的象征符号基础，将意义单元之间的关系，以及形式的单元凸显为焦点；这样的分析可以反过来帮助民俗学家解决他们在试图划分最小叙事单元时所遇到的困难。

潘诺夫斯基在试图构建圣象研究体系时，使用了民俗学和文学研究者使用了许多年的同一对术语：母题和主题。他首先在普适的和文化形式中分别区分出主要的和次要的主体。普适类的包括事实性的或是表现性的形式，受到跨文化的公认。人和动植物的形状是事实性形式；表现性姿态如微笑和悲伤地低下头也都是普适性的。与之相比，次要的或是惯习的主体，包括每个文化或时代中与特定形象相关的特定姿态，如中世纪时与不同圣人相关的各种位置和姿态。主要的和普适的形式是视觉"母题"，而次要的和特定的主体是主题。在一个姿态与一个特定人的联系中，"我们将艺术性'母题'和艺术性'母题'（构图）复合体与主题或概念联系在一起。由此，承载一个次要的或惯习的意义的母题可以并称为'意象'"。②

通过运用普适性与文化性概念来引入母题与主题之间的区分，潘诺夫斯基逆转了基本艺术单元的具象与抽象之间的关系。如果民俗学可以沿用必然母题与自由母题之间的划分，对一些相互呼应的母题的认定就

---

① Albert Wesselski, "Marchen des Volkes un der Litcratur", *Marchen des Mittlealters* ( Berlin, 1925 ), xvii; idem, *Versuch einer Theorie des Marchens* (Hildesheim, 1974), 12, 33 – 37. See also Emma Emily Kiefer, *Albert Wesselski and Recent Folktale Theories* (Bloomington, 1939), 38 – 58.

② Erwin Panofsky, *Studies in Iconology*：*Humanistic Themes in the Art of the Renaissance* (Oxford, 1939), 6. 也见 3 – 17。

要用新的术语：作为表演者、实物和行为类别的母题就会保持其不变，也就更有抽象性和普适性，而主题则会因文化不同而多变。

然而，从方法论上来看，这样的程式化将会违背历史地理学派所树立的要发现叙事形成和变迁的目的，也会将母题从历史的边缘推向结构与象征分析的范畴。

# 结　论

汤普森在他在论著中有意忽略这些问题和可能性。对他来说，这些问题代表着对他的分类计划的实际需要的干扰。但是，目前出现了对母题概念的新兴趣。有关最小叙事单元的问题在结构研究、文本语法分析，以及叙事的象征意义的研究中又显得有实用价值了。麦勒金斯基（Meletinsky）提出，"（在民间故事研究中）下一步一定是从结构主义的视角对母题的分析。在此，必须考虑到母题在主题内的分布在结构上也是可以归纳成上述的程式的。但是，如果这个程式本身代表了一个特定的民间故事合成机制，那么，母题就是那种分析的最基本的元素"。①

很可能如此。但是，对母题重新产生的兴趣不能局限于《民间文学母题索引》所展现出来的母题概念。必须要联系到从浪漫主义到结构主义发展的过程，以及期间产生过影响的各种思想和争议。

---

① Meletinsky et al, 51. 另见注释3，及其他，如 Gerald Prince, *A Grammar of Stories: An Introduction* (The Hague, 1973)。

# *9*

# 民俗中到底有母题吗?

**【编译者按】** 本文(*Are There Any Motifs in Folklore?*)发表于 1995 年出版的《重访主题论》(*Thematics Reconsidered*: *Essays in Honor of Horst S. Daemmrich*, ed. by Frank Trommler. Amsterdam-Atlanta: Rodopi, 1995, pp. 71 - 85.)。这是作者继 1980 年的《民俗学中母题的概念》(The Concept of Motif in Folklore)后发表的又一篇有关母题的力作,对母题研究产生了巨大影响。作者在文中深刻剖析了作为"故事中最小单元"的"母题"分析概念的形成背景和不同观点看法,进而提出以"象征符号"来理解故事的基本元素。这篇文章对理解叙事中的"母题"和"母题素"等概念有着重要意义。

## 对母题的批评与辩护

没有某种草率冲动是提不出标题中的质疑的。毕竟,在汤普森出版《民间文学母题索引》①(以下《母题索引》)二十五年之后的今天,他的

---

① Stith Thompson, *Motif-Index of Folk-Literature*. 6 volumes. Folklore Fellows Communication No. 106 - 109, 116 - 117(Helsinki: Suomalainen Tiedeakatemia, 1932 - 1936)and idem, *Motif-Index of Folk-Literature*. 6 volumes. 修订扩充版(Bloomington, IN: Indiana University Press, 1955 - 1958)。

学生和其他民俗学家已经分析了一个又一个民间传统中的母题，并以其母题索引写出若干本书和博士论文——其数量之多得用一本专门的工具书列出其全部书目，[①] 此时，怎么可能去怀疑民俗中母题的存在呢？这些年来，"母题"的概念已经引发出一系列可靠的研究工具的出版，[②] 并已经成为民俗学学科不可缺少的一部分，以至于理查德·道尔逊宣称其为民俗研究的"必备"，并视其为"确立任何叙事元素的民俗本质的最可靠方法"。[③]

然而，提出这个质疑是必要的。因为，尽管母题分析已在 20 世纪上半叶成为民俗研究的里程碑，但是，这一路径对口头文学和传统动力的本质并没能做出有实质意义的阐释和洞见。汤普森本人也会认为，其划时代巨著《母题索引》并不是立意于为民俗（及其存在本身）所带来的许多问题提供任何理论性阐释答案。对于他的这项重大研究的哲学意义，汤普森始终是低调地视其主要为"一个参考性工具"。[④] 他在完成修订版的《母题索引》后，从反思的角度陈述道：

> 作为民俗研究中的一个方法，母题索引只是进一步研究的基础。它本身够不上研究。我们并没有对任何所列出的母题进行研究。这部工具书对于未来的民俗研究的关系就如同一部字典对文学作家一样，或者说是地图对那些想要不迷失方向的探险者那样。[⑤]

但是，将《母题索引》比作一部字典，这与汤普森最初有关《母题索引》的价值、功能和兼容性的表述形成一个对照。不仅如此，这也表

---

① David S. Azzolina, *Tale Type-and Motif-Indexes: An Annotated Bibliography* (New York: Garland, 1987).

② 最新出版物是 Reginetta Haboucha, *Types and Motifs of the Judea-Spanish Folktales.* The Garland Folklore Library Vol. 6 (New York: Garland, 1992)。

③ Richard M. Dorson, "Africa and the Folklorist", in *African Folklore*, ed. Richard M. Dorson (Garden City, NY: Doubleday, 1972), p. 46.

④ Stith Thompson, ed., *Four Symposia on Folklore.* Indiana University Publications, Folklore Series No. 8 (Bloomington, IN: Indiana University Press, 1953), p. 112.

⑤ Stith Thompson, *Narrative Motif-Analysis as a Folklore Method.* Folklore Fellows' Communications Vol. LXIV, No. 161 (Helsinki: Suomalainen Tiedeakatemia, 1955), p. 9.

明两个不同的知识组织体系之间的比较。汤普森早期对其工作的展望是将母题的分类——包括全世界的各个传统,构建成民俗研究的科学根基。他以直接和间接的方式联系到 18 世纪有关植物学和地质学的分类体系,认为对母题和故事类型的分析有着类似的必要性,由此,进一步的民俗研究才有可能进行下去。[1]

稍后,汤普森试图将《母题索引》的科学贡献做最小化处理,便提出上面所引述的有关字典和地图的类比。不过,这样的对比只有一部分正确。一部字典的确是对一种语言中的词汇进行的随机分类,它既是列举又是分类。但其随机性是基于该语言使用者共同体的历史规范。《母题索引》也是一种随机列举和分析体系,但其列举和分类都不与社会规范对应,而是一个独立的随机体系。汤普森对母题在整个民间文学知识体系中的界定本身始终是有意保持模糊的。早期,他曾试图提出一个清晰,尽管是可质疑的定义:"母题是故事中具有贯穿传统力量的最小单元。为了获得这种力量,一个母题本身必须具有非凡和鲜明的特色。多数的母题可分为三类:第一类是故事中的行动者;第二类是其行动背后的某些事项;第三类是单一事件。"[2] 后来,他有意地对母题分类的表述撤回到模糊状态。他曾提及自己发现"也许他被问到的有关《母题索引》的最多和最难回答的问题是:什么是母题? 对此,没有简便的回答。叙事中有些事象不断被讲述者使用;这些事象是构成故事的核心。这些事象之间的特色无法准确界定。如果这些事象在故事的构建中有实际功用,它们就可被视为母题。"[3] 作为终极的实用主义者,汤普森这样随意的态度使我们无法指望他提供科学工具所必要的准确性——而那又是他早期所期望的。他承认,不论是对母题的定义还是对其分类都缺乏"任何哲学原则。"[4]

即便如此,汤普森最初的目标——视母题为一个特定组成单元以助于系统研究——依然体现在他的一些学生的著作中。在这些学生的博士

---

[1] Stith Thompson, *The Folktale* (New York: Holt, Rinehart and Winston, 1946), pp. 413–415; idem, *Motif-Index of Folk-Literature* (Bloomington, IN: Indiana University Press, 1955), vol. I, p. 11.

[2] *The Folktale*, pp. 415–416.

[3] Stith Thompson, *Narrative Motif-Analysis as a Folklore Method*, p. 7.

[4] Ibid. .

论文中，母题分析的价值是远远大于一部字典所能达到的。例如，厄尼斯特·鲍曼在比较英国和北美的民俗时，构建出一系列复杂的数字表格，依照主题，将母题作为量性单元。① 道尔逊因为对北美的非裔美国人的民俗的非洲起源表示疑问，而涉入一场激烈的辩论中，使他必须基于两个大陆的不同文化中的母题，通过比较性的统计分析，证明他所得出的结论。②

诸如此类的情况表明，《母题索引》对母题以数字指定误导了学者们，使他们将数字的定性价值对应于定量价值，并以等量关系假设它们受到定性和数字的限定。这是学术界的转喻（metonymic）思维。母题的数字指定不影响其特质，也没将母题的简单主题描述转换为所期望的最小单元——可这些却被期望能提供有关一个文化或一个文学传统体现的经验性数字信息。因此，这样的阐释分析是基于一个错误假设，由此也导致任何可能的结论无效。③

在汤普森的追随者之外，对《母题索引》的各种批评言论日渐增多，近年已成为一场反对者的大合唱。麦尔维尔·雅各布斯（Melville Jacobs）在1964年美国民俗学会年会的"主席发言"中，表达了这个合唱的"渐强"之音。雅各布斯在发言中甚至都没给予"母题"一个术语应有的尊严，而是不断将其指代为"那个所谓的母题"。他的嘲笑不仅仅是文体风格上的。他号召追随他的民俗学同人：

> 面对这样的现实：汤普森博士的六卷本《母题索引》并没有为世界文学提供任何重要的或有意义的表达内容。民俗学家们还需要去认同、认知，以及学会如何在实践研究的过程中去发现它们，并展示其发挥功用的方式。汤普森的目录式索引，如果说其目的是要探索一个口头文学中的基本表达内容，那么它实际上是以不可用的

---

① Ernest W. Baughman, *Type and Motif Index of the Folktales of England and North America*. Indiana University Folklore Series No. 20 (The Hague：Mouton, 1966), pp. xii – xiii.

② 见，Richard M. Dorson, *American Negro Folktales* (Greenwich, CT：Fawcett, 1967)；Daniel J. Crowley, ed. , *African Folklore in the New World* (Austin, TX：University of Texas Press, 1977)。

③ 邓迪斯曾指出以数字代表母题的不妥当，见 "From Etic to Ernie Units in the Structural Study of Folktales", *Journal of American Folklore* 75 (1962), p. 96.

类别构建起来的。这些母题包括的只是文学风格的某些粗略的特征：它们都是表面特征，因此难认提供核心的表达内容。当然，所谓"母题"的一个原则性功能是允许行动者以某种风格行动，通常是以较快的方式。①

在雅各布斯的批评中，他表达了对汤普森分类体系的无法理解，并将这种态度联系到他对人类学的风格，② 即当时有关功能概念的不满。③ 但是，在他的尖刻评述中，闪烁着他的还没完整体系化的观点，即，在文化认知体系中，母题既不是宏观的传统中的最小单元，也不是其叙事的再现。"重复原则"是汤普森视母题为"故事中具有贯穿传统力量的最小单元"的根基，④ 而这原则常常是分析者，而不是叙事者所关注的。叙事者是从宗教和历史角度来看待行动、个人特征和人物的，而不是从比较角度。例如，围绕耶稣这个人物有一系列母题，围绕文化英雄也有一系列母题，但是，两个系列之间的相似之处并没有进入那些虔诚的基督徒的概念参考框架内，因为他们信仰的是基督的绝对单一性。⑤ 如同"神话"一词，母题可以是个描述性和分析性术语，作为一个局外人步入一个新文化的台阶。爱德蒙·利奇曾经指出，"神话不是民族志学者在与原始人群接触时所遇到的一种现象；那些原始人群处于一种神话式或某种'意识状态'中"⑥。雅各布斯也暗示类似的看法，即，叙事者本人意识不到他们的故事所基于的最小单元。他们是从自己的文化知识角度将行

---

① Melville Jacobs, "A Look Ahead in Oral Literature Research", *Journal of American Folklore* 79 (1966), p. 423.

② 参见 Melville Jacobs, *The Content and Style of an Oral Literature: Clackamas Chinook Myths and Tales. Viking Fund Publications in Anthropology No. 26* (Chicago: University of Chicago Press, Wenner-Gren Foundation for Anthropological Research, 1959)。

③ 参见 William R. Bascom, "Four Functions of Folklore", *Journal of American Folklore* 67 (1954), pp. 333 – 349; Bronislaw Malinowski, "The Functional Theory", *A Scientific Theory of Culture and Other Essays* (New York: Oxford University Press, 1960), pp. 145 – 177。

④ Stith Thompson, *The Folktale* (New York: Holt, Rinehart and Winston, 1946), p. 415.

⑤ Alan Dundes, "The Hero Pattern and the Life of Jesus", in *Interpreting Folklore*. (Bloomington, IN: Indiana University Press, 1980), pp. 223 – 261.

⑥ Edmund Leach, "Introduction", M. I. Steblin-Kamensk ij, *Myth* (Ann Arbor: Karoma, 1982), p. 3.

动、个性和非凡的事件视为其自己特定传统的不可分的一部分，而不是从普遍的比较视角来看待自己的故事。

同理，邓迪斯在提出以"主位"和"客位"模式来促进民俗研究时，也间接地讨论了同样的问题。① 他的风格不像雅各布斯那样含蓄，但是，他的观点同样重要。他在自己的分析中建议用作为"主位"（emic）单元的"母题素"（motifeme），代替作为"客位"（etic）单元的"母题"（motif）。邓迪斯在其有关学科建设的文章中综合了派克（Kenneth Pike）和普洛普（Vladimir Propp）的方法。后二者的方法分别在美国和苏联产生于不同的理论框架，形成于不同的历史时期，② 但是，他们与索绪尔语言论的共同联系使得邓迪斯将他们的观点合并为一个新的方法，借此，邓迪斯寻求将对民间叙事的研究从原子单元式的独立方式发展到整体观的叙事研究方式。

在邓迪斯的论述中，单元界定和叙事方法这两个问题有时相互混同。结果，凸显他的重要观点的一些前提性论述没能得到完整的体系化。他吸收了派克有关最小单元"母题素"的界定理论与方法，将其等同于普洛普的功能（function）。这两者之间的对应之所以成为可能，唯一的条件是两者都被视为与作为整体的文化或叙事有关。派克所提出的，也是邓迪斯所指出的观点是，"一个单元不能被孤立地研究，而必须将其作为一个完整的文化中正在完全发挥作用的多元体系的一部分"③。这个体系是从文化视角构建起来的。因此，通过吸收派克的方法，为了探索从主位视角的文化层面切割（cultural segmentation），邓迪斯指出，尽管母题

---

① Alan Dundes, "From Etic to Ernie Units in the Structural Study of Folktales", *Journal of American Folklore* 75 (1962), pp. 95 – 105.

② 有关俄国形式主义的概论研究有：Victor Erlich, *Russian Formalism: History, Doctrine*, 2n. ed. (The Hague: Mouton, 1965); Peter Steiner, *Russian Formalism: A Metapoetics* (Ithaca: Cornell University Press, 1984). Kenneth L. Pike 著作的修订版见 *Language in Relation to a Unified Theory of the Structure of Human Behavior*, 2nd. ed. (The Hague: Mouton, 1967), 格尔茨（Clifford Geertz）在 *The Interpretation of Culture: Selected Essays* (New York: Basic Books, 1973) 中有关主位的文化阐释在认识论上的可能性问题，其相关辩论见 Thomas N. Headland, Kenneth L. Pike, and Marvin Harris, eds. *Emics and Eries: the Insider/Outsider Debate* (Newbury Park: Sage, 1990).

③ Kenneth L. Pike, *Language in Relation to a Unified Theory of the Structure of Human Behavior*. Part I (Glendale. 1954). n. 93: Dundes. "From Etic to Ernie Units." n. 101.

不是作为其文化的主题组织单元出现，但"母题素"会存在于其中的。

所以，母题分析可能不适于对某文化及其叙事的阐释，但母题素分析可能有益。换言之，通过质疑文学、民俗学和人类学的比较方法是否能提供有益于分析特定文化的阐释性参考，邓迪斯指出，由此综合不同方法，可以使学者为了阐释的目的而去关注一个社会的大社会背景和历史经历。

雅各布斯和邓迪斯分别在各自的文章中批评、修正、抛弃以及重构汤普森的母题分析方法，但在其质疑的核心是对母题的本体论现实的探索。在故事中到底有母题吗？或者说，故事中存在的只是分析的碎片，它们不但没澄清反倒进一步混淆了对传统故事的认知和阐释？"母题"一词是在 18 世纪进入到学术批评语汇的，最早出现在迪特罗（Diderot）所编纂的 1765 年版的《百科全书》。此后，这个词成为音乐、视觉艺术、文学和民俗的重要的批评和分析术语。[①] 在音乐和视觉艺术界，母题是一种重复的乐句或图案，其言语形式可以是帕里（Milman Parry）所界定的术语"程式"（formula）："在同一格律条件下规律性地被用来表达某个核心思想的一组词。"[②] 帕里关注的是荷马式史诗及其合成，所强调的是程式形成的文本条件，而汤普森在其有关母题的定义中几乎没有关注这个问题。汤普森更关心的是内容，而不是形式。他将母题的可能的核心思想细分为实物、人物和行为。但在文学批评中，当然也更是在民俗研究中，这个术语扩延到包括一系列更广泛、更复杂和更冗长的意义，而这

---

① 有关概述性研究见 Dan Ben-Amos, "The Concept of Motif in Folklore", *Folklore Studies in the Twentieth Century*: *Proceedings of the Centenary Conference of the Folklore Society*, ed. *Venetia J. Newall*, (*Woodbridge*, *Suffolk*: *D. S. Brewer*, 1980), pp. 17 – 36; *Joseph Courtes*, *Le conte populaire*: *poetique et mythologie* (Paris: Presses Universitaires de France, 1986), pp. 15 – 40; Ronald Grambo, "The Conceptions of Variant and Motif: A Theoretical Approach", *Fabula* 17 (1976), pp. 243 – 256; Jawaharlal Handoo, "The Concept of Unit in Folk Narrative", *Journal of Indian Folkloristics* 1 (1978), pp. 43 – 52; Harry Levin, "Mot if", *Dictionary of the History of Ideas*: *Studies of Selected Pivotal Ideas*, ed. Philip P. Wiener (New York: Scribner's, 1973), 3, pp. 235 – 244。

② Adam Parry, ed. *The Making of Homeric Verse*: *The Collected Papers of Milman Parry* (Oxford: Clarendon Press, 1971), p. 272. Milman Parry 为有效的研究提供了最初的平台，随后他的学生 Albert Lord 进一步发展了有关研究，并运用多种语言的文学中。见，John Miles Foley, *Oral-Formula Theory and Research*: *An Introduction and Annotated Bibliography*. Garland Folklore Bibliographies No. 6 (New York: Garland, 1985); idem, ed. *Oral-Formulaic Theory*: *A Folklore Case Book* (New York: Garland, 1990)。

些也正是当前学者所试图解析的。

# 当前建设性的批评

作为一个文献索引工具和一个比较主题研究中的工具性术语，"母题"仍在发挥着有意义的作用，尽管存在之前的批评。这个概念的韧性和复兴的确令人惊讶。虽然有过一段时期对部分关键术语的尖刻批评，但是，"母题"又重新成为学术兴趣焦点。仅从近期的学术出版物中（尽管不是以时间顺序）就可以看出，对里程碑式的《母题索引》的研究有三个明显的方向：形而上的、语义—诗性的，以及形式—语法的。

对《母题索引》的"形而上的"阐释可能与汤普森自己的看法不一致。他是从经验性和目标导向角度来看自己的著作的，尽可能远离任何哲学原则和形而上思想。[①] 而正是因为与汤普森的思想不一致，史莱姆对《母题索引》试图进行形而上学的阐释才有启发性。史莱姆将《母题索引》视为一种宇宙观，以此提供了对宇宙万物的"完整的数字化或系列区分"。[②] 但是，因为这些都是无止境的，作为一位优秀的科学家和宇宙论学者，汤普森提供了解释整个宇宙的谋略。"在一个层面，母题宣称其自身的完整性，具体表现在其以罗马字母开头和结尾，利用了一个广为人知的知识体系；但是，如同字母系统之力量——利用有限的字母系列表达无限的音声，《母题索引》永远锁定了通过（理论上无限的）数字进位进一步发展母题的可能性，例如，T541.2.1.1 '生下来手（脚）上有刺的孩子'，其中'脚'现在是在括号里，但这有可能成为世界上独一无二的事。"[③] 这正是史莱姆所说的汤普森的母题世界中的形而上学化。在此，似乎有必要将这个对民俗学家有启发意义的概念重构问题留给宇宙

---

① 汤普森曾经在一次少有的沉思心态中惊叹他自己的著作以及民俗在人类文明中的价值。当时的地点、想法，以及他的年龄无疑影响了他的那种心态和思想，见其论文，"The Challenge of Folklore", *PMU* 79 (1964), pp. 357 –365。

② Gregory Schrempp, *Magical Arrows: The Maori, the Greeks, and the Folklore of the Universe* (Madison, WI: University of Wisconsin-Press, 1992), p. xvi.

③ Ibid..

论者去进一步讨论。

对母题概念的"语义—诗性"再阐释绝不是针对汤普森的《母题索引》,而是利用了俄国形式主义及其前辈们所用的这个术语。托里切尔在其若干篇论文中详细论述了语义上的母题理论,并在其有关西方诗学的书中简单提到过。① 但是,《母题索引》与民俗学所使用的母题术语其实根本没有进入托里切尔的理论思考,而这一点在汤普森的实际操作中则难以彻底隔开。

托里切尔的出发点在普遍意义上是俄国形式主义诗学,在具体意义上是妥马谢夫斯基的文学理论,② 并对此以普洛普的形态论方法③和冯怀特(G. H. von Wright)的行为理论④进行了检验。妥马谢夫斯基将母题界定为"一件作品不可缩减的部分的主题;事实上,每个句子都有其各自的母题"⑤。遵循这个原则,托里切尔视母题为"叙事的基础语义单元"⑥。这个定义与汤普森的"最小化"概念有共同之处,但是,这样的母题概念不但没有包含贯穿传统的思想,也没有涵盖非凡性思想。他认为母题是叙事形态学中的变量元素,以普洛普的模式来看,是构成民间故事形态的不可变功能的特例。

现代俄国民俗学家在追随和模仿普洛普的形态分析研究中提出,有必要"回归到母题研究,借鉴结构分析的成果,并认为母题依主题的分

---

① Lubomír Doležel, "From Motifemes to Motifs", *Poetics* 4 (1972), pp. 55 – 90; idem, "Narrative Semantics", *PTL: A Journal of Descriptive Poetics and Theory of Literature* 1 (1976), pp. 129 – 152, esp. pp. 132 – 41; idem, "Narrative Semantics and Motif Theory", *Essays in Poetics* 3, i (1978), pp. 47 – 56; idem, *Occidental Poetics: Tradition and Progress* (Lincoln, NE: University of Nebraska Press, 1990), pp. 144 – 146.

② Boris V. Tomashevsky, Teoriya *Literatury* (Leningrad, 1928); idem, Theorie *der* Literatur *Poetik*, trans. Klaus-Dieter Seeman (Wiesbaden: Harrassowitz, 1985). 其中的英文翻译部分见 "Thematics," *Russian Formalist Criticism: Four Essays*, eds. and trans. Lee T. Leman and Marion S. Reis (Lincoln, NE: University of Nebraska Press, 1965), pp. 61 – 95。

③ *Morphology of the Folktale*, 2nd edition, trans. Laurence Scott and Louis A. Wagner, with introductions by Svatava Pirkova-Jakobson and Alan Dundes (Austin , TX: University of Texas Press, 1968).

④ *Norm and Action: A Logical Inquiry* (London: Routledge and Kegan Paul, 1963); idem, *An Essay in Deontic Logic and the General Theory of Action* (Amsterdam: North Holland, 1968).

⑤ "Thematics," p. 67.

⑥ "Narrative Semantics", p. 132; 也见 "Narrative Semantics and Motif Theory", p. 47.

布结构是根据句法链接程式的结构而形成的。如果这个程式本身体现了故事的合成，那么母题就是分析的核心单元"①。托里切尔将这些单元分为三个类别："状态"；"事件"；"行为"。尽管在做这样的类别区分时托里切尔吸收了冯怀特的行为理论，但这些与汤普森的母题分布结构论（行动者母题；背景行动母题；事件母题）无疑有着相似性。虽然类别不同，但其共同的发展标准都是行为及其实践者。

　　基于上述三个类别，托里切尔做出四种区分：（a）"描述性母题"：叙述静态的实物或条件；（b）"自然事件母题"：讲述因个体使用实物而带来的变化；（c）"行为母题"和"心理/精神状态事件母题"：描述个体通过行为或意愿有意图并有能力给实物或自己带来变化；（d）"互动性母题"：涉及一个以上的行为实践者之间的互动。② 托里切尔试图以自己的母题理论，探索维系微观层面语义分析的结构分析的可能性。他的论文标题《从母题素到母题》，有意区别于邓迪斯的论文《民间故事研究中从客位到主位单元的转换》。他的母题没有宽泛的历史主题范围，而对民俗和文学的比较分析则包括这些范畴。这些母题是一个特定叙事文本的话语中最小的单元，而无论它们与文学历史或主题在不同文化或国家的分布关系如何。

　　尽管托里切尔的母题理论没有观照汤普森的《母题索引》，但是一群几乎没有共同看法的法国叙事学研究者，却共同转向了普洛普的方法，试图从中寻找到能使他们将母题建立在坚实的理论基础之上的一致体系——其实，汤普森不认为有这样的体系，并将《母题索引》置于"形式语法"的原则上来分析。在对《母题索引》的修改建议中，他们关注的是母题的程式、分类以及再现问题。

　　即使对《母题索引》进行简单审视便可以发现，汤普森其实没有自始至终地遵循一个原则来对待他在不同传统中发现的母题的言语构成程式。布雷蒙发现了其中主要错误之一，即（如生物学的）"萎缩"（hypo-

---

　　① E. Meletinsky, S. Nekludov, E. Novik, and D. Segal, "Problems of the Structural Analysis of Fairytales", *Soviet Structural Folkloristics*, ed. P. Maranda（The Hague：Mouton, 1974）, p. 91.

　　② "Narrative Semantics and Motif Theory", pp. 50 – 53. 他用了几个具有不同定义的术语，反映了他的理论形成过程中的几个不同阶段。

trophy)与"肥大"（hypertrophy）的对比倾向。前者涉及动词的省略
——而这是"母题的核心"，①只提到主体或多个主体及其特征。后者指
母题在形成程式中"将可以分别列出的几个叙事命题综合在一起"。②布
雷蒙本人试图对此问题从母题分类及其结构组织方面找到答案。与其相
反，麦利丁斯基和库尔德分别提出构建母题形成程式的准确句法模式。
麦利丁斯基提出以"行为者—谓语动词—宾语"的程式构建母题，并选
择性地常常加入"事物"和"起源"元素。"上帝创造了（天堂之）地
球上的人类"这句话可以是对母题程式的一个注释。③库尔德以不同的表
述提出，以"主语—功能（谓语）—宾语"这一句法串联来构建母题，
如同汤普森的母题 B11.6.2，"龙护卫财宝"的结构。在此类别中，每个
细分的母题可能涉及母题的三个语法部分的任何变异，替换不同的主语、
功能或宾语。④

麦利丁斯基和库尔德提出以与言语母题程式保持一致的方式重构
《母题索引》，而布雷蒙则提出重归普洛普的框架来构建母题分类。普洛
普的 31 个功能可以用来做核心类别，或每章的标题，母题便是各个具体
案例的变量元素，以其特定文本的承启关系表现出来。

母题的形成程式和分类问题依赖于更本质的再现问题：母题代表的
是什么？或者用汤普森的话来说，"最难回答的问题是'母题是什么'。"
库尔德支持伯特兰和温森西尼的看法，即母题是文化单元，而不仅仅
是叙事单元。⑤以叙事为基础的程式构成和分类为其概念本身设置了局
限。因此，为了构建其较完整的意义，对这些单元的阐释以及随后的构

---

① Claude Bremond, "A Critique of the motif", *French Literary Theory Today*, ed. Tzvetan Todorov (Cambridge: Cambridge University Press, 1982), p. 132.

② Ibid. .

③ Eléazar Meletinski, "Principes semantiques d'un nouvel index des motifs et des sujets", *Chahiers de Litterature Orate* 2 (1977), pp. 18 – 24.

④ Joseph Courtés, "Le motif selon S. Thompson", *Le Bulletin du Group de Recherches semio-linguistiques* (*EHESS*) 16 (1980), pp. 3 – 14.

⑤ Denis Bertrand and Jean-Jacques Vincensini, "La vegeance est une plat qui se mangue cuit", *Le Bulletin du Group de Recherches semio-linguistiques* (*HESS*), 16 (1980), pp. 30 – 44; Joseph Courtes, "Le motif, unite narrative et/ou culturelle?" ibid. , pp. 44 – 54; idem, *Le conte populaire: poetique et mythologie* (Paris: Presses Universitaires de France, 1986) .

建应该涉及整个社会背景，及其在神话和文化中的意义。换言之，他们提出，母题在叙事中的重复出现只是其文化背景之一，因此不是其分析、分类和言语程式构成的唯一基础。

# 母题还是象征符号？

对《母题索引》的形而上、语义—诗性，以及形式—语法派的批评和再评估关注到一些重要的问题，也包括了对《母题索引》进行理论和实践意义上的可能修订具有重大意义的建议。但是，他们回避了有关母题现实的最根本的问题。其实，最难回答的问题不是汤普森所提出的"母题是什么？"因为，即使可以做出一个逻辑完整而一致的定义，还有必要追问，民俗、文化和神话中有母题吗？蒂姆里奇坚持认为母题"是基于综合判断"的概念。① 将它们从叙事或文化中划分出来是基于来自外部视角的比较观察。因此，母题是其凝视者眼中的单元。对此概念的不一致、不同类别中的重复主题，及其"萎缩"与"肥大"的形成程式，都是主观认知和评估的言语表述。

尽管衡量这个问题存在主观性，但还是有必要解释主题在不同文化、社会和历史阶段中持续与重复出现的意义。毕竟，面对世界上诸多民俗与文学，观察者看到的不只是一个海市蜃楼。汤普森所编制的母题分类体系以及蒂姆里奇所概括的文学体系②中的主题，的确存在于各种口头和文学言语表达之中。那么，怎样才可能将这些主题上的相似之处联系起来，且不忽略其在世界各文化中的意义，同时又观照到它们的可比性？

在寻求解决由观察的主观性所造成的两难问题时，似乎有必要重温这个事实，即，母题概念是根植于音乐批评和视觉艺术评估的。在乐曲中的副歌和反复出现的旋律乐句，以及在绘画中的图案与模式，都是有

---

① Horst S. Daemmrich, "Themes and Motifs in Literature: Approaches-Trends-Definition", *The German Quarterly* 58 (1985), p. 566.

② Horst S. and Ingrid Daemmrich, *Themes and Motifs in Western Literature: A Handbook* (Tübingen: Francke, 1987).

着深层的文化和个人根基的感情、思想，以及主题的表面再现。将这个术语借喻性地运用到言语艺术上也无疑将其限定在言语的表面表达上了。但是，这样的言语表面表达只提供了对主题和思想的言语再现，而这样的主题与思想有着特定文化的象征价值。因此，对某文化中的成员来说，不是构建的母题，而是实际上的象征符号才是主题性言语交流的基本单元。维克特·特纳的有关象征是仪式分析的基本单元，及其象征是"仪式行为最小单元，一个仪式语境中的特定结构中的终极单元"的观点，[①]可以扩延到整个文化，或者借用他的著作标题，延用于民俗的森林。

从母题到象征符号的转换涉及的不只是术语的替换，而是学术追求的一个更复杂的综合转变。首先，这个转变可以用来回答本文题目中所质疑的问题：民俗中没有母题，有的是象征符号。这些象征符号是在用词语、画面、音声和姿态进行交际时的基本元素。其次，这个转变为理解文化持续和重复的原则——也是导致汤普森的母题界定的原则，提供了一个解释。这些出现在世界各文化的口头故事中的主题、比喻、意象、人物、行动，以及事件对其使用者来说是有意义的，因此，他们在叙事、仪式和娱乐中重复使用。再次，从母题到象征符号的转变可以提供一个基本方法上的改变。《母题索引》中的母题缺少在叙事语境及其文化两方面的阐释力，这不是因为这些母题不妥当、界定不对、不逻辑，或者形成程式不清楚，而是因为它们完全是人为构建的，不是从实践中被发现的单元。作为文化中的基本构成部分，象征符号提供了阐释的基础，其意义在于去发现。从皮尔斯（Charles S. Peirce）的哲学观来看，象征符号是由定义来阐释的，且正是从阐释中它们才发展出其在文化中的作用地位与意义。

毕纳姆曾试图构建过母题与象征符号之间的关系。但是，不同于本文所提出的命题，他则坚持认为这是两个各具特色的概念。他提出，通过阐释，有些母题可以成为象征符号。他写道："作为象征符号，许多在寓言中发现的母题大量地用在叙事之外，例如，在宗教仪式中，或是装饰艺术上，其中，母题的象征功能的确部分地发挥着简洁或压缩的指代

---

① Victor Turner, *The Forest of Symbols*: *Aspects of* Ndembu *Ritual* (NY: Cornell University Press, 1967), p. 19.

其所出现的故事模式的作用。以此方式，有些叙事母题在寓言之外的其他文化进程中获得一定的独立性，由此而形成寓言与其他推理方式之间的重要联系。"① 但是，他认为"将口头寓言中的'母题'与诸如仪式等其他语境中的'象征符号'相提并论的学术态度是无法接受的"。甚至觉得"当母题与象征符号同时出现在完全相同的意境中时是无法接受的，尽管常有这样情况。一个象征符号，从本质上说，是一个完美妥当的意义传递者，每当在启用其象征意义的使用者之间被交流时，都有其独特性。但是，一个叙事母题本身没有任何意义，在离开其所归属的故事模式中的其他母题后，'甚至无法被识别'"②。毕纳姆坚持认为在一个叙事或其他文化承启关系中母题与象征符号各具特色，而我认为，这两个概念属于两个不同的范畴。

主题与借喻的象征性价值与母题价值之间的差异需要用事例来说明。对此，我想列举来自两个不同文化的例子。有关人转变成其他生命形式的母题有很多，也很详细。D100 – D199 一章中有："转变：人到动物"；D130 "转变：人到驯化野兽（哺乳动物）"；D150 "转变：人到鸟"；D170 "转变：人到鱼"；D180 "转变：人到虫"；D190 "转变：人到爬行动物和混杂类动物"。其中每个泛指的类别都列出许多相应的物种和动物，表明在不同文化中存在的人类转变的叙事总信息库。

理论上说，在《母题索引》中的这个部分有可能将动物世界的所有动物列举出来，但事实并非如此。首先，是对动物的环境选择，尽管生态学并未对动物做出最严格的界定。对某些人的叙事性、宗教性和政治性比喻包括对人转变成动物的描述，而那些动物是他们通过传统或宗教文本所熟悉的。因此，如汤普森所暗示的，D112.1 "转变：人到狮子"出现在没有狮子的爱尔兰和冰岛神话中。其次，除了在选择这些动物时对生态因素的考虑外，也存在一个象征性因素。人们常常讲述，并相信这种转变，认为这是获得超人力量的方法。因此，人们讲有关人类转变成这些具有超人力量的生灵的故事，这与他们的信仰体系是一致的。那

---

① David E. Bynum, *The Daemon in the Wood: A Study of Oral Narrative Patterns.* (Cambridge, MA: The Center for the Study of Oral Literature, Harvard University, 1978), p. 80.

② Ibid. .

种力量不一定是身体上的，而是象征性的。在尼日利亚南部的埃多人的故事中，最流行的是人转变成鸟（D150），因为，根据埃多人的信仰体系，鸟是巫师转变过来的。在该文化中，占卜者是最可能获得巫术转变的人，但他们并不是把自己转变成最身强体壮的动物，如大象（eni），而是变成灵猫（edi）。同时，在埃多人的文化中，人们从不把自己转变成机灵鬼式的动物，如乌龟（egui），也不转变成服从于人的家养动物。事实上，转变成弱小动物，甚至是蜥蜴和昆虫，这可能是对违背伦理规范行为的象征性惩罚。这种转变不代表人的巫术能力，而是一种伦理神灵的规则。不道德的人在来世转变成动物。[①] 转变是一个社会及其叙事中具有象征价值的行为，因此，对这种转变必须进行阐释，而其本身不能作为任何种类的最小单元。

在有文字的社会中，象征性事件或实物可能成为口头与书面叙事之间，以及不同历史阶段的故事之间的主题互动的一部分。一个突出的例子是鞋的象征意义：出现在犹太预言和忠烈传说中的意象，甚至后来也出现在基督教有关流浪犹太人的故事中。有关二世纪被罗马人处死的十个拉比的"米德拉"（阐释）式故事，已成为犹太仪式中关键的烈士殉教叙事：

> 当神圣的天主创造树时，树都长得很可怕，因为都太高了，并且还越长越高。但是当神圣的天主创造铁时，树都谦虚得长矮了，并说："万能万福的天主啊，创造了可以砍断我们的工具。"
>
> 同样，当神庙被毁坏后，那一代人中高傲的成员炫耀说，"看看，神庙被毁坏后是什么样子！我们中还有圣贤长老，他们可以教导世界去学习法律和遵循十诫。"
>
> 于是，神圣的天主使罗马皇帝直接从圣贤长老那里学习《摩西律法》。罗马皇帝先学《创世记》，一直学到《出埃及记》，其中的开头话是，"你在百姓面前所要立的典章是这样"（《出埃及记》21：

---

① Dan Ben-Amos, "Animals in Edo Visual and Verbal Arts", *Word and Image* 3 (1987), pp. 296 – 303; idem, "The Animals in Edo Tales", 1988 年在波士顿的美国民俗学会年会上宣读的论文。

1）。当他看到"拐带人口，或是把人卖了，或是留在他手下，必要把他治死"（《出埃及记》21：16）时，他马上命令他的皇宫都放满鞋，并向以色列的十个最重要的圣贤布道。【另一个版本："皇帝把房子的墙上都挂满了鞋。然后请来西蒙·本·加玛利尔拉比和向他挑战的人，并说，'如果一个人绑架了以色列的孩子，并把他卖掉，有什么法律来对付这个人？'他们回答道，'他该被处死'。皇帝说，'如果这样，你们都该被处死。准备接受来自天堂的判决吧'。他们问皇帝，'有什么根据？'皇帝回答，'因为约瑟的兄弟把他卖掉了，如经文所写，"然后他们把约瑟卖掉了"（《创世记》37：28），而且还写道，"因为他们为了银子卖掉了有道德的人，为了一双鞋卖掉了穷人"（《阿摩西》2：6）。正是因为这个原因，邪恶的人把墙上挂满鞋：为了让圣贤们认识到约瑟的兄弟为了什么而把约瑟卖掉，如经文所写，'一双鞋'，也就是说，'为了一双鞋的钱'。"】①

翻译了这个"米德拉"故事的斯坦恩（D. Stern）指出，"尽管《创世记》37：28只是提到约瑟被卖给以实玛利人（Ishmaelites），卖了二十舍客勒银子，但是用钱买鞋的这个传说却是古老的，印证了巴勒斯坦的阿拉姆语译本《圣经》是来自以色列的《妥拉》，而《创世记》37：28，以及《西布伦》4中的《十二族长遗训》，明显基于《阿摩司》2：6，还可能是《阿摩司》8：6，里面都有约瑟的故事"②。鞋及其价钱成为一系列叙事段落中的核心象征意象，将卖掉一个人、坚守忠贞，以及殉道烈士与神圣惩罚联系到一起。中世纪的有关流浪的犹太人的传说又重新出

---

① "Midrash Eleh Ezkerah, or The Legend of the Ten Martyrs," in *Rabbinic Fantasies*: *Imaginative Narratives from Classical Hebrew Literature*, eds. David Stern and Mark Jay Mirsky（Philadelphia: The Jewish Publication Society, 1990）, p. 147, and note 1, p. 161. 有关这个传说的其他译本，见 Micha Joseph bin Gorion, *Mimekor Yisrael*: *Classical Jewish Folktales*. 简编和注释版（Bloomington: Indiana University Press, 1990）, pp. 156 – 162. 包括进一步参考书目。Hayim Nahman Bialik and Yehoshua Hana Ravnitzky, eds. *The Book of Legends*: *Sefer Ha-Aggada*: *Legends from the Talmud and Midrash*, trans. William G. Braude（New York: Schoken Books, 1992）, pp. 238 – 242。

② *Rabbinical Fantasies*, op. cit. p. 161.

现了同样的象征范式。① 从母题 Q502.2 中析出的"流浪艰难的铁鞋被磨破了"可以提供一个参考文献切入点,但没有表达出鞋,不论其多么不重要,在叙事情节中所具有的象征复杂性。

尽管在全世界的民间传统中所出现的是象征符号,而不是母题,但母题的概念仍然对民俗学研究有一定目的性作用——作为文献参考的检索点。如果《母题索引》是像汤普森所说的那样是一部字典,那也只是基于他自己构建的单元的字典,是一部发明出的词条的字典,其分类也是他发明出的,目的是储存和查找文献信息。对特定文化和传统中的主题及其象征价值的阐释,都需要对所使用语言、叙事的语境,以及表演的仪式进行深入研究。如同一种语言中的词汇,其单元应该由故事讲述人或歌谣的演唱者来辨认,他们可以辨认出可重复的主题、人物、行为和比喻。一旦成为其恰当的承启关系中的文化象征符号,这些单元便可以被分析、比较,以及描述。

---

① George K. Anderson, *The Legend of the Wandering Jew* (Providence, RI: Brown University Press, 1965); Joseph Gaer, *The Legend of the Wandering Jew* (New York: Mentor Books, 1961); Galit Hasan-Rokem and Alan Dundes, eds. *The Wandering Jew* (Bloomington, IN: Indiana University Press, 1986).

## 10

# 传统的七股力量：论传统在
# 美国民俗学中的多重意义

【编译者按】本文（"The Seven Strands of *Tradition*：Varieties in Its Meaning in American Folklore Studies"）发表于 1984 年的《民俗研究学刊》（*Journal of Folklore Research*）21（2－3）：97－131. 该期是 1984 年 3 月召开的"文化、传统、认同会议"的专刊。此后，本文受到学界的重视，并已成为民俗学经典文章之一。本文不仅梳理了美国民俗学史上对传统的不同界定，也展示了对世界民俗学史上这一重要概念的解析方法，对理解民俗学中"传统"的意义有着理论和方法上的重要意义。

## 引　言

在美国的民俗研究中，"传统"（tradition）一直是个用来思考，而不是被思考的术语。几乎没有人去界定它，但是许多人以此来界定"民俗"本身，将其作为点缀的形容词和副词。流行传统、民间传统、口头传统，或者干脆以其复数形式来描述民俗；其类型是"传统的"，并被"传统地"传承下来。① 传统，特别是口头的，成为民俗的理所当然的正统，而无须再界定其意义。② 在 1945—1946 年有美国民俗学会的"民俗研究委员会"举行的一次普查中，"其中一事很清楚，即使不是明确表述的：即使从其最包容的意义来说（将民俗等同于民间生活 folklife），'民俗'具有传统的或遗留的特质"。③ 对汤普森来说，"传统……［是］检验将被纳入民俗概念的一切的试金石"。④ 同样，布鲁范德毫不含糊地说，"研究美国民间手工艺品的关键也是研究所有民俗的关键，就是'传统'"，⑤而将传统的意义视为理所当然。

由此看来，"传统"并不违背自身定义，也干脆就不需要定义了。其意思似乎是明朗而无须澄清；直白而无须解释。它的拉丁文词根（tradere）意思是，"给予、传给、传递"，其意思还保留在名词"传统"中，这让任何进一步的解释显得多余。"传统"一词常常是饱含明确的情感，⑥但却有多个含糊的定义，不但一直用于民俗学研究，而且也普遍地用于人文和社会科学研究之中。当爱德华·希尔斯探讨传统现象时，他发现

---

① 本文的初稿曾在会议上宣读过，许多参会者都做了评议，我感谢他们每个人，但特别感谢琳达·戴戈（Linda Dégh）建议了本文的题目，阿兰·邓迪斯（Alan Dundes）提供了许多参考书目。见 "Folklore," in *Funk & Wagnalls Standard Dictionary of Folklore*, *Mythology and Legend*, ed. Maria Leach and Jerome Fried（New York：Funk & Wagnalls, 1949），I, 398 – 403. 在有关民俗的 21 个定义中，只有 6 个没有用统一词，而他们都是人类学家。这与人类学长期以来对文化的态度有关，见 Marcel Rioux, "Folk and Folklore", *Journal of American Folklore* 63（1950）：192 – 98. 但是，人类学家的确在使用传统一词，并的确与民俗有关，但不是在定义的时候用的，见 Martha Warren Beckwith, *Folklore in America*：*Its Scope and Method*（Poughkeepsie, N. Y.：The Folklore Foundation, Vassar College, 1931），pp. 2 – 6, 12, 41 – 44。

② 参见 Francis Lee Utley, "Folk Literature：An Operational Definition," *Journal of American Folklore* 74（1961）：193 – 206；reprinted in *The Study of Folklore*, ed. Alan Dundes（Englewood Cliffs, N. J.：Prentice-Hall, 1965），pp. 7 – 24；劳里·航柯（Lauri Honko）有关传统地位的评价对此问题较合适。他在第二十二届北欧民族学与民俗学者大会上说："首先，这是有关传统之概念本身的问题。大会关注的是'传统的研究'，但是，难解的是，还没有人关注到底'什么是传统'这个问题"［"On the Analytical Value ofthe Concept of Tradition," *Studia Fennica* 27（1983）：223］。

③ A. H. Gayton, "Plan of Work and Summary of Reports," *Journal of American Folklore* 60（1947）：351.

④ Stith Thompson, "Folklore at Midcentury", *Midwest Folklore* I（1951）：Ⅱ.

⑤ Jan Harold Brunvand, *The Study of American Folklore*：*An Introduction*（New York：Norton, 1968），p. 274. 十年后的第二版（p. 308）保留了同样的说法。

⑥ 参见 Anya Peterson Royce, *Ethnic Identity*：*Strategies of Diversity*（Bloomington：Indiana University Press, 1982），pp. 28, 147。

有许多著作是专门关于特定文化、宗教、艺术，甚至是学术传统的，但是，"没有一本书是努力挖掘传统的共同根据和要素的，也没有一本是分析传统在人类生活中造成了什么差异"。① 那些标准的参考书也回避了这个主题。《不列颠百科全书》、②《美利坚百科全书》、《国际社会科学百科全书》、《哲学百科全书》以及《思想史词典》都没有"传统"这一词条，也没有在索引中提到。即使是民俗学界自己的《冯-瓦氏标准民俗神话传说词典》也没有单独的"传统"词条。只有两处参考注意到"传统"，视其为特色的学术概念：《欧洲地区民族与民俗国际词典》（第一卷：民族学基本概念）和《宗教与伦理百科全书》，而后者是将"传统"置于基督教背景下来探讨的。

　　然而，缺失并不是一种忽视。当语义模糊时，多种定义应运而生。由于不重视而导致的问题，反倒自相矛盾地反映了"传统"在学术界话语中的健康地位。在民俗研究中，"传统"成为研究的一个动因，同时又成为一个科研的课题。它一直是分析文本、文化和社会的不可缺少的基本理论概念。试图拯救各种各样的传统的冲动从民俗学形成初期就激励着民俗学者去研究。无论这样的激情是民族主义的、浪漫主义的、文学的，还是历史的，人类所遗留下的习俗、歌谣和故事足以激发民俗学者的探索。这些探究常常是分析的重点考虑：如何再现过去的意义、用途和关联成为主要的研究目标。由此，任何对遗留物的解释都将"传统"置于民俗学诸多理论的核心。不仅如此，不同于社会学，③ 民俗学从未思考用"现代"取代"传统"。借用一部书名，传统社会的消失，④ 对民俗学者来说都是不可思议的术语，因此，传统在现代生活中的持续从来也不是个谜。

---

① Edward Shils, *Tradition* (Chicago：The University of Chicago Press, 1981), p. vii.

② 目前各个版本都没有传统这个条目，令人惊讶的是，第十一版也没有。相反，翻译的第三版的 *Great Soviet Encyclopedia* (New York：Macmillan, 1977), XXVI, p. 283, 则包含传统这个条目，提到这些人的著作：Marx, Engels, and Lenin。

③ 例如, S. N. Eisenstadt, "Some Observations on the Dynamics of Traditions," *Comparative Studies in Society and History* 11 (1969)：451 - 475；idem, "Post-Traditional Societies and the Continuity and Reconstruction of Tradition," Daedalus 102：I (Winter, 1973)：1 - 28；idem, *Tradition*, *Change*, *and Modernity* (New York：John Wiley, 1973)。

④ Daniel Lerner, *The Passing of Traditional Society*：*Modernizing the Middle East* (Glencoe, Ill. : The Free Press, 1958) .

然而，正如"传统"在我们学科的根深蒂固，其清晰度一直心知肚明，而无言表。它的多重的，有时是冲突的意义给自身带来伤害，且不仅仅是在民俗学中。斯坦利·海曼在评述艾略特的作品时指出，"传统"一词是艾略特创作中的关键词，他所使用的这个词的意思在"变化且复杂"。有时，艾略特所用的"传统"只是意味着"好"，而有时则"干脆是以比喻的手法告诉一个作家不要'太新潮'。其实，艾略特的'传统'是个实用概念，并常常强调传统的'运用'"。①

在民俗学中，"传统"甚至更多变和复杂。查尔斯·西格曾指出它在现代学术界的错综复杂。他注意到，在美国民俗学研究著述中，对"传统"的使用可能归纳出三种不同的意义："1）继承下来的物质'积累'；2）此后的继承、开发以及传承的'过程'；3）运用的'方法'。"② 对西格来说，这样的意义多重性"并非是不同寻常的语义复杂，只要我们坚持在民间音乐这个领域，它就不会让我们过分困惑"。③

但是，在1982年于芬兰召开的第22届北欧民族学民俗学大会上，参会者寻求确立一些适用于分析的"传统"概念，为民俗学的讨论注入生机和确定保证。他们如此做了表述，如霍尔波克精彩的概括所示，"传统"是往后代传递的过程，被传递下来的物质，人民所归属于主体的具有过程或是物质内涵（依说话者的观点而定的积极或消极）的特质。④ 但是，这样非正式的自我反思式讨论缺少所需要的准确性。如果"讨论的目的完全就是弄清楚如何用传统这个概念"，⑤ 那么，与会者表现出受到这些思想交流的启发，但又遗憾缺少结论。当然，不可能将局内人观点和分析需求、稳定性和变化、学术讨论与大众运用、过去和现在投影到未来，完整地综合概括到一个术语中，毕竟传统已经有了它自己的历史。

不足为奇，从民俗学最早出现那时起，"传统"就一直困扰着试图界

① Stanley Edgar Hyman, "T. S. Eliot and Tradition in Criticism", in *The Armed Vision: A Study in the Methods of Modern Literary Criticism* (New York: Vintage Books, 1955), pp. 54 – 55.

② Charles Seeger, "Oral Tradition in Music", in *Funk & Wagnalls Standard Dictionary of Folklore*, Ⅱ, 826. 感谢 Lucy Long 提醒我注意这个参考文献。

③ Ibid. .

④ "On the Analytical Value of the Concept of Tradition", *Studia Fennica* 27 (1983): 240.

⑤ Ibid, p. 244.

定它的民俗学者。早在 1885 年，艾德文·哈特兰德，英国民俗学"伟大的团队"① 成员之一，就在他的使用中流露出这个词的内在的矛盾。他认为，"传统总是被不断创新的，在我们的乡下任何地方发现的传统的现代根源其实与古代的传统起源是同样的"。② "新传统"一词在表述上是矛盾的，但其实是可接受的语言学意义上的自相矛盾，可令人惊奇的是，它总是出现在具有勇敢的理论创新味道的民俗学著作中。在哈特兰德说过那些话后的九十年，道尔逊直接引用了他，并提出，在面对现代世界发展中，"'传统'需要重新评估，因为传统在不断地更新"。③

哈特兰德提出他的观点时，民俗学正处在成型期，他在探索适当的定义，不但给"传统"一词，也在给"民俗"本身。1891 年，他写道：

> 传统指思想和实践、信仰和习俗、仪式、故事、歌曲、舞蹈，以及其他娱乐活动、哲学与上层建筑等的总和，以口头形式和从远古流传下来的方式表达：一概而言之，传统是文明人的所有心理现象总和。每个民族有其自己的"传统"，自己的"民俗"，包括其智力创造中正在慢慢消失的一部分或全部，因是否有文字而有所不同。④

受到 19 世纪的"进步"⑤ 和"文化进化"⑥ 思想的影响，哈特兰德将"传统"从过去的时间内涵转化到社会维度，将其置于社会和文化的

---

① Richard M. Dorson, "The Great Team of English Folklorists", *Journal of American Folklore* 64 (1951): 1 – 10; idem, *The British Folklorists: A History* (Chicago: The University of Chicago Press, 1968), pp. 239 – 248.

② E. Sidney Hartland, "The Science of Folk Lore", *The FolkLore Journal* 3: 2 (1885): 120.

③ Richard M. Dorson, "Folklore in the Modern World", in *Folklore in the Modern World*, ed. Richard M. Dorson (The Hague: Mouton, 1978), p. 23.

④ *The Science of Fairy Tales: An Inquiry into Fairy Mythology* (London: Walter Scott, 1891), p. 34.

⑤ J. B. Bury, *The Idea of Progress: An Inquiry into its Origin and Growth* (1932; New York: Dover, 1955); Sidney Pollard, *The Idea of Progress: History and Society* (Harmondsworth: Penguin, 1968); Charles Van Doren, *The Idea of Progress* (New York: Praeger, 1967); W. Warren Wager, *Good Tidings: The Belief in Progress from Darwin to Marcuse* (Bloomington: Indiana University Press, 1972).

⑥ J. W. Burrow, *Evolution and Society: A Study in Victorian Social Theory* (Cambridge: Cambridge University Press, 1966); Guiseppe Cocchiara, *The History of Folklore in Europe*, trans. John N. McDaniel (Philadelphia: Institute for the Study of Human Issues, 1981), pp. 375 – 446; Dorson, *The British Folklorists*, pp. 187 – 201.

落后的前提下。"传统"不再只是具有时间意思，而是具有了指向早期文化发展阶段的社会这一深层意义。由此，"传统"和"文明"成为对应与文盲与否这一坐标的两个对立面。"传统"用来描述没有文字的社会的文化，文明则特指有文字的社会。如此将过去的时间与社会、文化，以及经济落后的联系，成为整个民俗学界，也包括其他学科，最盛行的传统的概念。①

进入 20 世纪时，哈特兰德进一步修缮了他的传统的概念，将其分别置于新兴的民俗学与人类学的背景下来剖析。对他来说，"作为科学的目标的传统意味着未受过教育的人的俗识的全部"。② 那些"未受过教育的人"主要是那些"野蛮人"，如"澳大利亚的黑肤色的人和北美洲的红肤色印第安人"。③ 为了比较，哈特兰德随时可将"野蛮民族变为文明欧洲的农民阶级"，④ 而从文明欧洲，他发现"完全一样的思维状况……与那些只要是没有受过近一百年来欧洲现代教育和工商业革命触及的地方"。⑤ 他以文化进化的前提来阐释这个现象："人类头脑，在欧洲和美洲，非洲和南海，都以同样的方式运作，依据相同的规则。而研究'传统'的科学是去发现这些规则，方法是通过检验他们的创造物、习俗和信仰，以及一代代传下来的故事和迷信。"⑥ 从哈特兰德的角度看，民俗学明显不同于人类学，但又是其一部分：

> 民俗学所涉及的人类学的那部分是人类文化的智力和精神层面。现在已经很显然，多数文明的民族都是逐步从野蛮状态向上发展起

---

① 例如，W. Edson Richmond 在描述民俗理论在最近的变化时，暗示了对此前的观点和方法的批评，说道："民俗学家不再局限于那些口头的东西，不再只考虑落后的阶层或是较进步的国家中的受教育少的人了。" *Introduction*, *Handbook of American Folklore*, ed. Richard M. Dorson (Bloomington: Indiana University Press, 1983), p. xii; S. N. Eisenstadt, "Some Observations on the Dynamics of Traditions", above, fn. 9。

② Edwin Sidney Hartland, *Folklore: What Is It and What Is the Good of It* (1899; London: David Nutt, 1904), pp. 10 – 11; reprinted in *Peasant Customs and Savage Myths: Selections from the British Folklorists*, ed. Richard M. Dorson (Chicago: The Chicago University Press, 1968), I, 233.

③ Hartland, p. 11; reprinted in Dorson, p. 233.

④ Hartland, p. 11; in Dorson, p. 234.

⑤ Hartland, p. 11.

⑥ Ibid. .

来的。野蛮人不会读也不会写；但会想办法搜集和储藏相当多的有关某些方面的知识，并一代代地传承下去，形成特定的社会组织和各种社会实践中的某些不可变的规则。由此而聚合与组合起来的知识、组织和规则储存在记忆里，以口头和各种动作达到交流目的。"传统"这个名词就是指这种储存和交流方式，以及由此储存和交流的一切；而"民俗"则是研究"传统"的科学。①

哈特兰德所用的"传统"展露出的不但是英国与欧洲大陆的民俗传统之间的差异，还有民俗学与19世纪的社会科学的不同。在极大程度上，社会学、人类学，以及政治学保留了"传统"的19世纪的意思，正如在哈特兰德的著述中所反映出来的。他进一步说明道，那些依照"传统"原则运作的社会就是"传统的"。从这层意义来看，"传统"是一种社会文化秩序的表现形式，与其他秩序形式共存。② 这些社会组织之间的关系，特别是传统与现代之间的关系，是那些学科的驱动力。起初，社会科学家将传统与现代置于对立面，可是不久，他们注意到现实情况，改变了观念，转而视其为一个渐变的连续体，从中，两者互补，构成社会和文化现象。③

另外，民俗学家更早地达到了这步认识。事实上，用斯坦利·戴蒙德的话说，民俗学最早的前提没有将传统假设为死的，相反，传统之死

---

① Hartland, pp. 6 – 7; in Dorson, p. 231.

② H. B. Acton, "Tradition and Some Other Forms of Order", *Proceedings of the Aristotelian Society*, n. s. vol. 53 (1953): 1 – 28.

③ 有关这个题目的关键研究是 *The Modernity of Tradition*, by Lloyd I. Rudolph and Susanne H. Rudolph (Chicago: The University of Chicago Press, 1967); 也见 Milton Singer, *When a Great Tradition Modernizes: An Anthropological Approach to Indian Civilization* (New York: Praeger, 1972); Samuel Coleman, "Is There Reason in Tradition?" in Politics and Experience, ed. Preston King and B. C. Parekh (Cambridge: Cambridge University Press, 1968), pp. 239 – 82; J. G. A. Pocock, "Time, Institutions and Action: An Essay of Traditions and their Understanding", in *Politics and Experience*, pp. 209 – 238; Audrey Candie, "The Concept of Tradition", 和 Susanne H. Rudolph, "Beyond Modernity and Tradition: Theoretical and Ideological Aspects of Comparative Social Sciences", in *Tradition and Politics in South Asia*, ed. R. J. Moore (New Delhi: Vikas, 1979), pp. 1 – 31。

是个两难问题。① 民俗学家研究传统，记录叙事与歌曲，对其分类和分析，并进一步努力去维持和复兴他们自己民族的传统。毕竟，这是赫尔德的浪漫目标，他希望通过将他的国家回归到其根本，以便复兴日耳曼民族的伟大，从而经历一次历史循环中的向上阶段。② 结果，欧洲大陆的民俗学家与英国的哈特兰德出现对使用"传统"的不同强调。对欧洲大陆的民俗学家来说，传统主要指他们本国的农民的俗识。如此之差异突出了一个必要问题：不但要剖析"传统"的意义，而且，用劳里·航柯的恰当的文章标题来说，要"在传统研究中研究传统"。③

因为"传统"是民俗研究中的一个关键词，所以，其用途揭示了民俗学理论的历史，展示了对其阐释的多重多样，含义的多层，以及意义的细微差异。"传统"在运用与含义上的变化在不同国家，不同语言，以及不同代人之间都是不一样的。这些差异展示出在特定国家的民俗学学术活动的动力关系，勾勒了其学术传统：民俗学者如何团结在一起探讨特定问题，界定研究目标，协商对研究结果的接受度。④

不同于我们的北欧同人的讨论，本文对"传统"分析只是描述性的，而不是提出必要之路。在此，无意于列举出这个词的正确用法，也不是提出有那个可用。相反，本文目的是对"传统"在美国民俗学研究著作

① Stanley Diamond, "Introduction: Anthropological Traditions: The Participant Observed," in *Anthropology: Ancestors and Heirs*, ed. Stanley Diamond (The Hague: Mouton, 1980), p. 11.

② F. M. Barnard, *Herder's Social and Political Thought: From Enlightenment to Nationalism* (Oxford: Clarendon Press, 1965); Robert Reinhold Ergang, *Herder and the Foundations of German Nationalism* (1931; reprint ed., New York: Octagon Books, 1966).

③ Lauri Honko, "Research Traditions in Tradition Research", *Studia Fennica* 27 (1983): 13 – 22.

④ 目前，有关特定国家的研究有些重要的出版物: Inger M. Boberg, *Folkemindeforskningens Historie Kobenhaven: Einar Munksgaards*, 1953); Richard M. Dorson, *The British Folklorists: A History*; idem, ed., *Folklore Research Around the World: A North American Point of View* (Bloomington: Indiana University Press, 1961); Jouko Hautala, *Finnish Folklore Research* 1828 – 1918 (Helsinki, 1968); Michael Herzfeld, *Ours Once More: Folklore, Ideology, and the Making of Modern Greece* (Austin: University of Texas Press, 1982); Charles Rearick, *Beyond the Enlightenment: Historians and Folklore in Nineteenth-Century France* (Bloomington: Indiana University Press, 1974); Dag Strom back, *Leading Folklorists of the North: Biographical Studies*, (Oslo: Universitetsforlaget, 1971); William A. Wilson, *Folklore and Nationalism in Modern Finland* (Bloomington: Indiana University Press, 1976). 还有相应的人类学著作, *Anthropology: Ancestors and Heirs*, ed. Stanley Diamond。

中所出现的多种用法进行归纳分析。这是自我反省式的探究，将我们常常希望向讲述人、歌手或谚语使用者提出的问题反问我们自己。这是对"传统"的局内人的观点的研究，只是所指涉的群体既不是某个民族，也不是某个部落，而是美国的民俗学者。如果像维特根斯坦所说的那样，"词语的意义存在于对它们的使用之中"，[①] 那么，此类研究应该揭示"传统"在美国民俗学界的意义，或多重意义，并探索其在民俗学话语中所积累的不同内涵意义。

理想地说，这样的探索应该梳理这个术语在修辞和理论语境下的各种不同用法，以便达到厘清主题与意义、历史阶段和研究趋势之间的关系的目的。遗憾地说，本文的分析不是为了这个目的。反之，本文所在的"普查"则更多地具有直觉性、印象性，也自然带有选择性。这样做的确令人遗憾，但别的路径则需要现在无法获得的资源。故此，下文所提出的观点更多的是前提性的，而不是结论性的。本文深知这个方法的缺点，但依照民俗学研究的传统模式，将"传统"辨析出七条语义上的发展路径。显然，它们有重叠和交叉，跨越好几个学术史阶段，也流动于好几种研究趋势之间。每个作者都会使用"传统"的两个或更多的意思，而丝毫意识不到他的不一致性。这不足为奇，而且民俗学家将毫无疑问地继续使用所有不同语义的"传统"一词。他们这样做的历史也是有关民俗的思想史的一部分。

# 作为俗的传统

让我们从威廉·纽威尔在《美国民俗学刊》对民俗学的宣言开始。[②] 在他的文章中，"传统"一词只是偶尔出现几次，而"俗"在他所提出的新成立的学会的四个目标中处于关键位置：

---

① L. Wittgenstein, *Philosophical Investigations*, trans. G. E. M. Anscombe（New York：MacMillan, 1953）, p. 80. Garth Halbett, *Wittgenstein's Definition of Meaning as Use*（New York：Fordham University Press, 1967）.

② William Newell, "On the Field and Work of a Journal of American Folk-Lore", *Journal of American Folk-Lore*, 1（1888）：3 – 7.

1）关注在美国正在迅速消失的"民俗"，即：

　　a）古英语民俗的遗留物（歌谣、故事、迷信、方言，等等）

　　b）南方联盟诸州的黑人的俗

　　c）北美印第安部落的俗（神话、故事等）

　　d）法裔加拿大、墨西哥等地的俗①

当纽威尔使用"传统"一词时，仿佛它是"俗"的明显的同义词。例如，在进一步解释第一个目标时，他写道："至于古英语之俗，早期来定居的，从大不列颠来的殖民地的人们不仅带来了他们母国的'口头传统'，而且对此抱着搬到一个新地方的移民常有的执着。"② 稍后，他对美国民俗学会的运作做了进一步解释："收集美国民俗的第三种——印第安部落传统——普遍被视为达到目标的最有前途和重要的部分。"③ 对他来说，"传统"意味着"包含神话、仪式、宴席、神圣习俗、游戏、歌曲、故事的一个丰富体系，以至于对每一个部落的俗的搜集都能汇成若干卷"。④ 纽威尔和哈特兰德对传统一词的使用是一致的，都处在同一个时代，用同一个语言，只是被大西洋隔开了。他突出地，但不是专门地，将"传统"视为口头文化的社会整体的一部分，并将其用作"俗"的同义词。

七年后，当他谈到民俗研究与民俗学会的关系时，纽威尔特别指出，"民俗一词最初的创造是为了表示受过教育的欧洲人的'传统的'传承"。⑤ 再后来，他陈述有关传统的理论，特指他的《美国儿童的游戏与歌曲》（1883 年），写道：

在某些情况下，很显然是口头传统在几千年里维系了包括大众游戏在内的规则。在一个相对新建的国家所搜集到的东西证明了判

---

① William Newell, "On the Field and Work of a Journal of American Folk-Lore", *Journal of American Folk-Lore*, 1（1888），p. 3.

② Ibid. .

③ Ibid. , p. 5.

④ Ibid. .

⑤ William Newell, "Folk Lore Study and Folk Lore Societies", *Journal of American FolkLore* 8（1895）：231.

断传统的一般理论的价值；似乎这些谣谚并不只是存在于英语世界，而在欧洲其他语言中只有很小的变化；因此，很清楚，口头传统的持续，在有利的环境下，不是不可以与国与国之间的传播，语言与语言之间的翻译相共融的。[①]

这个有关传统的理论从根本上涉及传播、传承以及翻译，因此，当纽威尔使用"俗"概念时，他也在把"传统"作为进程来考虑和使用。

虽然在纽威尔的文章中，"俗"与"传统"随便对换使用，但是，其中有一种习惯倾向，将"传统"与"种族"联系起来，当然在那个时代是指"原始种族"，更具体地指美洲的印第安人。他特别呼吁"搜集本土种族的传统的必要性"，[②] 并讨论"原始种族的口头传统的记录"，[③] 还提出，"这些原始种族的传统与征服者白人的传统的混合，他们的遗留下的仪式——当然会有逐渐的改变，表现出合成的遗留物，从中，广泛的记录和细致的比较能推断出哥伦比亚发现美洲之前的土著人的俗的真实特征"。[④]

但是，纽威尔并没有特别地将传统与其他非欧洲民族相联系。他在后来的文章中提出一系列有关土著和移民群体的问题："他们独特的种族特征是什么？他们独特的思想和传统是什么？德国人、爱尔兰人、法裔加拿大人、波西米亚人、俄罗斯人、爱美尼亚人，以及日本人将所有文明和半文明世界的景观带到了我们家门口。"[⑤]

"俗"与"传统"之间的可交换性使得"俗"的明显特质归属于"传统"。自从威廉·汤姆斯创造的"民—俗"一词以来，"俗"一直被视为那种缓慢但无疑正在消失的知识。在这样的承启关系中，"传统"也

① William Newell, "Folk Lore Study and Folk Lore Societies", *Journal of American FolkLore* 8 (1895), pp. 232 – 233.

② William Newell, "Necessity of Collecting the Traditions of Native Races", *Journal of American Folk Lore* 1 (1888): 162 – 163.

③ Newell, "Folklore Study and Folklore Societies", p. 233.

④ Ibid., p. 235.

⑤ Ibid., p. 238.

获得了处于终极死亡之边缘的特质。与俗一样，传统是过去的知识，偶然生存下来，如果没有得到适当的关注，将会寿终正寝。正是因为这种对"传统"的认知，"活着的传统"才成为有意义的表达法。在纽威尔的文章中，这个表达法指的是美洲印第安部落。他们是"原始"民族，在他们之中依然存活着那些在"已文明化的"欧洲早已消失的传统。因此，他在简述他那时代的学术成果时写道："对祖尼、莫基和纳瓦霍等部落的活着的传统的研究，为我们提供了如此意外的材料，以至于我们可以说，直到今天我们才真正了解了印第安人的心智。"①

具有讽刺意味的是，由考芬于 1968 年编辑出版的一部现代美国的民俗学著作《我们的活着的传统：美国民俗概论》，将这消失的概念又重新激活。② 第一人称复数的所有格——"我们的"，暗示出与第三人称"他们的"的对比：后者完全可以用来指纽威尔所创用的"活着的传统"的传承者，是美洲印第安人，但这些人的传统在这部书中却被彻底排除在外。

19 世纪末，英国学者哈特兰德和美国学者纽威尔都反映出这样一种假设：那些在"已文明化"的世界里勉强生存下来的传统一直，也将继续在"原始"和"半文明"文化中颇具生机。在他们的话语中，"活着的传统"特别指习俗、仪式，以及口头社会的文学。随着 20 世纪的研究积累和观点变化，学者们发现，那些曾被认为在"文明"世界早已"死了"的传统其实还相对有活力。这也是考芬书名所表达的。观点的转变当然是积极，但是，似乎明显不平衡。美洲印第安人的传统只是蜻蜓点水般地提了一下。事实上，在 1968 年那遥远的时代，即使是"少数群体"也只是被视为"贡献于主流的支流"，正如考芬的文章标题所明示的那样。③ 他们的民俗是"移民的前辈的母国，而不是遥远

---

① Newell, "Folklore Study and Folklore Societies", pp. 235 – 236.

② 书评 "Our Living Traditions：An Introduction to American Folklore" (New York：Basic Books, 1968) by Ken Periman in the *Journal of American Folklore* 82 (1969)：83 – 84. 书评者希望这本书"包括更多的有关西南地区的材料，即有关当地的西班牙裔和印第安人的遗产"(p. 83)，但是注意到这个希望与该书的宗旨是不符的。

③ Americo Paredes, "Tributaries to the Mainstream：The Ethnic Groups", in *Our Living Traditions*, pp. 70 – 80.

的石器时代的遗留物"。① 虽然我们的"活着的传统"是包含，尽管是不情愿地、少数族群的传统，但是，却彻底排除了美洲印第安人的传统，而他们的传统仅仅像半个世纪前还被用作有动力的活传统的主要例证。

在所有这些语义层面的转换和变化中，"传统"始终是一个特殊社会组成部分的"俗"，指的是有特定群体界定和实践的，并在其范围内一代代传承的，有关习俗、仪式、信仰以及口头文学的知识。

# 作为教条的传统

对美国民俗学家来说，"传统"不只是一个群体的集体性行为，还有更多的意义：它是民间社会的文化教条。在西方和东方社会，文人阶层已经构建、编成并控制了文学教条。他们通过控制教育，逐渐构成了一个审美体系和民族文化价值观，整理出了作为文学和宗教教条的文本，依此，其民众维系他们的生活并深信不疑。② 文人们建立由主要城市辐射出来的"大传统"。③ 因为这些教条与文学和社会结构的联系，所谓的"高雅文化"常常特指这个文化体系的核心，也因此赋予这个核心一种偶然性价值。④

从构建和控制文化教条的文人视角上来看，口头文学从其定义上就是非教条性的。站在这个角度，文学理论家芭芭拉·史密森将"现代文本，特别是那些高度创新的，以及有异文化味道的著作都视为口头或部落文学，大众文学，以及'少数民族'文学"，⑤ 而这一切都是非教条性

---

① Americo Paredes, "Tributaries to the Mainstream: The Ethnic Groups", in *Our Living Traditions*, p. 71.

② 有关话题的最新研究，特别是有关文学的，见特刊 *Critical Inquiry*10 (1983) and (1984)。

③ Robert Redfield, *Peasant Society and Culture* (Chicago: The University of Chicago Press, 1956).

④ 这个词常用来对比流行文化。见 Jeffrey L. Sammons, Literary Sociology and Practical Criticism (Bloomington: Indiana University Press, 1977), pp. 114 - 134; 目前对流行文化和文学的兴趣逐渐提高，见 Peter Burke, *Popular Culture in Early Modern Europe* (New York: Harper and Row, 1978); C. W. E. Bigsby, ed., *Approaches to Popular Culture* (London: Edward Arnold, 1976); Victor E. Neuberg, *Popular Literature: A History and Guide* (Harmondsworth: Penguin, 1977).

⑤ Barbara H. Smith, "Contingencies of Value", *Critical Inquiry* 10 (1983): 8 - 9.

的。这些以及口头文学都具有颠覆性，即，在特定政治环境下，它们会有意破坏那些社会中心组织所认可和界定的基本教条。

但是，芭芭拉·史密森也注意到，与此相同的构成文字社会的教条的文化功能和因素也能影响到非文字社会的教条的形成。她提出：

> 我们所称之为"民俗"的国内的谚语、流行故事、儿童口头游戏等各种现象，其运作机制与上文所特指的"文本"的文化选择与再生产机制是相呼应的。这些民俗现象的古老历史及其长寿证明了口头创作品的"持久性"（假如不把其学术教条地位视为"文学作品"的成就的话——尽管许多民俗作品的确表现出上述的具有教条性作品的功能）可能与那些受政治权力控制的组织机构没有关系。①

同样，在民俗研究中，长寿或持久性正是教条的定义标准。那些经受了时间的考验，并已经成为一个社会的主要的精神支持的叙事、歌曲、谚语，以及谜语等被视为文化教条，而且已成为"正统"传统。民俗学家们已经内化了"传统"这一概念，但还不一定将其条理化。本文在此所反映的"传统"思想显然是作为民间教条的。例如，爱德华·艾维斯在为本土歌曲和谣谚搜集者提出告诫时写道："即使是有关是否是传统接受的问题也必须置其于本土环境下来考虑，搜集者应该仔细注意只出现一个版本中出现的歌曲，并努力判断它为什么没能进入传统。"②

艾维斯曾记录过不同歌手的歌曲，③也认识到"传统"概念为他在这种背景下所带来的问题，因此，他比别的民俗学家更敏感，表现出在使用这个概念时的自我意识。他写道：

> 研究民歌的学生一直谈论"正统传统"，民歌如何"进入"传

---

① Barbara H. Smith, "Contingencies of Value", Critical Inquiry 10 (1983), p. 31.

② Edward D. Ives, "The Study of Regional Songs and Ballads", in Handbook of American Folklore, p. 210.

③ Larry Gorman: The Man Who Made the Songs (Blooming ton: Indiana University Press, 1964); Lawrence Doyle: The Farmer-Poet of Prince Edward Island, Maine Studies, No. 92 (Orono: University of Maine Press, 1971); Joe Scott: The Woodsman-Songmaker (Urbana: University of Illinois Press, 1978).

统，如何"被改变"，或是长期"被拒绝"，以至于我们有信心去认为这一切都是真实存在的，但事实上，这些都只是方便的概念化。将抽象的具象化并不是什么新鲜事，如果对我们如何将"传统"具象化的讨论都审视一遍，就会发现那无非是一场对伟大的"文化战争"的单方面报告……许多人已经对此问题有很好的论述，我绝非要否认其重要性，而只是借助麦尔维尔·赫斯柯维茨的妥协作为我的讨论的起点。也就是说，如果我们谨慎地记住，传统是没有独立现实的一个概念，那么，当我们暂时假设这个现实存在的话，我们会不断获知新的东西。简言之，只有我们否认鬼的存在，我们就会去充实它。①

艾维斯毫无必要地涉入赫斯柯维茨所谈的"仿佛"哲学之中，因而有意以虚幻的手法来对待一个抽象概念，"仿佛"它是有形的存在。② 他这样将对"传统"的界定视为概念与现实之间的呼应问题，因此而没能抓住困惑他的这个不一致性的问题的本质。理论上，他接受了赫斯柯维茨的定义（见下文），将"传统"与文化认同为一，但是，在实践上，如他所选择的词语所明示，他将"传统"视为民间社会的 一个教条，从中有可能获得"接受"或"进入"，抑或反之，借此有可能"被拒绝"。在这样的话语中，"传统"成为被社会认知的突显的口头文本教条。

这种对"传统"的概念也是考芬引用弗朗西斯·钱尔德的《英格兰和苏格兰的流行歌谣（1882—1889）》文本，视其为"英国传统歌谣"时潜在的用意。③ 钱尔德在书名中所表达的教条的概念被转化成形容词"传统的"。不过，当考芬在引用一个学者所建立的教条时，艾维斯和其他用此概念的民俗学家则视传统为民间社会自身的口头文学教条。

---

① Ives, Joe Scott, pp. 371 – 372.

② Hans Vaihinger, *The Philosophy of "As If"*, trans. C. K. Ogden (London: Routledge & Kegan Paul, 1952).

③ Tristram P. Coffin, *The British Traditional Ballad in North America* (Philadelphia: The American Folklore Society, 1963). Barre Toelken discerns the oral ballads in Child's collection, attempting to establish "An Oral Canon for Child Ballads: Construction and Application", *Journal of the Folklore Institute* 4 (1967): 75 – 101.

与其他教条一样，"传统"也可能受到杜撰的文本的压力和破坏。这样的文本影响到口头教条的变化、修改和异文，从本质上说，缺少任何文字文本作为参考基础。在美国民俗学界，隐含着"传统"的"敌人"的三重对立的模式，而且，此模式已成为指导研究和理论的核心假设之一，而几乎从未得到过彻底的梳理。

依此，"传统"有三个破坏者，两个来自外部，一个来自内部，可以如此表述：

a）小传统与大传统的对立

b）传统与流行文化的对立

c）传统与创作性的对立

**关于小传统与大传统的对立。**人类学家罗伯特·拉德费尔德创立了这对概念，将小传统与大传统的关系程式化。至少从 20 世纪 50 年代初，他就开始发展这个"传统的结构"模式，[①] 但最突出的完整表述是在《农民社会与文化》一书中。拉德费尔德将民间社会的传统与文明社会的传统构建起关系的对立面，从中使用了许多至今仍被使用的术语。由此，小传统与大传统这两个教条成为共享"传统"特质的凸显的两个范式，但又是两个明显不同的社会和历史的范本。正如他自己所述，之所以选择了"大传统"和"小传统"这对概念，是为了有别于"高雅文化"与"低俗文化"、"民间和古典文化"，或是"流行和文人传统"等概念：

> 在一个文明中，存在着反映少数人的大传统，以及得不到反映的多数人的小传统。大传统以其自身的方式运作，延续在文盲的乡村社区社会之中。哲学家、神学家，以及文人的传统是一种有意识改造和传承的传统；而小传统则在极大程度上不被重视，也得不到什么研究或是提高与改善的考虑。[②]

---

① 这个说法出现在他 1958 年 2 月 6 日在加州的行为研究高级中心的演讲中。参见 Milton Singer, *Preface, to Traditional India: Structure and Change* (Philadelphia: American Folklore Society, 1959), p. xxii. The paper was published in The Human Nature and the Study of Society: The Papers of Robert Redfield, ed. Margaret Park Redfield (Chicago: The University of Chicago Press, 1962), I, 392 –414。

② Redfield, *Peasant Society and Culture*, pp. 41 –42.

　　尽管这个程式对民俗研究有明显和直接的可适性，但是，美国的民俗学家们对此模式的反应很缓慢。负面的证据与证明的例证有着同样的重要性。《美国民俗学刊》没能发表一份书评。在 1959 年发表的《研究美国民俗的一个理论》一文中，道尔逊只是顺便提及拉德费尔德，提到的是其早期的一篇文章，而不是新出版的那部著作。① 拉德费尔德的模式完全可能对道尔逊使用类似术语时有参考价值，因为道尔逊将此有概念框架意义的文章的副标题定为"民俗与美国文明"。② 类似的是，20 世纪 50 年代的民俗学和人类学领军人物威廉·巴斯科姆受到他的导师和同事赫斯柯维茨的影响，几乎没有引用过拉德费尔德的模式，主要是因为巴斯科姆的研究兴趣是西非，而此模式似乎没有明显可适性。在美国和欧洲民俗学与民族学具有同样地位的学者阿克·胡尔特克兰茨将拉德费尔德的著作列在他的《民族学基本概念》（1960）一书的参考书目中，但完全忽视了"小传统"和"大传统"及其对他所广泛讨论的"传统"的内在理论联系。③

　　当拉德费尔德的术语最终出现在美国民俗学会的一个出版物中时，那是在一部缅怀他的文集《传统印度：结构与变化》中，由人类学家和印度学学者弥尔顿·西格编辑，作为美国民俗学会书目与特辑第 10 卷（费城，1959）。④ 西格写道："本人的思想极大地受到了罗伯特·拉德费尔德的激发"，并大量引用了拉德费尔德 1958 年 2 月 6 日在加州斯坦福的行为研究高级研究中心的一次演讲。⑤ 西格强调，拉德费尔德的模式是"引领（他的）印度研究有所突破，并给予本次研讨会以统一性的思想"。⑥ 他本人的贡献，"一个大都会中心的大传统：马德拉斯（即金奈——译注）"一文便是明显地运用了拉德费尔德的模式。⑦ 但是，作为

---

①　Richard M. Dorson, "A Theory for American Folklore", *Journal of American Folklore* 72 (1959)：212.

②　Ibid. , p. 203.

③　*General Ethnological Concepts*, pp. 229 – 231.

④　见特刊，*Journal of American Folklore* 71 (1958)。

⑤　Singer, *Traditional India*, pp. x, xxii.

⑥　Ibid. , p. x.

⑦　Ibid. , pp. 141 – 182.

美国民俗学会资助的出版物，这本书可能有误导性。尽管该文集的多篇文章直接与民俗主题有关，但作者主要是语言学家、人类学家，以及印度学学者。他们与美国的民俗研究的关系几乎可以忽略不计。

两三年后，这些术语概念才出现在《美国民俗学刊》发表的由民俗学领军人物弗朗西斯·阿特利所写的一篇理论文章《民间文学：一个可运作的定义》中。① 阿特利将拉德费尔德的模式视为一个熟悉的概念：其创新性消失在学术更新的短周期之中。全文不断有对拉德费尔德著作的引用，② 并特别以其模式针对塞缪尔·贝亚德对民俗的定义的批判。③ 阿特利评述道："贝亚德的定义的最大的问题是以内容，而不是以方法或过程来界定民俗，由此而不考虑拉德费尔德所称为'大传统'与'小传统'对立中的创造性。"④ 阿特利继续写道，作为科学家，民俗学家应该意识到他们对西方思想的"大传统"的亏欠以及批评。但是，很显然，这两个术语在民俗研究中确立其地位是不需要很多出版了的理论争论，即如何从一个程式性的假设提议转向描述性的文化历史模式。

在拉德费尔德自己描述的模式中，两个传统之间存在一个连续体，而不是相互对立："它们相互依靠。大传统和小传统彼此一种相互作用，并将继续如此"，⑤ 且在多个层面：

> 穆斯林老师与学生之间，婆罗门僧人与俗人之间，中国学者与中国农民之间，以及诸如此类的一切关系都构成文化的社会结构，传统的结构；这些关系对将大传统传授给农民有着重要性，甚至，也许没被任何人注意到，使得农民传统影响到文人的教条。从这个观点来看，一个文明就是一个专业人士的组织，具有某种典型的彼此之间和与外行人之间的角色扮演关系，发挥着典型的有关传承传

---

① Francis Lee Utley, "Folk Literature: An Operational Definition", *Journal of American Folklore* 74 (1961): 193 – 206.

② Ibid., pp. 195, 196, 203, 205.

③ Samuel Bayard, "The Materials of Folklore", *Journal of American Folklore* 66 (1953): 1 – 17.

④ Utley, "Folk Literature", p. 195.

⑤ Redfield, *Peasant Society and Culture*, p. 42.

统的作用。①

然而，当阿特利将这两个教条用到民俗研究时，它们成了对立面。从民俗学角度来看，大传统有影响甚至破坏性改变小传统的潜在力量。民俗学家对此有所认识：通过模仿和追求更舒适的经济条件，民间社会可能改变和破坏自己的传统。因此。当民俗学家接受了拉德费尔德在 20世纪中期发展起来的模式时，他们将此视为汉斯·纽曼所发展的"沉积的文化"（*gesunkenes Kulturgut*）这一欧洲模式来阐释。② 尽管对此有着许多批评意见，③ 但是，这个模式得以在民俗学中扎根，来表达这样一种观念：文化材料起源与上层阶级，然后渗透到下层社会。到了 50 年代，早期的争论有所缓和，但是，两个阶级的对立以及它们之间的关系已经渗入民俗学理论框架之中。结果，在民俗学界，"大传统"远远超越和笼罩了"小传统"，成为思想、习俗和表达方式的源泉，也属于更有力，也常常是更有价值的教条。

**关于传统与流行文化的对立**。如果说大传统是小传统的大哥哥，那么，流行文化就是其竞争的姐妹。道尔逊概括了这个观点，写道："民俗的敌人是将大众文化一统化的媒体：我们所读的发行量很大的报纸和杂志，所看的电影和电视，以及发行我们所听的唱片的公司……那些经过详解和昂贵包装过程再传播给千百万民众的东西似乎的确是无形的传统的缓慢传承的对立面。"④

在美国的民俗研究著作中，对传统和大众文化之间的敌对关系的看法其实有过矛盾的转变。一方面，对寄生与传统资源的流行文化有着一种不满态度；"民俗"一词便映射出民俗学家对传统的大众化市场所持的嘲讽和鄙视。⑤ 另一方面，美国民俗学慢慢意识到，在现代工业社会，大

---

① Redfield, *Peasant Society and Culture*, p. 58.

② Hans Naumann, *Grundzuge der deutschen Volkskunde*, 2nd ed. （1922；Leipzig：Quell 8c Meyer, 1929）.

③ Herbert Freudenthal, "Die Wissenschaftstheorie der deutschen Volkskunde", Schriften des niedersachsischen Heimatbundes, Neue Folge Bd. 25 (Hannover, 1955); Hermann Bausinger, "Folklore und gesunkenes Kulturgut", *Deutsche Jahrbuch fur Volkskunde* I (1966)：15 – 25.

④ Dorson, "Folklore in the Modern World", p. 37.

⑤ Richard M. Dorson, "Folklore and Fake Lore", *American Mercury* 70 (1950)：335 – 343.

众文化很可能是他们下一个研究目标，因为大众媒体以其多种方式和类型为现代世界提供了民间传统的对等物。道尔逊写道："这一系列想法足以引导民俗学者接受大众文化为民俗的一个类属的观点。"①

但是，即使在接受中也始终有抵触。从民俗学角度来看，与传统相比，流行文化无疑有着负面价值。民俗学者构建其流行文化概念所依据的基本假设在德莱特·麦克唐纳德的归纳中得到很好体现，而他又是美国在有条理的大众媒体批评家之一。他提出，大众文化为其发展需要有完全成熟的文化传统：

> 然而，其联系不是树叶与树枝那种，而是毛毛虫与树叶的关系。大众文化犹如毫无远见的开拓者开垦土地那样"挖掘"高雅文化，吸取精华，但无任何回报。而且，随着大众文化的发展，它也开始从其自己的过去中吸取精华，其中有些变得如此远离高雅文化，以至于表现得没有什么关联。
>
> 同样真实的是"大众文化"在某种程度上延续了过去的"民间艺术"，那种艺术在工业革命之前是普通人的文化，但现在，两者的差异远远大于相似之处。民间艺术源自底层，是民众自发的和本地的表达，由他们自己确定并满足其自己需要，而没有受益于高雅文化。大众文化是来自与上层的，是由生意人雇佣的技术人员编造出来的；其受众是被动的消费者，其参与只限于买和不买之间。②

对麦克唐纳德来说，"高雅文化"与"民间艺术"与拉德费尔德的"大传统"和"小传统"是可类比的。然而，当拉德费尔德试图构建一个理论的描述模式时，麦克唐纳德却发展出一套理论的批评模式。因此，后者的术语显得充满价值——对高雅艺术和民间艺术都赋予真诚的积极价值，而视大众媒体为阴影，具有操纵性。

对大众文化的如此批评是为了呼应法兰克福社会研究所的学者所提

---

① Dorson, "Folklore in the Modern World", p. 42.

② Dwight MacDonald, "A Theory of Mass Culture", in *Mass Culture: The Popular Arts in America*, ed. Bernard Rosenberg and David Manning White (New York: The Free Press, 1957), p. 60.

出的观点。在评论其有关流行文化的批评理论时，马丁·杰伊表述道，尽管有马克思主义倾向，但是该研究所重视传统的价值：阿多诺指出了勋伯格的"似乎革命性音乐"中的传统成分；本杰明认为传统是"艺术品的魅力"的一部分。事实上，该研究所意味的传统与"'进步'的继续"差异极大。对他们来说，"传统指的是那种融合经历"，即他们称之为"经验"，而这种经验正在被所谓的进步所毁坏。①

该所的成员之一，莱昂·洛文塔尔更直接地对美国的流行文学做出评论。与麦克唐纳德一样，他认为，流行文化是一种负面力量，侵蚀着由民间艺术和高雅艺术所构建的积极价值。他提出这样的观点：

> 在现代文明中，个体在机械化的工作进程中的示弱造成了大众文化的出现。大众文化取代了民间艺术活"高雅"艺术。一件流行文化的作品没有一点真正的艺术特性，但是，在其全部媒体中，流行文化也证明其自己有些真正的特点：标准化、定势化、保守、谎言，以及被操纵的消费品。②

这些有关民间传统与流行文化之间的关系的假设，几乎从未被合理论证过，但却永远存在，也已经成为民俗学自己的世界观的核心观点之一。罗伯特·拉德费尔德的妻子，玛格丽特·拉德费尔德做出过同样的呼应，在直接针对麦克唐纳德的文章时提出：

> 民间的口头表达与经典的文明的传统表达方式之间的可容性要大于现代大众媒体的产物，因为民间的和持续的文明艺术都支持其社会的内在的基本价值观……民俗也许可以从现代流行的表达方式

---

① Martin Jay, *The Dialectical Imagination: A History of the Frankfurt School and the Institute of Social Research 1923 – 1950* (Boston: Little Brown, 1973), p. 215.

② Leo Lowenthal, "Historical Perspectives of Popular Culture," in *Mass Culture*, p. 55.

中区别出来，这样的话，由传统形成的民俗便有种真正的艺术特质。①

对她来说，"传统"具有教条、遗产、传承进程的功能，并以此积极影响艺术创作。罗杰·亚伯拉罕和苏珊·卡尔切克重申了在民俗研究中这种假设的存在，并注意到：

> 民俗学家一直在假想理想的"民间"群体，没有受到大众文化及其相伴的媒体公司（如印刷和唱片等）的污染和侵蚀。道尔逊对民俗与伪民俗的区分使一种恐惧有了一个名称；那种恐惧就是，民间文化的存在受到威胁，再没有比对民间表演进行直白和美化的模仿更有害的事了。②

上文只是对本文的前提做了简略的提及，但是，民俗学家自己的话，甚至比他们对民俗学学术著作的评论更清楚地反映了他们对传统的浪漫概念，而其中的动词和形容词只是间接地关系到主要的讨论。例如，阿奇·格林指出，民俗学家"认为商业是对传统生活的贬值"，并如此评论"一次在两组民俗学家之间的低调辩论：一组认为，包装的音乐和便宜的唱片是对过去的侵蚀和破坏，抢劫平民的宝藏；另一组则欢迎大量的唱片，视其为另一种振奋的民间生活的记录，是民间文化反垄断的角色工具"。③

---

① Margaret Redfield, "The Expressive Utterance, Folk and Popular", *Journal of American Folklore* 69 (1956): 361. 认为大众媒体对口头传统有负面影响的观点是美国独有的。例如，巴西的民俗学认为："大众媒体与民间创作是对立的，坚持认为媒体有破坏作用，最好听的说法是它对文学等艺术形式有统一格式化的影响"，见 Candace Slater, "The Hairy Leg Strikes: The Individual Artist and the Brazilian Literatura de Cordel", *Journal of American Folklore* 95 (1982): 51. 该作者特别指 Gustavo Barroso 的说法，后者坚持认为"传统在死亡的门口，因为无线电广播将致其于死地"。类似的有 Loring M. Danforth 认为，希腊的民俗学家认为大众和流行文化对希腊的影偶传统有负面影响，见 "Tradition and Change in Greek Shadow Theater", *Journal of American Folklore* 96 (1983): 281 – 309。

② Roger Abrahams and Susan Kalcik, "Folklore and Cultural Pluralism", in *Folklore in the Modern World*, p. 228.

③ Archie Green, "Sound Recordings, Use and Challenge", in *Handbook of American Folklore*, p. 434.

亨利·格拉西，作为莫里斯符号学派的（Morrisean）民俗学家，也对流行文化与传统之间的关系有过类似直言评述。他在分析一种假设的地方建筑风格时写道："时髦的细节反映了建筑者对最新的样式有所了解。传统的基本样式说明了他不愿意屈服于现代的变化。时髦与传统的冲突，以及国家的和地方文化之间的冲突，在实际建造一栋房子中得到解决。"[1] 格拉西将传统对立与时髦（即流行文化）和国家文化（即大传统），但是，正是其动词"屈服"揭示了他对"传统"及其周围力量的看法。

在美国，也许有过于在拉丁美洲、亚洲或非洲，国家文化包含的更多的是流行的时尚，而不是有悠久历史的传统。因此，民俗学家几乎可以把流行文化与民间传统之间的关系构想为一场道德剧，其中，时尚之风吹过大地，但是，真正的民众不屈从于那些怪诞之风。这样观念在美国民俗学中的根深蒂固程度也在相反的方面明显地表现出来。动词"屈服"或其同义词则没有用来描述诸如传统与创造性之间的冲突。

**关于传统与创造性的对立。**传统与创造性已成为一对关系紧张的概念，其对立与依赖关系从来也没厘清。当"传统"是一个群体的教条时，"创造性"是个体民间艺术家的行动。彼此制约，但其结合是因为相互的变化与限制。创造性对传统的生存很必要，并为其带来变化，将其调整到可以从过去延续到现在。传统是个框架，在其之内，有创造性的民间艺术家可以表演，但又不能脱离。这个关系的相互矛盾在分别分析歌谣和谜语传统的个体和集体创造性时，尤其明显。

例如，布朗森提出，创造性的削弱导致稳定，但最终结果是传统的停滞。随着文盲率的减少，这样的进程可能会出现，因为"识字率提高也从许多渠道带走了大量的原来用于歌谣的创造力。新一代的歌谣手在很大程度上缺少才能，只能勉强以相对无启发性的方式维持他们曾学到的歌词"。[2] 因此，需要有改变教条的创造力来维持传统的生存。他所指

---

① Henry Glassie, "Folkloristic Study of the American Artifact: Objects and Objectives", in *Handbook of American Folklore*, p. 379.

② Bertrand Harris Bronson, *The Ballad as Song* (Berkeley: University of California Press, 1969), p. 61.

的"创造力"当然不是抽象的概念，而是一个普通的术语，隐含着许多以口头创造性维系传统的个体歌手。

在解释苏格兰东北地区的谜语传统的衰落原因时，肯尼斯·高斯廷指向了提供谜语创造性的社会和文化资源的削弱。他在对这一现象的解释中建议，维系谜语传统的生命力的唯一方法是不断引进新的谜语，或是从本社会中发明，或是从外界引入。这些社会吸收新材料，吸引外界受众到达一定程度时，谜语传统才能保持有生命力。所以，有着很广泛的外界联系的社会，将比那些只有极少外界联系的社会更有谜语传统的生命力。① 从外界向主流教条吸入新谜语是保持传统有活力的过程。

作为相互依赖的概念，"传统"和"创造性"在美国民俗学研究中表现为两个对立面。丹尼尔·柯罗力在讨论巴哈马民俗中的讲故事活动时将其作为一对对立的概念。② 同样，大卫·埃文斯在他的新书《大路上的布鲁斯：民间布鲁斯的传统和创造性》（加州伯克利大学出版社 1982 年版）中也如此描述民间布鲁斯音乐。

传统与创造性的各自的范畴与其之间永恒的紧张在斯迪思·汤普森的研究中非常鲜明地梳理出来了：

> 个体与其所承载的传统是什么关系？传统对个体的社会群体有多重要？个体性表现的自由度有多大？口头传统的传承人与其群体的关系如何？他需要什么样的专长，具体有什么样的艺术和个人性格才能得到他的同伴的认可或不认可？口头传统或物质传统是如何被文化模式所改变？③

汤普森的一系列问题部分地反映了历史地理法的基本假设及其"自

---

① Kenneth S. Goldstein, "Riddling Traditions in Northeastern Scotland", *Journal of American Folklore* 76（1963）：333.

② Daniel J. Crowley, "I Could Talk Old-Story Good：Creativity in Bahamian Folklore", *Folklore Studies I* 7（Berkeley and Los Angeles：University of California Press, 1966）, pp. 1 – 7.

③ Stith Thompson, "Advances in Folklore Studies", in *Anthropology Today：An Encyclopedic Inventory*, ed. A. L. Kroeber（Chicago：The University of Chicago Press, 1953）, p. 592.

我修正法则"。根据这个法则，任何与教条形式的脱节，不论是通过创造性或默认，都会受到群体所维系的传统的自我修正。[①]

这种对待"创造性"和"传统"的观念不仅仅是民俗学的文学研究的一部分。人类学派的民俗学家也持有类似的观点。例如，威廉·巴斯科姆对创造性问题的处理是通过辨析个体叙事人所引介的异文关系，以及对故事的实际源头的顾虑来做的，当然，主要是关注前者。[②] 柯若利接受这些有关创造性的核心观点，并总结道，在实践中，几乎没有几个个体叙事人能为他们的传统引进新的东西。[③]

在民俗研究中，如同在文学批评中，创造性被赋予个体，而传统被归为群体。然而，这两个领域所考虑的基本问题却是完全对立的。在文学批评领域，个体创造性是个起点，由此而有可能去检验诗人与传统的关系；相反，在民俗学领域，传统是规范模式，研究的关注点是去发现从教条中脱离出的变异，以及在教条框架内的创新。

**教条的形成**。过去，传统与创造性之间的对比暗示着稳定与活动、永久与变化，以及过去与现在之间的二元对立。可近些年来，"传统"的概念本身发生了地位变化，成为有意识的创造性的目标。民俗学家、人类学家以及历史学家有了共同的结论：社会并不是被动地应对传统；而是常常通过对历史事件和英雄的选择，甚至通过发明一个过去来创造自己的传统。[④] 那么，传统完全可以是构建的教条，反射着过去以便使现在合理化。因为过去在文化中发挥着强有力的权威作用，没有一个社会对此是放之任之；社会必须是对过去附加、削减以及改造，使其融入自己的形象。雷蒙德·威廉姆斯描述了此过程，称之为"选择性传统"。他认为，"理论上，一段历史是被记录了；实际上，这个记录被融入一种选择性传统；两者都与现在生活中的文化不同"：

---

① Stith Thompson, *The Folktale* (New York: Holt, Rinehart and Winston, 1946), p. 437.

② William Bascom, "Verbal Art", *Journal of American Folklore* 68 (1955): 248; idem, "Folklore and Anthropology", *Journal of American Folklore* 66 (1953): 267.

③ Crowley, *I Could Talk Old-Story Good*, p. 137.

④ Eric Hobsbawm and Terence Ranger, eds. *The Invention of Tradition* (Cambridge University Press, 1983).

努力去理解一个选择性传统的运作是非常重要的。在某种程度上，选择开始于该时间段之内；从所有的活动中，有些因其价值和重点性而被选择。总的说来，这个选择反映的是整个时间段的组织，尽管这不意味着被选择的项目的价值和重要性之后会被确认。已经生存下的文化不仅体现在所选择的文献中，它会以压缩的形式被部分地用于对人类成长的普遍线索做贡献（显然是很小的），部分地用于历史的重建，以及部分地用于，与我们有关的，命名和划定过去的特定阶段。因此，选择性传统，在一个层面，创造普遍的人类文化；在另一个层面，创造一个特定社会的历史记录；在第三个层面，也是最难接受和评估的，对曾经是活着的文化的相当一部分的拒绝。

一个社会的传统文化总是会对其"当代"的利益与价值观体系做出回应，因为这不是某种绝对要做的工作，而是连续不断的选择和阐释。在理论上，以及某种程度的实践上，那些关心保持传统的活力的社会机构（特别是教育和学术机构）致力于作为一个整体的传统，而不是根据某种当前利益所选择的那部分。这种专注是十分重要的，因为我们多次见过，在选择传统的过程中，有个各种反复和再发现，回到曾被视为死掉的而放弃的传统等现象，显然，只有当这些机构的责任是保存过去文化的大部分，即使不能保证其存活，至少也可以接触到，这一切才有可能。

在作为整体的社会中，及其各种特别活动中，文化传统可以被视为对祖先的一个持续的选择和再选择。[1]


显然，威廉姆斯是在讨论一个非文盲的社会，或是识字率高的，甚至是学术背景下的传统的形成。然而，传统的主观性是个民俗学家和人类学家有共识的概念，尽管近些年来诸如历史或神话等概念也被用来描述这一进程。

从美国民俗学研究的承启关系来看，将有意识的传统形成作为受"过去"制约的教条这一观点，就本人所知，只是在 20 世纪 70 年代才出

---

[1]　Raymond Williams, *The Long Revolution* (London: Chatto & Windus, 1961), pp. 50 - 52.

现。在捍卫"传统"作为一个核心的民俗学概念的过程中，海姆斯改变了传统的定义。他提出，"要将此概念根植于时间而不是社会生活中"，并用此概念"不单单作为命名实物，要更本质地视传统为界定名称的过程"。① 然而，他所界定的过程不再是传承主题、象征或形式的过程，而是选择和构建叙事的过程，而此叙事会成为一个教条，甚至是万神殿的一部分，从想象或真实的过去反射到现在和未来的生活中。海姆斯在捍卫"传统"中，其实已经将焦点从"传统"转向了作为"传统的"特质，也就是传统性了。他最早使用的动词"传统化"，之后就把引号省掉了，用来界定这样一个过程：将传统性的特质归于那些基于对文化或个人价值观或目标的呼应而选择出来的经验和个性。因此，他提出，要用威廉姆斯的"选择性传统"概念来取代作为民间社会特定教条的"传统"观点，并将此作为民俗学的主要概念。

威廉姆斯和海姆斯都坚持认为，对传统作为有象征意义的过去的建构有着社会目的，其中之一是为群体创造认同。正是认识到这个功能，乔瑟琳·琳娜金将"传统"界定为："人民用来构建其认同的对过去的生活方式的有意识的模式。"② 对她来说，"传统"是文化继承这样思想是虚幻的。"传统是自我意识的类别，［因此］明显是'发明'出来的。"③ 依照琳娜金和汉德勒的看法，这个定义有别于一直以来盛行于社会学和人类学的自然主义的"传统"概念，正在被一个认知性的和象征性的概念所取代，据此，"传统"是"过去生活的一种模式，并离不开现在对传统的阐释"。④

这样一个"传统"概念被引进对民俗的学术讨论中，这意味着与过去的概念的重大断层。对新"传统"出现的可能性，以及旧传统内的变化和消失的认识一直是作为"传统科学"的民俗研究的不可分的一部分。

---

① Dell Hymes，"Folklore's Nature and the Sun's Myth"，*Journal of American Folklore* 88（1975）：353.

② Jocelyn Linnekin，"Defining Tradition：Variations on the Hawaiian Identity"，*American Ethnologist 10*（1983）：241.

③ Ibid. .

④ Richard Handler and Jocelyn Linnekin，"Tradition，Genuine or Spurious"，*Journal of American Folklore* 97（1984）：276.

但是，现在的问题是，不是"作为俗的传统"为了应对社会和经济条件而改变，也不是认为传统之所以被创造出来是为了对应于时尚、现代性或大传统的看法，而是这样一个观点：传统构建出一个教条来形成对一个群体的社会和文化定义。

# 作为过程的传统

澄清以前的"作为过程的传统"的观点，就有可能更彻底理解这一定义上的变化所带来的重大意义。在民俗学界，如同在其他一些学科，传统的过程暗示着代代相传的文化遗产的传承动力关系。这层意思在语义上紧紧保留了拉丁文"传递"或"传递下去"的意思，如"口头传统"所明显表达的那样，也一直用来界定民俗的特色。作为民俗学派的语义学家的阿彻尔·泰勒便基于这层意思提出他的民俗的定义："民俗是那些通过传统，或是以口头或是习俗和实践方式，所传递的一起。"①

作为一种传承过程，"传统"明显被联系到过去。然而，民俗学家将传统过程从时间维度扩延到社会和空间维度。正如埃克斯多姆和柏瑞所指出的，"需要辨别两种传统：'时间层面的传统'和'空间层面的传统'"。② 在民俗学研究中，在分析传承的社会动力，以及故事和歌谣的地理传播中都至关重要。

"口头传统"作为一种传承过程，也指的是有文字社会的历史上的无文字阶段，以及宗教运动史上（将教义写在经书上后成为教条）的前教条阶段。这种用法不只是在美国民俗研究中使用，相反，它在神学和圣

---

① Archer Taylor, "The Problems of Folklore", *Journal of American Folklore* 59 (1946): 101 – 107.

② F［anny］H. E［ckstrom］and P［hillips］B［arry］, "What is Tradition?" *Bulletin of the Folksong Society of the Northeast* 1 (1930): 2.

经研究中居有核心地位，反映出某些历史社会的局内人的不同观点。①

作为一种历史过程，"传统"也出现在米尔曼·帕里的荷马史诗的研究中，以及现代南斯拉夫的口头吟游诗中。之后，帕里的学生，以及学生的学生在美国民俗和古典研究中发展出一个独特的学派，"口头文学"和"口头诗歌"成为关键词，但是，在帕里的著述中，"传统"一词占据中心位置。他给自己的硕士学位论文立题为《荷马的传统史诗：论荷马史诗风格问题》，② 清楚地表明也已经成为创造过程的传承过程。五年后，在他的《荷马的传统暗喻》一文时，③ 口头性和传统性几乎成为可以互用的两个词，如在 1932 年他的文章中明确写道：

> 荷马式诗句的口头性表现在其用词上，即，如其程式所示，只能是传统的或口头的。将这两组事实放在一起，我们可以看清楚，那些长期困惑荷马学者的词语和格式的变化其实是荷马式用词的自然和必要的条件。作为口头的，它必须是传统的，而作为传统的，它必须包含老的词语和格式。④

# 作为民众的传统

当传统是过程时，民俗是其目标；而当口头传承是民俗的至关重要的特质时，"民俗"和"传统"这两个概念无疑替换了位置，传统成为材

---

① 有关的文献极多，几个例子如下：Jaroslav Pelikan, *The Vindication of Tradition* (New Haven：Yale University Press, 1984)；Yves M. J. Congar, *Tradition and Traditions* (New York：MacMillan, 1967)；Eduard Nielsen, *Oral Tradition* (London：SCM Press, 1954)；Birger Gerhardsson, *Memory and Manuscript：Oral Tradition and Written Transmission in Rabbinic Judaism and Early Christianity* (Uppsala, 1961)。

② Adam Parry, ed., *The Making of Homeric Verse：The Collected Papers of Milman Parry* (Oxford：Clarendon Press, 1971), pp. 1 – 190. Originally published in 1928.

③ Ibid., pp. 365 – 375.

④ Adam Parry, ed., *The Making of Homeric Verse：The Collected Papers of Milman Parry* (Oxford：Clarendon Press, 1971), p. 339.

料，民俗成为它的载体。理查德·鲍曼描述了这个观点（可以视其为代表了前者，而不是"新"的民俗观点），提出在这些术语概念中：

> 民俗是一个群体及其先辈作为一个整体的创造与再创作的结果，是其共性的一种表达方式。民俗以传统的名义被论述，从中，传统被视为一种超有机的时间连续体；"民"就是"传统传承人"，即，他们通过时间和空间将传统继承下来，犹如极多的行李。①

鲍曼当然很清楚作为超有机体的"传统"与其作为行李的比喻之间的矛盾。毕竟，这两个概念在民俗研究中，犹如藏猫猫一样，因人类学派和文学派的兴衰而各有起伏。作为社会科学的术语，"传统"可以被视为一种超有机力量，而从文学角度看，"传统"隐藏在文学形式之中，歌手和叙事人相互传播。

这种传统作为"包袱"的文学观点起源于卡尔·悉多将叙事人作为"传统传承人"的比喻。② 他的目的是以一个经验性的方式来理解一个社区内的传统的动力性，从而来取代当时的浪漫思想："农民的传统是所有农民的共性，在'一个民族的灵魂深处'到处都有。"③ 因此，他提出，"每个传统都有其自己的传承者"，这些人只是"整个一个教区的极少数人"，是那些"主动的传承人使得传统有活力并传承下去"。④ 悉多不是将传统视为超有机体，而是一个有机的民众集体，并随着代表他们的传承人而变化。如何民俗学家希望"理解传统的生命，其起源和发展，其传播和传承，他们就必须注意这次循环关系，以及各种各样的传统传承人"。⑤ 由此，如果从社会科学的角度看，"传统"可以是超有机力量，用文学派的话来说，"传统"成了一个被传递的火把。但是，即使在民俗

---

① Richard Bauman, "Differential Identity and the Social Base of Folklore", in *Toward New Perspectives in Folklore*, eds. Americo Paredes and Richard Bauman (Austin: University of Texas Press, 1972), p. 33.

② "传承人"（bearer）也有承载者的意思——译注。

③ Carl W. von Sydow, *Selected Papers on Folklore* (Copenhagen: Rosenkilde and Baggar, 1948), p. 12.

④ Ibid..

⑤ Ibid..

学的文学派中，也并非都是意见统一的：泰勒将"传统"视为传承过程，悉多则视其为被传承的民众。

在美国，悉多的"传统"概念产生的影响很有限，也许在课堂上老师讨论过他的理论，但在出版物中则几乎没有引用。这可能有几个原因。第一，在美国，沿用历史地理法的叙事传播研究非常少，而悉多的"传统传承人"概念对此最适当不过了。[①] 第二，他的"主动的传统传承人"与"被动的传统传承人"概念与美国民俗学家接受的人类学社会学的"角色"概念一致，因此他的观点显得重复了。第三，多数对个体叙事人和歌手的研究都聚焦于他们的口头文学作品的内容和社会功能，而不是他们对故事和歌曲的传播的贡献。第四，这样的局面也可能是汤普森对悉多的态度所造成的：前者注意到后者的学术意义，但过多关注的是悉多的好争论的性格。[②]

在受到美国教育的民俗学家中，肯尼斯·高斯廷和柏瑞·托尔肯可能是仅有的两位吸收了悉多的"传统"概念的两位。在高斯廷的《民俗田野工作者指南》（1964）一书中，"传统"作为"民众"的概念是主导的。事实上，"传统传承人"这个表达法是索引中唯一对"传统"引用，因为他把这个词与"信息提供人"互用，而没有用"叙事人"或"歌手"。同样，托尔肯在他的《民俗动力学》[③] 这部教科书中广泛使用了这个术语。就我所知，高斯廷也是美国唯一一位想进一步发展"主动和被动传统传承人"概念的人。在"论研究表演中对积极传统与消极传统概念的运用"一文中，[④] 他提出，这两个概念的对立不是永恒的，不一定反映个人的口头表达能力；相反，传统的激活则取决于所处的环境。虽然对"传统"的这个概念的引用不多，但也足以代表将焦点从传统转向传承人的变化；从关注主题和类型的横向传播转到对存在于民俗表演者内心和生活方式中的传统的典范模式的研究。

---

① Christine Goldberg, "The Historic-Geographic Method: Past and Future", *Journal of Folklore Research* 21 (1984): 1 – 18. 在美国，受汤普森的影响，学者们对母题和类型的分类研究注入极大精力，而对实践传播则注意很少，出版物极少。

② 汤普森对《悉多文集》的评论文章 *Journal of American Folklore* 64 (1951): 332 – 333。

③ 例如，pp. 157 – 159, 292 – 293, *The Dynamics of Folklore* (Boston: Houghton Mifflin, 1979)。

④ "In Toward New Perspectives in Folklore", pp. 62 – 67.

# 作为文化的传统

美国民俗学家，特别是那些有人类学取向的，愿意将"传统"视为文化，而不是民众。赫斯柯维茨简略表述过这个假设，而没有展开论述："文化的一个同义词就是'传统'。"① 他对民俗的定义也是基于这样的观点，而其他人类学家则而随而从之。所以，几乎所有为《冯-瓦氏标准民俗神话传说词典》提供和整理定义的学者都在自己的条目中省去"传统"一词。这些学者包括，威廉·巴斯科姆、乔治·福斯特、哈曼、赫斯柯维茨、萝玛拉，以及理查德·沃特曼。马瑞恩·史密森是唯一的例外，特意提到"口头文学传统"。因此，在她使用"传统"时，没有脱离将民俗作为"一个文化的文学艺术"或"口头艺术"这一人类学观点。显然，当这两个词出现在同一表达法时，如"传统文化"或"文化传统"时，所表达的不一定是多余的："传统"或"文化"从时间和本质上分别和相互修饰。美国的人类学派民俗学家已经修改了哈特兰德最初的理论。对哈特兰德而言，民俗是研究"传统的科学"。此后，它只能成为部分传统的科学——人类学从中攫取了一大部分。

这种用法也影响到从文学起步的民俗学家。例如，当裴雷迪斯和斯特科特为其所编的《城市经验与民间传统》一书起名时，他们指的是城市中的"民间文化"。尽管在整部文集中，"传统"多次出现在不同的上下文中，有着不同的意思，但这个贯穿全书的概念（不论是以单数或复数形式）在本质上指的是乡村的和城市中的少数民族文化。这种用法在斯特科特的序言中说得很明确：

> 本文集中的论文代表了对城市传统研究的新旧两种不同观点。旧的观点关注的是被带进城市并由城里人实践的传统。那些起源于城市，并在此环境与发展起来的传统只是简单提及了。这些文章也

---

① Melville Herskovits, *Man and His Works：The Science of Cultural Anthropology*（New York：Knopf, 1948），p. 17.

反映了过去的对城市传统的研究，即关注那些处于社会经济底层的群体的俗。例如，没有文章直接触及盎格鲁—撒克逊和清教的白人中产阶级的传统，而这个群体，不论是好意还是坏意，被称为"主流文化"。①

上面对"主流文化"的引用诠释了所有以前对社会群体的"传统"的借鉴，将这两个概念等同了。美国的人类学派的民俗学家对民俗的社会基础的关注，导致了作为文化的"传统"的概念应用。类似的是，在定义民俗是，邓迪斯使用了赫斯柯维茨的"传统"意义，视其为文化的同义词。他提出：

> 关联的因素不重要，可以是共同的职业、语言或宗教，而重要的是，由任何原因形成的群体将有其可称为自己的某种传统。一个群体的成员可能不认识所有的成员，但他可能知道属于该群体的共同认知的传统核心，也就是那些帮助一个群体活动群体认同感的传统。②

通过这个途径，民俗学中的"传统"，如同人类学中的"文化"，成为社会生活的一个界定和识别方面。在一个群体与其传统之间存在一种直接和相互的关系。通过经验、互动、语言和历史，一个社会构建其传统，而这个传统反过来以其负责的认同符号发挥作用。

# 作为言语的传统

一旦传统被视为文化，它就可能和文化概念一样，成为同样的理论

---

① Paredes and Stekert, *The Urban Experience and Folk Tradition*, p. 11.

② Alan Dundes, *The Study of Folklore* (Englewood Cliffs, N. J. : Prentice-Hall, 1965), p. 2.

问题和方法论上的两难问题的焦点。① 鲍曼将"传统"引用为"超有机的时间连续体"反映出了有七十年历史的人类学关于作为超有机体的文化的辩论。② 在民俗学研究中所隐含的"传统"的不同定义并没有完全跟随"文化"的定义那样曲折反复，但是，其中有些对民俗学理论产生了很大影响。对此，有可能在人类学和民俗学中的文化和传统概念中，分别地辨析出两条并行的趋势，但不一定是同时的。

文化作为抽象的，但不是超有机的，一系列标准、规则和象征，主导人类在社会中的行为，并引导个人做出各种决定，这个观点对当前的民俗研究有直接的可适性。"传统"在界定民俗时一直有其核心性，③ 但是，出现了不同看法，作为回应，凯·克色恩提出重新定义民俗："民俗，不是其古老性和口头性，而是'我们的方法，我们的手段，我们的分类，我们的系统'。"④ 通过引入认同和系统概念，她将"传统"重新定义为"借此而使得特定的承启关系变得有意义，更进一步的承启关系变得可能的一系列规则"。⑤ 这样的改变并没有将"传统"恢复到过去民俗思想中受尊敬的地位，而是为旧的术语提供新的观点。事实上，当克色恩如此重新命名和视其为新的"传统"范式时，这种意义转换已经有过一段时间了。

这种范式（依此，"传统"，如同索绪尔所使用的"言语"，是一个抽象的规则系统，由此产生表演和民俗的话语）其实在罗杰·亚伯拉罕的理论著述中已有暗示。他提出，"将传统和表演两个维度综合考虑而形成的民俗定义似乎是最实用的"。⑥ 亚伯拉罕将这两个术语并立起来，提

---

① Alfred L. Kroeber and Clyde Kluckhohn, *Culture: Critical Review of Concepts and Definitions* (Cambridge, Mass.: Peabody Museum, 1952).

② See A. L. Kroeber, "The Superorganic", *American Anthropologist* 19 (1917), 163 – 213; E. Sapir, "Do We Need a 'Superorganic'?", *American Anthropologist* 19 (1917), 441 – 447.

③ Dan Ben-Amos, "Toward a Definition of Folklore in Context", in *Toward New Perspectives in Folklore*, pp. 13 – 14.

④ Kay Cothran, "Participation in Tradition", Keystone Folklore 18 (1973): 7 – 13; reprinted in Jan H. Brunvand, ed., *Readings in American Folklore* (New York: Norton, 1979), pp. 444 – 448.

⑤ Ibid., p. 445.

⑥ Roger D. Abrahams, "Personal Power and Social Restraint", in *Toward New Perspectives in Folklore*, p. 29.

出了与索绪尔的"言语"（language）和"话语"（parole），或是乔姆斯基的"能力"（competence）与"表演"（performance）类似的概念关系，其中，"传统"成为抽象的知识系统，由此产生具体的表演。

这一思想在亚伯拉罕的著作中经历了漫长的发展期，最初，"传统"作为"稳定"和"俗"的同义词出现，只是隐约地有"文化规则"的意思。他在自己的第一篇理论文章（1963）中写道：

> 民俗学研究本身包含着一对内在的对立体，即，（传统）的稳定性和变化之间的冲突，通过对这对矛盾的分析可能有助于对俗本身及其创造和传承的理解。对某些所搜集到的具体的俗的研究应该至少包含对即兴创作的程度，以及在该群体内利用其材料而即兴创作的人的讨论。即兴创作可能本身就是传统模式的一种。虽然民俗的本质是传统的，也因此是保守的，但是，有意识的改变，或是创新，对任何群体都不是陌生或有抵触的。[1]

五年后，即1968年，"传统"成为一个综合的术语，等同于索绪尔的"言语"，包括"言语"和"话语"。表演成为"传统内部"对立的两极之一，替代了之前的"变化"和"即兴创作"的地位。亚伯拉罕认为，"对一个传统或类型的彻底分析需要对该项目与其表演的组织因素进行研究"。[2] 尽管"表演"本身开始有了一个清楚的定义（亚伯拉罕建议，"表现性民俗项目……只有在经过特意的，以所谓的'表演'的习惯性行为组织起来的活动才会获得生命"[3]），但是，"传统"仍是一个难以捉摸的术语，隐含于这样一个范畴：其中，民俗学诸多术语现在处于休眠状态，但将会从中醒来。

尽管这些有关民俗理论的说辞模糊，但其内涵成为亚伯拉罕的展演中心理论（enactment-centered theory）的先兆。1977年，亚伯拉罕写道，

---

[1]　Reprinted in Brunvand, *Readings in American Folklore*, p. 394.

[2]　Roger D. Abrahams, "Introductory Remarks to a Rhetorical Theory of Folklore", *Journal of American Folklore* 81 (1968): 145.

[3]　Ibid..

"民俗学家总是在关注最有活力的文化表现：民间故事、神话、谜语、谚语、节日以及仪式……当有价值的关系被再现时，是这些传统的表现展示出那些特定的时刻"，① 而"传统的表现"（expressions of tradition）这一表达法绝非是常用的民俗学习语"传统性的表现"（traditional expressions）的语法上的转化。它体现的是亚伯拉罕将"传统"视为一个抽象的规则和象征系统的概念，其中的系统作为一个指导性模式和主题与形式的仓库而存在，而这些可以在适当的时候由有能力的表演者再现出来。

# 作为表演的传统

从表面上来看，亚伯拉罕的"传统"概念可能解决了表演中心论的民俗学家所面临的逻辑困境。无论如何，他使得"传统科学"的学生将"传统"保留为自己学科的核心概念，同时发展出一个本质上是共时性的修辞性民俗理论。沿着亚伯拉罕和克色恩对"传统"的重新定义，我们有可能"吃到蛋糕"：用一个没有时间内涵的概念去指示过去的时间。"传统"成为民俗的一个维度，不受实际的表演制约而始终存在。这是"潜在的民俗"（folklore in potential）。这是存储于人们心智和记忆中的知识，只有在适当的时候才能表演；适当感本身受制于传统的规则。

"传统"与"表演"这对概念也解决了罗伯特·乔治斯所提出的有关民俗形式的本体论的问题。他强有力地争论到，就民俗而言，不存在只为叙事而存在的叙事；故事只有在被讲述时才存在。② 但是，按照亚伯拉罕的建议，可以将叙事置于传统的范畴，可以将叙事视为文化表演的一部分。

显然，答案并非完全令人满意。尽管从哈特兰德到赫尔贝克有了将民俗的稳定性与不稳定性区分开的民俗学思想，但是，"传统"本身也经历

---

① Roger D. Abrahams, "Toward an Enactment-Centered Theory of Folklore", in *Frontiers of Folklore*, ed. William Bascom (Colorado: Westview Press, 1977), p. 79.

② Robert A. Georges, "Toward an Understanding of Storytelling Events", *Journal of American Folklore* 82 (1969): 313-328.

了历史变化。传统规则的变化甚至比语法规则变化得都快，不管是俗、教条，还是遗产，一切都是对社会和历史变化的呼应。为了解决变化中的传统给民俗学家带来的两难问题，柏瑞·托尔肯虽然没有直接针对这个问题，提出将"传统"纳入变化。因此，他建议：

> 所有的民俗事象都参与进一个显著的、充满动力的过程。不断的变化，"传统的变体"，无论是有意的，还是无意的，都一概被视为民俗的生命的一个中心事实，而不讲其展示为有意识的艺术性操纵或遗忘的两个对立面。由此，寻求将它接受为一个界定特色，由其承启关系、表演、态度、文化品味等因素决定。[①]

托尔肯将构成亚伯拉罕的民俗模式的术语做了调换。他没有将"传统"与"表演"作为对立面，而是认为表演内在的特质和过程本身就是传统的不可分割的特色。在他描述自己的"传统"观点时，托尔肯陷入一对他不情愿而进的矛盾之中。他提出这样一个民俗的定义：民俗是"基于传统的交际单元，通过时空而非正式地以有动力的变化进行交换"，[②] 并进一步解释道：

> "传统"在此被理解为，不是某种来自过去的静态的不变的力量，而是那些早已存在的有文化特质的，基于个体兴趣与才能的材料以及选择……在使用"传统"时，诸如内容与风格的事象都是被传下来的，而不是表演者的发明。[③]

但是，传统不能又是有动力性（即，"不是某种静态的不变的"）的力量，又是早已存在的有文化特质的材料。动力变化出现于表演、说话、歌唱、音乐演奏、绘画和雕塑的过程中。托尔肯试图克服"传统"与"表演"、稳定与变化、结构与变迁这些两极对立，这便毫无疑问地迫使

---

① Toelken. *The Dynamics of Folklore*, p. 10.
② Ibid. , p. 32.
③ Ibid. .

他界定出这一将表演本身作为"传统"的概念。

# 结　语

　　这里所展示的"传统"的七股力量，不是用来选择，也不是排名；没有哪一个更充分，也没有哪一个适用。它们共同揭示了"传统"在美国民俗研究中的意义，而这些意义又共同合成了这个概念的历史。作为一个关键词，它辅助了不同时代的不同追求。所有使用者都保留了这个词，但有因不同理论与方法目的的不同而转换或调整它的意义。如同"选择性传统"一词本身，"传统"通过一系列选择和综合不同思想的过程而积累成它自己的传统意义。"传统"经历了各种批评，依然作为民俗的一个象征，也为民俗而存在。它是在这错综复杂的经验与思想世界中为我们导航的主要象征之一。作为如此常用的象征体，"传统"也在其自身的光泽上存留了一些锈迹。在那光泽之后，也积压了许多挫折感、歧义，以及倾向性和方向感，对此，民俗研究史可以成为一份导向图。

*11*

# 民俗研究史：我们为什么需要它？

【编译者按】本文（*A History of Folklore Studies：Why Do We Need It?*）发表于 *Journal of the Folklore Institute*, 10 (2)：113 – 124, 1973.《美国民俗历史志》特刊 *Special Issue：American Folklore Historiography*.［该刊物于1983 年更名为《民俗研究》（*Journal of the Folklore Research*）］。作者以民俗学史为关注点，认为探索民俗研究的历史不仅有助于促进民俗学科实现理论转向，使之从经验之学发展为现代科学，从而确立学科主体性与合法性；而且，作为复杂社会关系的集合体，以民俗研究作为研究对象与研究范畴，有助于在更广泛的社会承启关系中检验不同时期构成民俗研究基础的理论和思想，探求民俗学科的发展模式与基本形式。

借用威廉·詹姆斯（William James）的话说，一个新理论有三个发展阶段：首先，它被攻击为是荒谬无理的；然后，它获得认可，但被认为是显而易见、无足轻重的；最后，它被视为确乎重要的，但根本毫无新意。① 接下来，无论是反对者还是支持者都将其视为思想史不可或缺的部分，并孜孜不倦地追溯其学术渊源与哲学谱系。近来，学者对民俗研

---

① 笔者的引述不足以表现原文的智慧。最后这句话，原文是这样写的："最终，它被认为是如此重要，以至于反对者们也宣称他们自己发现了这个理论。" William James, *Pragmatism：A New Name for Some Old Ways of Thinking* (New York：Longmans, Green and Co. , 1907), p. 198。

究史高涨的热情表明，民俗学至此已经进入第三个发展阶段。[①] 即使其他学者不这么做，至少民俗学专业的学生会宣称自己学科的知识与学术传统来标明它的科学性，证明其在学术研究中的地位。

但是，除了满足这一需求（它是学术需求，但心理需求同样重要），问题仍然不可避免地存在："为什么我们需要民俗研究的历史？"为什么我们要再次展露曾经的争辩、已被遗忘的失败，以及希望遗忘的错误，将它们再次公之于众？尤其是当前民俗研究的任务愈加繁重，难道我们没有足够的能力去承担它吗？

毫无疑问，最简单的方法是以登山运动员的回答作为回应：因为它就在眼前。民俗学的历史存在着，像山巅一样，它掩盖着历史的云霞，优美迷人，在日益遥远的时间长河中若隐若现。发现历史真实、审视历史存在对研究者来说是一个挑战，就像登山者想要登临绝顶、俯瞰群峦一样。但是这样的回答反映了历史研究可能潜藏的缺憾，而非对其价值意义的阐述。研究民俗学的历史可能只是为收藏癖提供一个新的宣泄口，我们专业也被偏见或嘲笑地认为仅限于此。[②] 它将富有进取心的民俗学者的精力从收集故事、歌谣、谚语以及索引卡片转移到收集历史事实上。无论我们的先辈试图隐藏什么，我们都将吃力乏味地揭开其神秘面纱，窥探其信函抽屉，收集和分类过去关于收集和分类的历史。将早期民俗研究方法转移到新兴课题上，民俗学家会很容易陷入"习惯性的谬误"

---

① Richard M. Dorson, *The British Folklorists：A History*（Chicago：University of Chicago Press，1968）；Dag Stromback, ed.，*Leading Folklorists of the North：Biographical Studies*（Oslo：Universitets-folaget，1971）. 另外《民俗学杂志》[*Zeitschrift für Volkskunde* 65：1（1969）]致力于刊发与欧洲及美国的民俗学学术史相关的文章。更可说明学界对民俗研究史具有浓厚兴趣的是已完成或正在写作的针对这一话题的论文数量。最近发表的有：Richard A. Reuss，"American Folklore and Left-Wing Politics 1927–57"（Indiana University，1971）；Francis Anthony de Caro，"Folklore as"an Historical Science："The Anglo-American View Point"（Indiana University，1972）；and Harry A. Senn，"Folklore Scholarship in France"（University of California，1972）. 在宾夕法尼亚大学，卡罗尔·亨德森和琳达·莫莉都参与这组文章，她们关注加拿大民俗研究史，弗朗西斯·钱尔德的传记也关注了这方面。另外，苏珊·德怀尔·希克正在写作美国民俗学研究中的人类学派相关文章。印第安纳大学中，威廉姆·麦克尼尔也正在研究美国民俗学的历史，1888—1907。

② Alan Dundes，"On the Psychology of Collecting Folklore"，*Tennessee Folklore Society Bulletin* 28（1962）：65–74.

中，① 列举那些只在时间演替中相互关联的现象，由此产生的叙事可能只是历史记录而非历史研究。②

毕竟，民俗研究在很多方面并没能成功规避与记录法类似的研究方法陷阱。文本的积累、索引的编制已经证明我们是称职的口头传统记录者而非研究者。我们根据随意的主题系统组织资料，而经常不考虑文本本身主题和母题之间的内在关系。汤普森（Stith Thompson）这段对索引目的的陈述是索引本质最有力的注脚：“作为民俗学的一种方法，母题—索引仅仅是未来研究的基础工作。它几乎不能称之为研究。我们并不研究任何一种罗列的母题。这项工作与未来民俗研究的关系就像字典与文学创作者，地图与需要辨正方位的探险家之间的关系一样。”③

然而，尽管记录法已被谴责为不适合进行历史的陈述、解释和分析，民俗学中与之相应的方法却长期以来被视为学术研究的基石之一。民俗学草创时期曾致力于研究工具的构建，例如分类体系、索引、目录、注解集等。这些工作是为了使民俗学家具有专业性，同时防止其他学科学者因个人目的“窃取”这些素材。但是对技术和工具过分的关注导致了对最初引发民俗研究兴趣的理论和哲学问题的不可避免的忽视。因此，民俗学变成了一项技能，而非科学。

更有代表性的是，道尔逊（Richard M. Dorson）在一本新教科书中希望能限定一些特征将民俗学者与“人类学家、历史学家、文学批评家、社会学家、心理学家以及政治科学家”区分开来，他讨论的是民俗学者的技能：田野调查、博物馆的利用、索引的使用。④ 当道尔逊更多地着手

---

① David H. Fischer, *Historians' Fallacies*: *Toward a Logic of Historical Thought* (New York: Harper and Row, 1970), p. 152.

② 历史记录与历史研究的区别已经在历史学文献中被详细讨论过了。例如，Benedetto Croce, *History-Its Theory and Practice*, trans. Douglas Ainslie (New York: Harcourt, Brace and Co., 1921), pp. 11 – 26; R. G. Collingwood, *The Idea of History* (London: The Clarendon Press, 1946), pp. 202 – 203; Morton White, *Foundations of Historical Knowledge* (New York: Harper and Row, 1965), pp. 222 – 270; Arthur C. Danto, *Analytical Philosophy of History* (Cambridge: The University Press, 1965), pp. 112 – 142。

③ Stith Thompson, *Narrative Motif-Analysisas a Folklore Method*, FFC 161 (Helsinki: Suomalainen Tiedeakatemia, 1955), p. 9.

④ Richard M. Dorson, ed., *Folklore and Folklife*: *An Introduction* (Chicago: University of Chicago Press, 1972), pp. 5 – 7.

讨论学科理论而非技能时，这一点表现得尤为明显。《当代民俗学理论》[①]是《民俗与民俗生活：概论》的早期版本，它的标题很清楚地表达了这种倾向。但是很快发现，尽管民俗学的理论是从其他学科借鉴过来的，但它所使用的技术工具都是自己的。事实上，在这篇文章的早期版本中，道尔逊通过其所派生的学科名称定义了一些理论，例如"人类学理论""心理学理论"；其他诸如"比较民俗学理论""国家民俗学理论""结构民俗学理论"，和历史学、政治科学、语言学等学科也有密切的关系（尽管在标题中并没有直接反映）。后期版本包含了更多最近的民俗研究理论，道尔逊根据其所使用的研究方法来定义，例如"历史地理学"，他们认为这么做的目的是达到"历史的重构"，甚至是"意识形态的重构"。忽略之前的民俗学理论概念，而以更新的视角去看待它们，这一能力本身或许就反映了民俗学作为一门学科的成熟过程。但是，民俗学家（很明显包括道尔逊在内）几乎没有认识到他们自己开创了民俗学发展的新阶段。他们仍然在疏忽地谴责自己的学科太关注技术层面，缺乏讨论显著而独特的思想和理论问题。在一次并非界定民俗学定义的场合，道尔逊指出：

> 我们应该更好地界定民俗学者，然后再假设他的研究对象是民俗。前提是民俗学者应掌握一套技能将他与文学、人类学、语言学、历史学和社会学等近邻学科区分开来。这些技能可能都不是独一无二的，但是合在一起，它们代表了一类学者的格式塔（Gestalt）形态。[②]

对技能，而非思想和理论的强调也成了教学活动的重点，我在宾夕法尼亚大学的研究项目也是这样。有好几次，我都尝试在博士生资格考试中加入民俗研究的目的，民俗研究与通常意义上的人类本质、社会行

---

① Current Folklore Theories. *Current Anthropology* 4 (1963): 93 – 112.

② Richard M. Dorson, "The Techniques of the Folklorist", *Louisiana Folklore Miscellany* 11 (1968): 2, repr in tedin *Folklore*: *Selected Essays*, ed. Richard M. Dorson (Bloomington: Indiana University Press, 1972), p. 12.

为之间的关系的题目，但每次都遭受拒绝，或者是委员会主席认为它们太模糊而将之删除，或者是学生们就直接避开作答。

掌握研究工具而无用武之地的两难处境催生了沮丧、不满、学术自卑等情绪的交集。民俗学学生对其他学科的态度很明显地表现了这一点。民俗学者总是比其他学科更多地倡导并实践跨学科工作。他们从人类学、语言学、文学、文学批评、文化地理学和其他社会科学及人文学科中寻找观点、论题和理论框架。当然，尝试去打破学科间的边界和壁垒是值得称赞的，但是，如果只涉及单方面的借鉴和交流，它只能是学术地位低下的表现，而非学术自由的象征。根据乌列尔·福阿（Uriel G. Foa）的观点，通过归纳"某学科引用其他学科文章的频率，可以反映这一学科在被研究学科中的相对地位"[1]。根据我的印象，民俗学者总是更倾向于引用其他学科的成果，却被这些学科的学者引用得最少。

意识到民俗学在学科中的低微地位，学界开始寻找"替罪羊"来责怪这种令人沮丧局面的形成。其中最受指责的是不可解释的，被断言不可定义的我们的学科名称：民俗学。关于这一点，一个朋友最近给我写了一封信，他表达了一种经常被讨论，却很少被用文字表述出来的感觉：

> 民俗学，不像当今的符号学（或者二十年前的语言学），它不是正在形成，而是已经形成；而且它不可能像符号学和语言学一样因为"民俗学"这个有魔力的词语而得到资金支持。[2]

将民俗学的处境归咎于术语，就像新娘形象欠佳却责怪服装一样。语言学、符号学的术语是时髦的，但更重要的是，它们关注研究的是长期以来被人类思考的主题和问题。如果我们要将民俗学从技能发展为科学，名称的转变至多只能像是一场魔法秀。它并不充分。我们必须以思想充实学科，有能力概括性地提出问题并且在研究的基础上解决问题。在民俗学的后工具化时代（postinstrumentalization era），研究过程以及学

---

[1]　Lee Thayer, *Communication: Concepts and Perspectives* (Washington: Spartan Books, 1967), p. 149.

[2]　1972 年 10 月 8 日通信。

科概念中的这种转变变得尤为迫切。为了促进民俗研究的重新发展，我们必须返回到这个学科的前工具化时代（pre-instrumentalization），研究最初激起对民俗研究兴趣的思想和观念。

民俗研究根源于 17 世纪及 18 世纪早期思想艺术的沃土，有些甚至可以追溯至更远时期。与民俗有所关联的浪漫主义、民族主义、文学和政治运动，是其起源，但已经是孕育民俗学的最后阶段了。俄国形式主义学者巴赫金正确地指出，"大众特色和民俗学的狭义概念在浪漫主义运动之前就已经出现了，只是最终完成于赫尔德和浪漫主义学家们"。[①] 尽管文艺复兴和启蒙运动时期思想家们的思考方案在当代已无须复兴，但是他们提出的关于信仰与历史，语言与想象，人类、自然与社会的本质等基本问题仍然对当今研究有着至关重要的意义。它们对民俗研究提出的挑战应该结合当代概念、方法和理论框架来讨论解决。对民俗研究史的研究因此也就可以回复到在拓展研究工具时被抛弃的学科思想维度上来。

当然，从格林兄弟记录口头故事开始，到汤普森为所有可用文本编制索引为止，这个历史时代展现的初衷和结果并非协调一致的。这期间，部分民俗学学生分享着理论与思想，但学术研究的重点还是为学科发展创建技术工具。现在，既然工具已经存在，民俗学者又燃起探索思想理论、重审学科前提的希望与渴求。研究民俗学的历史可以将民俗学形成的理论问题扩展到前范式阶段，进而使其与在关注方法问题时被搁置的问题一并得到关注。它同样可以改变民俗学的边缘境地，赋予其学科合法性，使其在关乎人类本质的学术讨论中发挥主要核心作用。

一些民俗学者通过其他途径来实现这个最终目标。应用民俗学（applied folklore）[②] 如今的兴趣完全在于贴近当代迫切的社会问题进行研究，为理论探讨寻找切实可行的研究出路。因此，如果应用民俗学将研究与社会需要结合起来，对民俗研究历史的探寻也就重新建立起了民俗学科与关于人类的主要观点之间的联系。

---

① Mikhail Bakhtin, *Rabelais and His World*, trans. Helene Iswolsky（Cambridge, Mass. : M. I. T. Press, 1968）, p. 4.

② Dick Sweterlitsch, ed. , *Papers on Applied Folklore*,（Folklore Forum Bibliographic and Special Series, No. 8）, Bloomington, Ind. , 1971.

但是民俗研究史并不仅仅为了满足当前的需要。它是一个以自身为研究对象和研究范畴的课题。民俗学学生与研究课题的互动、不同学科的交叉渗透，以及民俗学大众运动和政治运动体现出的复杂社会关系共同构成了科学史上一个几乎未曾涉及的研究章节。对于"谁研究谁"这个看似简单的问题，在涉及不同时代、不同国家、不同社群等历史变量时也变成了一个复杂的叙述。格林兄弟传记以及英国民俗学史给大家留下一种印象，认为民俗学是"知识贫民化"的，它是中上层阶级对贩夫皂隶之人的研究。① 这种研究关系的产生不一定与阶级意识或对研究对象的轻视态度有关。在很多时候，由于民俗研究得以建立的浪漫民族主义背景，学者们往往更崇拜敬仰那些出身低微、不加雕饰的叙述者或者歌手。不过总体来说，我们在这方面缺乏细节，至今无法建立一种行为模型来测量民俗学者与调查对象之间的社会关系及所持态度。现在，我们已经掌握了一些传闻轶事，但是它们表现出的是例外而非常规，例如，一个来自布鲁克林的第二代犹太移民并不研究自己的文化，而转向研究苏格兰穷人的文化。因此，从社会学视角，我们学科有了历史的维度。这种探索直接关系到我们学科的思想和理论，因为在很多情况下，它们是科研过程和田野经历的直接成果。②

学生与研究课题之间的社会互动只是复杂社会关系中的一个参量。我们不能，也不应该根据社会的阶级结构设想研究者的行为选择。学科规范和学术传统已经影响了我们研究民俗学的方法，它建构起一张同样值得研究的处于变动中的关系网络。相关论文直接反映了民俗研究史的这一特征，同时展示了美国民俗学领域的一些重大进展。当然，它们并不代表早期民俗研究中的所有重要趋势。例如，它缺少了对族群、区域和职业边界相关民俗记录与研究的讨论。"联邦作家计划"（Federal Writ-

---

① Gunhild Ginschel, *Der junge Jacob Grimm 1805 - 1819*, Deutsche Akademie der Wissenschaftenzu Berlin, *Veroffentlichungender Sprachwissenschaftlichen Kommission* 7 (Berlin: Akademie Verlag, 1967); Ruth Michaelis-Jena, *The Brothers Grimm* (NewYork: Praeger, 1970); Murray B. Peppard, *Paths Through the Forest: A Biography of the Brothers Grimm* (New York: Holt, Rinehart and Winston, 1971); Richard M. Dorson, *The British Folklorists: A History* (Chicago: The University of Chicago-Press, 1968).

② 人类学对这一问题的研究可参见 Dennison Nash and Ronald Wintrob, "The Emergence of Self-Consciousness in Ethnography", *Current Anthropology* 13 (1972): 527 - 542, 以及附于文后的参考文献。

ers' Project）参与记述口头传统而产生了大量的民俗出版物，它们影响了民俗学科的发展进程，而且直接或间接地形塑了很多美国民俗学者的研究兴趣。[1] 同时，"通俗化"在理解民俗学作为一门专业学科时所产生的积极影响和消极影响也应被全面分析。[2] 最近研究表明，与其他社会科学和人文学科相比，民俗学更紧密相关于思想和行为的非学术趋势。赫尔德的思想最初刺激了欧洲民俗学的诞生，而且影响了美国文学派对"民"的认知，现在它被转化成政治运动中或左或右的意识形态。[3] 这种社会宣传和方法论研究之间复杂的历史关系，应站在历史的维度去看待和分析。

亨德森（M. Carole Henderson）结合加拿大情况谈到这个问题。她恰当地指出，民俗研究构建出一个很容易受到社会和政治事件影响的开放系统。民俗学范式[4]应该在更大的社会承启关系中被研究和检验。

然而，这方面的大部分论文还是围绕着民俗学范式的形成过程来谈的，也就是说，他们叙述了为研究奠定基础的一些尝试，包括课题的确定和选择、理论框架的建构及研究方法的建议。他们也描述了社会和学术语境中民俗学的体制化过程。学术机构的重要性也被美国民俗学的创始人关注到了。他们十分清楚，建立机构可以帮助他们规范、系统、执行研究及出版相关事务，因此，贝尔（Michael Bell）和达内尔（Regna Darnell）在各自

---

[1] Jerre Mangione, *The Dream and the Deal*: *The Federal Writers' Project*, 1935 – 1943（Boston：Little, Brown and Company, 1972）, pp. 265 – 285；Benjamin A. Botkin, "WPA and Folklore Research：'*Bread and Song*'", Southern Folklore Quarterly 3（1939）：7 – 14；and Benjamin A. Botkin, "Living Lore on the New York City Writers' Project", New York Folklore Quarterly 2（1946）：252 – 263.

[2] 对民俗学的一般印象直接影响了民俗学在大学中的发展，因为通过国防教育法案拨款的资金后来被撤回了。参见 Richard M. Dorson, "Folklore and the National Defense Education Act", *Journal of American Folklore* 75（1962）：160 – 164.

[3] Richard A. Reuss, "American Folklore and Left-Wing Politics 1927 – 57"；R. Serge Denisoff, *Great Day Coming*：*Folk Music and the American Left*（Urbana：University of Illinois Press, 1971）；*Sing a Song of Social Significance*（Bowling Green：Bowling Green University Popular Press, 1972）；Gene Bluestein, *The Voice of the Folk*：*Folklore and American Literary Theory*（Amherst, Mass.：The University of Massachusetts Press, 1972）；and Wolfgang Emmerich, Zur Kritik der Volkstümsideologie（Frankfurt am Main：Suhrkamp Verlag, 1971）.

[4] 科学史上对于范式概念的讨论可参见 Thomas S. Kuhn, *The Structure of Scientific Revolutions*, 2nd edition（Chicago：University of Chicago Press, 1970）；Margaret Masterman, "The Nature of a Paradigm," *in Criticism and the Growth of Knowledge*, ed. Imre Lakatos and Alan Musgrave（Cambridge：The University Press, 1970）, pp. 59 – 89.

论文中表现出的强烈个性差异实际上反映了在研究路径上科学取向与思想取向的区别。他们的论文讲述了美国民俗学的创始故事，描述了学科前辈在有关神话界定方面的争论。但奇怪的是，与我们熟知的神话叙事不同，失败方幸存了下来，并且在接下来的很多年间一直占据着主导地位。

像贝尔和达内尔陈述的那样，美国民俗学会在这场关于研究方向的讨论中发挥着主导作用，博厄斯（Boas Franz）和纽厄尔（William Wells Newell）依据此权力基础展开了各自的学术斗争。他们在学会中都占据着既得权益。一方面，博厄斯抗议波士顿和华盛顿的人类学当权派，通过美国民俗学会推进自己的理论，推出生源。[①] 另一方面，纽厄尔挑战由巴塞特（Bassett）领导的芝加哥民俗学会秉承的纯文学研究方向。这两股力量结合起来为美国民俗学会留下了人类学理论印记。托雷森（Thoresen）在论文中指出，这种倾向助推了克罗伯（Kroeber）进行人类学—民俗学研究，这在当时可以说是社会科学理论的先驱了。

在美国，像很多其他学科一样，民俗学有两种制度化形式：学会和大学。博厄斯和纽厄尔是学会主席，但是他们，尤其是博厄斯的志向是在大学中建立科研与教学机构。实际上在合适的时机下，博厄斯在人类学领域实现了他的目标，民俗学则相对落后，它在很多年后才在大学中建立了自己的大本营。（实际上，这其中有超过 60 年的鸿沟，美国民俗学会在 1888 年创立，而印第安纳大学最初授予民俗学学位是在 1949 年。[②]）

---

① George W. Stocking. Jr. , Race, *Culture and Evolution：Essays in the History of Anthropology* (New York：The Free Press, 1968), pp. 195 – 233.

② "民俗新闻"（Folklore News）板块发布了这则消息, *Journal of American Folklore* 62 (1949)：193. 其他关于美国大学中民俗学科的信息可参见 Ralph Steele Boggs, "Folklore in University Curricula in the United States", *Southern Folklore Quarterly* 4 (1940)：93 – 109, and "The Development of Folklore in a University", in *Studies in Language and Literature*, ed. George R. Coffman, University of North Carolina Sesquincentennial Publications (Chapel Hill：The University of North Carolina Press, 1945), pp. 106 – 111; Richard M. Dorson, "The Growth of Folklore Courses", *Journal of American Folklore* 63 (1950)：345 – 59, "Folklore Studies in the United States Today", *Folklore* 62 (1951)：353 – 366, "The American Folklore Scene, 1963", *Folklore* 74 (1963)：433 – 449, and "The Academic Future of Folklore", *Journal of American Folklore Supplement*, May 1972, pp. 104 – 125 (includes seven commentaries); and Ronald L. Baker, "Folklore Courses and Programs in American Colleges and Universities", *Journal of American Folklore* 84 (1971)：221 – 229。

尽管如此，在这期间仍然有一些大学在进行不同强度和集中程度的零散教学。当然很多课程反映的是巴塞特和芝加哥民俗学会倡导的文学方向，而非纽厄尔和博厄斯致力的人类学方向。文学派的支持者来自并未参与学会斗争的第三方，也就是因推崇民歌而知名的乔叟故事研究者钱尔德（Francis J. Child）。大部分大学课程都直接或间接地相关于他19世纪末在哈佛大学的讲学，以及追随其脚步的他的弟子基特里奇（George Lyman Kittredge）的课程内容。就像莫莉（Linda Morely）说的那样，钱尔德是因为对中世纪英国文学的兴趣才开始民俗研究和歌谣研究的，而这种文学倾向持续影响了民俗学者的研究与教学。当汤普森和泰勒（Archer Taylor）在20世纪20年代在哈佛大学跟随基特里奇学习时，他们继续追随着这种文学传统。当他们将关注点转向芬兰民俗研究方法时，两者也毫无违和，因为历史地理法同样部分来源于对民俗传统的文学兴趣。这两位学者对美国大学中民俗学的教学方向产生了重要的影响，他们建立了以文学，而非人类学为基础的教学指导。因此，虽然人类学派很多年来在美国民俗学会中占据主导地位，但是在大学中占据主要地位的却是由巴塞特和芝加哥民俗学会主导的文学派。这个传统的影响至今仍然存在，现在大部分的民俗学课程还是安排在文学学科下，而非人类学学科下的。①

围绕学术活动中心展开的斗争不应掩盖个人在学科发展中的作用。它为我们提供了特定时期学术活动的部分境况，尤其是具有表演性的境况。通过筛选，阿尔维（Alvey）最终确定了这个研究角度：巴里（Phillips Barry）对民俗学的贡献。他展示了一个叛逆、不墨守成规的学者，也就是一个不对任何人负责，不对任何机构和科学规范负责的人的重要性。巴里因此可以探索新的理论与方法，可以挑战权威，可以尽情地推测想象，也就因此可以开创新的研究领域。

上述大部分论文的传记性特征不能也不应该掩盖探索民俗研究历史的目的，也就是，检验不同时期构成民俗研究基础的理论和思想。尽管传记类的记述很容易变成叙述个人轶事，但利用恰当的话，它也可以描

---

① Baker, "Folklore Courses and Programs in American Colleges and Universities."

述学科的发展，不仅作为一种观点，而是作为一种经验。[①] 就像这些论文展示的那样，这种类型的研究强调了过去学术研究对人的关注，它是被复杂的人际互动、对失败的沮丧，以及对成功的喜悦所影响的。这些文章有助于我们理解比其自身更为广泛的承启关系，同时也建构了学科发展的模式，正是这些模式或独立或完整地塑造了民俗学的基本形式。

---

[①]　Jacob Gruber, "In Search of Experience: Biography as an Instrument for the History of Anthropology", in *Pioneers of American Anthropology: the Uses of Biography*, ed. June Helm ( = *The American Ethnological Society Monograph*, 43) (Seattle: University of Washington Press, 1966), pp. 5 – 27. 也可参见 the "The Making of Modern Science: Biographical Studies", *Daedalus* 99, No. 4 (Fall, 1970)。

# 12

# 民俗思想辨析

【编译者按】本文（*The Idea of Folklore: An Essay*）发表于《哈加达与犹太民俗研究》（*Studies in Aggadah and Jewish Folklore*）文集，由以撒哈·本-阿米和约瑟夫·丹主编（Issachar Ben-Ami and Joseph Dan），1983年，第11—17页。被邓迪斯（A. Dundes）收入所编的《民俗：文学与文化研究中的关键概念》（*Folklore: Critical Concepts in Literary and Cultural Studies*）2005年第1卷，第10—16页。本文梳理了"民俗"如何从日常生活实践上升为一个认知概念，又如何成为一个学科的基本定义，这对每个民俗学者都是至关重要的问题。通过论述这个概念形成的过程，与民俗相关的传统性、非理性、乡土性、匿名性、集体性、普遍性、原初性和口头流动性等概念也得到进一步辨析。由此，民俗作为独特的交际方式便自然有了其成为学科研究目标的合理性。本译文由"北京师范大学社会学院民俗翻译工作坊2017"参与者集体翻译，以"全一方"笔名发表（《民间文化论坛》2018年第1期，第5—8页），译者包括（以姓氏笔画为序）：王宇琛、王辉、王惠云、邓熠、申十、刘洁、刘梦悦、阿丽米热、张举文、贾琛。

民俗的概念出现于19世纪中叶的欧洲。最初，"民俗"二字意味着传统、古老的习俗、遗留下来的节日、无法追溯时期的歌谣、神话、传说、以及故事和谚语。由于这些叙事很少能经得起常识和经验的推敲，所以民俗也隐含着非理性的属性。例如，关于妖魔鬼怪的故事及信仰。

此外，一些预兆和护身符、驱邪驱鬼的物品的可信性也无法确定。从当地文人阶层的角度出发，他们构建了民俗的属性，而传统性和非理性这两个特点似乎只适用于农业社会和原始社会中。因此，他们认为民俗还应具有第三种属性：乡土性。乡村和开阔的原野是孕育民俗的沃土。人类在乡村生活和狩猎的过程中与大自然的密切接触被认为是神话和诗歌产生的最初来源。民俗本身作为人类对自然的体验的产物，是一种在被城市、商业、文明以及文化污染之前最为真实的表达。

传统性、非理性和乡土性——这三个重要属性不但曾在过去的很长时间里主导着民俗这一概念，而且直到现在仍然影响颇大。这样的民俗概念成为判断故事、歌曲、谚语是否属于民俗的标准。人们把那些至少具备其中一个属性的命名为"民间故事，民间歌曲，谜语和谚语"，对那些不具备这些条件的则拒不接受。

反过来，这些有特定意义的术语又生成了一些新的属性，这些新属性在整体上影响了人们在日常生活、出版物以及言语当中对民俗这个概念的感知。那些民间故事，歌谣和谚语的创作者的真实身份隐藏在传统这件外衣之下，而代代相承的传播过程也模糊了它们的起源。

于是，匿名性被习惯地当成了民俗的标志，人们反而忽视民俗的有益功能。本土的韵文或者诗歌只有在其作者被人们彻底遗忘之后，才能成为民俗。由此，匿名性限定了真正传统的发展。匿名性使得歌曲和故事获得了合法性，成为一个社会文化遗产当中不可分割的部分。

然而，仅仅从民间叙事、谣谚和谜语的匿名性出发，难以解开民俗的起源之谜。创作的责任必然担在某个创作者的肩上，无论他是神还是人。因此，在没有任何一个人能够正当而心甘情愿地声称自己是神话和传说之创作者的时候，那么整个集体就不得不担负起此责任。毕竟，现有的证据似乎支持这一主张。叙事者和歌手常常把他们的故事和歌曲归功于共同体的集体传统，而不是某一个体。即使是在一些特殊情况下，确实有人声称自己是作者，他们也只是揭示了在他们自己的与其他的传统之间出现的相似情况。这样的可比性对民俗起源的独创性提出了质疑。同时，也延续了民俗创作集体性的观点。

事实上，"集体性"已经成为民俗概念构成过程中的核心属性（可与之相比的只有"传统"）。在民俗中不存在私有的故事和诗歌，任何表达方式在被认定为民俗前都必须先经过集体的认可。但是，这个确认故事或歌谣集体属性的过程已经被证明是非常复杂，甚至在逻辑上是很难理顺的。将民间故事和歌谣归属于集体，允许任何人说唱，或为其起源时期限定"知识产权"，并视民间表达方式为集体创作，这样就可以解决与之相伴的作者署名问题了吗？进一步说，集体怎样巩固民众与民俗的联系？主题、语言、形式或者特定的故事、歌谣、谚语中的哪个层面和社会生活更为贴近？诸如此类的问题使得对民俗思想的辩论更加尖锐。从这些不同的观点来看，"集体性"的属性暗含了集体创作、再创作，或简而言之，集体表达。

集体性创作涉及一些过时的推论：共同体集体享用的传说、歌谣、谚语，也是共同体集体创作的。这样的解释可以解决作者身份的问题，但我们从结果推论起源的做法，可能并不合逻辑。在社会文化领域，现有的存在状态不一定能证实形式的起源。主题的传播，观念的扩散，行为方式的模仿都会影响到民俗的形态和本质。因而，关于故事和民歌的集体知识并不能成为创作的明确标志。集体再创作的观点与此两难问题是相互矛盾的。它延长了民俗的起源时期，比如，歌谣不是一次诗意灵感的迸发，而是歌手在不同公众场合反复吟唱的产物。每次对原文的即兴创作和润色，都要符合集体的审美和道德标准。这种对民俗集体性的解释，使得我们可以将民间韵文和诗歌视为社会忧虑与愿望、理想、价值观的表达。民俗反映了集体的社会经验，是共同体时刻面对的一面镜子。

然而，民俗之所以具有普遍性，这同其是集体智慧的结晶密不可分。一方面，由于民谣和民间传说可能是在特定的共同体中形成，因而其内容可以展现出该共同体的特定经历。另一方面，它们超越了不同种族以及遥远国度之间在空间和语言方面所存在的种种界限，始终保持着其本体的原汁原味。民俗的体裁形式和内容主题，均能体现集体创作的痕迹。所有人都能区分诗和散文，都能分辨谚语和史诗；无论是创作科幻题材还是历史题材的叙事文本，创作方法都是将诸多事件依次有序地串联起来；所有人都能将音乐、动作和词语组合搭配在一起，以唱歌跳舞的方式来展示他们的内心世界。这些其实都是人类与生俱有的能力。

从某种程度上来说，在生物界也许不难发现语言本身的存在。但就民俗而言，目前仅存在于人类社会。有关动物的现代研究成果清楚表明，一些物种的基本行为模式可以起到语言沟通功能（例如，鲸鱼的歌声），但是我们至今却从未发现老鼠和猴子给它们的宝贝讲传说故事。民俗的普遍性并不是仅仅局限于形式方面。世界上存在着许多住在相距甚远的国家，并且使用着完全不同语言的人们。他们所创作的民俗作品，在内容主题、使用的隐喻、故事角色的设置、民谣以及谚语的内容方面均存在着历史难以阐释的高度相似。无论是在战争还是和平的历史背景下，不同民族间的流动和接触，无法解释为何澳大利亚、非洲和美洲当地人所创作的民间传说和诗歌拥有许多共同点。例如，这些不同地域的民俗作品都包含有关上帝、世界诞生和世界末日的传说，其叙事风格和内容题材都具有超自然性和别具一格的特点。当我们考察这些毫无关联的人们在生存奋斗时或是因获得胜利而庆祝，或是因不幸失败而悲叹所创作的歌谣中的相同片段、词汇以及跃然于纸上的形象时，我们会发现其中有关自然、信仰和社会的隐喻具有惊人的相似之处。

在民俗思想中，普遍性和集体性这两种属性彼此连接在一起，创造出一种明显的矛盾体，因为这相当于把一般性和个别性融入同一个概念中。两个属性都有证据支持。民俗的主题和形式似乎是普遍性的，但是在这种普遍性中，其表达方式如此地渗透了区域的、当地的、文化的特征、意义和象征符号。有两种办法来解决这一矛盾。第一，不将普遍性和集体性看作矛盾的，而视其为具有共同特点的两种形式。民俗是具有普遍性的，而与文化和历史的相关性是具有特殊性的。民俗在形式和主题上的区分原则具有普遍性——这准则可能是不寻常的、龃龉的，或者相反，也可能是完全和谐的。而集体性体现了一个社会的语言、社会历史经验、宗教系统和道德价值观，这构成了各个社会中民俗的实质。第二，从历史上来看，这两种属性是有关联的，一个先于另一个。假如民俗起先是集体性的，那么，它的特性就应该在历史进程中达到其普遍性，例如人们在移民、贸易和战争中的往来传播民俗的主题。这个假设意味着民俗有一个单一的起源，或者开端的时间地点，从这里开始民俗特征得到普遍传播。但是，如果民俗首先是普遍性的，那么它的基本形式和主题的形成就应该先于任何历史和发展的历程。这种情况下，民俗就在人类文化的多样性出现之前体现了人类文化的同质性。正是因此，民俗也具有原初性，这种属性使得民俗对现代思想和艺术产生深远的影响。

根据上述的前提，各国神话不但讲述人类文明的起源，而且它们本身就是人类文明的曙光。它体现出一切共同体的共同特性，并表达着人类处于混沌状态中的表达方式。民俗的基本形式是在人类的多样性发展之前出现的，因而包含了言语符号和视觉符号的最初形式。民俗的重要性体现于历史方面与进化方面。从历史上看，民俗可以追溯到鸿蒙时代，因此，在其初始阶段，并没有已知的相关记载。当人类狩猎、采集，甚至开始耕种土地、蓄养牲畜时，虽然他们尚不会书写，但已经在讲故事、唱歌了。因此，人们认为，世界上的民俗充满了与人类文明之初相关的象征、主题和隐喻。并且，民俗为我们提供了认识历史中那些晦暗不明的角落的线索，这是其他记录无法做到的。因而，民俗的形式被视为艺术形式的精髓。它们是原始、粗粝的表达，由此，文字、视觉和音乐得以形成。民俗所包含的象征形式，构成了文字社会的复杂表达方式的基础。

当然，现代人无法接近早期阶段的民俗，如果不是对无文字社会（民俗被口头讲述或演唱，而没有任何文字辅助其记忆与传播）中故事和歌谣的重新获得，我们便无从了解其属性。没有人认为现行的农业社会和无文字社会中的韵文和诗歌可以反映人类原始的表达方式。反复吟诵、记忆损失、创造性的即兴创作，以及更为广泛的文化交流与技术革新的历史进程促成了特定主题和民俗主旨的改变。然而，尽管认识到这些历史因素，民俗学仍保有一个基本假设：故事、歌谣和谚语至少在以和他们前一辈一样的方式（口头表演）存在，而且就像在文字出现以前那样，它们只是在口头上代代相传。因此，民俗的口头性已经成为其重要属性之一，它也是真实性和原创性的试金石。只要故事、歌谣和谚语符合口头传承传播的原则，就被认为是"纯"民俗，但可惜的是，如果它们在传承传播过程中与书面文本发生联系，就会被打上"已受污染"的烙印，因为它们不再代表人类的原始方式了。

在人们对民俗的看法中，有一些属性彼此巩固加强，这些属性包括传统性、非理性、乡土性、匿名性、集体性、普遍性、原初性和口头流动性。它们作为一个集合，彼此相互暗含且有着内在关联。在一首歌曲或故事中出现的属性常常暗含着大部分其他属性。例如，一首农民歌曲被认为在其共同体中有着长久的传统。但是，这首歌曲有可能是新近创作的，也有可能是从外部，比如说都市中心，借鉴而来的。这种可能性将会否认歌曲的民俗本质，并且与人们所持有的一些基本假设相矛盾。歌曲的乡土属性暗含它的其他民俗属性，如作者是匿名的且歌曲是整个共同体拥有的文化遗产。更有可能的是，作为诗歌，它能表达根深蒂固的情感或不受束缚的自由愿望。这些情感或愿望转而又指向普遍的最初未受文明影响的人类特征。因此，在一首带有假想的歌曲中，民俗的这些属性相互结合并传达了民俗这个概念的含义。

由此，这些最多算得上是描述性和阐释性的属性，获得了一种规范性地位，界定着民俗的边界和本质。这种认为"民俗应当如何如何"的看法本来只是先验性的，而且只在个别时候与实际情况相符。但是受到这个成见的限制，它们在事实上成了界定性的术语，把人们所希望看到的变成了实际评判中的必要条件，在所谓的客观观察中加入了主观阐释。歌曲和谚语的价值几何，重要性多大？这些问题都要经受这几个价值标准的检验、对照着这几个理想类型做考察——虽然实际上，人们对这些所谓的理想类型的认识也没那么明确。

在研究和阐释过程中，预期目标可能常常转变为先验假设，成为最初的前提而不是最终的结论。事实上，这种情况时常发生，由于故事、歌谣和传说的特点，预期目标成为设计和理论构建的基本前提。当然，有许多例子来支撑这些论点。例如，民间故事以口头传承方式，长久生存于传统乡土社会之中，这些故事的作者（如果有的话）早已被人遗忘，但相似的故事却能出现在很遥远的地方。但是，即使有能够评判民俗标准的文本，这些标准也不能成为给民俗的本质下定义的术语。

将"模式"转化为"前提"，将"理想目标"作为"先验"条件，其恶果是限定了研究和理论发展的范围。过去的民俗学研究已经付出了双倍的代价。民俗本身的多样与丰富受到被强加的概念的限定。对乡村传统的研究兴旺了，但城里对应的活动则被忽略了。那些匿名故事和民歌得到热切的记录、备档，以至分段处理，然而，那些包含同样有娱乐价值的歌曲和故事，因为其作者还健在，便被视为不妥当，而其他的特征属性便成为阐释的框架。表达方法与其社区之间的关系一直以来都是主要的分析范式。在故事和比喻中所发现的思想的隐含非理性一直是对其解释的唯一基础，这也为心理分析打开了一道门缝。尽管这些概念的意义重大，但它们也阻碍了其他的解释模式、研究方向，以及对理论的构建。这些概念将所研究的问题做了前置界定和本质认定，由此而消噤了民众的自我表达。近些年来，先验前提论的乌云开始消散。依然带有一丝创新和学术反抗感，赫尔曼·鲍辛格对技术世界的民间文化进行了解析（《技术世界中的民间文化》，1961），① 美国民俗学家们聚集在一起讨论《都市经验与民间传统》，1971）。② 这些都是学术传统对现实需求的新近反应。经过了民俗学成型期以及之后的许多年，有关民俗之思想的属性主导了这个概念的本质，也限定了对它的研究。它们成为理所当然的不受挑战的前提和假设。

无论这些属性的合理性如何，它们促进了民俗观念的流行。然而，正是这些属性阻碍了其从一个观念转化为一个学术领域。它们以未经证实的假设，未经考验的信条以及流行观念对构成民俗研究主题的实质的扭曲，有碍于民俗研究。为了民俗学研究领域的进展，有必要像一些已经完成的工作那样，摆脱其过时的属性界定，而去观察社会现实中鲜活的民俗现象。在这种背景下，民俗是一种在文化上独特的交流方式，其独特性表现在形式上、主题上和表演上。这三种层面的表达彼此关联，也让民俗的表演者在社会中确立了独具特色的交流方式。

作为一种独特的交流方式，民俗存在于所有的社会生活中。它不只为农民所拥有，也不只为原始人所拥有。毫无疑问，民俗可以是传统的，但是不能从定义上认为民俗具有传统性。民俗可以是匿名的，但是匿名性并非民俗的必备条件。那些曾经的且一直延续到现在的民俗特征能否内化于某些样式和文化里，这取决于民俗学家是如何以新的方式来展示它们的。

---

① 参见译本《技术世界中的民间文化》，户晓辉译，广西师范大学出版社 2014 年版。——译注

② 参见译文道尔逊（R. M. Dorson）《都市里有俗民吗?》，张举文译，《民俗研究》2000 年第 4 期。——译注

◆◆ 第四编 ◆◆

# 非洲民俗研究

作为一位对民俗学理论概念有突出贡献的民俗学家，丹·本-阿默思也是著名的研究非洲口头传统的学者。他的许多重要理论思想都是基于他在非洲的民俗调查而获得的经验和思考。从 20 世纪 60 年代到尼日利亚的贝宁地区做实地调查开始，他一直关注非洲的讲故事传统。在这过程中，他逐渐清晰地将"故事"与"讲故事"做出了区分，强调从以文本为重点的故事研究过渡到以承启关系为中心的讲故事活动，将民俗作为"事件"，作为大社会和历史背景的缩影和"索引"。

在《非洲社会中的民俗》中，丹·本-阿默思侧重了对承启关系的分析，其方法无疑可运用到任何社会中。而在《埃多人的视觉与口头艺术中的动物》一文中，丹·本-阿默思通过对一个具体民俗事象的研究，以小见大的方式，展现了他的方法论的应用。而最代表丹·本-阿默思的民俗志研究和写作的是《娓娓道来：贝宁的讲故事活动》。这篇短小精悍的著述（其附录中的田野笔记、唱词和曲谱等资料也因篇幅所限未能在此收录）也成为民俗学的民俗志写作的一个样板。

作者在本编中的三篇文章都是基于对埃多人的实地调查而完成。埃多人（édó）是尼日利亚一个族群的自称，过去也被称为"贝宁人"，其州府是贝宁市。贝宁在历史上曾是一个王国，特别是 15、16 世纪，在政治上独立，并对周边产生很大影响。这段历史也成为后来的口头传统的重要内容。由此，作者洞察到了特定历史对口头传统的决定性影响。

# 13

# 非洲社会中的民俗

**【编译者按】** 本文（*Folklore in African Society*）发表于《非洲文学研究》（*Research in African Literatures*），6（2）：165—198，1975。在文章中，作者运用非洲各民族丰富的民俗资料来说明在非洲社会中，其共同体成员而非外部人员是如何识别、运用和解释自己的民俗的。文章的意义远远超出了非洲社会民俗范围，其方法对研究世界各国民间文学类型、特征、表演情境等都具有重要的参考价值。

在非洲，民俗是什么？非洲人对其文化中的诸多叙事和诗歌有哪些了解？他们对此有怎样的构想？他们又如何认知其形式（forms）和主题（themes）？他们在社会生活中如何恰当地运用它们，反过来，它们对他们又意味着什么？在不同的非洲社会中，对于这些问题的回答不尽相同。在此，我们尝试着去提出这些问题，这些问题也许有助于我们以其共同体成员的角度来理解一个非洲社会的民俗。

当讲述人描述和识别这些民俗形式的时候，形式就有了文化象征意义。当文本被纳入民俗类型（genre）框架且在社会交际情境中得以表演时，文本就获得了超越文字本身含义之外的重要意义。例如，伴有重复背诵和晦涩模糊的词语的仪式歌曲，一旦脱离了其言语或社会语境就变得无意义，或者在另外一些情况中，仪式歌曲从一种语境转变到另一种语境，就伴随着意义的转换。族谱和传说的功能是提升社会的稳定性，因为它们是政治权利和历史真相的象征性表达；寓言在解决个人争端方面是有效的，因为它象征着道德真理，同理，故事和谜语具有娱乐功能，因为它们具有打破社会现实的内在能力。因此在社会生活中，不同形式和类型的界定性特征能够传递某一类表达方式或某一文本的象征意义。

由于这些界定性特征使得民俗类型区别于其他随意组合的信息，并且由于民俗类型对多种讲述形式加以区分，这使得它们有能力对不同形式的内在意义进行交际。又因为类型划分要在文化意义上得到传播，它们就需要被作为独特的口头言语实体得到构想或认知；这样的认知需要用语言来表达，并且能通过其文本和表演的社会语境的验证。因此，试图发现非洲每一种文化的民俗交际原则必须开始于对民俗形式的认知性、表达性、社会独特征的识别和分析。民俗的认知性特征包括名称、分类和评论，借此，一个社会对更广范围的语言交际体系内的民俗特征进行贴标签、分类和阐释；表达性特征包括描述每一种类型特征的风格、内容和结构；社会性特征则是由每一次民俗表演的情境语境构成。对非洲进行民族志民俗研究应该揭示每一种文化和语言中的民俗交际原则。

# 一　认知性特征

学者们很早就意识到研究非洲民族民俗类型名称和分类体系的必要性，然而，这样的认识，并未产生出任何方法论意义上的民族志描述。早在1948年，玛格丽特·格林（Margaret Green）指出："我们需要发现在非洲产生了什么样的文学类型，尤其是被当地人自己识别出来的那些文学类型，并且，可能的话，发觉它们的相对重要性。我们还需要发现在这样的'类型'范围内产生了哪些文学形式。例如，假设有一戏剧，它是采用散文形式还是韵文形式，还是二者都用?"[1] 玛格丽特·格林本人对伊博人（Igbo）的民俗类型做了初步描述，用实际研究坚守自己的提

---

① M. M. Green, "The Unwritten literature of the Igbo-Speaking People of South Eastern Nigeria", *Bulletin of the School of Oriental and African Studies*, 12 (1947 – 48), 838.

议。但是研究非洲民俗的其他学者，尽管对她的这一呼吁表示同情，[1] 但实际上并没有接受。相反，他们将精力投入如何使非洲民俗类型能够纳入欧洲文学分类体系中，他们深陷其中并且徒劳无功。

例如，梅尔维尔·赫斯科维茨（Melville Herskovits）和弗朗西斯·赫斯科维茨（FrancesHerskovits）清楚地认识到必须根据"每一个社会的独特定位来研究该社会"，[2] 在这一理念下，学者们尝试着识别口头言语形式的本土分类法，并且取得了部分成果，但学者们依旧对本土分类体系中存在的矛盾和模糊感到困惑。"讲述甚至会在两个主要的类型中重叠，如'贺文奥豪'（hwenoho）和'贺豪'（heho），并且当达荷美人（Dahomeans）被问到某些故事属于哪一类型的时候，他们很难给出答案。这种困惑在解释'贺豪'的类型时更明显，我们倾向于将'贺豪'描述为传统的寓言或者是打比方，但实际上，地方信息提供者将打比方归入谚语类型。"[3]

巴斯科姆（William Bascom）尝试在本土分类基础上对散文叙事中的交叉性的文化分类体系进行归纳，他建议考虑将广泛认可的三个类型即神话、传说和民间故事作为分类体系。神话是神圣的，事件发生在古老的过去并且它的主要角色是神；传说可以是神圣的也可以是世俗的，情节发生在较近的过去，并且它的主要角色是人类；相比前两个类型，民间故事是世俗的，故事可以发生在任何时间和任何地点，角色可以是人类也可以是非人类。但是在使得约鲁巴人（Yoruba）的散文叙事两分法体系能够适应上述三分法分类体系的过程中，巴斯科姆将约鲁巴人的本土分类体系屈从于自己构建的三分法分类体系，将约鲁巴人的"伊坦"（itan）类型归为神话—传说的这一种复杂类型，而不是约鲁巴人自己认知的口头言语实体。[4] 本土分类原则根植于文化思维、语言和经验。类型

---

[1] J. Berry, *Spoken Art in West Africa* (London: School of Oriental and African Studies, University of London, 1961), p. 5.

[2] Melville J. and Frances S. Herskovits, *Dahomean Narrative: A Cross Cultural Analysis* (Evanston: Northwestern University Press, 1958), p. 14.

[3] Ibid., p. 16.

[4] William Bascom, "The Forms of Folklore: Prose Narratives", *Journal of American Folklore*, 78 (1965), 3 – 20.

名称、口头言语行为分类和象征意义上的不同反映了基本的文化概念。破译这些文化概念的意义可能是我们以讲述人的方式理解民俗交际的关键。①

　　a. 类型性的名称。民俗形式的名称反映了非洲人的文化概念和文化意义。这些术语的语义成分构成了好几套特征，一种语言的讲述人认为这些特征就是每一种口头言语形式的最初特质。一种类型中的这些特征也指明了一种文化中既定形式的象征意义。例如，利比亚的贾博（Jabo）人在给谚语命名的时候强调它的古老成分，Da'di kpa 意为"讲旧事物"。② 而尼日利亚的豪萨人（Hausa）在为他们的"智慧谚语"，③ 即"卡仁-玛嘎纳"（Karin magana）命名的时候关注的是智慧成分。在这两个不同的社会中，对谚语的使用尽管是相似的，但实际上其中的观念却大不相同。贾博人通过激发传统和古物的惩罚功能来解决争端，此外，谚语传达的古语在口头言语交际和诗歌中还有装饰价值。豪萨人则将智慧观念运用于相似的社会和口头言语语境中。毫无疑问，术语的词源意义或是最初的语义成分可能会变得模糊；术语的使用、表演和象征也可能会生成更宽泛的内涵。例如坦桑尼亚的桑达韦人（Sandawe）将谜语命名为"坦塔布勒"（tantabule），这个术语不仅可以用来表示故事和故事中的歌曲，同时也与鸟类相关。或是家禽这一形象，或是鸟类的实际名称抑或是对二者的暗示，这些都出现在说谜语的程式化进程中。类似的，故事的歌曲中出现的"他们像鸟类一样在飞"说的也是这个意思。正是由于谜语和鸟类之间相近的语义关系，使得种植季节谜语表演的禁忌得到强调。当有人打破这种禁忌的时候，就会受到"鸟类将会来到并且吃掉所有种子"④ 的惩罚。因此，类型的名称能够反映它们想象中的意义，并且指明了它们与文化信仰体系之间的关联。

---

　　① 不同的方法介绍可见 Ruth Finnegan, *Oral Literature in Africa* (Oxford：Clarendon Press, 1970), pp. 108 – 110.

　　② George Herzog and C. G. Blooah, *Jabo Proverbs from Liberia* (London：Oxford University Press, 1936).

　　③ Clifford Alden Hill, *A Linguistic Study of Karin Magana：A Hausa Tradition of Oral Art*. Unpublished Doctoral Dissertation. Madison：University of Wisconsin, 1972.

　　④ Eric Ten Raa, "Procedure and Symbolism in Sandawe Riddles", *Man*, 1 (1966), 392, 91.

　　b. 类型的分类法。形式分类就是要表述兼容性和排除性之间的关系。如果所有类型都共享某种普遍的特征，那它们就被纳入单个分类中，在这个体系中有其他特征的那些形式就会被排除出原来的分类并形成另外的集体。口头言语形式之所以能够进入所属类别，其基础就是每一种类型所具有的区别性特征，这些区别性特征聚集起来就能表明它的象征意义。有三种方法可以确定一种形式属于哪一类别：认知性方法就是通过对它命名，实用主义方法就是在特殊语境下对它进行展演，以及表达性方法就是在一种对于此类型是独特的区别性语言中对它进行程式化。后面我们会结合对民俗表达性特征的描述再次提及第三种方法。假定口头言语艺术的分类体系清晰且有文化依据，那么每一种表达都必须有文体、主题以及语境关联物，这些都可以拿来判定一种表达在某一分类而非其他分类中的兼容性。

　　非洲民族在为他们的民俗排序时有一定的分类原则，但是目前尝试对此分类原则做出结论性的界定显然是不可能的。当前掌握的信息只允许用少量孤立的案例来阐释这个问题。例如，塞拉利昂地区林巴人（Limba）的全部口头言语形式最重要的特征是当讲述人自己察觉到它。在林巴人的那些术语中，他们所有的故事、谚语、谜语和比喻都来自前人，来自"老人（beborobe），因此，他们将这些形式都归入一个分类即'摩博若'（mboro）。自然而然地，在实践层面上，它们在多种民俗形式间相区别，并且在不同的社会语境里得到展演：讲故事要在娱乐场合，说谚语则是在劝服和争论的语境中"①。

　　相反，对扎伊尔地区的尼扬加人（Nyanga）而言，民俗分类的基本原则是表达性。尽管明显地他们没有术语来表示散文和诗歌，但是有节奏的语言属于一个分类，而那些有着散文语句的属于另一分类，他们对此有共识。在每种一般类别中，尼扬加人通过名称、形式、语境和主题来识别一些类型。例如，他们有两个术语都可以表示散文讲述："乌阿诺"（uano）和"穆施恩嘎"（mushinga）。"第一个词通常指的是一个故事，第二个词表示的故事有明显的超自然情节，它们是在神灵、天体、

① Ruth Finnegan, *Limba Stories and Story-Telling* (Oxford: Clarendon Press, 1967), pp. 25 - 48.

怪物和森林幽灵的干预下产生的。"① 尼扬加人其他的散文讲述类型叫作
"呢干—乌日若"（ngan uriro），"一部分内容是想象的，一部分事件是真
实故事"，这类故事主要是由男性讲述，通常以他们是讲述此故事的第一
人称为开头的程式。"我（我们）已经看到了……"，② "姆哇尼奇若"
（mwanikiro），即用简洁的风格表达沉思；"奇沙姆巴若"（kishambaro），
即年长者或政治领袖就严肃的公共事件进行发言；"伊哈诺"（ihano），
当指导和教给年轻人关于风俗和行为的知识时，就经常运用"我们习惯
于……"这样的程式；最后"卡日斯"（karisi），尼扬加人的这种史诗数
量很少并且仅仅为少数人所知。诗歌类型则根据它们不同的特征而有适
当的变化。③

在一些非洲社会，表演的特征而非内容或态度成为区分民俗类型的
显著标志，这一点并不奇怪。例如，尼日利亚的比尼人（Bini），喀麦隆
的格巴亚人（Gbaya）以及罗得西亚和扎伊尔的兰巴人（Lamba），他们
都通过是否有歌曲来区分故事。在贝宁人的故事中，有歌曲的故事叫作
"奥科巴"（okba），而那些没有歌曲的故事叫作"乌玛日阿姆文"（uma-
ramwen）。尽管在讲述"乌玛日阿姆文"时也允许唱歌，但是歌曲并不是
故事情节不可或缺的部分；相反，在"奥科巴"中，故事的英雄发现一
个场景中唱歌是适当的，甚至是必要的和令听众满意的，这种情况下唱
歌就是正确的。然后故事讲述人开始唱歌，听众用喝彩来回应他。④ 同样
的，格巴亚人有两种讲述类型即"拓"（to）和"里藏"（lizang）。这两
种形式通过几个不同的表达性特征来相互区分。"故事'拓'的字数从
100 字到 6000 字不等，其一个情节或者一系列情节与人类、鸟类、动物

---

① Daniel Biebuyck and Kahombo C. Mateene, *The Mwindo Epic* (Berkeley and Los Angeles：Uni-
versity of California Press, 1969), p. 9.

② Ibid., p. 10.

③ For general discussion see ibid., pp. 9 – 11. See also their volume, *Anthologie de la litterature
orate nyanga*. Academie Royale des Sciences d'Outre-Mer, Classe des Sciences morales et politiques,
N. S. 36, i (Bruxelles, 1970).

④ 有关贝宁人的这个例子和其他的例子，除非特别指明，都是基于我自己对比尼人的田野
调查得来的，1966 年我在中西部大学财团对国际活动的经济支持下做了这些调查。有关贝宁讲
述的分类体系特征详见我的论文"非洲地区的现代本土历史学家"（*Folklore in the Modern World*,
ed. Richard Dorson）。

和水生物有关。而作为打比方的'里藏'指的是从自然或人类经验的简短讲述中获得客观教训。唯一区别二者的特征可能就是是否有歌曲。几乎不变的是，一个故事一定有一首歌曲，在较长的故事中可能达到十首歌曲或更多，但是在一个打比方'里藏'中是没有歌曲的"。① 克莱门特·道科（Clement Doke）评论说"依据吟诵的模式，兰巴人运用两种方式对自己的民俗进行分类，首先是一类叫做'伊瑟斯密奇斯尤'（icisimikisyo）的散文故事，另一类翻译的好听些叫做'合唱故事'，当地人对它的叫法多种多样，有'乌鲁斯密'（ulusimi）、'伊瑟斯密'（icisimi）、'阿卡斯密'（akasimi）、'阿卡拉维'（akalawi）。这一类型指的是用歌曲点缀的散文故事。这些故事大部分是由妇女和女孩来吟诵"。②

除了表演，口头言语形式在社会中的实际使用也可以成为区别性的分类特征。例如，坦桑尼亚的阿亚人（Haya）把谚语在讲述语境中产生的影响作为区分依据。"'恩夫莫'（enfumo）这一谚语用来将讲述人和听众的观点结合起来。讲述人尝试在听众和自己达成协议的过程中施加影响。而另外，'奥姆维造'（omwizo）可能会被讲述人用来指示对话者之间没有一个和平的关系。总体来讲，'恩夫莫'将讲述人和听众连接起来，而'奥姆维造'是使得他们相分离。"③ 赛陶（Seitel）认为在两种不同情境中，一个谚语可以分别被认为是"恩夫莫"和"奥姆维造"。换句话说，不仅一种口头言语表达得到分类，一种用谚语来界定的社会情境也得到分类。

同理，尽管在比尼人的分类体系里面，内容和类别是相关联的，但他们还是将谚语分为三种形式。并不是每一种表达都能够在不同的社会情境中得到正确的使用。贝宁人的三种谚语形式分别是"额热"（ere）、"伊维德"（ivde）、"伊坦"（itan）。"额热"直接或间接地表达贝宁人传统历史中的事件和著名人物，并且当它在对话中使用时有道德意图。例

---

① Philip A. Noss, "Wanto and Crocodile: The Story of Joseph", *Practical Anthropol ogy*, 14 (1967), 222. See also his essay "Gbaya Traditional Literature", *Abbia*, 17－18 (1967), 35－67.

② Clement M. Doke, *Lamba Folk-Lore*, Memoir of the American Folk-Lore Society, Vol. 20 (New York: G. E. Stechert, 1927), p. xiv.

③ Peter Seitel, "Two Types of 'Proverb': An Aspect of Haya Speech", mss. p. 11.

如谚语 *n' o gha yi n'agbon*, *e da eho ahian mwrn n'utioya* 指的是"履行他的人生目标的人不会在意呼叫危险的鸟",这种谚语形式叫作"额热"。这个谚语暗指贝宁历史上一场著名战役中的一个情节。据说谚语中提及的鸟有预知能力,"假如鸟呼喊 *oya o*, *oya o*,意味着面临危险或灾难,呼喊 *oligurgur*, *oligurgur* 意味着这个人的差事是幸运的。假如在一个人面前持续的呼喊 *oya o*,意味着这个人将从他的行程中返回而不是继续。在奥巴·艾斯治亚(Oba Esigie)和他的兄弟阿阮冉(Aruanran)一起上战场的路上,这只鸟 *ahianmwfn n'utioya* 呼喊 *oya o*,但是奥巴杀死了鸟且并不在意鸟的呼喊"。[①] 第二种谚语形式是作为警告或者进攻来使用的,它除了当时即刻的语境之外并没有比喻或者指示意义。说 *ebiebi o r' owa okhu* 时意为"黑暗是邪恶的家",或者说 *arhunmw'okpa i bi ma* 时意为"一个人不能形成一个群体",这种谚语类型叫作"伊维德"。如果说前两种谚语形式具有修辞功用的话,第三种形式即"伊坦"更多的是审美价值,具有一种正式话语中的语言装饰功能。歌手和故事讲述人在他们的歌曲和讲述中使用"伊坦",演讲者使用"伊坦"来点缀他们的言语。关于这类谚语的使用有一个例子 *a ma mien n' o rho omwan, a ghi tobo' mwan*,,意为"假如一个人得不到别人的赞扬,他可以自我赞扬"。[②]

这些多种可能的类型区分例子证明了分类问题的复杂性。对于任何一个案例,我们都还不能建立一种有逻辑的、持续的且一致的关于兼容性和排除性的分类体系,但这只是由我们自身的失败造成的。每一种类型特征的体系化程式范式的建立,都需要对民俗、文化和社会进行彻底的研究。只有这样,才有可能理解当地人是如何认识他们的口头言语艺术形式的。在某种程度上,类型分类体系代表了一幅关于民俗交际能力的认知地图。为了在社会中能够恰当地使用民俗,它需要对文化、语言

---

① Hans Melzian, *A Concise Dictionary of the Bini Language of Southern Nigeria*(London:Kegan Paul, Trench, Trubner, 1937), p. 5.

② 我非常感谢 Ikponmwosa Osemwgie 在解释有关比尼谚语和相关的例子方面给我的帮助。

和民俗规则进行口头言语表述。①

　　c. 评论。除了对民俗进行命名和讲述，人们似乎还讨论民俗，对民俗进行解释或者在别的案例里面甚至还制作有关谚语的谚语，有关笑话的笑话。换句话说，民俗的各种形式，无论是其本身还是相关内容，都是民俗的主体，这就类似于文化、社会和自然的其他方面是它们的主体。尽管这些表述比起类型分类来讲更不具有体系，但是这些表述有助于我们一瞥讲述人有关他们可用的形式的想法。阿兰·邓迪斯（Alan Dundes）建议将这些想法称为"亚民俗"。② 有关非洲亚民俗的例子中有一个是约鲁巴谚语 Owe l' esin oro；bi oro ba sonu owe l' a fi nwa a，意为"一则谚语就像一匹马：当真实性消失的时候，我们用谚语来寻找真实"。③ 伊博人的谚语讲"谚语是拌着词语一起吃的棕榈油"。④ 这两个陈述不仅说明了谚语在非洲言语中的价值，也反映了这种形式的使用和意义。伊博人指出谚语的美学价值，约鲁巴人则表明对谚语能够表达真实的尊重。然而这两个例子是孤立的，并不能暗示约鲁巴人和伊博人在谚语使用时的文化差异。口头言语艺术形式不仅在谚语中被表达，还在叙事、歌曲、谜语和比喻中被表达，然而，以上的这些评论，以及有关讲述、歌曲、谜

---

　　① 人类学家们已经解决了文化中的分类问题，但是他们并没有将这种方法应用到民俗类型的研究中，从上面的讨论中我可以明确地假设如果这一方法得到应用将会有助于民俗交际进程的理解。参见 Stephen A. Tyler, ed. *Cognitive An thropology*（New York：Holt, Rinehart and Winston, 1969）；James P. Spradley, ed. *Culture and Cognition*：*Rules*，*Maps and Plans*（San Francisco：Chandler, 1972）. 这里所用的"交际能力"一词来自海姆斯的《论交际能力》一文，载 "On Communicative Competence", in *Sociolinguistics*, eds. G. B. Pride and Ganet Holms（Baltimore：Penguin Books, 1972）, pp. 269 – 93。

　　② Alan Dundes, "Metafolklore and Oral Literary Criticism", *The Monist* 50（1966）, 505 – 516.

　　③ Ibid. , p. 507. Also quoted in Isaac O. Delano, *Owe l'Esin Oro*：*Yoruba Proverbs Their Meaning and Usage*（Ibadan：Oxford University Press, 1966）, p. ix. Delano's translation differs slightly and reads as follows："A Proverb is the ' horse' of words；if a word is lost，a proverb is used to find it."

　　④ Northcote W. Thomas, *Anthropological Report on the Ibo-Speaking Peoples of Nigeria*（London：Harrison and Sons, 1913 – 14）, Ⅲ；3. 这个表达本身引发了学术想象，成为作家齐诺阿·阿奇贝的若干篇小说中有关谚语用法的论文题目。阿奇贝本人在《不再完整》中也使用了这个谚语，in *Things Fall Apart*（London：Heinemann, 1958）, p. 4. 参见 Bernth Lindfors, "The Palm Oil with which Achebe's Words are Eaten," *African Literature Today*, 1（1968）, 3 – 18, and Austin J. Shelton, "The " Palm-Oil' of Language：Proverbs in Chinua Achebe's Novels, *Modern Language Quarterly*, 30（1969）, 86 – 111。

语和比喻中的口头言语形式的其他表述为类型的象征价值提供了本土解释，并且能够指导孩子认识民俗类型的意义以及它们恰当的社会使用，因此有助于民俗文化思想的形成。

# 二 表达性特征

民俗类型的名称和分类法以及对它们的评论构成了关于口头言语艺术形式的风格、主题、结构和使用的抽象知识。在民俗交际和表演的社会现实中，它们形成概念的引入点，也形成一种文化秩序体系，由此与新经验产生关联，借此新经验，它们得到阐释。源自于这些抽象知识的一些想法还使得讲述人对自己的民俗表达进行更新，并且有十足的能力在恰当的场合讲述它们。但是将这些抽象想法翻译成动态的语言交际，需要使用表达性特征，这种表达性特征使得有意义的民俗交际的程式化成为可能。这些特征已成为在社会中被讲述的文本的内在特性。它们使某一特定表达方式被认定为属于某一类型，并且用一些文化术语来表达思想。这些民俗表达性特征使得讲述人能够将它与其他的口头言语交际模式相区别，并且用一种隐晦而非明确的用语来表述它们的意图、态度和目的。

有节奏的语言是最明显且最能够被清楚识别的表达性特征。组成歌曲的那些字符有着音乐性基础，这使得它明显地区别于其他对话；吟诵有独特的发音和节奏，这使得它区别于告知性的非正式的演讲。因此节奏使得散文与诗歌相区别。但是除了有关表达本质的基本指示外，还有其他的一些特征能够指明意义，如开头和结尾的程式以及不同的文本风格、主题和结构。毫无疑问我们可以像戈登·英尼斯（Gordon Innes）那样，[1] 将这些特征中的第一个即把民俗表达的开头和结尾的相关词组，作为诸多风格特征中的一个。然而大多数的程式不仅仅是风格装置，它们还充当日常对话转换的标志，还指示特殊表达中的象征意义。因此它们

---

[1] "Some Features of Theme and Style in Mende Folktales", *Sierra Leone Review*, 3（1964），17 – 18.

在民俗交际的进程中有特殊的位置和功能。

a. 开头和结尾的程式。在某些情形中，节奏、音高或语调或语音的变化并不能指示民俗变迁，讲述人和听众都需要口头言语标志以使得他们能够区别民俗讲述和非民俗讲述。① 开头和结尾的程式满足了这种需求。它们建构表达，并在正式的类型表达和它们前后任意类型的口头言语转换之间设定边界。这些词组与其说是讲述文本的一部分，倒不如认为是讲述人和听众的口头言语互动。它们指示一首故事的本质并且能够让听众对即将讲述的内容做出信、不信或是幽默的态度准备。在非洲社会的民俗中，开头和结尾的程式常常发生在谜语、史诗以及散文讲述中。②

一则谜语中开头的程式确保了挑战者即潜在应答者的积极参与，与此同时，将它与其他的问题形式相区别，因此，这些词组在一种语境中作为谜语类型的界定性特征而起作用。③ 下面一则桑达伟人的谜语阐释了这个转换：

| 1. | C：*Tantabule* | ［这是］一则谜语 |
| 2. | R：*Tankweta* | 继续向前 |
| 3. | C：*Riorio* | *Riorio* |
| 4. | R：*Lafa thwii* | 无花果树上的那只鸟 |
| 5. | C：*Tantabule* | ［这是］这则谜语 |

---

① Dell Hymes, "Breakthrough Into Performance", in *Folklore：Performance andCommunication*, eds. Dan Ben-Amos and Kenneth S. Goldstein. Approaches to Semiotics, 40. (The Hague：Mouton, 1973) .

② 有关非洲史诗的开头和结尾程式的讨论，见 Ruth Finne gan, *Oral Literature in Africa* (Oxford：Clarendon Press, 1970), pp. 379 – 381, and J. Berry, *Spoken Art in West Africa*, p. 16. 有关一个欧洲传统中的这些程式运用的讨论，见 Mihai Pop, "Die Funktion der Anfangs-und Schlussformeln im rumanischen Marchen", in *Volksuberlieferung：Festschrift fur Kurt Ranke zur Vollen dung des 60 Lebensjahres*, eds. Fritz Harkort, Karel C. Peeters and Robert Wildhaber (Gottingen：Otto Schwartz, 1968), pp. 321 – 326。

③ Charles T. Scott, "Persian and Arabic Riddles：A Language-Centered Approach to Genre Definition", *International Journal of American Linguistics*, 31, iv (1965), 62; Lyndon Harries, "The Riddle in Africa," *Journal of American Folklore*, 84 (1971), 377 – 393; 有关非洲的谜语开头程式的讨论，可见第 981—984 页。

| 6. | R：*Tankweta* | 继续向前 |
|---|---|---|
| 7. | C：*Tsi khoo n！usets' e' e* | 我的房子没有嘴巴 |
| 8. | R：…… | （没有应答或是猜错了） |
| 9. | C：*Humbuko see* | 给我一头奶牛 |
| 10. | R：*Humbuu* | 这是给你的奶牛 |
| 11. | C：*Hap，；humbiis' njïge* | 至于你的奶牛，我已经把它吃了。 |
| . | *"okai，t. ri khoo n. 'lisets' ei：Di'a* | 假如我的房子已经没有嘴巴：一个蛋。① |

这段对话的前四行是被置于任何一则谜语之前的一个开头的程式。这个游戏结尾的程式即9—11行，标志着在转换中应答者并不能猜对谜语，有的例子中，答案本身作为结尾的程式。在某些文化中如柏柏尔人（Berber）的谜语，解决办法的呈现需要一个程式化的回答：

MZ + Rs A5 TTc NN，LXIBIT TAR IMI

UR A5 TTc NN ITTINI R + BBI XSTIJLIT

我出一个谜题，没有开口的储物罐

上帝不会告诉你答案，除非它是一个蛋。②

开头的程式与它介绍的类型直接相关。开头词组的修辞功能一般是为了界定文本，并且为它的特质表达提供社会认可。因此在一个长历史史诗如马里史诗松迪亚塔（Sundiata）的吟诵中，歌手必须对这一复杂且多情节的讲述建立他自己的权威知识，并且表述他的表演的合法性。因此歌手在史诗吟诵的开头呈现他自己：

---

① Eric Ten Raa，"Procedure and Symbolism in Sandawe Riddles"，p. 392；这个谜语尤其流传广泛见 Archer Taylor，*English Riddles from Oral Tradition*（Berkeley and Los Angeles：University of California Press，1951），pp. 473 – 477，Nos. 1132 – 1138.

② J. Bynon，"Riddle Telling among the Berbers of Central Morocco"，*AfricanLanguage Studies*，7（1966），85. Harries 提出对 Berber 文本的不同讲述方法，见第38页。

我是格里奥，格里奥就是我，德耶里·玛木都·库亚特（Djeli Mamoudou Kouyate），我是宾图·库亚特（Bintou Kouyate）和德耶里·柯典·库亚特（Djeli Kedian Kouyate）的儿子，我掌握这种雄辩艺术，由于库亚特为马里王子科伊塔（Keita）服务的那个时期已经无法追忆；我们是盛放言语的器皿，我们储藏了几个世纪之前的秘密，雄辩艺术对我们来讲并非秘密；如果没有我们，国王的名字将会被遗忘，我们是人类的记忆；通过言语我们将国王的功绩带回到生活中并使其代代相传。我的知识源于我的父亲，他也是从他的父亲那里获得知识，历史对于我们来讲并不神秘。[1]

由于在马里并没有平行的文本，所以我们不能确定这样的一种呈现是否作为一个程式存在于严格意义的术语中即逐字地重复这些词组，或者这种呈现是否是歌手为了在他的观众面前建立权威和合法性以表明他对史诗讲述的权利。

简短讲述中的开头程式使得检验它们与故事、表演和听众之间的关联成为可能。它们在每个社会中通常将故事定义为虚构的，并且与现实相区别。在一些例子中文本包含了侵犯社会礼节的词组，这个时候开头的程式就否认讲述有任何严肃的意图。例如，拉特里（Rattray）指出加纳的阿善提人（Ashanti），在故事开始之前会说一些淫秽的内容，但是他们在开头的程式发表免责申明：*Ye'nsese, nse se o*，"我们并非真的指，我们并非真的指（我们接下来要说的内容是真的）"[2]。然而，即便是没有任何淫秽内容的讲述也会有一个不同的固定开头，如 *yese*，"他们说"和 *obabi*，"某个妇女"。故事中表示结尾的程式如 *M' anansesem a metooye yi, se eye de o, se ennye de o, monye bi nni, na momfa bi mpene*，"我讲的故事，有的好听，有的不好听，也许有人当真事，别的人可以为我喝彩"。[3]

在故事讲述人和他的听众建立联系的过程中，讲述表演中开头和结

---

① D. T. Niane, *Sundiata: An Epic of Old Mali*, tr. G. D. Picket. (London: Long-mans, 1965), p. 1.

② R. S. Rattray, *Akan-Ashanti Folk-Tales* (Oxford: Clarendon Press, 1930), p. x.

③ Ibid. 这个词出现在大部分故事的结尾。

尾的程式很重要，这在尼日利亚的豪萨人中表现得尤为明显，斯金纳（Skinner）指出豪萨人的故事常常以 *ga ta ga ta nan* 开始，意为"看它，看这"，对于这样的开头，听众会以 *ta je ta komo* 作为答复，即"让它走，让它回来"或是 *ta zo，mu ji* "让它来，我们要听"。传统的结尾是 *Kunguru s kan kusu*，可能意思是"老鼠的头掉了"，*Bera* 是平民表示老鼠时用的词，有时用它来代替 *kusu*，且 *kungurus*（一个模拟音，也许是剁东西时发出的声音）有 *kunkurus* 和 *kurungus* 两种变体。不常出现的其他结尾有"我吃掉了老鼠，而不是老鼠把我吃掉""不是我已经编好了这个动物故事，而是我正在编这个故事"。但是，正如斯金纳书中记录的大部分讲述一样，当故事不是被表演而是被记录下来时，开头短语要履行的修辞需求就消失了，并且开头和结尾的程式经常被删掉，或变得更世俗化或被记录人员插入穆斯林的内容。故事仅仅是以一个故事或是另一个故事为开头，结尾也变成 *haza wassalamu* "和平的结尾"，如正常的书信结尾或阿拉伯的 *tammat*，意为终结。①

在其他社会中，开头的程式作为演讲的一部分呈现，因此依据听众的社会组成而变化，尽管这样的规则并不具有强制性，但是贝宁人对孩子讲述的故事是以 *okh' ok pa siensiensien* 这样的句子为开头的，句子的第一部分是"这是一个故事"，但是最后一个字在故事讲述这一语境之外是没有任何意义的。这样的句子就不适用于成人听众，应该换成 *okh' ok pa ke do re* "故事将要来临"，紧接着是讲述主要人物。在这两种社会语境下，句子 *evba no ok ha nan ya de wu* 即"故事在这儿死了"表明讲述的结束。②

歌唱中是不需要通过开头和结尾的程式来区分表达和对话的；标准语言和音乐作为歌唱的结束。但是有的时候歌手用开头和结尾的程式来明确歌唱与他们人品之间的联系。在巴巴洛拉（Babalola）对约鲁巴诸多伊加拉（Ijala）歌手的研究中，他对两位不同的艺术家是如何运用句子建立自己的身份做了阐释。其中一个经常以呼喊 *Haa！e e e e e！* 作为表

---

① Neil Skinner, trans. and ed. *Hausa Tales and Traditions：An English Translation of* Tatsuniyoyi na Hausa *Originally Compiled by Frank Edgar*（London：Frank Cass，1969），Vol. Ⅰ., pp. xxiv-xxv.

② Daniel Ben-Amos, "Story Telling in Benin", *African Arts/arts d'afrique*, 1, ⅰ（1967），54 - 55.

演的开始，而他的朋友则以这样的句子作为开头：

*Mo gbe se emi de*，在这儿我通常是一个麻烦制造者
*Enu ni tii yo*, '*ni* 麻烦导致一个人走向灾难

跟在这些句子后面的可能是一些介绍性的程式，歌手在演唱赞美诗的开头使用它们。例如：

*Iba ni ng o f'ojo oni ju orin emi d' ola*
今天我要向比我优秀的人表演能够表达敬意的赞美诗。
明天我要表演我认为有趣的赞美诗。

或者：

*Ngo re'le .* ……
现在我要走向某某家的房子

例如：我要对某某家的血统咏唱致敬歌。

伊加拉艺术家们用结尾的程式指出他的表演要结束了，接下来要邀请下一个歌手来接替他。例如：

*Eyun-un telengel' ona ib un* 它已经沿着那条路漂亮地消逝了
*E , gbe m ' l' ele.* 在朝气蓬勃的圣歌中将我带走。①

结论是，无论在散文还是诗歌中，这些程式都是表演标志，向听众表明讲述人的意图和目的，并且在讲述和歌唱的流动中为了让其他人介绍他们的故事和歌曲而做出间断。

b. 风格。文本和表演的诸多特征将民俗与日常的语言区别开来，来

---

① S. A. Babalc. ila, *The Content and Form of Yoruba Ijala* ( Oxford：The Clarendon Press, 1966), pp. 57 – 59.

自对话式讲述中的民俗交际包含了口头言语表达的风格特质。一方面它们代表了对标准交际的偏离，但一方面它们反映了对于达到每一种类型的近乎理想准则的尝试。尽管在民俗讲演中有一种个人风格，但是这受制于讲述和诗歌表演的文化约束和对精彩的定义。[①] 因此一个社会有关民俗的美学思想是用与风格有关的术语来表达的。[②] 歌手和故事讲述人能通过语音的、口头言语的和模仿的方式重新生产这些思想。语音方式与声音的物理性有关，口头言语方式与言语的选择和协同秩序有关，模仿方式与文本的戏剧和视觉表演有关。在单个的类型中，这三种风格特征类型并非同时出现在同一个表演里。事实上，很有可能出现，占有统治地位的语音特征将模仿和姿势通通排除在外；另外，在同一个语境下，这三种风格特征可能相继或同时出现。

祖鲁人（Zulu）赞扬这样的歌手，即用他最高的声音和尽可能快的速度吟诵赞美的话。吟诵赞美诗的惯例是用很高的音、很响的音量、很快的速度，这些能够在听众中创造一种情绪上的兴奋。[③] 安克列地区巴希马人（Bahima）中的歌手有着相似的语音风格特征，[④] 这种情况不包括祖鲁赞美诗吟诵人的表演，其表演中有大量的模仿。"专职赞美者在法庭上吟诵对首领的赞美诗时不仅踱来踱去，还伴随着姿势的跳跃来表达不断高涨的兴奋。他将动作和言语相互之间适当地结合起来；表演确实是戏

---

① 关于风格的讨论，在语言学相关领域，可参见 Thomas A. Seboek, ed. *Style in Language* (Cambridge, Mass.: The M. I. T. Press, 1960); Seymour Chatman, ed. *Literary Style: A Symposium* (London and New York: Oxford University Press, 1971); Donald C. Freeman, ed. *Linguistics and Literary Style* (New York: Holt, Rine hart and Winston, 1970); John Spencer, ed. *Linguistics and Style* (London: Oxford University Press, 1964); A. E. Darbyshire, *A Grammar of Style* (London: Andre Deutsch, 1971); Braj B. Kachru and Herbert F. W. Stahlke, *Current Trends in Styl istics* (Edmonton, Alberta: Linguistic Research, 1972); Bennison Gray, *Style: The Problem and its Solution* (The Hague: Mouton, 1969). 在视觉艺术中关于风格概念的有关讨论 is Meyer Schapiro, "Style", in *Anthropology Today: An Encyclopedic Inventory*, ed. A. L. Kroeber (Chicago: University of Chicago Press, 1953), pp. 287 – 312。

② Jacques Maguet, *Introduction to Aesthetic Anthropology. A McCaleb Module in Anthropology.* (Reading, Mass.: Addison-Wesley, 1971)

③ Trevor Cope, ed. *Izibongo: Zulu Praise-Poems* (Oxford: The Clarendon Press, 1968), pp. 28 – 29.

④ H. F. Morris, *The Heroic Recitations of the Bahima of Ankole* (Oxford: The Clarendon Press, 1964), pp. 21, 38.

剧性的。可见的和可听的移动是赞美诗吟诵的精髓。"① 可见到的对班图（Bantu）一些民族的描述表明，甚至在故事讲述中也存在语音的变化，只不过发生的程度和频率都不及赞美诗吟诵。例如，在阿卡姆巴（Akamba）人中，"一个人应该能够使他的声音根据他正在讲述的故事或部分故事而变化。假如他在描述猎者偷偷接近猎物时，他的声音自然地变得温和而安静，然而当猎物被捕且战斗喧嚣时，他就需要提高声音并使得声音更粗暴"。②

口头言语和模仿的特征在讲述类表演中更常出现。尽管芬尼根（Finnegan）指出林巴讲述人用夸张的语调来表现讲述效果，并且会为了相同目的而改变语速和节奏，但是主要的讲述风格特征是重复特定词或词组，反复重述或列举。③ 实际上后两个特征是随着吟诵不断变化的，包括主题的重复出现，或者相似类型的事情或大事件的重复。模仿特征包括被描述的行动的戏剧化和程式化姿势的使用，如"表示食物，就假装从某人的右手取了一团大米；表示生气或敲打就发出咔嗒声并且一只手向下扫过；表示极其吃惊就把一只手放进嘴里；表示指示就努嘴并移动头部；或者表示尊敬和自豪的话就将胳膊肘轻轻地离开身体"。④ 除了这些，林巴人讲述中实际的词汇和语法与他们的日常用语并无多大差别。

在解释巴亚地区讲述表演的风格特征时，诺斯（Noss）指出模拟音作为一种风格特征在使用中的绝对地位。他发现模拟音最有说服力，从这个意义上讲它也是讲述中最重要的特征。⑤ 例如，在描述兔子拜访狮子时，讲述人会说"它带了一些鸡蛋，并用一个大钟装饰自己，然后藏到芦苇（Mek Mek Mek Mek Mek Mek）里，狮子召唤它的手下去取水。不久狐狸沿着 *kirik kirik* 到来并且开始冲刷它的水罐（*hokoro hokor*），这个时候，兔子敲响它的大钟（*Gbeveveveveveve*！）"。⑥

---

① Cope, *Izibongo*, p. 29.

② John S. Mbiti, *Akamba Stories* (Oxford: The Clarendon Press, 1966), p. 24.

③ Ruth Finnegan, *Limba Stories and Story-Telling*, pp. 77 – 78.

④ Ibid., pp. 79 – 80.

⑤ Philip Noss, "Description in Gbaya Literary Art", in *African Folklore*, ed. Richar M. Dorson (Garden City, N. Y.: Doubleday, 1972), p. 75.

⑥ Ibid., p. 76.

琼斯（Jones）和卡特（Carter）试图识别汤加地区中历史讲述而非虚构讲述的口头言语特征，他们指出了四个不同的特征，即场景设定、重叠、重复和同义表达。第一个特征指的是将行动分割成细小的片段，这一点在旅程描述中尤为明显，例如：

*Tweenda，twiinka mutala，twaa kusika kumbal' aaLwizi*
我们旅行，我们经过，我们到达赞比西河附近。

第二个特征重叠是汤加讲述中的核心，冗长的讲述大部分都归功于重叠的运用。实质上它是使用了前面话语中的词汇信息，通常紧接着开始一个新的结构。例如：

*baa kumujata. Bamane kumujata*
然后他们抓住她，当他们抓住她之后……，或者
*twaa kusika kumigodi. Tukasike kumigodi*
我们达到矿区，当我们到达矿区之后……

第三个风格特征重复以主干部分再复制的方式出现，可以是对整个词或词复合体的复制，也可以是对整个短语或句子的复制。这些名词上的重复表示意义的一种强化，如使用 *akati-kati*（就在这时候）；状语重复也有强化的功能，比如 *Abatuba bafwa abanji lobo-lobo-lobo-lobo* 意为"大量的白人死去"，最后一种是整个动词形式的重复，表明动作的连续性，例如 *Tweenda，tuya bweenda，tuya bweenda．*…意为"我们旅行，我们继续旅行……"，在班图民族的赞美诗或英雄诗歌吟诵中，与这几种重复方式同时出现的是突出语速和音量的语音特征。

第四个特征即同义表达，并不像前面三个特征那样经常出现，但是在汤加（Tonga）讲述中还是发现了这一特征的某些变化，例如：*T wazubuka. T waya kutala* "我们穿过河流。我们再次穿过河流"。琼斯和卡特将同义特征分为三类，第一类是详尽化，例如 *inzala yanjila. AmaT ebele baul' eezilyo* "饥荒来了，马特贝勒人缺少食物"；第二类是消极反对，*batujata toonse，taakwe wakazwa pe，taakwe wakapona pe*，我们所有人都被抓了，没

有人脱身，没有一个人被营救，最后一类是同义性，包括重复改变了语法形式的词汇，例如：*Isike buyo mufanisbeg*，*nedyakasika*，"当它已经到达约翰内斯堡，当它到达……"①

语音和模仿特征的同时发生在实际的故事讲述语境中变得更加明显。在这些情形中，故事讲述的两个风格特征塑造了许多非洲社会中的讲述表演：一个是活跃的听众参与者，一个是戏剧化。故事的讲述常常是讲述人和听众之间的对话，前者展开事件，后者用声音表示赞同。这种互动可能仅仅是口头言语的、有旋律的或二者都有。例如在门德社会中，"讲述人可能会直接向听众提问题，根据听众的回答，讲述人可能会确认听众是否在听"。② 林巴人讲述人可能会指定一位朋友作为答话人（*bame*），去回答（*me*）……，一旦被指定，这些答话人必须在故事讲述的恰当时刻插话，比如回答"是的"（*ndo*），"嗯嗯""设想……"（*woi*）"真的！"（*ee*），并且以大笑、夸张的有趣或对故事相关事件表示失望的方式来作为快速的反应。③ 因此被选定的朋友代表了一个积极的听众参与者，帮助故事讲述人在讲述表演中摆脱困境。

在应答故事讲述人时，讲述情形中的合唱，也是听众参与的一种形式。在许多非洲社会中，它成为故事讲述的突出特征。因此，讲述和歌唱以重复的顺序出现。歌曲是故事情节的一部分，并且讲述人将其作为主要人物的声音介绍给听众，合唱使得听众参与到故事讲述的过程中，也参与到讲述情节中来。因此故事讲述以讲述和歌唱的轮流出现作为特征。④ 尽管歌唱使得听众和讲述人和谐，但是讲述人不断的模仿使得他们相分离，他不仅是口头言语关注的对象，还成为视觉的焦点。姆温都

---

① 这一讨论是基于 A. M. Jones and H. Carter, "The Style of a Tonga Historical Narrative", *African Language Studies* 8 (1967), 113 – 120.

② Gordon Innes, "Some Features of Theme and Style in Mende Folktales", *SierraLeone Language Review* 3 (1964), 18.

③ Ruth Finnegan, *Limba Stories and Story-Telling*, p. 67.

④ 这里有许多关于讲述人歌唱的描述，例如，Gordon Innes, "The Function of the Song in Mende Folktales", *Sierra Leone Language Review* 4 (1965), 54 – 63; Gerhard Kubik, "Alo-Yoruba Story Songs", *African Music Society Journal* 4, ii (1968), 10 – 22; Val Olayemi, "Forms of the Song in Yoruba Folktales", *African Notes* 5 (1968), 25 – 32. Finnegan, *Oral Literature in Africa*, pp. 244 – 247, 385 – 386。

（Mwindo）史诗的讲述中，行动的戏剧化与歌唱和讲述同时发生，"一段接一段，史诗先是被唱出来，然后被讲述。当被歌唱和讲述时，吟游诗人还跳舞、模仿并且戏剧性地呈现故事的主要环境。在戏剧化的呈现中，吟游诗人承担了英雄的角色"。① 模仿特征多大程度上能进入讲述表演中，这取决于公众行为的文化概念以及周围环境。例如，在贝宁人中，故事讲述人，无论是业余的还是专职的，都会将他们表演中的戏剧特征最小化，因为情绪和行动的爆发不符合贝宁人观念中有关尊严、尊重和自我镇静的认识。在其他社会中，艺术家在讲述中的音乐成就强行限制了他的自由活动。因此表演的模仿特征在许多非洲文化中是讲述必须有的部分。例如在门德人中，戏剧是区分虚构故事和非虚构故事的众多特征中的一个，非虚构故事和虚构故事有不同的讲演风格；前者被作为历史而讲述，戏剧化的尝试很少；他们通常包含很少直截了当的讲演，如果真有的话，并且没有歌曲，它们并不因听众的参与而加强。相反，在虚构故事中广泛地发现了直截了当的讲演……并且它给了熟练的讲述人发挥戏剧天赋的余地。一些讲述人将会采用不同的讲述方式去表现每一个主角。②

总体来讲，语音、口头言语和模仿特征，相互之间有不同的关联，它们用风格定义了多种形式的口头言语艺术表演。在丰富的非洲社会中，风格、内容和态度之间的关联还没有得到适当的分析，以至于有效的概括是不可能的。例如对贝宁人故事讲述中缺少戏剧性的解释很有可能是错误的。这不能归因于公众行为的文化价值，而应该归于对待讲述的态度，贝宁人并没有虚构和非虚构这样的类型划分，因此他们可能会将所有的故事和严肃的历史需求结合起来，在任何一个例子中，无论对其做出了怎样的解释，起码英尼斯对门德（Mende）社会故事讲述做出的观察表明，风格特征的缺失或出现，对于讲述人和听众来说有象征意义。

c. 内容。足够用于民俗表达的主题的选择，本身依赖于交际中的文化规则，同时也暗示着共同体中成员有关这个主体的概念。并非所有的文化知识和社会历史经验都可以成为歌曲、讲述、谜语或谚语的适当话

---

① Biebuyck and Mateene, *The Mwindo Epic*, p. 13.

② Gordon Innes, "Some Features of Theme and Style in Mende Folktales", pp. 17 – 18.

题。民俗并不呈现文化思想的整个范围和一个社会的所有行动。但是那些精选的主题被认为是适合表达诸多特定类型的。一种文化对某个主题的特有观点决定了该主题是否有资格被纳入其中。对纳入主题领域的知识和经验的划分依赖于自然和社会的文化概念。例如，尼扬加人对动物世界的分类通常被认为是适合民俗的主题领域，但是这并不能反映一种既定文化中关于动物象征意义的整体思想：

> 故事的主角可以是任何一种动物，但经常是小羚羊、乌龟、猎狗和豹子作为故事的主角。令人惊奇的是那些最为神圣的动物如穿山甲、犀鸟、鼹鼠、树蹄兔、紫羚和树熊猴却从来没有出现在故事中。[1]

类似的，乌龟、蜘蛛和变色龙是贝宁散文传统中最常出现的动物。其他动物如大象和秃鹰出现的相对要少。但是奶牛和其他家养动物如山羊、鸡和狗作为贝宁日常经验的一部分出现在谚语、赞美和起绰号这几种民俗类型中，却并不能成为民间故事的主角。因为它们缺少变色龙、乌龟和蜘蛛具有的神话维度，这些动物曾经是贝宁传统神话王朝的统治者欧吉索（Ogiso）宫殿中的朝臣。为了惩罚这些人在法庭中的不道德行为，它们被贬为动物模样。[2]

因此，民俗主题的选择依赖于它们在文化中的象征价值。那些有着宗教和政治意义的相关主题被作为恰当的表达出现在口头言语和社会语境中，如仪式、赞美歌曲和史诗讲述。具有娱乐性和指导性表达的主题应该不受任何宗教限制。通常非洲民俗的主题领域与世界上其他地方的同类主题并没有什么不同。人类关系、历史事件、自然和超自然存在及力量，在讲述、歌曲、谚语和谜语中重复出现。在呈现事件和人物时，非常强调它们是伟大的、非凡的、杰出的和独特的。纳入散文和诗歌中

---

[1] Biebuyck and Mateene, *The Mwindo Epic*, p. 9.

[2] R. E. Bradbury, *The Benin Kingdom and the Edo-Speaking Peoples of South Western Nigeria*. Ethnographic Survey of Africa, Western Africa Part 13 (London: International African Institute, 1957), p. 19.

的人类和动物将它们转变成文化的象征，然后在传统表达中伴随着永恒的意义被重复，为每一种文化创造了一套民俗语言。[1]

d. 结构。每一个社会的民俗主题领域都是被文化定义的。从这一特质生发的讲述情节的程式仍旧受创新原则以及存在于讲述和诗歌形式中的概念所限。一个主题从事件的聚集体转变为内在一致的清晰故事，这需要遵循一种多情节的规则以及行动和人物之间的联系，这种联系必须在民俗体系内被认为是可接受的且适当的。毫无疑问，这些关于结构的思想常常成为近乎标准的模式。故事讲述中的社会环境以及讲述人的能力影响了讲述的内容和结构。但即便是这些变化也是遵循社会口头言语行为准则或者能在突发事件中被理解。

事实上，故事和歌曲、谚语和谜语遵循可交际的结构原则，这是关于创造和表演本质的理论表述；它的有效性需要得到证明，且它的解释能力需要在与其他试图解释民俗能力的方法的比较中被评估。哈罗德·朔伯（Harold Scheub）在一系列文章中发展出一种相对立的方法来研究非洲民俗故事，[2] 在分析南非共和国祖鲁科萨人（Xhosa）的一种类型 ntsomi "寓言故事也叫做难以置信的故事或精灵故事" 时，他强调每一种讲述的独特性，"特定时空中对这类故事的表演是一个独特的易消散的现

---

① 非洲民间故事的叙事主题，可见 E. Ojo Arewa, "A Classification of the Folktales of the Northern East African Cattle Area by Types", Diss. University of California, Berkeley, 1966; Kenneth W. Clark, "A Motif-Index of the Folktales of Culture-Area V, West Africa", Diss. Indiana University, 1958; May A. Klipple, "African Folk Tales with Foreign Analogues", Diss. Indiana University, 1938; Winifred Lambrecht, "A Tale Type Index for Central Africa", Diss. University of Cali fornia, Berkeley, 1967. For studies of particular themes, see: Denise Paulme, "Le theme des echanges successifs dans la litterature africaine", *L'Homme*, 9 (1969), 5 – 22; G. Calame-Griaule and Z. Ligers, "L'homme-hyena dans la tradition soudanaise", *L'Homme*, 1 (1961), 89 – 118; Genevieve Calame-Griaule, ed., *Le theme de l'arbredans ! es contes africaine.* 2 Vols. Bibliotheque de la S. E. L. A. F. Nos. 16, 20 (Paris: Klinck sieck, 1969 – 70); H. Abrahamsson, *The Origin of Death: Studies in African Mythology* (Uppsala: Almqvist & Wiksells, 1957).

② "The Technique of the Expansible Image in Xhosa Ntsomi-Performances", *Re search in African Literatures*, 1 (1970), 119 – 146; "Parallel Image-Sets in African Oral Narrative-Performances", *Review of National Literatures*, 2 (1971), 206 – 223; "The Art of Nongenile Mazithathu Zenani, A Gcaleka Ntsomi Performer", in *African Folk lore*, ed. Richard M. Dorson (Garden City, N. Y. : Doubleday, 1972), pp. 115 – 155; "Fixed and Nonfixed Symbols in Xhosa and Zulu Oral Narrative Traditions", *Journal of A merican Folklore*, 85 (1972), 267 – 273。

象；它不能被重复，也不能被再次体验。艺术家不会用那种特定方式对一个特定的形象进行再创造"。① 为了分析这些短暂的文本以及从理论上解释它的表演，哈罗德·朔伯提出了三个关键词：核心重复词、核心形象和可延展形象。核心用语包括常用词组、歌曲、俗语，它使得艺术家回想起她记忆中的核心形象，当然她不可能一下子就回想起所有的形象。这些形象是不连续的思想画面，只有在表演中，当这些画面遇到极其相似的核心用语时才会显露出来，而这些核心用语被放置在一个线性连续体中。一个概括性的主题决定了整个 ntsomi 故事传统的通常走向，这个主题决定着冲突和决心将会进入表演，艺术家从她掌握的所有剧目中选择适合她正在创造的故事的核心形象。她用一种复杂的、自由联想的提示—扫描的方法回忆核心形象，这种方法能让她将传统中许多形象和形象碎片安排或编排进 ntsomi 故事表演中。② 核心形象通过重复、详细化和改编而有了解释的可能性，然后扩展形象，表演者经常根据她们的意愿对形象进行扩展，也正是在形象的重复中，表演获得了美学力量，ntsomi 故事的最为核心的组成部分就有扩展形象。③

由于语言的讲述在不断创造新的句子，于是民俗表演总是需要产生新的讲述思想和比喻关联。然而有这样的思考也是合情合理的，即在语言的不断相似中，故事讲述并非是异想天开的偶然的智力活动，在这个活动中，"故事讲述人很少将核心用语联系起来，必要时经常性地重复它们是为了将故事情节推向终结"。④

也许在这里，"必要时经常"是关键短语，它揭示了哈罗德·朔伯有关表演和创造的解释理论的不足。这个"必要"的指导原则是什么？一个讲述人为了履行故事讲述这个必要的需求时不得不遵循什么规则？毫无疑问社会的规则和情境的规则包含在内。观众无论是成人还是小孩，交际事件场合无论是喜庆的还是悲伤的，都是故事讲述过程中的影响因素。但与此同时，口头言语艺术家无论是专职还是业余，当他们处于文

① Scheub, "The Technique of the Expansible Image in Xhosa *Ntsomi-Performances*", p. 119.

② Ibid., p. 122.

③ Ibid., p. 128.

④ Scheub, "The Art of Nongenile Mazithathu Zenani, A Gcaleka Ntsomi Performer", p. 115.

化智力荒野时是不能创造的。尽管对故事的分析还没有达到语言学家已经在语言语法结构描述中取得的成就那样的准确性，但故事也是有形式和结构的。

最近丹尼斯·波尔姆（Denise Paulme）的非洲故事形态学①研究与目前的讨论最为相关，像其他讲述结构研究的学者一样，尽管对故事中情节和人物的关系认识还不是很清楚，对讲述中情节推进的内在逻辑也不是很明了，但她假设故事并非情节和人物的偶然聚合，而是有一种内在关联。进而，讲述人在故事中调动他们头脑中有关人物和行动关系的不同模型。

为了达到这个分析目的，她建议考虑将特定秩序的一个基本叙事行为认定为一个故事的基本单位，如"英雄去见一位老妇人"或者"父亲给了儿子一匹马"。她称这样的单位为"命题"。一系列这样的命题就是一个"序列"，基于这两个术语，她得出以下观点：一个叙事是由一系列在时间上相互关联的序列组成，或者在序列中存在着因果关系。②

据此，丹尼斯·波尔姆将非洲叙事概括成 7 种结构类型，在类型中序列相互之间的关系具有质的不同。

类型一：趋上型（缺乏—改善—缺乏消除）

叙述不断推进，多半会有挫折，但是不改变基本的朝向是缺乏的消除。

类型二：趋下型（常态—恶化—缺乏）

这些故事中，恶化是由打破禁忌引起的，紧跟在后面的序列导致永久的消极状态。

类型三：循环型

循环型结构是将前两个类型的序列相结合。叙事开始是缺乏的而非常态，叙事不断推进并朝向常态的获得，但是随后主角打破禁忌，缺乏再次出现。

类型四：螺旋上升型

这种结构类型中，不断推进的叙事会遭遇挫折，但是下一轮的改善

---

① *Cahiers d'etudes africaines*, 45 (1972), 131 – 163.

② Ibid., p. 134.

明显比第一次要好，序列开始是缺乏，并且如类型一一样通过改善而消除缺乏。然而，后面通常是由于敌人而非主角的行为，缺乏再次出现或即将发生；主角打败对手，提升了他的处境并且消灭了对手。

类型五：镜像型

这种结构类型有两个主角，他们接受一系列平衡的考验，但是他们的行为是相反的，且可以从道德上区分二人行为的善恶。正面人物得到奖赏而反面人物受到惩罚。

类型六：沙漏型

正如前面的结构类型，它同样有两个主角，然而他们的行为轨迹并非平行而是相反，主角开始时缺乏，而他的对手开始于常态。他们的行为轨迹出现交叉，相遇之后，结局是主角的常态和对手的缺乏。

类型七：复合型

这一结构的序列类似于沙漏结构，但是主角改善和对手恶化并不能同时发生，而是相继出现。换句话说，讲述人改变他故事中的中心人物，将讲述的第一部分聚焦在正面人物上，而将第二部分聚焦在反面人物上。

讲述结构类型学的有效性可能是主观的，毫无疑问需要得到进一步证明，而哈罗德·朔伯也是出于特殊的兴趣才用这一方法记录科萨的讲述。然而是否这些结构确实存在于讲述中，它们的构建是否是长远的，如果目光短浅的话，民俗学者将会错失民俗交际相关结构中的主要问题。我们关心的问题是听众和讲述人是否能够察觉和认知这种讲述结构的形式和存在。

跳出我自己的研究，我可以贡献一个对这一问题有着坚定答案的趣事。当我和阿吉贝（Aigbe）先生，贝宁人当中一个专职故事讲述人交谈的时候，我问他是否能创造新故事，或是否只讲述传统故事，他回答"我能创造新故事"。我问，"你是如何做到的?"他回答，"非常简单，假设我讲述关于你的一则故事，我会先知道你的父亲和母亲的名字，你的出生地，你旅行过的地方，你见过的人的名字，然后我开始讲述关于你一生的故事，你在一开始是如何如何的贫穷，你如何努力工作但是遭受很多磨难，你如何做研究然后来到贝宁，最后我会以你的研究是如何的成功然后变得有名和富有作为故事的结尾"。尽管我还在等待讲述最后阶段的完成，但是他的回答证明故事讲述不仅关乎准确性和细节，也关乎他头脑中的讲述模型，这个模型类似于波尔姆提出的"上升"类型。

# 三　社会特征

在实际的交际情形中，有关民俗使用规则、行为惯例和期望的一套体系成为口头言语艺术形式的社会特征。之前讨论过的认知体系反映了控制一个社会中民俗使用的那些抽象原则，实际上，是个人互动中有关形式的实际操作以及实际改变规则的能力，证实了一个社会中民俗的动力机制，以及原则和必要性之间的相互作用。例如：在约鲁巴社会中，谚语的讲述是老年人的特权。约鲁巴规矩口述了一个较年轻的人在比他年长的人面前使用谚语的时候必须得在开头致歉。标准的礼貌程式有"我在像您这样的年长者面前不敢宣称知道任何谚语，但是您有这样的谚语……"[1] 类似的，贝宁专职故事讲述人"几乎不去国王那讲故事，因为有这样的迷信认为用阿科帕塔（akpata）这种乐器给国王讲故事的人不久就会死去"。[2] 然而，恰当的祈祷和充足的魅力能够转变这种危险。

因此，除了认知体系可能反映民俗交际中的抽象规则外，还有另一套实用主义规则勾勒出一个社会中民俗交际实际存在的一系列可能性。在特定社会中，有关故事、歌曲、谚语和谜语的意义、阐释和理解受这些规则的影响，它们与讲述人是遵循还是偏离这些规则有关。由于民俗发生在社会情形中，当共同体成员能够察觉到那些可感知的态度时，识别出交际的这些态度对我们来讲是非常有必要的。因此影响共同体成员在他所处社会中的位置的变量有年龄、性别和身份，这些变量也成为定义一种情形中表达是否恰当的特征。它们反映了听众对表演者可能有的

---

[1]　E. Ojo Arewa and Alan Dundes, "Proverbs and the Ethnography of Speaking Folklore", in *The Ethnography of Communication*, eds. John J. Gumperz and Dell Hymes. Special publication of *American Anthropologist*, 66, vi, pt. 2 (1964), 79.

[2]　Jacob U. Egharevba, *Benin Law and Custom* (Benin City, 1946), p. 71.

一系列期望。当时间性和空间性特征定义一个交际事件①，且描述这种情形的边界时，时间性和空间性的特征就指明了一种情形的意义以及民俗表达的相关性。

a. 社会位置。在讲述人知道的且能恰当使用的形式以及文化规则允许他们使用的形式中，讲述人的年龄有直接的导向性。例如儿童歌曲通常根据年龄来定义。作为共同体成年人，他们已经不再是表演儿童剧目的年龄了。下面的约鲁巴韵文在内容、韵律和形式上是一首严格意义上的儿童歌曲，只有再次回忆时才能被成年人歌唱。自然地，成年人会被要求在社会的有时是政治的环境中回忆他们童年时期的韵文：

> *Iya lonigbowo mi.* 妈妈是我的帮手
>
> *Ontujumi ni kekere.* 她在我年幼的时候照顾我
>
> *Ebinre lofi pon mi* 她背着我
>
> *iya ku ise me* 妈妈对我很好
>
> *Mi yio ki' ya mi ku isr* 我将致敬我的妈妈
>
> *Pelu teribamolr* 满怀敬意
>
> *Emikonikr*；*'srfun（i）yamimo*；我不会拒绝再次为我的妈妈做事
>
> *Iya-oku-isrmio* 妈妈，谢谢您②

例如：阿亚德利·欧古迪皮讲到在尼日利亚内战时期，绕口令这种能够使孩童获得口头言语灵敏的类型被作为部落认同的标志。战士们不仅对它认同还吟诵约鲁巴绕口令：

> *Mo ra dodo ni Iddo* 我在依多买了炸车前草

---

① 有关交际事件的概念，参见 "Dell Hymes", Introduction：Toward Ethnographies of Communication, in *The Ethnography of Communication*, eds. John J. Gumperz and Dell Hymes. Special Publication of *American Anthropologist*, 66, vi, pt. 2 (1964), 12－25。

② Robbin Burling, "The Merits of Children's Verse：A Cross-Linguistic Study", *American Anthropologist*, 68 (1966), 1434. 关于儿童语言表演的研究可见 Mary Sanches and Barbara Kirshenblatt-Gimblett, "Child Language and Children's Traditional Speech Play", *Penn-Texas Working Papers in Sociolinguistics*, No. 5 (1971)。

*Mo je dodo ni Iddo* 我在依多吃炸车前草

*Mo fi owo dodo r'omo oni dodo ni idodo ni lddo* 我在依多炸车前草商人的军舰上擦手①

在许多非洲社会中，谜语是属于儿童和青年人的最出类拔萃的形式。② 它作为同伴群体中一种口头言语教育装置，使得年轻人获得关于他们周围自然和社会世界的文化概念和分类。就年龄而言，谜语和谚语正好相反。谜语是儿童玩的口头言语游戏，但是谚语几乎不可能是一种游戏，它是成年人的专属品。而且儿童可能被告知谚语，但是很少自己讲出来，至少在大人面前不会。芳蒂人的一则格言明确了谚语的使用；"用谚语对一个小孩讲话"。③ 博阿迪（Boadi）指出，在阿坎人（Akan）中，"成人用谚语跟小孩讲话是很普遍的，但是反过来就很少"。④ 谚语的使用就其本身而言可以成为年龄象征。它们的教育启发意义，它们与雄辩、经验和智慧的关联使得它们不适合孩子使用。继而，在阿坎人那里，谚语的美学特质可能和年龄有关。博阿迪指出带有想象的谚语如果被认为太过平常、无趣且缺少准确性将会不适合成人使用。例如，他表明，假如一个成人说 *s woamma wo y nko antwa nkron a*, *wontwa du* 这个谚语，意为"假如你不允许我们的邻居切九个，那你自己就不能切十个"，这个讲述人会被判断为没有能力。非常类似的，他可能会受到这样的评论如 *n'ano ntee*，"他的嘴唇还没有干涸"。⑤ 换句话说，谚语讲述的能力和年龄有关。

和年龄有关的另一种形式是虚构类的讲述。在某些社会，某些谜语

---

① Ayodele Ogundipe, "Yoruba Tongue Twisters", in *African Folklore*, ed. Richard M. Dorson, p. 211.

② Finnegan, *Oral Literature in Africa*, pp. 426 – 43; Ian Hamnett, "Ambiguity, Classification and Change: The Function of Riddles", *Man*, 2 (1967), 379 – 392; Lyndon Harries, "The Riddle in Africa", *Journal of American Folklore*, 84 (1971), 377 – 393; John M. Roberts and Michael L. Forman, "Riddles: Expressive Models of Interrogation", *Ethnology*, 10 (1971), 509 – 533.

③ James Boyd Christensen, "The Role of Proverbs in Fante Culture," *Africa*, 28 (1958), 238.

④ L. A. Boadi, "The Language of the Proverb in Akan", in *African Folklore*, ed. Richard M. Dorson, p. 185.

⑤ Ibid. , p. 186.

中，一个成人沉迷于想象且没有实际内容的事件是不合适的。赫斯科维茨对有关达荷美人动物故事的态度评论到："动物故事是给需要指导的孩子准备的，这些故事有关于道德的内容，它们不是讲给有经验的成年人的……故事……关于动物，它们是对孩子进行道德和社会教育的主要方法，且孩子们的故事讲述竞赛是他们一生中最生动的经验。很明显，在达荷美人看来，这些故事并非给成人的。他参与到诸神生活中……"①

正如我们稍后将会看到的那样，对儿童虚构故事和谜语所赋予的文化意义，也具有平行的时间性，在这两种类型中都有特定的时间限制，而且它们发生在同一交际事件中，以先故事后谜语的顺序依序交替出现。在一些文化中，这些常见的标识在认知上有明显标记，例如桑达伟人对于他们的谜语、故事和故事中的歌曲有着单一的名称，统称为"坦塔布勒"。② 因此，年龄成为一系列类型的区分特征。他们或在内容或在语境方面有关联，且一并组成了一个既定年龄形式的范式。

性别是区分民俗表演的另一个特征，且成为口头言语类型两种范式的基础。性别作为口头言语艺术类型的区别特征在不同的社会中意义不同。然而在不同程度的互补性中，共同体成员与某一性别有关，而与另一种性别无关，这是有多种形式和主题的。例如，故事讲述在一些非洲南部社会中大部分属于女性的功能，当然也不是说全部都这样。科萨人中，纳厝姆（Ntsom）的表演者就是女性③，而在聪加人（Thonga）中讲述人可以是任何年龄和性别。④ 芬尼根评论非洲西部塞拉利昂林巴人的故事能够被任何年龄和身份的人讲述，但是很显然这只是社会理想化的认识，事实上，通常妇女并不经常讲故事，部分原因可能是男人尽管有时候工作很辛苦，但是他们通常在某些季节和一天的结束很享受一种完全的放松，而妇女总是忙于煮饭、打扫或者照顾孩子。男人经常分成几个

---

① Melville J. Herskovits, *Dahomey: An Ancient West African Kingdom* (1938; rpt. Evanston: Northwestern University Press, 1967), Ⅱ, 325.

② Eric Ten Raa, "Procedure and Symbolism in Sandawe Riddles", p. 392.

③ Schueb, "The Technique of the Expansible Image ……", p. 120. 另见注释55。

④ Henri A. Junod, *The Life of a South African Tribe* (1912 – 13; rpt. New York: University Books, 1962), Ⅱ, 211. 特别引用汤加人为例，我们并不是很清楚为什么芬尼根（《非洲口头文学》，第375页）将女性的讲述认定为一种非洲南部普遍的形式。

组围坐成一圈，更多的说一些正式的话题或者分发棕榈酒。另一层面也可以理解为能够很好地讲述是男性魅力的特质，因此掌握节奏、比喻或者阐释力是非常有用的。而对女性的期望则是希望她们坐着听，用掌声表达尊重和欣赏或者加入歌曲的合唱中。①

毫无疑问，关于言语和民俗的文化价值、运作形式和思想，以及关于社会中男女性别角色的不同概念，可以部分地解释为什么诸多形式只和一种性别有关。然而，尽管其他的非洲社会共享类似的价值和思想，但是考虑到故事讲述艺术只属于女性而非男性或者属于二者的情况，这个解释是不充分的。也应该考虑到其他因素，与故事有关的主题，还有观众、语境以及影响结果的风格都可能在每一个案例中有所不同。因此，假设一个非洲社会中女性给孩子讲故事，而男人给其他的男性讲这些故事，这是有可能的。每一种语境都允许讲述不同范围的主题。不幸的是，到目前为止还没有充分有效的信息使得我们得出概论性的结论。

然而，就歌曲而言，有一些稍微更具体的细节。由于非洲大部分歌唱发生在仪式性的场合，如通过仪礼的庆祝、志愿性的集会以及存在于那些事件中的作为主要社会集会原则的性别功能，一些歌曲明显的和女性有关的歌曲，另一些则和男性有关。

例如，结婚仪式这个语境为女性展示她们多种多样的能力提供了充分的机会。朱迪斯·厄文（Judith Irvine）说沃洛夫人（Wolof）中，已婚的女人们被期望通过创作诗歌来无理地对待新娘和她的亲属，也稍微会针对新郎和他的亲戚。她们在新娘的屋子前用很大的声音吟诵诗歌，还伴着打鼓和影射式的舞蹈。然而高贵等级的女性以自己吟诵诗歌为耻，所以她们雇用格里奥妇女为她们做部分或全部的吟诵。成功的诗歌包含特殊事件或者人们之前没有听过的事情。②

作为豪萨人第一次结婚仪式中的部分内容，女孩们吟诵下面的歌曲：

> 伟大的狩猎是一个好的狩猎，

---

① Finnegan, *Limba Stories and Story-Telling*, pp. 69 – 70.

② Judith T. Irvine, "Public Performance and the Wolof Griot: Verbal and Structural Sources of Power", 1972 年非洲研究学会年会的宣读论文，费城。

　　伟大的狩猎带来了肉，

　　在伟大的狩猎中我们抓到了

　　（伟大的狩猎是一个好的狩猎）

　　我们抓住了，我们抓住了

　　十只野兔，十只地鼠

　　十头水牛，十头小羚羊

　　十头大象，十头羚羊

　　以及十头土狼——我们抓住了它们

　　伟大的狩猎是好的。①

　　豪萨人中的赞美演唱者可以是任意性别，但是在歌手和听众之间有一种关联，"除了为国王演唱赞美诗的女性外，一般女性赞美演唱者马若卡（maroka）只针对女性，而男性只给男性表演……在更有男性魅力的豪萨文化中，这种'赞扬'演唱组织发展得更为精细"。②

　　就像年龄和性别一样，作为口头言语艺术家的专职身份定义了民俗表演的本质。一些非洲社会认定专职的歌手和讲述人。通常男性的言语伴随着男性的动作，从国王到地方酋长以及地方社会头领，这些政治领袖的社会角色定义了与民俗表演有关的主题。他们是英雄诗歌和赞美歌曲的吟诵者（最后一个用语即赞美诗实际指示的是一个通用的分类，并不能反映所有案例中实际的歌曲内容）。赞美的认知分类允许对社会需求进行批评和呈现。专职吟诵者与政治当权者之间的联合暗示了他们不得不学习和表演的主题选择。他们揭示了赞助人过去或是当前的军事胜利和政治成就，并且能够吟诵更早文化中有关英雄冒险的长篇叙事史诗。

　　格里奥这一专职吟游诗人在马林凯人（Malinke）、沃洛夫人和班巴拉人（Bambara）中很有名，他们实际上包括各种各样的讲述人和歌手，他们中每一个人都有自己的社会地位和各自的故事、歌曲曲目。有关它们的区别是社会性的、文化性的、区域性的且大部分情况下人们通过名称

① Mary Smith, *Baba of Karo: A Woman of the Moslem Hausa* (New York: Praeger, 1964), p. 93.

② Michael G. Smith, "The Social Functions and Meaning of HausaPraise-Singing", *Africa*, 27 (1957).

和表演期望来很好地识别这些区别。然而，通常是通过能力和文化允诺来区分各自的地位，他们为了获得个人利益而锻炼语言能力。通过娱乐、赞美和经常性的谩骂来达到个人利益，娱乐、赞美和谩骂等出现在特定的文化规定场合或者其他情形下通过吸引公众注意力而声称认同。①

b. 时空。民俗表演场合可以由专职讲述人或共同体中普通成员来划分，这种划分受制于时间的或空间的限制。每一个交际事件都有自己的区分特征。例如谜语和故事讲述发生在一个中心地带的晚间时分。在非洲实践中，这些时间或空间限制被强加在民俗表演形式上，在摩洛哥的柏柏尔人中，它们甚至和信仰体系有关。白天讲谜语的人，他的孩子将会得癣病。② 类似的在许多班图民族谜语中也有强加的限制。③ 布莱金（Blacking）从经济的角度解释谜语的这种规则：

文达的谜语游戏经常是年轻人晚间娱乐的一部分，尤其是从 6 月到 9 月（*mavhuyahaya*）。这段时期庄稼已经收获，牲畜自由地漫游在田间，不需要牧童。这段时期也有充足的闲暇时光、食物和酒。谜语不会出现在锄地和种植季节 10 月到 1 月（*tshilimo*），那个时候人们辛劳工作，晚上会很疲劳；如果孩子试图在 10 月到 1 月期间睡得晚且在这段时期要玩谜语的话，长辈会打发他们上床且提醒他们第二天早上还有事要做。谜语不能在白天讲述，否则在适当的季节

---

① 有关专门的口头故事家，参见 S. A. Babalgla, *The Content and Form of Yoruba Ijala*, pp. 40 - 55；Biebuyckand Mateene, *The Mwindo Epic*, pp. 15 - 19；Trevor Cope, *Izibongo*：*Zulu Praise Poems*, pp. 27 - 28；Charles H. Cutter, "The Politics of Music in Mali", *African Arts/arts d'afrique*, 2, iii (1968), 38 - 39, 44 - 47. Eric de Dampierre, *Poetes nzakara* (Paris：Julliard, 1963). Archie Mafeje, "The Role of the Bard in a Contemporary African Community", *Journal of Africa Languages*, 6 (1967), 193 - 223. H. T. Norris, *$hinqifi Folk Literature and Song* (Ox ford：Clarendon Press, 1968), 51 - 59. Domique Zahan, "Le Griot", *La dialectique du verbe chez /es bambara* (Paris and theHague：Mouton, 1963), pp. 125 - 48. Hugo Zemp, "Musiciens autochtones et griots malinke chez Jes Dan de Cote d'Ivoire", *'Cahiers d'etudes africaines*, 4 (1964), 370 - 382, "La legendes des griots malinke", *Cahiers d'etudes africaines*, 6 (1966), 611 - 642. *Musique Dan*：*Lamusique dan la pensee et la vie sociale d'une societe africaine* (Paris and The Hague：Mouton, 1971), pp. 191 - 277。

② J. Bynon, "Riddle Telling among the Berbers of Central Morocco", p. 99.

③ P. D. Beuchat, "Riddles in Bantu", in *The Study of Folklore*, ed. Alan Dundes (Englewood Cliffs, N. J.：Prentice-Hall, 1965), pp. 184 - 187.

年轻人围坐在一起的时候就会有比赛。①

芬尼根对林巴人故事讲述中时间限制的描述暗示了类似的经济原因。

故事经常在夜间日落后被讲述。并没有明确的规则说白天不能讲述故事，但是在实践中人们通常在全年耕种的某些季节需要劳作，这些时段不合适在白天花时间讲故事。但是在较长的干旱期相对清闲，白天劳作结束后有频繁的轻快的集会。最受欢迎的时间是满月，这个时候人们睡得很迟，但是故事也在其他时间被讲述，如在星空下或在石蜡火灯光下，因为人们喜欢听见也喜欢看见讲述人。②

经济因素可能是这种限制的一个很好的原因，但是在社会民俗表演进程中，晚间已经变成谜语和故事讲述活动区别于其他口头言语艺术形式的整体特征。类似的，谜语和故事及其他类型都受制于空间因素。

并非每一个位置都适合表演。在仪式场合，歌曲演唱自动地限定在一个由目的定义的场地内，例如一个圣地或其他地方可以成为场地的延伸。和祭仪有关各种歌曲与对神的崇拜相结合，其结果是限定在标志宗教仪式、通过仪礼或者一年一度仪式的位置中。但是空间的区分还延伸到那些缺乏宗教关联的类型中。例如，故事讲述在贝宁城的传统社会中发生在房子的中间屋子里（ikun）。复杂人口聚集在中心位置，并使口头言语娱乐得到兴旺发展。③ 在非洲无论是贝宁社会还是其他文化中的村庄，公共广场成为讲述的最恰当位置。民俗形式表演尤其是需要持久时间的表演，它们的空间前提条件是将一个地方定义为公共范围。这样的意义赋予即通过邀请人们加入发生在私人场所或永久场所的庆祝可能是暂时的，比如在祠堂或村庄中心。

尽管故事讲述和谜语有明确的时空特征，但对于谚语格言而言时空特征是分情况出现的。除了作为演讲的装饰和吟诵中使用谚语模式之

---

① John Blacking, "The Social Value of Venda Riddles", *African Studies*, 20 (1961), 2.

② Ruth Finnegan, *Limba Stories and Story-Telling*, p. 64.

③ Daniel Ben-Amos, "Story Telling in Benin", *African Arts/arts d'a frique*, 1 (1967), 54 – 55.

外①，冲突、紧张和争论场合是谚语使用最恰当的场合。② 诉讼可能是正式口头言语冲突最经典的场面。因此，在法庭语境下，谚语在判例以及有关财富归属和债务的基本原则中发挥作用。例如，一条茨瓦纳格言讲 *Lentswe lamoswi galetlolwe*，意为去世者的话是不可被侵犯的，尤其用在长子已经被正式排除在继承人名列却在他的父亲死后声称要财产。③ 类似的，在茨瓦纳，法律面前人人平等的原则也用谚语来表达，*Garelebe motho*，*releba molato*，意为"我们不看人而是看犯罪"④。其他在法庭冲突中使用的谚语，证明谚语的美学特征能够和它的法律功能相结合，且有着丰富谚语的法庭用语还起着这样的作用，即陈述人通过它的美学感染力而非只作为无辜或有罪的证据来表达目的⑤，如梅辛杰（Messenger）描述的尼日利亚南部阿南（Anang）的诉讼。即使谚语能指导年轻人认识他们在侵犯社会规则时的反应，但是它们在教育语境中的使用也是根据冲突的不同而有所区分。

一个文本或补充信息阐明了模糊的指涉，且描述了表演情形，但是民俗的社会特征不仅仅是一个文本或补充信息的背景。它们是民俗交际不可分割的组成部分。它们对于讲述人和观众都有象征意义，且影响对每一种表达方式的认知和理解，这与日常用词本身的作用是一样的。共同体成员将思想、信仰和态度带入民俗交际事件中，它们是讲述人口头言语表述不可或缺的部分，在民俗研究中，我们可能辨别不同层面的分

---

① Charles Bird, "Heroic Songs of the Mande Hunters", in *African Folklore*, pp. 275 – 293; "Aspects of Prosody in West African Poetry", in *Current Trends in Stylistics*, eds. Braj B. Kachru and Herbert F. W. Stahlke (Edmonton: Linguistic Research, 1972), 207 – 215.

② 关于修辞学意义上的谚语，可见 Roger Abrahams, "A Rhetoric of Every day Life: Conversational Genres", *Southern Folklore Quarterly* 32 (1968), 44 – 59; "In troductory Remarks to a Rhetorical Theory of Folklore", *Journal of American Folklore* 81 (1968), 143 – 157; Peter Seitel, "Proverbs: A Social Use of Metaphor", *Genre*, 2 (1969), 143 – 162。

③ J. Schapera, "Tswana Legal Maxims", *Africa* 36 (1966), 125.

④ Ibid. .

⑤ John Messenger, "The Role of Proverbs in a Nigerian Judicial System", in *The Study of Folklore*, pp. 299 – 307.

析，且建构复杂的模型①，如果这些分析和模型并不能帮助我们更进一步地理解讲述人自身是如何认知讲述、歌曲、谜语和谚语的话，所有的工作都将徒劳无功。

---

① Alan Dundes, "Text, Texture, and Context", *Southern Folklore Quarterly*, 28 (1964), 251 - 265; Dan Ben-Amos, "Toward a Componential Model of Folklore Communication", in *Proceedings VIIIth International Congress of Anthropological and Ethnological Sciences 1968 Tokyo and Kyoto* (Tokyo: Science Council of Japan, 1970), Ⅱ, 309 - 311.

*14*

# 娓娓道来：贝宁的讲故事活动

【编译者按】本文（*Sweet Words/Storytelling Events in Benin*）于 1975 年以单行本出版（Philadelphia：The Publication of the Institute for the Study of Human Issues）。因篇幅所限，原著中的唱词唱曲附录和术语对照在此省略了。作者丹·本-阿默思在本文对尼日利亚贝宁地区的叙事传统作了细致的考察。他从贝宁的历史与社会结构、当地两种讲故事的"交际事件"、乐器的形制与流布、故事手的培养与实践、叙事模式举例等几个方面，梳理了贝宁社会与当地叙事传统的相互关系。作者认为讲故事事件之一依波塔总体上反映了埃多以王权和父权为中心的社会关系。对于另一类交际事件欧克波比，作者使用了更多的笔墨对其乐器、演奏者、叙事内容予以分析。总体说来，叙事者的社会身份较为边缘，叙事乐器和演奏者往往与边缘、失败、放逐的符号联系起来，叙事内容也往往讲述远离城市中心的乡村英雄。叙事者的社会境遇、贝宁的历史遗产、音乐演奏的象征意义等因素彼此交织，构成了贝宁当下的叙事传统。

# 引 子

"贝宁人都是讲故事的好手"，一位贝宁（Benin）历史学家，同时也是民族志学者写道（Egharevba，1946：70）。尽管有些王婆卖瓜的嫌疑，他的话却也证明了在贝宁社会讲故事有多么的重要。在这方面，贝宁人和大多数传统社会并无大不同。然而贝宁也是很特殊的，因为它的传统叙事富于历史、社会和政治意识。贝宁故事利用了过去的内外政治冲突和社会摩擦作为资源。就算那些看上去似乎不包含任何历史或者政治重要性的叙事，也会适时地引用王室以及历代统治者的事迹。过去的贝宁社会好像不仅仅是叙事取之不尽用之不竭的源泉，而且也是民族自豪感的中心。在面对现代化以及政治独立性逐渐丧失的局面时，它帮助维持着传统的文化。

在过去，西撒哈拉和几内亚海岸之间的广大区域坐落着几个强大的王国，贝宁就曾经是其中之一（Forde and Kaberry, 1967）。当时，这个非洲帝国的领土中心与现今尼日利亚中西部州所属的贝宁区毗连。但是从 15 世纪末到 16 世纪，贝宁王国登上了它政治军事力量的巅峰，其边界也越过西边的拉各斯、延伸到东部尼日尔河岸。那时，贝宁西北部与奥约（Oyo）的约鲁巴（Yoruba）王国共享一条边境线，在东北部贝宁控制了伊杉（Ishan）以及北埃多（Northern Edo）诸民族（Bradbury, 1957：21 - 22，1967：5，1973：46 - 50；Egharevba, 1960：30；Ling Roth, 1903：11 - 13；Ryder, 1967：Passim, 1969：13 - 15）。[①] 从 17 世纪开始，贝宁王国的势力衰落了，其原因与世界上其他的帝国所染的病毒别无二致，包括内部矛盾、外部战争，以及政治统治的过度延伸。1897 年 2 月 17 日，一伙英国人来兴师问罪，他们袭击了首都，皇家宫殿和大部分房屋都付之一炬，掠夺走了贝宁民族的艺术珍品，留下一个传统政治结构彻底破坏掉了的社会。贝宁的王权统治就此宣告结束（Akenzua, 1960；Bacon, 1897；Boisragon, 1897；Ling Roth, 1903；Ryder, 1969：277 - 94）。贝宁的国王欧巴（Oba）逃走了，不久就遭到了放逐。随着他的缺失，整个社会秩序陷入了混乱。十七年后，在 1914 年，欧巴的儿子回到了贝宁，又重新开始担当他的传统角色。然而，那时的王国事务已经不再是人们生活的中心（Bradbury, 1973：76 - 128）。

从 15 世纪末到失去政治独立性之前，贝宁王国一直都与欧洲的几个海洋强国维持着广泛的接触和贸易联系。第一个见到贝宁国王欧巴的欧

---

① 关于挑战了传统以及学界贝宁王国的地理位置和边界的讨论，请见 Ryder, 1965。

洲人是葡萄牙国王约翰二世的使者若昂·阿方索·德阿韦罗（Joao Afonso d'Aveiro）。他于 1486 年抵达贝宁，很有可能受到国王欧巴·欧祖卢阿（Ozolua）的接见（Ryder，1969：29 - 30）。一开始是胡椒贸易，接着是奴隶贸易，两个王庭之间的热诚关系就此建立起来。在接下来的时期，英国、荷兰、西班牙以及法国积极地与贝宁人展开贸易。

西班牙人抵达时，贝宁已经一个是老牌的都市中心。西班牙人惯于见到那种在城墙内狭窄的空间攒聚在一起的欧洲小镇，所以"大邑贝宁"的宽广给他们留下了强有力的印象。显然，贝宁王国对他们来说，比在几内亚海岸遇到的那些小小酋邦要重要得多（Ryder，1969：30）。

直到那个节点，人们事实上对贝宁的历史还是一无所知。迄今，人们基于口头传统，语言、文化、社会的相似之处，人民奉行的仪式，以及统治者的政治朝贡等方面，尝试解释这个王国作为非洲西海岸一大政治力量是如何崛起的。

根据传统的说法，先于目前这个王朝的是"欧吉索"（ogiso）王朝（字面上 ogie 的意思是"统治者"，而 iso 则意味着"天"）。在欧吉索王朝解体后，经过一个短暂的过渡期，贝宁的酋长们请求伊菲（Ife）城的国王欧尼（Oni）派他一个儿子来管辖他们。依菲城在当时是约鲁巴的精神和文化中心。约鲁巴王子欧兰米延（Oranmiyan）来到贝宁。经过短暂的停留，他得出的结论是只有熟悉贝宁语言和风俗的本地人方能统治贝宁人，然后他就返回家乡了。但是在离开前他让埃勾（Ego）村酋长的女儿受孕，他的儿子最终成为现在这个王朝的建立者。（Bradbury，1957：19 - 20，1973：6 - 10，44；Egharevba，1960：1 - 10）。皇家仪式也支持这个传统描述。"在 16 世纪，人们把欧巴的死报告给依菲。欧巴的继任者收到了一个铜十字架，披风和来自阿根尼（Awgenni）的一些东西（例如：Oghene-Oluhe）作为许可其践祚的凭证。在英国人征服贝宁后，欧巴的遗骨被送往伊菲埋葬。"（Bradbury，1973：8）。按照布莱德柏瑞（Bradbury）的说法，这些王朝神话和皇家仪式确认了一点，就是由于早期约鲁巴征服了贝宁的土地，因此贝宁在政治上从属于约鲁巴。

布莱德柏瑞曾经建议把贝宁看作一个以村庄为基础的社会，叠加其上的是约鲁巴君主独裁以及相应的社会政治结构。两个王国制度上的不同"在某种程度上可以解释为一种根据埃多（贝宁）基本的社会和文化模式而作出调试的过程"（Bradbury，1973：15）。贝宁诸村庄的男性群体有一种三个层级的年龄—等级组织形式。

> 在大多数村子，最老的男性就是唯一的首领（*odionwere*）。他和他的长老同伴们（*edion*）制定政策，控制村庄资源的分配，维持秩序，解决争端，与中央权力之间协调关系。长者负责按照武士和行政两类，为从事"公共工程"的成年男子（*ighele*）和年轻男子（*iroghae*）定级别（Bradbury，1973：52）。

在许多村庄，长老首领与一位世袭的酋长（*onogie*）共享权威。这位酋长往往由欧巴任命，或者是受任命者的后代。许多这样的酋长（*engine*）将世系追溯至已故国王的弟弟。兄长登上王座后立刻派自己的弟弟去统治乡村地区。"对于欧巴来说，*onogie* 有如下义务：收取和遣送贡赋，提供劳力和兵源，在其他酋邦和村庄里不得有针对国王子民的敌对行为、同时也要阻止类似行为的发生。"（Bradbury，1973：52）因此，*onogie* 以君权在乡村地区的代表而行事；*onogie* 在仪式中的礼仪位置也与国王在宫廷仪式里的礼仪位置类似。

贝宁文化中的城乡二元划分，以及可能在年龄分级的组织之上叠加了一个中央集权的政治架构——这些特点不但在政治上得到体现，而且更为强烈地体现在宗教象征里。在贝宁王国的核心，都市与乡村崇拜之间存在明确的分界线。由于这种分界包含有清晰的象征意义，因此我们无法使用历史地理的逐步扩散来予以解释。在贝宁城里，集中体现的是对国王祖先以及各种神祇的崇拜。而在村庄里，则有一系列信仰组织尊崇英雄神（*ihen*）。人们将英雄神描述为一些曾经和宫廷有关联的男性或者女性。在一场内部斗争后，他们逃了出来，变成河流、池塘或者山冈（Bradbury，1973：187 - 88；Ebohon，1972：12 - 13）。城里在大多数情况下禁止崇拜这些英雄神。

在贝宁城，国王欧巴是所有社会组织的中心，其权威至高无上。然而，由于宫廷和城里酋长们位次的复杂性，又存在一个制衡的系统，在这个系统当中反对欧巴的声音能够，而且有时必须发出来。

在贝宁，酋长们的位次有三种。最重要的是七位世袭酋长（Uzama

n'Ihinron），冠冕王子（Edaiken）也是其中之一。在城西的内城墙之外，他们拥有自己的居住地，在这里他们享有很大程度的独立性。这个团体最主要的功能是设立一位新的欧巴。另两种酋长的位次是"镇酋长"（Eghaebho n'Oᷓre）以及"殿酋长"（Eghaebho n'Ogbe）。这两类通常是非世袭的。"镇酋长"的首领伊亚斯（Iyase）可以公开批评欧巴。殿酋长则划分为三个宫殿团体，它们是伊维波（Iwebo）、伊维瓜（Iweguae）和伊比维（Ibiwe）。每一个团体在宫殿里都有明确的职责，对欧巴也承担有相应的义务（Bradbury，1957：35－39，1973：54－75）。在这些团体之外，还有：

> 首都又被分为很多个区域，每个区域内的人口分别构成了手工艺者团体、主管仪式的职官团体、主管庆典的官员团体等等……每个这样的团体都声称是由过去的某位国王所创立的，创立的目的在于提供特定的服务给国王自己以及他的继任者们（Bradbury，1973：135）。

这些团体包括有木雕师、铸铜匠、器皿匠、国王的医生和占卜师等。毫无疑问，现代化的进程已经影响到这种复杂的社会秩序，并且改变了其政治上的重要性。但是，不管人们还在多大程度上沿用贝宁旧文化的方式生活，与传统有关的诸如头衔、宫殿团体、皇家仪式以及欧巴的权威等依然保有所有人的尊敬。

今天，绝大多数贝宁人还是农业人口；92％的农村人口现居住在村庄里，这部分人数总计328000人。每个村子的规模大约不到四千居民。贝宁城则是这个区域的经济、政治、行政很大程度上也是宗教的中心。在1965年，贝宁城的人口规模为130000人（Tahal，1965：ch.6）。首都密集紧凑的活动导致了人口在族群上的多样化。伊杉、伊乔（Ijaw）、伊策基里（Itsekiri）、乌尔霍博（Urhobo）、伊索科（Isoko），以及中北部州的其他民族都在贝宁城建立了居住点，他们在政府部门或者公司任职。类似的，西部伊博人（Igbo）、约鲁巴人，甚至是北阿尔及利亚来的豪萨人（Hausa）都在贝宁城里有较大的社群，他们和贝宁当地人有生意和工作上的往来。贝宁人自称为埃多人。

"埃多"（Edo）这个词也用来指城市自身以及语言。埃多语属于尼日尔—刚果语族下的克瓦语（Kwa）分支；伊杉、乌尔霍博和伊索科等周边民族的人也讲同一分支的语言，因此也被认为是说埃多语。

## 讲故事事件

在这个变化的、异质性的社会里，埃多人仍然维持有强烈的族群身份认同感。他们的各项传统在仪式歌曲、谚语和叙事中得到一代代的传承，滋养了其民族自豪感。这些言语形式每一种都有与其相联系的交际事件。"交际事件"（communicative event）这个术语是由戴尔·海姆斯（Dell Hymes）提出并不断完善的（1962：24—38，1964：13—25，1967，1972：56—70）。它指的是一个由文化意义界定的社会事件，在该社会中被认为是理故宜然的特定交际形式。说话人能够通过言语和行动的方式将交际事件与其他社会行为区分开来。在任何交际的文化系统当中，都存在一些由各种民俗形式占支配地位的事件（Ben-Amos，1970，1975）。

尽管未必完全拘泥于其中，埃多人还是辨认出并且命名了两种适合讲故事的交际事件，这就是"依波塔"（Ibota）和"欧克波比"（okpobhie）。这两个词的文化内涵比其直接意义要丰富得多。两个都是复合词，由名词化词头、动词和时间标志构成。Ibota 由 I——名词化词头；be——意思可能是"延长"的动词；和 ota——"夜晚"组成。不过说埃多语的人很少去尝试将 ibota 这个词按照其组成成分——拆解开来；而且对于怎么去分析这个词的构成，人们的意见也都南辕北辙。有些解释是后验的，比如说，有一位说埃多语的人把这个词和 iba——一种叙事者与听众坐的泥巴长凳——联系起来。埃多诗人 Ikponmwasa Osemwegie 则把音素 b 与一个意思可能是"放松"的动词联系起来，比如 okpia ni kie ibo tota 这句话的意思就是说"这个人放松地坐下来"。罗杰·韦斯科特（Roger Wescott）在 1973 年 7 月曾经给我写信道，尽管麦尔赞（Melzian）的字典（1937）里没有收录意思为"延长"的动词 be，但是从语源学上讲这么说是正确的。他举例说 bebeebe，意思是"膨胀"，以及 betee，意思是"大"或者"使鼓起"。总之，在任何情况下，这个动词的意义至多也是含糊不明的。

另外一个术语 okpebhie 也有相同的结构：o，一个名词化的词头，而且经常是将专业名称名词化；kpe，表示"演奏某个乐器"的动词，比如说 kp'ema 的意思是"击鼓"；bhie 意思是"去睡觉"，在这个语境中该动词的作用是成为标志时间的状语。整个词表达的意思是"在别人沉睡时击鼓"（Melzian，1937：143）。这两个交际事件的名称最起码在行动和时间这两个参照系上彼此区分。"依波塔"意味着在夜晚的一种放松的交流活动，并且至多延长到午夜；而欧克波比则意指一种活跃的娱乐活动，并且至少持续到破晓。

在实践中，这两个交际事件的差别远为复杂。尽管这两个场合的名称已经简明地概括出其各自的性质，埃多人也对此多有觉察，然而各个场合所蕴含的明确的社会动机、实际上的社会构成以及特定的民俗互动并没有在语言学上充分表达出来。然而，这些都在象征意义上得到表现。

依波塔和欧克波比可能都包含了广泛的民俗言语行动；唯独有一个特征是后者具有而前者缺失的。这个特征作为一个显著的标志将两个事件区别开来；有了它，一场依波塔就转化为欧克波比，反之亦然。这是一个复合性的标志，由两个部分构成：专业叙事者和他的乐器。当这二者在讲故事活动中同时出现，就将一次依波塔转化为欧克波比。

在两种交际事件中，叙事都是其共同的特征，但是依波塔没有乐器伴奏。而且，在依波塔当中叙事者也并不是职业的艺术家。依波塔主要是一个孩子们、青年们、妻子们和家长参加的事件。聚会往往发生在大院最大的一个房间——公共房间或者叫 ikun 里，这也是家庭祖宗神龛所在地（Melzian，1937：91 - 92）。发起这种聚会的原因多种多样，所有原因都可以归结在"快乐"项下（onyemwen）。"快乐"可以宽泛地指称一系列情况，从不甚清晰的"心情好"到庄稼卖得好、家庭成员病体痊愈或者亲戚造访。家长将家族召集起来举办依波塔，不过他在这次交际事件中是一个被动的参加者。活动由他来"主持"，故事和歌曲也是为他而表演的。叙事者和歌手就是女人们、孩子们和家长的弟弟们。在这方面依波塔总体上反映了埃多社会的互动关系——以欧巴为中心，并且不断与欧巴发生联系。依波塔中的家长就好比是欧巴在伴随年度仪式的皇家庆典中。妇女团体唱着歌去赞颂欧巴，鼓手和舞蹈队为欧巴表演。这个类比尤其恰切，正如布莱德柏瑞所表述的，"整个王国被看作是欧巴家庭的一个延伸"（1969：21）。

讲故事只是依波塔谈话的一个部分，其他类型的对话包括有闲聊（ozeta）、讨论家庭新闻和一般新闻、说谜语（iro）。对话到正式叙事之间的过渡可能是通过歌曲（ihuan）来完成的。在大多数情况下，接下来的故事中会连续点缀着这些歌曲。因此，在这种情形里歌唱具有三重功能：标志着从一种说话模式转换为另一种；提示即将讲述一种特定的叙事（每首歌都和某个具体的叙事相关联）；以及最后，预防万一一些听众不熟悉曲调，为了保证讲故事当中他们能以充分的合唱做出回应，讲故事人要预先教授听众这个曲调。在依波塔中，任何人只要希望叙事并且自我感觉准备好了，就可以开始讲故事。唯一的例外就是家长，他总是做一个聆听者；他要是真的讲了一个故事反而令人感到不合时宜。其原因就在于，叙事类似于唱赞美歌，具有彰表接受者的社交目的（Ben-Amos，1967：54）。

酋长们的头生子要接受正式的传统教育，这帮助他们为这种讲故事情形中的被动接受角色做好了准备。酋长们的头生子就好比冠冕王子（edaiken），他们被派往村庄接受教育，避免父亲和长子之间产生冲突、制造紧张——这种紧张也是埃多社会中很突出的一种关系（Bradbury 1965）。结果，新的酋长一回到他自己的家里，往往不如他一直待在家里的幼弟们，或者已经有许多机会聆听和讲述传统叙事的姑姑们、母亲以及祖母那样在家庭传统中表现得多才多艺。家里的女性往往由于这方面的专门知识而成为依波塔最为活跃的参与者。

从依波塔转化为欧克波比首先要求的是引入由职业叙事者和他的乐器构成的特别的复合标志。叙事情形中出现的这个新成分必然要引发相应的变化；依波塔和欧克波比也由此成为两项彼此异质的事件。尽管这两者共享讲故事这一共同的特征，却也在两种情形下采取了不同的形式。

# 乐　器

在欧克波比中埃多的叙事者携带两种乐器：阿克帕塔（akpata）和阿索

罗冈（asologun）。演奏这两种乐器的艺术家分别叫 okp'akpata 和 okp'aso-logun，字面意义上就是"阿克帕塔演奏者"和"阿索罗冈演奏者"。尽管他们的音乐才能只是从属于其叙事技巧，人们还是在习惯上以音乐才能来识别和称呼他们，这也明确地将他们与其他说故事的人区分开来。阿克帕塔是一种弓形琴，或者按照蒙唐东（Montandon）新造的词，是一个"多弓形琴"（pluriarch）（请见 Hornbostel 和 Sach，1961：22；Marcuse，1975：182－183）。阿克帕塔是一个弦乐器，它有七根弦，每根弦都连接在单独的柱上。

民族音乐学者埃里希·冯·霍恩博斯特尔（Erich von Hornbostel）和库尔特·萨克斯（Curt Sachs）对竖琴和横琴做出了区分：前者的弦面与共鸣案垂直，而后者则是彼此平行的。按照霍恩博斯特尔—萨克斯（Hornbostel-Sachs）体系，弓形琴决定性的特征可以归为 321.2 类，"每根弦都拥有其自己的灵巧的承载体"（1961：22）——这个描述很好地概括了阿克帕塔的特征。

基本上，贝宁弓形琴（见图 14—1）是由一个三角形共鸣箱（ekpe-tin，字面意思"箱子"）构成的。叙事者又把共鸣箱分为以下部分：一个共鸣案（ugwe akpata，意思是"阿克帕塔的盖子"）和几个侧面（ugbe-fen）。在大多数情况下，共鸣案从演奏者身边延伸出大约三分之一个乐器的长度。弓形琴有七根柱子（erhan akpata，意思是"阿克帕塔的分支"），均固定在共鸣箱的底部，并且向上延伸。每根弦（ewe udin，"棕榈树的纤维"）的远端都固定在一根柱子上，近端则经过一个绑在共鸣案上的小水平棒，牢牢系在箱上。在每根棒子的顶端都系有几个共鸣器（egogo，意思是"铃铛"；或者叫 ise，意思是"种子"），是用棕榈树分离后的种子、软饮料瓶的盖子或者其他金属片制成。

我曾经有机会测量一个阿克帕塔。共鸣箱有 13.5 英寸长，近端 5.75 英寸宽，远端最宽处量下来是 6.25 英寸。共鸣箱有 8.5 英寸长、6.25 英寸宽。弓形琴的琴柱约计 31 英寸长，琴弦从 13 英寸到 17 英寸不等。

阿克帕塔是由取材于当地的软木树木制成，例如 basabasa（Funtumia africana），ayon（Funtumia elastica），oma（Cordia millenii），以及最常用的 ukhu（Alstonia congensis）等树木；阿克帕塔的琴柱取材于一种小型灌木（Microdemis zenkeri），这种灌木拥有和乐器一样的名字。每根琴柱或者说琴弓均不能采自同一种灌木（"否则，"一位叙事者说，"所有的弦都会发出同样的声音"）。弦由金属丝或者棕榈树纤维制成。①

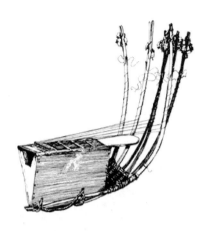

**图 14—1　阿克帕塔②**

　　另外一种乐器阿索罗冈（见图 14—2）是非洲拇指琴的埃多版本。在贝宁，阿索罗冈是一个长 7 英寸、宽 4 英寸、厚 1 英寸的小盒子，盒子上有 9 根不同长度的金属条扎在两个平行的木棍之间。叙事者未能明确叫出阿索罗冈不同部件的名字，不过他们指出，就像阿克帕塔一样，阿索罗冈大多也是由一种软木（ukhu）制成，并且旧雨伞的伞骨是制作金属片的绝佳之选。

　　这两种乐器广泛存在于撒哈拉以南地区。从各种可获得的民族志报告来判断，在弓形琴出现的广阔的、尽管不那么连续的地域，贝宁似乎处于最西北的一隅。这片区域显而易见的中心是中非，弓形琴在结构上的变体分布在中非的为数最多；这个区域一边向西南非洲，一边又向喀麦隆方向稍作延伸。安克尔曼（Ankermann）是第一位尝试建立弓形琴的类型学和分布地图的人。他不无道理地给弓形琴起名为"一种刚果吉他"（1901：80）。据我所知，在尼日利亚东南，只有三个说埃多语的民族使

---

　　①　我要感谢贝宁林业部高级护林官 J. O. A. Uwagie-Ero 先生。他慷慨地帮助我辨认制作阿克帕塔和阿索罗冈所用的不同树木。另见 Hide，1943。

　　②　从左到右琴弦的名字是："开始"（ekhue，我不确定），"记忆"（ayere），"统一"（akugbe），"母亲鼓"（iye ema），"开始"（ekhue），"强风"（ozi），"男人们用的小鼓"（uke）。这个命名系统有不少变体。

用阿克帕塔，他们是贝宁、伊杉和伊索科。此外，按照民族志报告透露出的迹象，他们也是全非洲使用这种乐器给叙事伴奏的仅有的三个族群，所有别的民族都是用弓形琴演奏舞曲的（Ankermann，1901：20 - 25，80 - 83；Hen，1960：138 - 48；Kirby，1965：243；Laurenty，1960：116 - 18，145 - 46，173 - 79，194 - 95，214 - 16；Soderberg，1953：53；Wachsmann，1961：45）。随后我还会表明，阿克帕塔的分布模式对于我们理解它在贝宁的象征价值非常重要。

图14—2    阿索罗冈[①]

拇指琴的分布则更为广泛，一直延伸到东部和南部非洲。即使就拇指琴而言，中非似乎也是使用最多的一个地区（Ankermann，1901：32 - 36，88 - 91；Hen，1960：73 - 94；Soderberg，1956：113 - 17；Wachsmann，1961：33）。其他南部阿尔及利亚部落也发现了以各种形式出现的拇指琴。相较于弓形琴，当地人使用拇指琴的情况更多。

欧洲人的著作中第一次出现弓形琴是在1619年普雷托里乌斯（Praetorius）的一部有关乐理的书中（*Syntagma Musicum*，*Band* Ⅱ：*De Organographie*）。该书在沃尔芬比特尔（Wolfenbüttel）出版，此地现在属于西德。他把弓形琴归入通俗乐器类，并且认为它来自印第安。如果他的信息来源可靠的话，这次提及弓形琴可能暗示了印地安和西非之间的某种关联，因为来自大约那段时间的证据表明阿克帕塔在贝宁也正风行一

---

①  从左到右金属条的名字是：1和9，"一种细小的声音，好像小女孩"（ovbieho）；2—3和7—8，"答复"（enwanie）；4—6，"强风"（ozi）。这个命名系统有不少变体。

时。这类证据有两种：旅行家的报告和青铜艺术品。17 世纪中期访问贝宁的传教士这样描述赶赴欧巴宫殿的酋长们：

> 当他们去到国王的官殿或者其他地方，酋长们把自己打扮得好似西班牙妇女：从腰部以下他们穿着类似于鲸鱼骨圆环撑起来的裙摆。在他们两侧跟随着两位黑人侍者，酋长把胳膊搭在侍者的肩上。就算是骑在马上，尤其是去官殿参加节日或者祭祀的时候，酋长们的姿态都极为庄重。这相当于欧洲的嘉年华——雕刻出最为可怕形象的人被认为是最为出色的。每位酋长身后都有大队人马和他的乐队。乐队里有的人演奏象牙笛，有的人弹奏一种小吉他，有的人挥动里面装有小石子的葫芦，还有的人敲鼓（引自 Ryder，1969：314）。

传教士提到的"小吉他"极有可能就是弓形琴。来访者对待贝宁文化中其他元素的方式也是如此，他这次也采用了欧洲语汇来形容弓形琴。传教士描述的酋长随从演奏阿克帕塔的现象在青铜牌上得到证实。法戈（Fagg）和达克（Dark）都认为这些青铜牌可以追溯到 16 世纪（Dark，1973：11 - 12；Forman 和 Dark，1960：24；Dark 和 Hill，1971：66 - 71，66 - 71；Fagg 和 List，1963：32 - 39）。在两块青铜牌上发现了演奏阿克帕塔的人，其出现的场景是酋长的典礼随从们、鼓手们和佩剑者们（请见图 14—3、图 14—4）。他们究竟仅仅是在演奏音乐还是在唱赞美歌尚有待进一步研究。然而五十年后，18 世纪初出现了对阿克帕塔更为详细的描述，这个描述表明阿克帕塔的使用已经超出政治仪式的束缚，成为一种娱乐活动。冯·尼恩戴尔（Van Nyendael）在 1704 年描述了埃多人的乐器，他写道：

> 除了这些，他们还有一种乐器，我们必须称之为一种竖琴；它捆绑在六到七根延伸出去的管子上，人们在管子上演奏、歌唱和舞蹈。时光如此欢乐，让人一看到它就感到愉快（引自 Ling Roth，1903：153）。

今天的阿克帕塔仅仅用于娱乐场合了。

图14—3　17世纪青铜牌① 　　　　　　 图14—4　17世纪青铜牌②

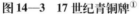

关于阿克帕塔我们还可以找到一些相关记录，阿索罗冈则既不在目击者的叙述中提到，也不在本土的纪念性艺术品中出现。这并非偶然，因为时至今日贝宁城仍然有针对阿索罗冈的禁令，因此这种乐器仅仅出现在乡村环境中。更有甚者，相当多的村庄酋长将阿索罗冈拒之境外。禁令的原因与这种乐器的象征意义有关，我们稍后会讨论。这些限制令可能已经生效多年；因此，历史上缺乏对这种乐器的记载并不意味着在埃多社会它是一件新近的发明。

如果目击者的描述和青铜牌的信息是可靠的，证明了阿克帕塔在贝宁文化中的地位（目前也没有理由反其道而思之），那就意味着在阿克帕塔的功能、使用和象征上出现了一个鲜明的转变。根据一个讲述阿克帕塔如何发明的故事版本，在17世纪和18世纪初叶，阿克帕塔本在宫廷里处于中心位置。可能是由于阿索罗冈的某些特质转移到了阿克帕塔上，或者是王庭发生了变故，抑或仅仅是使用和功能上产生了创新，才促使

---

① 请注意在上方右边角落里的阿克帕塔演奏者。［承蒙凯瑟琳·怀特（Katherine White）收藏提供；照片由克利夫兰（Cleveland）艺术博物馆提供］

② 请注意在主要人物下方的阿克帕塔演奏者。（承蒙大英博物馆提供）

目前阿克帕塔在典礼中的被边缘化。无论出于哪种情况，我们在历史重建的领域还有充足的遐想空间；现在让我们转向描述乐器在讲故事时的使用情况及其重要性。

**图 14—5　阿米耶凯本·欧格贝波尔（Aimiyekagbon Ogbebor）**
**（一位居住在贝宁城的阿克帕塔演奏者）**

## 故事手

在讲故事情形中引入乐器和演奏者需要某些先决条件。这次事件必须具有一种仪式上的重要性，足以保证能在家庭圈内举办一次奢侈的庆祝活动。家庭过渡仪式，比如说新生儿的命名礼（iheni）、婚礼（irhiokhuo）、二次葬（irorinmwin）、每年的祖宗祭祀（eho）以及贝宁上下都参加的庆典活动和欧巴每年献给"头人"的祭祀活动（igwe）（请见Bradbury，1959），这些都是比较典型的场合。其他一些具有类似的文化或个人重要意义的场合也适合举办阿克帕塔叙事。换句话说，引入阿克帕塔叙事意味着提高一个场合的社会地位；庆祝人群通过这种方式表明这个场合对他们的重要意义。

这件乐器及其演奏者成为讲故事事件中一个新的组成部分，必然引发叙事者和听众之间关系的改组。在依波塔中任何人只要愿意都可以讲故事，而在欧克波比中则不是这样。演奏一门乐器需要训练，只有那些获得这种技能的人可以在欧克波比里说故事。这些人在言语上主导了整个讲故事的事件，并且所有听众的注意力都集中在这些表演者身上；其他人都没有能力或者没有许可参加到表演中。人们认为叙事者是职业的故事手，需要从家庭外部专门延请。

在埃多社会，可能可以为这种职业性订立三个标准：职业训练、提供服务有经济回报，以及群体组织。梅里厄姆（Merriam）还提出职业乐师的第四个标准：完全仰仗音乐谋生（Merriam，1964：124 - 30）。这一点在贝宁的故事手身上并不成立。贝宁大多数的城市居民包括乐师在内，都利用农业资源补贴收入；在这方面音乐叙事者和那些保留有家庭"农场"的木雕师傅、铜匠，甚至是政府官员并无不同。

一个故事手往往在青春期的早至晚期开始他的训练，这取决于他自己的积极性以及是否有经验丰富的叙事者指导他。我访谈过的 15 位阿克帕塔演奏者中的 6 位都是从他们的父亲或者兄长那里学习到音乐叙事的技能；这个群体中的 4 位是 12—15 岁开始学习演奏乐器的。总数中的 5 位是从直系家庭之外另寻职业故事手作为自己的老师的；其余故事手中的 4 位提到亲密的朋友作为自己的指导人，这些指导者大多数情况下年纪稍长于本人。上面说的最后这组故事手开始学习得比较晚，大多数是在将近 20 岁或者 20 岁出头的时候。我访谈到的 4 位阿索罗冈演奏者中的两位在很早的年纪就从他们的父亲或者叔叔那里学习演奏，一位提到说是在 18、19 岁的时候开始学习的。这些演奏者中有一位首先是从父亲那里学习到基本的阿索罗冈技巧，其后得到另一位老师的指导。

在描述学习经历时，叙事者经常把音乐和言语训练区别开来。指导分为直接和间接两种。在学习时，学生观察老师如何表演或者演奏，并且努力模仿老师；然后学生回到家里，经常练习好几个小时，过后老师纠正学生犯的错误。一位从自己父亲那里学艺的表演者提到，他有一个玩具阿克帕塔，在父亲演奏的时候，他就在玩具上练习。在言语训练方面，大多数叙事者表示一个故事他们需要反复听三次以后才有信心当众表演。在听过一遍以后，他们会详细询问老师各种问题，确保所有的细节都正确。这些问题关涉到故事的情节、地名、人物关系，以及主配角的准确名字。

直接指导涉及学生练习的特殊音乐模式，这些音乐模式因表演者而异。地域差异可能导致音乐传统的不同，但是在同一地区的叙事者之间也有差异。附录中是展示音乐和诗歌模式的两个例子 A 组和 B 组。尽管都来自贝宁城，其内容、风格、吟诵方式各不相同。如果有更多阿克帕塔基本模式的例子，可能就会出现更多的变体。这两组模式之间的差异来自叙事者个人风格不同。比如说，B 组叙事者在歌曲中融入更多表现女性和男性巫师的言语和音乐，他和其他职业叙事者把这点和阿克帕塔的演奏联系起来。他还提到折磨着他的贫困和个人"困难"。他对巫术和苦难的强调应当归咎于两点，一个是在我们相遇时他的个人境遇，另一个是他把自己想成一个能够与超自然生灵进行交流的具有巫术魔力的人（Ben-Amos，1972b：111 - 112）。A 组的叙事者社会境遇更为稳定，因此他在言语练习中频繁提及他经常讲述的一些叙事，以及在他的故事和一般贝宁剧目中出现的人物。

音乐模式不但为新手提供了音乐和言语训练，而且还促使新手对阿克帕塔形成自己的态度，对这门艺术树立自己的信念，同时也帮助演奏者开始熟悉他作为一名阿克帕塔演奏者所要讲述的故事中的主要人物。

当学生拜的师傅既非家庭成员亦非亲密朋友时，学生就订立了一种学徒契约。这种学徒契约也发生在其他一些家庭外的职业指导中，对贝宁社会来说也很典型（Ben-Amos，1971：127 - 45）。师生之间就费用达成共识，在 60 年代这笔费用通常是 3—5 尼日利亚镑。此外，学徒还不得不偶尔向师父赠送可乐果和酒作为礼品，这样下来学费很容易就会翻倍。如果可能的话，新手会加入到职业故事手中，成为一个 3—4 人的合唱队伊戈贝萨（igbesa）的成员，或者是阿克帕塔演奏者的帮手。这个特别的角色给学生提供了极好的机会观察师父的表演，学习如何示意帮手加入或者停止合唱。作为对学徒学费、尊敬和实质协助的回馈，师父要教会他们演奏音乐的技巧、故事和歌曲的全部曲目、这个职业的秘密，包括构造一曲阿克帕塔的方法和叙事者如何未雨绸缪应对职业危险。

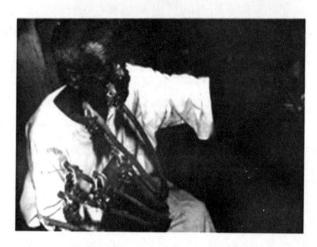

图 14—6　上图：Egiamusoe Iditua（一位来自 Urhokusa 村的阿克帕塔演奏者）
下图：Aibanigbee Okundaye（一位来自 Obagia 村的阿克帕塔演奏者）

　　这样的师徒关系一般维持 1—3 年，取决于学徒的天赋和实际指导的机会。一个学徒一周探访他的老师 1—2 次；一些人提到了他们曾经和指导者待在一起整整一个星期，每晚都练习演奏阿克帕塔。学期末，当师徒都感觉指导接近完成时，他们会举办一场正式的社交舞会伊库-阿克帕塔（iku-akpata，一种阿克帕塔舞蹈）以资庆祝。当时，学徒在其中充当表演者，他构造自己的阿克帕塔，为在公众场合出现做足准备。

　　对于阿索罗冈的演奏者而言，学徒的步骤是一样的。无论演奏何种乐器，一旦一个人宣布自己是职业故事手，他就需要公众认可自己的能力。这种认可也许表现为周边村庄或者集镇的表演邀请。一般来说一位叙事者的名气能够辐射到周边 5 里的距离，而且集中在交通便利的路线上。当一位说故事手在一个比较远的村庄有亲戚，他也会偶尔收到那片地区发来的邀请。贝宁的职业故事手并不是四处游荡的吟游诗人，他们通常受到居住地和农活的限制，只是间或表演。我访谈到的职业故事手中，只有两位声称有广泛的声望，能够说出自己曾演出过的较远的村镇名称。这两位中的一位名叫阿米耶凯本·欧格贝波尔（Aimiyekagbon Og-bebor），他是附录中 B 组音乐模式的演奏者。阿米耶凯本·欧格贝波尔似乎把讲故事做成了自己唯一的职业；他声称在生活的早期，自己曾经一周出演四次。别人也证实了他曾大获欢迎，人们提到在 20 世纪五六十年代的国家以及地区选举中，他在政治集会上作为表演者出席，结果他将一个政治场合变成了一次"讲故事事件"。

一位知名的叙事者每晚开价并且能够收入 15 先令到 5 镑，收入情况取决于演出时长、旅行时间以及主人的支付能力。因此学徒可以预期自己当初在学习讲故事上的投资能够收到回报。然而，这方面的总收入对于维持一个家庭来说还是不够的。因此大多数阿克帕塔和阿索罗冈的演奏者还会继续做农夫、猎人或者占卜者。

在讲故事的图式当中，贝宁人对于职业的定义缺失了一个方面，这就是群体组织。正如其他未工业化的农业社会（Sjoberg，1960），埃多社会复杂而且等级鲜明。正如之前提到的，埃多社会有三个层级的酋长：七位世袭并且最高等级的酋长（Uzama n'Ihinron）；殿酋长（Eghaebho n'Ogbe）；以及"镇酋长"（Eghaebho n'Ore）。其余的人就是平民（ominigie）。然而，许多平民的声誉及其社会组织的重点在于和欧巴某种确定的关系以及向欧巴提供特定服务。贝宁城划分为 40 个区，每一个区里的成员：

> 都有"为欧巴"执行的特别责任。他们包括手艺人，比如铁匠和黄铜匠，皮革工人，木雕和象牙雕刻师傅，挂毯织工，制鼓匠，猎人，豢豹人，牧牛人，建筑工人；许多不同团体的牧师，"医师"，占卜者，神谕执行人，吟游诗人和其他仪式人员；以及其他宫廷官员，比如说库管员和后宫侍从（Bradbury，1957：34）。

所有这些职业团体当中都没有阿克帕塔和阿索罗冈演奏者的位置。他们既没有可向欧巴提供的官方服务，也没有自己的社会或者居住团体。在城里，他们是孤单的人，在自己的村庄里他们也没有艺术上的同道中人。他们中的大多数生活在或者最起码生长在贝宁城周边乡村。从术业上说，他们并不属于城市的社会结构。虽然他们以表演者的身份获得经济上的承认，但是其成就并没有在社会内部带来相应的头衔身份。在讲故事事件中，他们自己是客人，要依赖于主人的恩惠。

阿克帕塔及其演奏者在贝宁的位置引发了一些历史推测，特别是当我们回想起这种乐器在纪念性青铜牌上出现的情况，以及目击报告中对阿克帕塔及其演奏者的描述。正如青铜牌和目击报告显示的，在17世纪人们在仪式性场合使用阿克帕塔。后来发生改变的原因何在呢？

两条推测的线索浮出水面。正如我指出过的，布莱德柏瑞认为贝宁社会是两种文化的结合体。他认为贝宁是一个以村庄为基础的、按照年龄划分等级的社会，凌驾其上是来自约鲁巴社会的中央集权的、等级制的王权结构。这种叠加其上的权力结构的性质还需要进一步思考；正如一些皇家仪式显示的，它可能是一次战争征服的结果，或者就像其他一些传统所主张的，它源自一次恳求来的援助（Bradbury，1959：193；1964：149－159；1967：1－3）。无论哪种情况，阿克帕塔是乡村文化的一部分，其存在先于都市的约鲁巴结构强加到贝宁社会中来，也可能是出于这个原因，阿克帕塔演奏者并不能很好地融入贝宁社会中。在尼日尔—贝努埃（Niger-Benue）交会处，在中部非洲和西南非洲的海岸区域（Laurenty，1960），阿克帕塔的分布支持了这个推测。因此，阿克帕塔在象征意义上疏离于已确立的政治秩序，这个结果可能是从横跨非洲的文化元素的流布，以及后来贝宁与约鲁巴社会体系的合并发展而来。

不过，阿克帕塔又出现在青铜牌上的仪式场合，上述结论与这个情况又不相符合。此外，王储（Edaiken），也就是冠冕王子，乃至欧巴本人在掌握所有贝宁的文化知识的过程中，都要学习演奏阿克帕塔。现任欧巴阿肯祖阿（Akenzua）二世殿下懂得如何演奏这门乐器。他自己、他幼年的朋友以及一位宣称曾经教欧巴演奏阿克帕塔的职业故事手都陈述了这一事实。几位酋长效仿欧巴，也学习了演奏阿克帕塔，虽然他们从未以此为职业开展娱乐活动。虽然以上情况都属实，也正因为如此，职业叙事者"很少访问国王的王庭，因为有这样一个迷信，说是任何给国王用阿克帕塔讲故事的人很快就会死去"（Egharevba，1946：71）。为了逃脱这个命运，叙事者必须把在欧巴面前演奏过的乐器毁掉。因此，在皇家和乡村阿克帕塔之间存在着明显的对立。如果推测说他们代表了两种迥异的象征、甚至历史发展的线路，或者说他们反映了人们使用阿克帕塔的历史变迁，也不无可能。

对于职业故事手来说，乡间阿克帕塔和阿索罗冈有着确切的、大部分重合的象征意义。对于观众也是如此，尽管程度略轻。从有关这两门乐器起源的神话当中，以及从与乐器相关的信仰系统当中，我们能够推导出这些象征意义。象征意义很大程度上与阿克帕塔演奏者和阿索罗冈演奏者在贝宁社会的地位相关。

贝宁的职业故事手把乡间阿克帕塔和阿索罗冈的发明归因于两位王室人物：15 世纪的鲁莽巨人阿胡安然（Arhuan ̄ran），他是欧巴欧祖卢阿之子；以及 17 世纪晚期 18 世纪早期的欧巴依瓦克帕（Ewuakpe）。这两位都是王庭里离经叛道的人物，在等级制社会中他们是落败者，由于自己做了错事而受到体制的排斥。阿胡安然是一个有二十个脚趾、二十个手指的巨人，他来去无踪。在其父亲欧祖卢阿的战争中，他表现出色，欧祖卢阿希望由他来继承王位。然而，根据传统说法，他那位在同一天的晚上出生的弟弟使出阴谋诡计，阿胡安然被打败了。他感到颜面全失，在乌多（Udo）湖中自溺而亡。根据传统说法，在溺亡的同时他演奏着阿克帕塔（如果叙事者是一位阿索罗冈演奏者，那么阿胡安然演奏的或为阿索罗冈）。

在第二个有关乐器起源的神话中，失败感和拒斥感也与阿克帕塔（或者阿索罗冈）如影随形。欧巴依瓦克帕在贝宁传统中是一个悲剧性的人物。他的母亲去世时，他在葬礼上杀了很多人。这导致了叛乱，他的子民贝宁人对其完全拒斥。酋长们不再去宫殿拜访他；村镇的子民不再献上日常的朝贡和税款。既饥饿而且遭到摈斥，他咨询了预言家。预言家建议他以人献祭。唉，尽管作为欧巴，他是唯一有资格向神献上人祭的人，但他已经失去了掌控全局的权力，因此无法确保一个献上祭坛的人选。他的妻子已经陪伴他经历过所有这些风风雨雨，在这时，她把自己作为牺牲献给了神。这次祭祀让依瓦克帕与酋长们和人民的关系发生了转折，他们返回向他致以皇家的敬意。为了减轻那些不幸时刻的忧伤、遭受叛乱时的痛苦以及哀悼妻子时的悲痛，欧巴依瓦克帕就演奏阿克帕塔。

故事手们还把演奏阿克帕塔或者阿索罗冈视为一种心理治疗。虽然贝宁人聘请职业叙事者庆祝一些欢乐的场合，故事手他们自己反倒把这门艺术看作一种从烦扰思绪中释放出来、给他们哀伤的生活带来一些乐子（onyemwen）的方式。"阿克帕塔"，一个故事手说，"是忧思的杀手"（ogb'i ro）。另一位叙事者提到，他学习演奏阿克帕塔的起因正是他双亲过世带来的悲痛。其他人则会声称，一般来说当思绪（ekhoe）在燃烧时，演奏阿克帕塔可以让头脑平静下来（对比 R. F. Thompson，1966）。有人曾经提到，由于演奏阿克帕塔能够让乐手放松，因此妇女被禁止演奏这门乐器。在经历人生中最为疼痛的分娩时，女性也许会想要演奏阿克帕塔，但是当然在那种情形下这是不可能的。此外，身体疼痛已经超出了音乐叙事的治疗力量。同样，阿克帕塔或者阿索罗冈也无法减轻经济上困顿；它们只有在针对迫在眉睫的诉讼案件前的焦虑、子嗣稀少或者一些类似情况时有效。

阿索罗冈的演奏者在音乐叙事的效果上比阿克帕塔更为显著。他们有时独自演奏，和某位遥远听众以及他们自己交流。他们表示，在村子里演奏的最佳时间是清晨。当村庄还在寂静中，嗓音和音乐能够响彻全村。在那个时刻，叙事娓娓道来，当地人的说法是 miemiemie 或者 rhien-rhien。

尽管讲故事有其情感上的益处，但是叙事者的内省性也带来一定的危险。全身心投入个人的问题当中可能会导致这位演奏者自杀。因此，在教授一位青年演奏阿克帕塔或者阿索罗冈之前，他的父母应该咨询一位预言家。为了说明这一点，一位故事手约略讲述了一个男孩的故事。预言家告诉这个男孩，不要穿戴部落标志（iwu），不要行割礼，不要演奏阿克帕塔。然而他一点都没有留心这三个警告。在行割礼之后，他的阴茎变得非常小。他在成年后娶了好几位女子为妻，但是从没有能够圆房。人们脱去了他的衣服，发现他的阴茎很小。在羞愧和尴尬之下他开始演奏阿克帕塔，他是如此投入自我的悲伤以至于想要自杀。他准备了一根绳子上吊，但是在上吊之前神和他说话，"如果神（Osa）创造了你，你就不应当杀死自己"。然后他把自己的问题告诉了神，神增大了他的阴茎。接着，这个人脱下了自己的衣服，裸体四处招摇炫耀他恢复正常的阴茎。

　　故事手的内省性还有其他的危险，尤其是当他面临的威胁来自一位捉摸不定的听众。虽然所有人都知道他，但是没有人看得到他。这位听众就是巫师或者叫阿赞（azen），以及所有巫师当中年纪最长的黑夜精灵或者叫厄尼瓦仁·阿森（eninwarenason）。这两类超自然生灵受到阿克帕塔和阿索罗冈音乐的吸引。在叙事者演奏时，他们翩翩起舞。但是演奏者看不到他们。如果演奏者在他们舞蹈时停下来休息，这些超自然生灵就会伤害演奏者，或者弄断阿克帕塔的琴弦。为了避免这样的遭遇，故事手不得不将他的第一首曲子献给阿赞和厄尼瓦仁·阿森，然后在夜晚献上可乐果和饮料。并且，在午夜和清晨，他必须停止演奏。

　　阿克帕塔演奏者和阿索罗冈演奏者与这些灵性存在的关系稍有不同。阿索罗冈的演奏者把重点放在阿赞这种比较常见的、魔法般活跃的巫师身上；而阿克帕塔的演奏者则与厄尼瓦仁·阿森这种超自然界更高地位的巫师产生更多关联。一位阿索罗冈的演奏者明确表示："阿索罗冈就是巫师们的乐器。"在他演奏的时候，他们会来坦白做过的坏事与好事，曾经杀了谁，以及曾经保护了谁。他把自己当作巫师们最喜欢的仆人（中介）欧帝波·阿赞（odibo azen），因此并不恐惧巫师们。然而，阿赞是疾病的载体，尤其是天花（Ben-Amos 与 O. Omoregie，1969：10）。因此贝宁城取缔了这种乐器，在许多村庄里当地的酋长（onogie）也禁止艺术家弹奏阿索罗冈。在调查中，我发现损坏或者弃置的阿索罗冈比任何其他乐器都要多，并且只能够记录下两位阿索罗冈演奏者。

　　即便阿索罗冈的表演被取缔，演奏者们一般还会将乐器继续保存在屋子里。然而，我遇到的两位阿克帕塔的演奏者，他们在与黑夜精灵遭遇后，自愿放弃了这门技艺。这些前叙事者们最为强调的是音乐意乱神迷的效果。一位退休的林务官告诉我说，有一次他独自在一个房间里关着门演奏阿克帕塔，在大约两点钟时，他看到了一个从未见到过的人。此人盯着他，说："继续演奏，我们喜欢听你的音乐。"艺人站起来近身打量这人，但是他消失了，而房门依然如以前一般紧闭着。另一个人是退休的警察，他以一种栩栩如生的方式叙述他与黑夜精灵的邂逅。在深更半夜时分，当他在演奏时，许多穿着白衣的人出现在他面前。他开始跟着他们，不久就发现自己身处沙丘和怪树之间。第二天早晨，人们发现他躺在外面发着烧。自那以后，他的父亲禁止他再弹奏阿克帕塔。贝宁最好的叙事者之一是这样保护自己不受黑夜精灵侵害的：他每次在欧克波比中出现时，都穿着一件白色斗篷，这是向厄尼瓦仁·阿森发出信号显示他是他们中的一分子，他们不应当伤害他。叙事者使用的另外一种保护措施是用一种特殊的药厄伊如安（eghi ruan，来自 eghi，"不再，"和 eruan，"有害的药物"）清洗他们的乐器。这种药物能够预先阻止任何阿赞可能造成的伤害，并且使艺人可以看到灵性存在。如果叙事者知识渊博，巫师们或者黑夜精灵们可能会使用特殊的语言与之交谈（见 Ben-Amos，1972a）。

　　人类听众可以部分意识到这些捉摸不定的精灵出席了讲故事活动。于是他们宽恕叙事者的演奏，为巫师祈祷，奉上可乐果和酒。叙事者与阿赞和厄尼瓦仁·阿森的关系与其在贝宁社会的边缘地位有关联。叙事者在埃多文化的等级秩序中缺乏显达的社会地位，也没有清晰的定位。无论是故事手还是暗夜生灵，他们都处于一种恒定阈限的状态当中；他们都是瞬息即逝的形象，既与社会体制不相容，又同时是其一部分。欧克波比则完全被各种边缘性和社会疏离的象征符号所渗透：它经常是一次过渡仪式，象征获得一项新的社会位置；或者是一次与危险结束有关的欢宴活动。乡村的与城市的，边缘的与中心的，阈限的与稳定的，这些都汇聚于同一个情形之下。对成功的庆祝同时也充满了失败和拒斥的符号。那位处于活动中心的表演者，以及那件为听众带来欢乐的乐器，恰恰是苦楚、冲突和社会孤立的象征。

　　这些符号在叙事表演的行为层面也得到体现。依波塔的基本要素是观众要参与到歌唱当中，然而在欧克波比讲故事时这种家庭氛围反而极为弱化。叙事者带着他自己的合唱队，其成员被称为伊戈贝萨（igbesa），"帮手"；叙事者依靠帮手在歌曲中取得恰切的响应。他们围绕叙事者而坐，或者坐在他身后，在他示意的时候加入歌唱。伊戈贝萨一般是非常了解叙事者，并且能够回应其信号的人。在整场表演当中，观众不会像在依波塔里那样参与其中，而是主要扮演倾听者的角色。

# 叙 事

故事手往往用一连串的格言习语开始他的朗诵，包括对主家的赞美、向观众致意、向每一位在座者致以美好祝福。这部分内容建立起艺人与观众的密切关系，然而该部分随着个人和情形转移变化之大超过叙事以后的任何部分。下面就是开篇诗句的一些例子。每一个斜线都表明了一个言语的停顿，在停顿时音乐仍然继续。

| 原　文 | 翻　译 |
|---|---|
| 独唱：*O͞r oke n' O͞r oke, iye mwen O.* | 所有飞扬的毛掸子一切顺利，我的妈妈，哦。 |
| 合唱：*Ikpinhianbo a ya bu'osi omwan ude.* | 人们用手指头责骂朋友。 |
| 合唱：*E. …E….* | 呃……呃…… |
| 合唱：*Ikpinhianbo a ya bu'osi omwan ude O.* | 人们用手指头责骂朋友，哦。 |
| 合唱：*E. …E…. E…. /* | 呃……呃……呃……/ |
| 独唱：*O͞r oke n' O͞r oke, iye mwen* | 所有飞扬的毛掸子一切顺利，我的妈妈。 |
| 合唱：*Ikpinhianbo a ya bu'osi omwan ude.* | 人们用手指头责骂朋友。 |
| 合唱：*E. …E….* | 呃……呃…… |
| 合唱：*Ikpinhianbo a ya bu'osi omwan ude .* | 人们用手指头责骂朋友。 |
| 合唱：*E. …E…. E…. /* | 呃……呃……呃……/ |
| 独唱：*O͞r oke n' O͞r oke, iye mwen O.* | 所有飞扬的毛掸子一切顺利，我的妈妈，哦。 |
| 合唱：*Ikpinhianbo a ya bu' osi omwan ude.* | 人们用手指头责骂朋友。 |
| 合唱：*E. …E….* | 呃……呃…… |
| 合唱：*Ikpinhianbo a ya bu'osi omwan ude.* | 人们用手指头责骂朋友。 |
| 合唱：*E. …E…. E…. /* | 呃……呃……呃……/ |
| 独唱：*Use yowo. /* | 贫困让人沮丧。/ |
| 独唱：*I yow' iye mwen O.* | 我想念我的妈妈，哦。 |
| 独唱：*Agbon n'eghe mwen ghe ye nian na O.* | 我的生活的时光本不应当如此哦。/ |
| 独唱：*Osemwen n'ituer̄ e.* | 我的朋友，我向你致敬。 |
| 独唱：*Itu'esasa n'o r'ob'erha. /* | 我向右边的你致敬。/ |
| 独唱：*Itu'esasa n'o r'ob'omwan O.* | 我向左边的你致敬。 |
| 独唱：*Itu'esasa n'I k'adese O. /* | 我向中间的你致敬。/ |

　　这样的导入会持续一段时间，直到叙事者开始真正的叙事，介绍和发展故事情节：

| 原　文 | 翻　译 |
| --- | --- |
| *Uma r̄ anmwensionsionsion.* ① | 这是个好故事。 |
| *Uma r̄ anmwen ya mu Agboghidi. /* | 是一个关于 *Agboghidi* 的故事。/ |
| *Ona mu'Emonkpolo, n'amwonren, /* | 关于他的妻子 *Emonkpolo*，/ |
| *Oke ghi mu'Iduze , n'amwonren, /* | 关于他的妻子 *Iduze*，/ |
| *Ona mu'Emonkpaogbe n'obhiogi'Ugo. /* | 这是关于 *Emonkpaogbe*，统治者 *Ugo* 之子。/ |
| *Okha nay a mu'Ogi'Obo, o na mu'Adesuwa, n'ovbi Oyan. /* | 故事是关于统治者 *Obo*，关于 *Oyan* 的女儿 *Adesuwa*。/ |
| *Oke mu'Arasomwan n'ohu no mu' er'omwan. /* | 这是关于愤怒者 *Arasomwan* 的故事。 |

　　叙事的开头不一定是标准化的；其他的叙事者也许会通过不同的方法介绍人物和故事情节。一旦开始，讲故事就会持续一整晚，一直到破晓；通常这只会涉及一个单独的故事。有一位叙事者偏爱长叙事，我参加过两场欧克波比，他讲的故事持续了 12—18 个小时。其他故事手也许会讲述同一个故事的更为简洁的版本，只持续 2—3 个小时。每个例子里叙事都点缀着歌曲。

　　上面文本在开场白刚刚引述到的阿波吉帝（Agboghidi）的故事，是每一个阿克帕塔叙事者的基础曲目之一（见 Sidahome，1964：41 - 72）。在大多数情况下，职业叙事的故事手选择在我面前首先讲述这个故事。故事情节是关于村庄酋长们彼此之间的矛盾冲突、父子的龃龉、为争夺女性青睐而引发的斗争。在这些争端中，人们主要借用的力量是魔法、咒语和魔法变形。村庄酋长阿波吉帝不但与其他国家的统治者作战，而且与贝宁城的酋长为敌，尽管他并不针对欧巴本人。这样的一个故事展现出阿克帕塔叙事者和普通故事手之间、适合依波塔的主题和适合欧克波比的主题之间存在着主题的差异。职业和业余的叙事者基本意

---

　　①　叙事开场的标准程式。

识不到这些不同；当被问到时，阿克帕塔演奏者或者阿索罗冈演奏者都会宣称他能够讲述任何你希望的故事。但事实上，在这两种叙事传统之间有一条分明的界线：职业故事手更喜欢聚焦在村庄酋长们和英雄们以及他们的魔法战争上，而在家庭圈内部讲述传统故事的女性则集中叙述关于过去的欧巴们、"欧吉索"王朝时期、贝宁的神话统治者们以及那时的动物朝臣们。换句话说，女性业余叙事者挑选的是那些贝宁社会内部的中心主题，而乡间职业故事手则聚焦在朝廷之外的英雄们身上。

# 结　论

当被问及时，贝宁故事手会指出好叙事的两个主要标准：故事细节的准确性和多重情节的统一。准确和细致的描述不但对于故事情节是必要的，它本身也具有美学价值。次要角色的姓名，他们行动的地点，他们之间精确的关系，都是一位叙事者以"正确"的方式学习和呈现一个故事主要考虑的。当这些信息都在控制之内时，叙事者喜欢为他的观众呈现许多小插曲，这些小插曲是如此多样，他们也许甚至看起来没有意义；但是最后，他会把这些插曲组织在一起成为一个完整和统一的故事。

在展开贝宁叙事者的故事时，我尝试跟随他们自己的构思。我的注意力集中在许多细节，其中的一些看起来似乎相对于讨论的主题而言比较外围和次要。现在让我把这些描述通过聚焦在更锐利的一个点上而得出一些结论：在讲故事的语境当中，故事手与他们的乐器阿克帕塔和阿索罗冈充当了边缘和不稳定的象征符号。将故事手和这两门乐器引入讲故事情形当中，就把讲故事从一个家庭为中心的、面向家庭内部中心权力的场合转化为一个将注意力转移到外部人身上的"事件"。阿克帕塔和阿索罗冈及其演奏者的象征意义有三个维度：社会的、认知的，以及表现的（Ben-Amos，1975）。在社会层面上，叙事者是一个边缘的人物，其在贝宁社会内部的定位并不明确。他仰仗于他的主家们；他们却并不依赖他。历史状况可能赋予乐器一部分的象征意义：与合乎规矩的埃多文化相提并论，它们在历史上只充当了外围元素。在认知层面，乐器及其演奏者在宗教和政治结构中都和遭放逐者的形象联系起来——巫师们、黑夜精灵们和那些不成功的统治者们。在听众都在寻求欢乐的时候，阿克帕塔和阿索罗冈却表现出悲伤和抑郁的状态。最后，在表现维度，职业故事手讲述的男主角都是乡间魔法师和其他有力量的乡人，或者是贝宁社会边缘的困顿人物。欧巴在故事背景中作为一个主人公无法对抗的威胁若隐若现，这也影射了阿本（agbon）也就是这个世界本身，将其阴影投射在无助的叙事者身上。

## 参考文献

Aigbe, Emman I. , 1960. *Iyeva Yan Ariansen VbeltanEdo, Na Zedu Ere Ye Ebo.* 1040 *Edo Proverbs with their English Translations.* Lagos：RibwayPrinters.

Akenzua, E. , 1960. "Benin – 1897：A Bini's View. " *Nigeria Magazine*, No. 65：177 – 90.

Ankermann, B. , 1901. "Die afrikanischen Musikinstrumente. " *Ethnologisches Notizblatt*, 3：1 – 13. Berlin：Haack.

Bacon, Commander R. H. , 1897. *Benin：The City of Blood.* London：Edward Arnold.

Ben-Amos, Dan, 1967. "Story Telling in Benin. " *African Arts/Arts d'Afrique*, 1, No. 1：54 – 59.

——, 1970. "Toward a Componential Model of Folklore Communication. " in *Proceedings*, Ⅷ th *International Congress of Anthropological and Ethnological Sciences*, 1968. Vol. Ⅱ：*Ethnology.* Tokyo：Science Council of Japan, pp. 309 – 11.

——, 1972a. "The Elusive Audience of Benin Storytellers. " *Journal of the Folklore Institute*, 9：39 – 43.

——, 1972b. "Two Benin Storytellers. " in Richard M. Dorson, ed. , *African Folklore.* Garden City, N. Y. : Doubleday, pp. 103 – 14.

——, 1975. "Folklore in African Societies. " *Researchon African Literatures*, 6.

Ben-Amos, Paula, 1968. *Bibliography of Benin Art.* Primitive Art Bibliographies, No. Ⅵ. New York：Museum of Primitive Art.

——, 1971. "Social Change in the Organization of Wood carving in Benin City, Nigeria. " *Unpublished doctoral dissertation.* Bloomington: Indiana University.

——, 1973. "Symbolismin Olokun Mud Art. " *African Arts*, 6, No. 4: 28 – 31, 95.

Ben-Amos, Paula, and Osarenren Omoregie, 1969. "Keeping the Town Healthy: Ekpo Ritual in Avbiama Village. " *African Arts/Arts d'Afrique*, 2, No. 6: 8 – 13, 79.

Boisragon, Captain, A. , 1897. *The Benin Massacre.* London: Methuen.

Bradbury, R. E. , 1957. *The Benin Kingdom and the Edo Speaking Peoples of South-Western Nigeria.* Ethnographic Survey of Africa: West Africa Pt. XIII. London: International African Institute.

——, 1959. "Divine Kingship in Benin. " *Nigeria*, No. 62: 186 – 207.

——, 1964. "The Historical Uses of Comparative Ethnography with Special Reference to Benin and the Yoruba. " in J. Vansina, R. Mauny, andL. Thomas, eds. , *The Historian in Tropical Africa.* London: Oxford University Press, pp. 145 – 64.

——, 1965. "Father and Senior Son in Edo Mortuary Ritual. " in M. Fortes and G. Dieterlen, eds. , *African Systems of Thought.* London: Oxford University Press, pp. 96 – 115.

——, 1967. "The Kingdom of Benin. " in Forde and Kaberry 1967: 1 – 35. "Continuities and Discontinuitiesin Pre-Colonial and Colonial Benin Politics", in I. M. Lewis, ed. , *History and Social Anthropology.* ASA7. London: Tavistock, pp. 193 – 252.

——, 1969. " Patrimonialism and Gerontocracy in Benin Political Culture. " in M. Douglas and P. M. Kaberry, eds. , *Man in Africa.* London: Tavistock, pp. 17 – 36.

——, 1973. *Benin Studies*, ed. Peter Morton-Williams. London: Oxford University Press.

Dark, Philip J. C. , 1973. *An Introduction to Benin Art and Technology.* Oxford: Clarendon Press.

Dark, Philip J. C. , and M. Hill, 1971. "Musical Instruments on Benin Plaques." in K. P. Wachsmann, ed. , *Essays on Music and History in Africa.* Evanston, Ⅲ. : Northwestern University Press, pp. 65 – 78.

Dunn, Ernst, F. , and Rebecca, N. Agheyisi, 1968. *An Introduction to Bini.* East Lansing: African Studies Center, Michigan State University.

Ebohon, Osemwegie, 1972. *Cultural Heritage of Benin.* Benin City: Commercial Department, Midwest Newspapers Corporation.

Egharevba, Jacob, U. , 1946. *Benin Law and Custom.* Port Harcourt: C. M. S. Press.

——, 1956. *Bini Titles.* Benin City: Kopin-DogbaPress.

——, 1960. *A Short History of Benin*, 3rd edition. Ibadan: Ibadan University Press.

Fagg, W. , and H. List, 1963. *Nigerian Images.* London: Lund Humphries.

Forde, Daryll, and P. M. Kaberry, eds. , 1967. *West African Kingdoms in the Nineteenth Century.* London: Oxford University Press.

Forman, W. and B. , and Philip Dark, 1960. *Benin Art.* London: Hamlyn.

Hen, F. J. de, 1960. "Beitragzur Kennetnisder Musikinstruments aus belgisch Kongo und Ruanda-Urundi. " *Unpublished doctoral dissertation.* Koln, WestGermany: University ofKöln.

Hide, R. H. , 1943. "The Biniasa Botanist: Some Noteson the Benin Vernacular Names of Plants. " *Nigerian Field*, 11: 169 – 79.

Hornbostel, E. M. von, and C. Sachs, 1961. "Classification of Musical Instruments. " tr. Anthony Baines and Klaus P. Wachsmann, *The Galpin Society Journal*, 14: 3 – 29. Originally published in *Zeitschrift fur Ethnologie*, Nos. 4 – 5 (1914) .

Hymes, Dell, 1962. "The Ethnography of Speaking. " in T. Gladwin and W. C. Sturtevant, eds. , *Anthropology and Human Behavior.* Washington, D. C. : Anthropological Society of Washington, pp. 13 – 53.

——, 1964. "Introduction: Toward Ethnographies of Com munication. "

in John J. GumperzandDellHymes, eds., *The Ethnography of Communication*, *American Anthropologist*, 66, No. 6, Pt. 2 (specialpublication), pp. 1 – 34.

——, 1967. "The Anthropology of Communication. " in Frank E. X. Dance, ed. *Human Communication Theory: Original Essays*. New York: Holt, Rinehart and Winston, pp. 1 – 39.

——, 1972. "Models of the Interaction of Language and Social Life. " in John J. Gumperz and Dell Hymes, eds., *Directions in Sociolinguistics: The Ethnography of Communication*. New York: Holt. Rinehart and Winston, pp. 35 – 71.

Kirby, P. R., 1965. *The Musical Instruments of the Native Races of South Africa*, 2$^{nd}$ edition. Johannesburg: Witwatersrand University Press.

Laurenty, J. S., 1960. *Les cordophones du Congo Beige et du Ruanda Urundi. Annales du musée Royal du Congo Beige Tervuren n. s. : Sciences de l'homme*, Vol. II. Tervuren.

LingRoth, H., 1903. *Great Benin: Its Customs, Art and Horrors*. London: F. King andSons.

Luschan, F. von, 1919. *Die Altertümer von Benin*, 3 Vols. Berlin: Museum für Völkerkunde.

Marcuse, Siby, 1975. *A Survey of Musical Instruments*. New York: Harper and Row.

Melzian, Hans, 1937. *A Concise Dictionary of the Bini Language of Southern Nigeria*. London: Kegan Paul, Trench, Trubner.

Merriam, Alan, P., 1964. *The Anthropology of Music*. Evanston, III. : Northwestern University Press.

Munro, David, A., 1967. *English-Edo Wordlist: An Index to Melzian's Bini-English Dictionary*. Occasional Publication No. 7. Ibadan: Institute of African Studies, University of Ibadan.

Read, C. H., and O. M. Dalton, 1899. *Antiquities from the City of Benin and from Other Parts of West Africa in the British Museum*. London: William Clowes and Sons.

Ryder, Alan, 1965. "A Reconsideration of the Ife-Benin Relationship. "

*Journal of African History*, 6: 25 – 37.

——, 1967. "The Rise of the Benin Kingdom. " in Roland Oliver, ed. , *The Middle Age of African History.* London: Oxford University Press, pp. 27 – 33.

——, 1969. *Benin and the Europeans* 1485 – 1897. Ibadan History Series. London: Longmans Green.

Sidahome, Joseph, E. , 1964. *Stories of the Benin Empire.* London: Oxford University Press.

Sjoberg, G. , 1960. *The Preindustrial City*: *Past and Present.* New York: Free Press.

Soderberg, B. , 1953. "Musical Instruments Used by the Babembe. " *The African Music Society Newsletter*, 1, No. 6: 46 – 56.

——, 1956. Les instruments de musique au Bas-Congo et dans les *Régions Avoisinantes*: étude *ethnographique.* Falkoping, Sweden: A. J. Lindgrens.

Tahal ( Water Planning), 1965. *Master Plan for Urban and Rural Water Supply.* Tel Aviv, Israel: Water Resources Development ( International) for the Ministry of Works and Transport, Government of Mid-Western Nigeria.

Thompson, Robert, F. , 1966. "An AestheticoftheCool: West African Dance. " *African Forum*, 2, No. 2: 85 – 102.

——, 1971. *Black Gods and Kings.* Los Angeles: University of California Press.

Wachsmann, Klaus, P. , 1961. "The Primitive Musical Instruments. " in Anthony Baines, ed. , *Musical Instruments Through the Ages.* London: Faber and Faber, pp. 25 – 53.

# 15

## 埃多人的视觉与口头艺术中的动物

【编译者按】本文（*Animals inédó Visual and Verbal Arts*）发表于1987年的《词与图：口头视觉探索学刊》（*Word and Image: A Journal of Verbal/Visual Enquiry*）［1987, 3 (3): 296 - 303］。这是作者为所主持的"非洲艺术与文学"专刊而撰写的论文。此外，作者也写了专刊的前言。作者对非洲（尼日利亚）口头叙事故事和笑话的研究是其研究领域之一，也得到学界的公认。其实，正是作者早期在尼日利亚的田野和随后的深入研究，才有了深厚的实践基础，提炼出许多民俗学理论研究的经典观点。

　　最近，那些徘徊在埃多人[①]"象征之林"中的动物，为生活在新开拓地的居民带来很大的挑战。目前，有些关于动物作为文化象征的研究假设[②]（后来被证实）：在一个统一的象征体系中，宇宙观、社会结构、营

---

　　① 埃多人（édó）是尼日利亚的一个族群的自称，外国人把他们称为"贝宁人"，其州府是贝宁市。本文使用埃多这个当地的称谓。有关埃多人的概括，参见 R. E. Bradbury 的《尼日利亚西南的贝宁王国与说埃多语的各族人》（*The Benin Kingdom and the dó-speaking Peoples of South-Western Nigeria*），西非概况，第八部分（伦敦：国际非洲研究所，1957），以及《贝宁研究》（*Benin Studies*）（伦敦：牛津大学出版社1973年版）。

　　② 参见 BarbaraBabcock-Abrahams《为什么青蛙益于思考而尘土益于回忆》（*Why frogs are good to think and dirt is good to reflect on*），《声音》58（1975），第167—181页；Paula Ben-Amos《贝宁艺术中的人和动物》（*Men andanimals in Benin*），《人类》1976年第11期，第243—252页；Ralph Bulmer《为什么鹤鸵不属于鸟类？关于新几内亚高原卡拉姆地区动物学分类的问题》，《人

养结构相互间存在合理的逻辑关系。①这一假设是基于对动物本身所具有的比喻能力的预言。②由此一来，这些象征以"原始比喻"和基本的文化构建发挥作用，它们使得社会及其个体成员将无序的现实认知为有序的宇宙。将动物当作比喻如此行之有效，而且这一规则具有主导作用，以至于它们被视为日常经验、言语、宗教仪式和祈祷，以及视觉、口头艺术的不可分割的元素。它们也得到分析以便推断认知过程③，象征体系④的本质，以及在宇宙观和文化中被构建的结构关系。⑤列维·斯特劳斯的观点认为，自然物种之所以被选择不是因为它们"易于吃"，⑥而是因为它们"善于思考"。这个观点成为探索在社会和文化中动物形象意义的主导思想。作为思维的工具和产物，动物的象征意义被假定为一个综合的体系，如同语言有语法一样具有一定的逻辑。同语言一样，动物象征散布在整个社会的文化体系中，并且，无论是出现在言语、仪式还是艺术中，每一个象征都有其有限的、明确的、稳定的意义范畴。

上述观点已经成为近期有关动物象征研究的基础性假设。正是针对这一观点，我想以对埃多人口头和视觉艺术中的动物比喻和象征应用的分析提出质疑。这一质疑有两个方面。首先，埃多人的动物比喻不是一

---

（接上页注）类》1967 年第 2 期，第 2—25 页；Jean Buxton《动物身份和人类危机：一些曼达里的意象》，《人类》1968 年第 3 期，第 35—49 页；Elena Cassin《国王与狮子》，载于《宗教史》1981 年 198 期，第 355—401 页；Mary Douglas《在莱勒宗教象征中的动物》，《非洲》1957 年第 27 期，第 46—58 页；克劳德·列维·斯特劳斯《未开化的思想》，《芝加哥大学学报》1962 年；Jonathan Z Smith《我是一只红嘴鹦鹉》，《宗教历史》1972 年第 11 期，第 391—413 页；Dan Sperber《动物们都是完美的，我们要从杂交动物和怪兽身上找寻象征意义》，《人类》1975 年第 15 期，第 5—34 页；S. J. Tambiah《动物能够用来》，《人类学》1969 年第 8 期，第 423—459 页；Gray Urton《南非的动物神话和隐喻》，《犹他大学学报》1985 年。

①　James Fernandez：《隐喻在表达文化中的使命》，《当代人类学》1974 年第 15 期，第 119—133 页。

②　Paul Ricocur：《隐喻的规则：关于语言中意义的创造多种规则的研究》，Robert Gzerny 等译，1977 年。

③　Douglas：《含蓄的意义；纯粹与危险》。

④　Dan Sperber：《重新思考象征意义》1974 年，《剑桥大学学报》1975 年。

⑤　列维·斯特劳斯：《未开化的思想》。

⑥　克劳德·列维·斯特劳斯：《图腾制度》，Rodney Needham 译（1962 年；波士顿，1963 年），第 89 页。

个独立完整的，包括认知的类别、治愈仪式、居住规则以及艺术创作的体系。相反，关于动物象征和比喻的文化构建会受到环境的约束。因此，即使可以为这些比喻建构出系统性的关系，也要依靠它们所使用的环境，其依赖程度不亚于认知过程。更有可能的是，在埃多文化中，至少有两种象征体系，它们相互独立、互不影响。

其次，在文化艺术的创作中，那些被分解的象征意义，在社会生活中，沿着口头艺术和视觉艺术两个方向而分开。换句话说，埃多人的叙事，并不一定为其视觉形象提供注释，但它关注的是一套清晰的动物象征，其视觉效果并不显著。视觉艺术最常再现的是社会中标准的有关动物象征的宇宙观；而言语艺术则提供了更大的可变范畴和可操纵的体系，甚至彻底脱离已有体系。

埃多人对所有生物的分类都是基于人与动物间的基本关系来划分的。这跟文化与自然、野生与驯化的关系相类似。这一主要的区分也存在于语言的维度上。这两个词语具有相似的意义，人们通过是发和不发辅音来区分：owa（家养的）和 oha（野生的）。当然，这是一种跨越字面隐喻的可能。不遵守文明规则的人就如同动物一样。与此同时，被驯养的动物也具备温顺和顺从的特点。这一点在等级社会中同样需要，正如埃多人一样。在这一层面上，动物世界本身也需要一个层次的分类，这取决于人和动物之间相互攻守的方向。人对于温顺的动物是具有攻击性的，人类要吃掉他们。相比较而言，野生动物对于人类是具有攻击性的，它们则试图吃掉人。在具有攻击性的动物中，也可分出两个亚种：第一种是属于魔法范畴中的；第二种则是属于自然范畴中的危险动物。埃多人的动物分类体系可用图 15—1 来说明；这样的分类是基于人与动物之间的关系。此外，还有一个次级的分类系统是通过栖息地来进行分类的。所以埃多人将动物分为陆生动物（如丛林里的 *aranmwen oha*）、水生动物（如河里的 *aranmwen eze*）和飞行类动物（如飞鸟 *ahinamwen*）（见图 15—2、图 15—3）三类。这三类动物在动物王国中相互之间以及与人类之间都具有同源的关系。因为在埃多社会中有一个国王欧巴（Oba），所以鱼鹰是天空的统治者，豹子是猛兽之王；在水中则是由欧罗坤（Olokun）神来统治，他的使者和守护者蟒和鳄鱼占据了水中的最高统治地位。每一个统治者都有自己的随从如守卫、仆人和妻子。

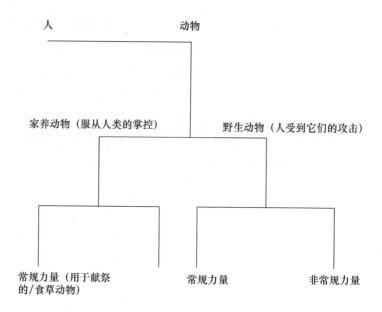

图 15—1　埃多人的动物分类体系

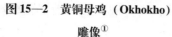

图 15—2　黄铜母鸡（Okhokho）
　　　　　雕像①

图 15—3　黄铜制鸟（Ahinamwe oro）
　　　　　的雕像②

①　该铜像象征着丰收，被放在母系的祖先的祭坛上。（费城宾夕法尼亚大学博物馆藏品）

②　该铜像作为欧克瓦埃（Okhwahe）神的使者它的叫声具有预言的作用。根据传统，在 16 世纪，埃多人有战争的时候，这只鸟在行进的队伍头上盘旋就意味着灾难的来临。一名葡萄牙士兵和埃多军队一起击落了这只鸟，埃多人继续战斗最终取得了胜利。军队的长官手持这个代表那只鸟的黄铜权杖出席了这场战争的纪念仪式。（费城宾夕法尼亚大学博物馆藏品）

图15—4　一个蟒蛇（ataikpin）的头像①

　　埃多人的叙事支持这一分类体系，并与每一种动物所具有的象征价值一致，也说明宇宙秩序的建立，以及每种动物的象征性价值是如何获得的。例如，豹处在动物界中心的地位，原因是，根据一个叙述，豹子可以召集会议，这也就是说，它可以行使社会政治的权力、并担任领导角色。②

　　视觉艺术是埃多人思维的表现。在这一媒介中，动物世界的边界以及内在的关系影响着其宗教基础和法的观念。因为它们与社会的核心组织密切相关。此外，视觉艺术被证明是探索埃多人关于动物领域关系的认知体系的一个有益的出发点。而且，理论上讲，这种结果可能会重新出现在任何形式的文化表达中，无论是在日常对话、意识活动还是动物神话中。

　　然而，在试图将这种结构扩展到关于动物的叙述中时，在根本上出现了严重的分歧；起初看上去统一的、系统的象征体系开始出现不一致和自相矛盾的迹象。任何尝试恢复体系中的秩序的企图都要寻找新的解释原则和新的方式。虽然基本的宇宙关系在故事中保持不变，但动物的神话揭示了一个新的主题领域，不同的叙事群体及其所强调的等级发生了从中心到边缘的转变。

　　在这种意义上，视觉和言语叙事艺术并不简单地是一个硬币的正反

---

　　①　该头像是蛇族的首领和欧罗坤神的使者，和水中的国王神具有同等地位，是陆地上的统治者。这个黄铜的蛇头是国王神的宫殿屋顶的一个蛇的雕塑的一部分。（费城宾夕法尼亚大学博物馆藏品）

　　②　参见 Ben-Amos《贝宁艺术中的人和动物》。

两面，而是构成了两种不同的，但偶尔会重叠的象征体系。埃多人将叙事类型分为两种：okha 和 umaranmwe。对两者的区分是通过歌唱表演。Okha 是一种用歌唱方式来讲述的故事，umaranmwe 则是不需要以歌唱的方式来讲述的故事。这两种类型看起来是目前通用的分类原则。然而，从语言学的角度来看，第二类故事的名称是一个合成词，它结合了 uma（委员会）和 aranmwe（动物），字面的意思是"动物委员会"。在过去，这个词可能专指动物故事，然而，目前看来，动物和 umaranmwe 之间已经没有直接或者专属的联系了。以动物为主要题材的故事可属于任何一个类型。

在这两种叙事类型中，可以通过动物在神话中与神的关系以及动物在神话中的分布来进行区分。那些有关自然和现实社会秩序的故事中的动物，也会出现在埃多人有关基本宇宙体系的视觉艺术品中。譬如豹子（在仪式中称 ekpen，在叙事中称 atalakpa）、变色龙和苍鹭。有关这些动物的叙事为象征秩序的建立奠定了基础。我们可以将其转换成解答"为什么"这类问题的修辞形式。这些叙事的回应详细地解释了动物所具有的象征价值，因此，在多数情况下，这些动物在故事中和视觉形象中会出现几乎完全的重合。可以确定的是，不是每一个动物形象都有相对应的故事，但是出现在埃多人的故事、匾额和雕塑中的同一群动物都具有相同的象征意义。

第二类故事围绕的情形是，动物们已经在象征秩序中获得了它们的位置。故事中的事件可能在创世后被取代，但也会早在当今埃多人文化秩序形成之前。它们是埃多神话中统治者欧吉索（Ogiso）宫殿里的侍臣，欧吉索作为来自天空的统治者，在当今朝代建立前一直统治者埃多人。

对理解埃多人口头和视觉艺术关系很重要的事实是，陆地上的乌龟（当地人称作 egui）这一"恶作剧者"[①] 的形象很少在故事中出现。就算有爬行动物的形象出现在艺术作品中，无论是语境还是图像都显示出这是一个海龟的形象，而非陆龟。与海龟的故事相似的故事

---

① 参见 Robert D. Pelton《西非的"恶作剧者"：关于神奇的讽刺和畏惧的愉悦之研究》，1980 年版；Sperber《对象征主义的再思考》。

也发生在其他动物的身上，例如羊、羚羊、野猪，但它们的视觉形象只占有无足轻重的地位，它们的角色在故事中也是次要的，只是为了凸显海龟的行为。然而，因为以恶作剧者为核心的故事具有中心地位，所以有关这些动物的故事在主题上也逐渐分离出来，成为另外一个象征体系。显然，乌龟具有能够在陆地和水上生活的两栖动物属性，既能够家养也可以野生，使得其奇幻色彩更加突出。所以说，每一个充满象征意义的角色的选择，都是基于埃多人的宇宙观及其对动物的分类方法的。但是，一旦这个角色被单独区分出来，埃多人就会围绕着其创造一个象征体系，这一体系与视觉形象不同的是，它是由文字来进行叙述而非图像。

在视觉和口头形式上，这些显而易见的区分，既取决于其使用的承启关系，也取决于无文字社会中口头和视觉艺术内在的能力。换句话说，视觉图像不具有表达关于乌龟"恶作剧者"信息的作用，而语言可以做到。在埃多人的视觉艺术中的动物和言语叙事中的动物表现为两种文化背景下的象征体系。虽然视觉艺术涉及宗教或民间仪式，但动物的故事主要围绕家庭的教育语境。这些故事主要是由女性来讲给孩子的，虽然男人们童年时期也听过这样的故事，可是他们很少讲给孩子听，因为他们觉得这些故事微不足道，没有讲述的价值。然而，尽管有这样的态度，关于乌龟在欧吉索神的庭院里冒险的故事依然具有教育意义，因为它们确立了埃多人应该遵循的道德体系。

通过比较代表视觉和口头艺术这两种象征体系的动物，可以看出两者之间并无同源的关系，如乌龟并不是反文化的领袖，而是分别在各自存在的领域发挥作用。在视觉形象中出现的动物是超自然力量和政治权威的象征。它们涉及的领域是在精神方面、社会方面，以及在政治上统治着埃多人的积极和消极力量。它们建立在中央等级社会制度和埃多人的宇宙观基础之上。与此相反的是，出现在故事中的动物，给听众转达了伦理的信息。它们用积极或消极的方式来灌输文化、道德和社会价值等内容，例如友谊、自私、服从、蔑视权威、贪婪和感激。

然而，对这些伦理价值观的文化态度是模棱两可的。一方面，母亲教导孩子要坚持道德价值观；另一方面，在埃多社会中，和其他地方一样，正直的人都难以成功。追求个人成功的野心就是埃多社会的价值观，但这与埃多人教育孩子所遵从的价值观截然相反。作为一个出格的"恶作剧者"，乌龟有违反价值观的特许，并以取悦其听众的方式追求成功，同时也可能会成为其过度膨胀的野心的牺牲品，由此一段娱乐大众的故事而告终结。

与此相比，视觉形象在埃多人的传统社会中往往缺少表现矛盾心理的能力。从本质上说，视觉形象需要表达的是明确的而不是矛盾的信息。因此，每一个动物的象征体系的差异，都要取决于不同艺术形式的内在的表现力。出现在视觉艺术中的乌龟形象，是在埃多人献祭代表"铁之神"奥贡（Ogun）的仪式中出现的一个已死的乌龟。在这个祭祀仪式中，奥贡通过踩踏他的献祭者的身体获得成功。至少在传统社会中，视觉艺术形式不能解决埃多社会道德体系中矛盾的态度，而是处于遵循道德价值观和渴望打破它的矛盾之中，正如同一幅图画，不能够同时存在又不存在。但是，在故事中，一系列动作的时间维度和情节设计，使得矛盾的信息的表达成为可能。

当然，上述情况反过来讲是不成立的。故事也可以并且时常向其听众传达清晰明确的信息，在这样的情况下，故事甚至可以成为最自然的传播者。有些故事可以用来讲述政治秩序的建立以支持特定的权力结构。然而，当埃多人的口头艺术与世界秩序，其超自然能量、政治影响力，以及对神的崇拜相关时，故事就会围绕不同的动物而展开。乌龟，一个出格的"恶作剧者"，被禁止出现在人们每天生活的土地上。而且，如果故事中的人变成动物，没有人会想要变成乌龟，他们更想变成有力量和权威的动物，如豹子或大象。总而言之，作为图像的动物是宗教和政治的象征，而词语的意义可以用作叙事的表达。但是，当动物仅仅是口头符号时，它们的意义仅仅存在于社会伦理的层面。这种划分也就是传统社会中各种艺术形式的内在本质。

然而，动物故事并不是唯一涉及道德伦理的类型，更为人们所熟知的是通常作为文化道德典范的谚语。在许多谚语中，动物往往被赋予人类行为。动物形象的功能在故事和谚语中存在着差异。在故事中，动物是以象征符号出现，而在谚语中则是隐喻。[1]

叙事都是有关动物的；只有通过一个阐释过程，才能将其运用到人类生活的情境中。这些故事有其丰富的内在含义，源于其在埃多人世界中的地位。因此，叙事具有自我指代性，作为其文学特质之一，在应用到人类活动情境中就不需要过多的阐释。故事中动物生活在自己的世界里。相比之下，谚语是一种伦理命题，从中，动物形象可以作为比喻，来注释人类社会情景。 正是谚语中动物的这种注释性比喻特质，使其成为口头言语中的核心标志。谚语中时间维度的缺失与谚语中动物的标志性特质是一致的，正是因为这一现象才使得言语与形象相互转化成为可能。此外，虽然在同一语言或文化中可能会有两个相互对立的谚语，每一个都必须是一个明确的逻辑命题，并能以叙事所不能的方式转变为形象。因为，大多数动物在埃多人的宗教和政治背景中发挥作用，所以，就我所知，视觉化了的谚语屈指可数。其少数事例之一，是在一种祖先祭祀用的祭杖（见图15—5）上面有一只握着鱼的手。这个形象清楚地注释了谚语"能握住鱼的手也能放开它"。在非洲的其他文化中，包含视觉图像的谚语则更为普遍。[3]

图15—5 五根艾克希罗（ukhurhe）[1]

----

[1] 比较 Peter Seitel《谚语：隐喻的社会功能》，载 Dan Ben-Amos 主编《民俗类型》，1976年版，第125—143页。

[2] 该图中的五根艾克希罗用来召唤祖先，通常将其放置在祖先的祭坛上。大多数情况下，头和手都是雕刻在手杖的顶部的，象征着命运和财富。最右边的代表了谚语"握着鱼的人也可以放掉鱼"。（芝加哥菲尔德自然历史博物馆）

[3] 参见 Malcolm McLeody 有关阿散蒂部落关于金沙称重的研究。

故事和谚语使用动物形象的差异，是对无文字社会中的言语与形象的关系的内在复杂性的注释。动物不仅仅是"思想的食粮"（转引自列维·斯特劳斯语），也是艺术赖以兴盛的基础。在埃多人的社会中，以言语和青铜铸造的动物代表了两个不同的象征体系，二者各有再现其文化认知体系的能力。语境和类型不仅影响到动物的象征意义，而且也展示了两种艺术各自再现现实的基本能力。

# 第五编

# 犹太式幽默研究

　　除了对民俗学理论和非洲口头传统研究有着突出贡献之外，丹·本–阿默思尤其以他对犹太故事和幽默的研究和成就赢得民俗学界和犹太文化传统研究界的敬重。他的多数著述（见附录）都是有关犹太文化中的故事与幽默的运用，而他近年完成的三大卷《犹太人的故事》集成，具有里程碑意义。的确，丹·本–阿默思对犹太民俗传统的研究不仅在美国民俗学界，而且在以色列民俗学和人类学界也受到重视；他也因其成就而获得了以色列国家图书奖。

　　本编中的三篇文章分别代表了他在具体课题领域的成果，并受到广泛关注和引用。例如，《犹太式幽默的"神话"》剖析了这个概念形成的学术背景，以及特定的历史和社会背景。其分析方法对研究其他类似话题有很大借鉴意义。《塔木德式的传奇故事》展示了对一个特定类型的深度发掘和分析，特别是对社会和文化以及场景的承启关系的强调。而《震惊了以色列的笑话》的意义不仅是对一个具体的历史与民俗交融的现象的分析，更说明了民俗学在理解和参与社会问题，以及（国际）政治问题时，如何可以利用独特的学科工具，从文化本质来认识社会现象。无疑，这对民俗学如何正确关注当下社会问题提供了极好的示范。

$\mathscr{16}$

# 犹太式幽默的"神话"

【编译者按】本文（*The "Myth" of Jewish Humor*）发表于 1973 的美国《西部民俗》［*Western Folklore*, 32（2）: 112 - 131］, 是基于作者在 1970 年用希伯来文写的论文《犹太式幽默: 来自一个新视角的概念》。该文是作者的著述中被翻译成最多种语言的文章。成为研究"犹太幽默"这个领域的基石性作品, 也是有关幽默或笑话研究的一篇经典。该文突出的不仅是其独特的观点, 更是其严谨逻辑的方法与方法论。当然, 也是民俗学理论中的一篇重要论文。该文的基本观点是, "犹太式幽默"完全是因为弗洛伊德等人的构建而成为一种"定势"概念, 没有科学依据, 因为所谓的"犹太式幽默"不是自古传承下来的, 而是特定社会经济条件下的产物。本文引发了至今越发扩大的有关犹太幽默故事的研究领域。

当前盛行的"犹太式幽默"（Jewish humor）这一概念, 如同许多现代观念一样, 起源于西格蒙德·弗洛伊德。① 他是第一个提出将"自我批评"作为犹太人笑话的独特特征的人。这样的归纳立刻将故事的讲述人与所讲故事中的人物关系清楚地呈现出来。弗洛伊德认为, 在犹太人的笑话中, 讲述人也是他故事中所嘲笑的人。在泛泛讨论"倾向性笑话"中具有敌意的进攻性特质时, 弗洛伊德提示性地评述:

---

① 本文基于希伯来文的文章 "Jewish Humor-The Concept from a New Viewpoint" ［*Folklore Research Center Studies*: V. I, eds. Dov Noy and Issachar Ben-Ami（1970）, 25 - 34］修改而成。

讲述倾向性笑话的一个特别有利的时机是将意欲反叛的批评反指向主体本身，或者更谨慎地说，指向与主体有共享特征的集合的人，也就是讲笑话者本人的民族。作为决定因素的自我批评的出现，可能解释许多最机智的笑话……起源于犹太人的大众生活。这些故事是犹太人创造的，并用来凸显犹太人的特征。

稍后，弗洛伊德总结道：顺便提及，我还不知道是否有别的文化或民族用自己的特征来开玩笑，并达到如此程度。[①]

这看似漫不经心的论述，最早发表在 1905 年，之后已成为公众和学术界对犹太式幽默的精髓的定势概念。不仅仅是弗洛伊德的门徒们，还有文学批评家、社会学家，以及艺术家都毫不质疑地全盘接受了这一将"自嘲"作为犹太式幽默的特质的论述。在《笑话与潜意识的关系》出版之前，一直存在着犹太人是否有幽默感这一问题。直至 1893 年，一个很有意义的辩论证明犹太人并不缺少幽默，对此，雷纳和克拉克都分别有表述。[②] 然而，自从弗洛伊德有了上述的论述后，至今，他对犹太式风趣的界定成为主导观点，并被接受为常识，成为犹太文化的一个公理。一位唱片评论人写道，"现在没有人不知道犹太式幽默的独特特质，早在留声机被发明之前，（犹太人）就已经有了很强的自嘲能力了"。[③]

百科全书家和民俗学家也同样全盘接受了这个观点。[④] 如果偶尔出现不同看法或不同的笑话和轶事，文学批评家便马上指出这观点是错误的。例如，下面的笑话似乎与犹太人的自嘲概念相矛盾：

---

[①]　Sigmund Freud, *Jokes and Their Relation to the Unconscious*, Standard Edition, Vol. 8, trans. James Strachey in collaboration with Anna Freud (London, 1960), 111 – 112. Original German ed. : *Der Witz und seine Beziechung zum Unbewussten* (Leipzig and Vienna, 1905).

[②]　Ernest Renan, *Histoire générale et système comparé des langues Sèmitiques* (Paris, 1863), 1: 11 – 12.

[③]　Isaiah Sheffer, " 'You Don't Have to Be Jewish' ", *Midstream* 13 (February 1967): 58.

[④]　Jacob P. Kohn and Ludwig Davidsohn, "Jewish Wit and Humor", *The Universal Jewish Encyclopedia* (New York, 1943), 10: 545 – 547; Haim Schwarzbaum, *Studies in Jewish and World Folklore* (Berlin, 1968), 26 – 27, 92 – 93.

你给一个农民讲笑话的时候他会笑三遍：你讲的时候；你解释的时候；最后是他明白的时候。

一个农民只会笑两次：你讲笑话的时候，还有你解释这个笑话的时候。因为他是不会明白这个笑话的。

一个军官只会笑一次；你讲笑话的时候。他从不让你解释你的笑话，因为，他显然没有能力理解你的笑话。

可是当你给另一个犹太人讲笑话的时候，他会打断你说，"讲个别的吧。这个是老故事了"。而且他会炫耀他比你讲得更好。[①]

**但是，作为一名作家和文学评论家，厄文·豪如此点评道：**

这个趣事乍一看似乎只是表达了一种并不让人喜欢的群体优越感：犹太人比别人都更聪明。但若细一想，就会发现其中的微妙与复杂。匿名的讲述人其实是在取笑他本族人的弱点；他们的有识而无耐性，且过度自信。尽管常常很微妙，但这种无处不见的犹太式幽默的自我批评有时流露出自责。[②]

**随后，他更笼统地总结道：**

尽管一个笑话常常是用来刺激别的人，但是，犹太式幽默却常常是对犹太人自己的挑惹。所讥笑的窘境常常是讲述者本人所处的，而且听者也很容易有同感。[③]

**一位心理分析师，马丁·格罗齐安也呼应道：**

将进攻性反过来指向自己，这似乎是真正的犹太人笑话的本质

---

① Irving Howe，"The Nature of Jewish Laughter，" *The New American Mercury* 72（1951）：211 - 212.

② Ibid. .

③ Ibid. ，p. 217.

特色。这就仿佛是犹太人对他的敌人说："你不必攻击我们。我们可以自己来，甚至做的更好。"①

　　这种概念化的犹太式幽默在现代思想中如此根深蒂固，以至于一个畅销小说中的人物（菲利普·罗斯作品中的波特尼），生活在犹太人的笑话之中，也正儿八经地说："毕竟，自贬是犹太式幽默的经典方式。"② 其他作家也将此特色赞许为犹太文化的一个特色，使得犹太人能够战胜各种在历史上不断困扰他们的磨难。毛里斯·塞缪尔最近将此观点表达得淋漓尽致：

　　在说意第绪语的世界里，数百万犹太人所面对的穷困仿佛是条咒语，绝非什么可喜可贺之事；将流浪儿与贫穷汉说成是"穷快乐"简直是奇谈怪论。他们凄惨，但他们清醒地知道这一点；贯穿历史而始终困扰我们的是：犹太人为什么没能在文化和道德上分裂？他们如何能够在极其艰难的压迫下和持续的困苦中，在无尽头的饥饿中——以一条鱼尾为一盘菜，却挣扎生存，保持人生起初美好的愿望？答案就在其自嘲的笑话中，以此从现状中升华出对未来的希望。③

　　不同于小说中的人物波特尼，学者们并没有错误地将弗洛伊德的阐释当成事实，而是继续对这看似独特的幽默类型提出假设。他们毫不迟疑地质问弗洛伊德的洞见之有效性，及其理论之前提基础。犹太式幽默的"自嘲"性之主要起因有两种：犹太人自以为然的心理独特性；犹太人所处的社会环境。依照雷克的看法，犹太人的行为本身在历史上就以在自虐与自狂倾向之间摇摆不定而不同于其他人：

　　古代以色列人的自虐态度至少体现在他们与上帝的关系中，将

---

① *Beyond Laughter: Humor and the Subconscious* (New York, 1957), 12.

② Philip Roth, *Portnoy's Complaint* (New York, 1967), 265.

③ *In Praise of Yiddish* (New York, 1971), 210 – 211.

上帝对他们的惩罚视为应得，而无抱怨。他们也将周边强者对他们的残忍视为对他们的原罪的惩罚，特别是因为他们抛弃上帝。犹太人的自狂态度也以一种自以为是的形式表现出来，即自称为上帝的"选民"。甚至在自虐与自狂态度之间还有一种暗示的关系，即上帝是惩戒他所爱的人的观点。如此不同寻常的观念自古就被犹太人视为独有。①

换句话说，按照雷克的说法，幽默只是犹太人普遍的心理病态的一种表达。如同在他们的行为中，犹太人在自己的笑话中也是"在自虐性的自辱与自狂性的优越感之间"摇摆不定。② 从精神分析角度看，让豪感到不安的"不受人待见的群体优越感"并没有被解释为一种表面的印象。相反，这个品性被视为犹太式幽默的逻辑的和本质的一面。受虐狂及其以自嘲为形式的言语表现与偏执狂是可比的，而优越感可比作对立面和镜像。雷克的解释的关键是弗洛伊德派门徒所臆断的"集体意识"和"精神特质遗传"。弗洛伊德本人不愿设想"集体意识的存在，其中，精神活动的进程如同一个个体的意识活动那样"。③ 正如他本人所陈述的，他倾向于依靠更具有可以经验验证的主张，回归到"集体意识"概念，之所以如此，是因为缺乏其他可验证的理论。而另外，雷克坚持这个假设，并将临床观察应用于社会环境中的言语行为，如笑话，但却没有说明他所利用的数据的不同种类。难怪，他的《犹太人的风趣》一书的最后一章题目是"犹太人风趣的心理学与精神病理学"，假设社会的"集体"表现之动力与个体幻想活动是一致的。

第二个核心的臆断假设，即"精神特质遗传"，尽管从现代基因理论来说无法成立，但是对弗洛伊德的思想以及他在《图腾与禁忌》中的观点有更大的启发性。④ 虽然他在自己的学术著作中几乎没发展出这些观点，但是，他在与学生的信件交流中接受了对拉马克（Lamarkian）原理

---

① Theodor Reik, *Jewish Wit* (New York, 1962), 230 - 231.

② Ibid., p. 233.

③ Sigmund Freud, *Totem and Tabu and Other Works*, 13th standard ed. (London, 1955), 157.

④ 见 Derek Freeman, "Totem and Taboo: A Reappraisal", in *Man and His Culture: Psychoanalytical Anthropology after "Totem and Taboo,"* ed. Warner Muensterberger (London, 1969), 63 - 65.

在精神分析上的应用。他曾试图证明，拉马克原理的"'必要性'（即由此创造和转化人体器官）完全是潜意识观点控制个人身体的力量"。① 雷克并没有走这个极端。尽管他认为精神品质的遗传是个真实的过程，但是，为了提出他自己关于犹太式幽默的观点，他其实没有提出那是基于生物学的问题。相反，有关犹太人与其他民族之间持续的社会关系的假设，使他在逻辑上有可能基于他从古代以色列人身上推理出的精神心理类型，来阐释 19 世纪和 20 世纪犹太人笑话。雷克毫不迟疑地将古代希伯来人与周边人的关系类比于犹太人与欧洲各民族的关系，而忽视了他们最初在政治独立方面的平等和他们所拥有的实力，以及之后他们作为一个少数群体所遭受的社会劣势。将这种社会关系视为具有连续性，这使得精神品质的遗传观点既有功能性，又有可能性。从历史上看，只有宗教才宣称在受虐与偏执之间的摇摆不定；可现在，幽默也再现了相同的模式。

其他的心理学家、社会学家，以及民俗学家对历史与犹太社会，及其"集体意识"持有更灵活的观念。他们注意到古代以色列与周边民族的关系和现代犹太人与欧洲社会的地位有着极大的不同。因此，他们认为，犹太式幽默，特别是其自嘲特征，是新近的现象，并在欧洲和美洲的犹太人所处的社会经济现状中寻求直接原因。这种观点上的转变暗示了一次重要的理论变化。犹太式幽默不再被视为犹太人内在的；不是所臆断的"精神品质的遗传"的表现，而是对特定社会经济环境等因素的反映。同样的环境会使任何一个民族产生出相同性质的自嘲幽默。因此，根据这一社会决定论，而不是心理决定论，犹太式幽默不是犹太人的天才的表现，而是普遍社会原理下的一个特例而已。

然而，是什么环境促成犹太人的幽默具有自嘲特质呢？对此，有两种对立的社会经济状况被视为可能的主要原因。精神分析学家埃德蒙·博格勒提出，在欧洲的贫民区和小城镇的生活酿就了幽默中的自嘲。"隔

---

① Hilda C. Abraham and Ernst L. Freud, eds., *A Psycho-Analytical Dialogue*: *The Letters of Sigmund Freud and Karl Abraham* 1907 – 1926, tr. Bernard Marsh and Hilda C. Abraham (New York, 1965), 261.

离、贫困、缺失机会，以及贫民区的艰苦生活无疑有助于精神上的受虐症；同样，在贫民区之外的受迫害和歧视也有同样的作用。"① 与此观点相反，萨登、② 兰德曼，③ 以及罗森博格和沙皮洛④都认为，犹太式幽默中的自恨特征的主要起因是当犹太人从自己封闭的社会束缚中解脱出来后，以少数群体身份融入社会多数群体的城市生活时所造成的。由此，犹太人所处的文化双重性与同化中的身份认同不确定性，又因为其所受到的教育，这些成为其幽默中的自嘲根源。作为以色列的民俗学家和文学批评家，萨登提出，受虐绝不是犹太式幽默内在的因素。与博格勒的主张相反，这个特征在聚居于传统的欧洲的贫民区的犹太人群中就没有。萨登认为，这特别是"过渡中的犹太人"的民俗中的一部分。这类人从贫民窟中走出来，但还没有脱离过去的文化；虽然他们与城里的知识分子打交道，但并没有完全融入进去。幽默中的自嘲便是这一文化雏形期的产物。事实上，它是一种言语表达方式，正好在与新社会同化和融合进程中发挥作用。通过像传统的犹太人那样的大笑，在过渡进程中的犹太人希望以此能与社会主流联在一起。萨姆赛特·毛汉姆为萨登所讨论的那种犹太人提供了一个文学例证。他在《外国玉米》这部小说中描述了一个现代城市中的犹太人。这个人特别擅长嘲讽模仿那些在伦敦的社交场合中举止传统的犹太人。毛汉姆为这个人物加上了自己的评述："我不太敢肯定是否该有这样的幽默感，即对自己的同族人开如此残忍的玩笑。"⑤

兰德曼进一步发展了这一观点，并提出社会文化的过渡状况不仅是犹太式幽默的起因，也是其独特的源泉。在犹太解放运动之前，犹太人其实是一个毫无幽默感的民族。同样，当他们获得政治独立之后，他们失去了幽默感。依照兰德曼的看法，犹太式幽默的兴衰出现在 18 世纪和

---

① Edmund Bergler, *Laughter and the Sense of Humor* (New York, 1956), 111.

② "Additional Notes", in *Sethok Pynu* (*Our Mouth's Laughter*): *Anthology of Humour and Satire in Ancient and Modern Hebrew Literature*, ed. Ephraim Davidon (Tel-Aviv, 1951), 513–515.

③ *Der judische Witz*: *Soziologie und Sammlung* (Walter, 1962); and, "On Jewish Humour", *The Jewish Journal of Sociology* 4 (1962): 193–204.

④ "Marginality and Jewish Humor", *Midstream* 4 (Spring 1958): 70–80.

⑤ W. Somerset Maugham, *Six Stories Written in the First Person Singular* (Garden City, New York, 1931), 195.

20 世纪之间。将历史阶段限定在这个范围，这让兰德曼有可能从比喻和真实角度去讨论"犹太式幽默之死"。当她武断地说"新的犹太人因此与圣经价值无关"时，① 至少在两方面犯了经验性错误：在圣经社会中有幽默；现代以色列有风趣故事。② 当然，这个错误是必然的，因为她将一个抽象概念具体化了，如幽默感，并以此来想象特定类别的笑话。这样做也使她在社会文化环境与犹太式幽默的特质之间构建起直接的和特定的相互依赖关系。一旦这些主要条件消失了，作为一个特别类别的犹太式幽默本身也就不存在了。

在西欧与美国，犹太人与主流文化的融合不是一个有限的过程。因为，只要在这些国家有犹太社会群体存在，这就为少数民族认同（ethnic identity）提供了至少是次要的，即使不是主要的焦点。因此，在研究分析美国的犹太式幽默时，两位社会学家罗森博格和沙皮洛提出，造成犹太式幽默中的自恨的原因不是过渡的进程所导致的，而是"生活在边缘社会地位的心理模糊所引起的"。③ 目前，美国的犹太人感到自己被动地处于夹层中："我们过去为自己是犹太人而恨自己，现在又常常恨自己不是犹太人。"④ 换句话说，他们通过两极比较来界定自己的少数民族认同：一方面，他们以正常的美国文化来衡量自己；另一方面，又为自己设下传统犹太教的标准。因为他们与两者都不完全一样，所以，只好沉迷于自嘲的幽默中。

也许对犹太式受虐的观点唯一有利的一点就是大批犹太知识分子对这个理论的接受，因为真正从笑话本身所分析出的原因并不能支持这论点。如果认为弗洛伊德所建议的是有说服力的论据，那么，还需要实践的检验；这实践不是基于文学作品对幽默的再现，而要基于民众讲笑话的过程本身。弥尔顿·巴伦在二十多年前泛泛谈论少数民族幽默时就如

---

① Landmann, *Der fudische Witz* (Olten, 1962), 122.

② 见 A. J. Baumgartner, *L'Humor dans l'ancien testament* (Lausanne, 1896); and Dov B. Lang "On the Biblical Comic", *Judaism* 11 (1962): 249 - 254; Jacob P. Kohn and Ludwig Davidsohn, "Jewish Wit and Humor", *The Universal Jewish Encyclopedia* (New York, 1943), 10: 545 - 547. There are many anthologies of Israeli jokes. Standard collections in Hebrew are Dov Sadan, *Ka'arat Tsimukim* (Tel-Aviv, 1949), and *Ka'arat Egozim* (Tel-Aviv, 1952); E. Davidson, *Sehok le Israel* (Ramat Gan, 1958).

③ Rosenberg and Shapiro, "Marginality", 72.

④ Ibid. , p. 74.

此做出结论。在他的研究中，他提出过尚未解决的一些问题，其中一个是："有什么根据来怀疑并认为，少数 '受害者' 在某种情况下会发明并以此利用自嘲笑话进行交流？" 他认为，对此问题的答案只能 "通过在口头交流的领域以经验研究来找到"。① 就犹太式幽默而言，这样的研究还很缺乏。

更有甚者，正是因为缺少这样的经验分析，反倒出现了诸多试图解释犹太式幽默中的内向进攻性的理论。其本质都是基于弗洛伊德观点，从有关犹太人的笑话的文学和社会现状中做出结论。

在这方面，影响力最大的是有关个人和思想上的 "集体性" 这一观念。这也是弗洛伊德有关犹太式幽默的最重要的一个概念。正如亚伯拉罕·凯普兰所注意到的，"集体性这一术语的最严重缺陷是它不断试图将 '原罪具体化'"。② 犹太式幽默和犹太人共同体成为这个有影响力的观点的牺牲品。在分析这些观点的进程中，学者们很容易陷入这样一个误区：将这些概念视为客观具体的事实，而不是人类头脑的构建以及文学创造的结果。整个关于犹太式幽默的文本基础都是在 20 世纪发展起来的，都是基于有关个人的回忆或者是有关笑话的文学作品。20 世纪 20 年代这类出版物在西欧大量涌现，③ 随后又出现在美国。④ 这些文选的编撰者也大多是新成长起来的犹太人精英，他们已不再生活在传统的犹太人社区。对他们以及读者来说，这些书再现的是犹太式幽默的集体表现，是犹太社区所积累的风趣笑话。在这样一种完全人为的构建中，讲述者和他们

---

① Milton L. Barron, "A Content Analysis of Intergroup Humor", *American Sociological Review* 15 (1950)：94.

② *The Conduct of Inquiry：Methodology for Behavioral Sciences* (San Francisco, 1964), 81.

③ 例如，Immanuel Olsvanger, *Aus der Volksliterature der Ostjuden, Schwanke, Erzailungen, Volklieder und Ratsel* (Basel, 1920)；Chajim Block, *Ostjudischer Humor* (Berlin, 1920)：Heinrich Loewe, *Schelme und Narren mit judischen Kappen* (Berlin, 1920)；Alexander Moszkowski, *Der judische Witz und seine Philosophie* (Berlin, 1923)；Joshua Hana Rawnitzki, *Yidishe Witzn* (Berlin, 1922)；Alter Druyanov, *Sefer na-bedihah ve-ha-hidud* (Book of Jokes and Wit) (Frankfort, 1922)。

④ Jacob Richman, *Laughs from Jewish Lore* (New York, 1926)；Samuel Felix Men-delsohn, *The Jew Laughs：Humorous Stories and Anecdotes* (Chicago, 1935)；Rufus Learsi (Israel Goldberg), *The Book of Jewish Humor：Stories of Jewish Wit and Wisdom* (New York, 1947). 进一步的文献可见 Schwarzbaum, *Studies in Jewish and World Folklore* (Berlin, 1968), 26 – 27, 87 – 89, 92, 96, 403 – 405。

故事中的主体都倾向于具有相同的民族特征，即讲述人和笑话中的主人翁都是犹太人。很显然，这样做的最终结论是，这些自嘲的心理模式反映的是受虐心态，这是这种幽默的本质特征。

有关自嘲的这种定势后来得到更进一步的强化，也就是把"集体性人"这个概念扩延到整个犹太人共同体。将一个复杂的社会视为一个单一的"一个犹太人"，"这观点赋予典型化以本体论和整体性的地位；这一典型化完全是人为的产物，甚至被内化，而只是将自我的一部分客观对待"。① 无疑，这种扭曲的观点是历史和社会环境的结果，甚至也是来自学者所构建的分析框架。然而这一切并没有影响到讲笑话的人本身。对他们来说，犹太人社会有着复杂的、异质的社会环境，其中，每一个体都扮演着一定的性别和宗教角色，属于特定的年龄群体、职业组织，并以经济阶层来界定自己。如同其他社会一样，犹太人的社区也是有着复杂的多重的关联网的。将此视为一个"集体人"，一个整体，一个大于个体的维度，但在本质上等同于一个个体，并以此作为每一个人的身份认同，这样做意味着又犯了"将原罪具体化"的错误，并影响到"集体性"概念。

此外，将自嘲归纳为幽默的特质，这在概念上并不连贯一致。幽默是一个抽象概念，而自嘲是言语行为的一种特性。民族幽默是一个观点；自嘲是一种行为模式。因此，将后者归因于前者是将一个现实的特质归属于一个抽象的概念。

因此，为了从经验上分析"犹太式幽默涉及自我批评，其受虐心态是其特质"这一观点，必要的方法是，将那些从具体语境中抽取出来而积累起来的文学选集置于一边，而去关注在犹太人社区内的交际活动中，笑话是如何被讲述的。不仅如此，对犹太人社会的观点也要改变：它不再是一个团结的整体，而是复杂的并由多个分隔的群体组成的社会，其中存在多个社会和经济阶级，个体是以社会角色和与亚群体之间的关系来获得认同身份的。若是坚持犹太式幽默具有受虐心态的观点，那就必须找出讲述者与他的笑话中的主体之间的相同社会身份的直接关系。一个媒人只能嘲笑别的媒人；一个施行割礼的人也只能讥笑别的同行；一

---

① Peter L. Berger and Thomas Luckmann, *The Social Construction of Reality* (Garden City, N. Y., 1966), 91.

个当婆婆或丈母娘的也应该笑话同一社区的别的当婆婆或丈母娘的人。总之，若要将自嘲作为犹太式幽默的特质，那就首先，也是最重要的，去证明它是犹太人实际开玩笑过程中的一个因素。

从理想的角度来说，对此问题的分析应当置于特定的讲笑话的交际活动的框架下，让参与者做其习惯的事，而不受到干扰。但从实际角度来说，这几乎是不可能的。只要有民俗学者在场，又带着录音机，就会为讲述者加入不自然的因素。说笑话的人就会"过滤"自己的故事，把不适合录音的"有色"的段子免掉。有时，他们甚至会与录音机的"意图"竞争。不仅如此，尽管有些办法可能帮助减少外来者录音的干扰，但是，民俗学者不可能出现在全社会的所有即兴相互讲笑话的交际活动中。①

因此，我们要验证弗洛伊德的有关犹太式幽默的假设所能依赖的资料都是在人为设定的场合获得的，其中在场的主要人员是民俗学者和讲述人。本文中的笑话是由理查德·道尔逊在1954年到1959年从一些年轻的犹太学生和年轻教师那里采录的，那些人都是移民到美国的第二代移民。② 另外一些是由我在1963年采录的，采录的对象是在印第安纳波利斯的四个犹太人，其中两个是拉比。这些笑话的数量不多。道尔逊收集到92个，我收集到150个，讲述者一共有9位犹太人。（道尔逊所收集的有几个是非犹太人讲的，也反映了收集者与讲述人对犹太笑话的看法）

尽管这里所用的资料来自数量不多的讲述者，而且所搜集的笑话数量也不多；尽管采录的场景有人为因素，但是，这些资料足以构成一个基础，让我们来分析讲述者与其笑话的关系，来检验自我批评和自嘲是否的确是明显共同表现，是否是犹太式幽默的突出特质，以及是否是心理受虐狂症的征兆。进行如此分析的第一步需要明确讲述者的社会地位与其笑话的关系。一旦澄清这个关系后，弗洛伊德有关犹太式幽默的理论便立刻垮掉了。

---

① 有一位向我提供素材的人对我解释他的笑话的长度问题说：以前，我在一个饭馆工作，常与顾客交换笑话。有顾客来，我就会给他讲个故事，他也会讲个轶事，这样我们有机会讲长的故事。现在，讲笑话的唯一机会就是在专门的犹太人组织的聚会上，常常是男人们在厕所站着撒尿的时候。

② Richard M. Dorson, "Jewish-American Dialect Stories on Tape", *Studies in Biblical and Jewish Folklore*, eds. Raphael Patai, Francis L. Utley, and Dov Noy (Bloomington, 1960), 111–174; "More Jewish Dialect Stories", *Midwest Folklore* 10 (1960): 133–146.

很显然，在犹太社会里讲笑话的社交活动中，在讲述者与其所嘲笑的对象之间没有明确的社会身份标志。讲述者也并不是他自己的笑话的嘲笑对象，而自贬也不可能是犹太式幽默的典型类型。相反，讲笑话成为讲述者利用进攻性言语将自己有别于他人的工具。需要明确的是，这并不意味着讲述人不熟悉所讲的笑话，因为这些都是有关他自己所认同的社会群体的。但是，因为讲笑话涉及如何从所知道的诸多笑话中选择性地讲某个笑话，不管是有意识还是无意识地，一个事实是，他们不会讲那些嘲讽他们个人性格的笑话，这就证明了犹太式幽默中是缺少自嘲性的。

方言故事也许是以笑话区分社会地位的最好的例子。这是在移民群体中发展出的叙事类型。虽然在多数情况下，整个叙事场景本身就好笑，但是，叙事者以母语语调来说一种新语言便注入了戏剧效果。在美国，除了犹太人之外，在一些别的移民群体中也有类似笑话。① 然而，犹太作家，甚至戏剧演员，对这类幽默表现出一种独特的敏感。内森·奥斯布尔提出，"以'犹太人口音'讲的笑话根本不是犹太笑话，而是以嘲笑和歪曲犹太人为乐趣的，反犹太人的，假装友善的表现"。② 第二次世界大战之后，这类笑话很容易被联系到政治上的反犹太主义，以至于犹太裔喜剧演员不得不因为公众舆论而从广播电台中撤下了，或至少加强自我节制。犹太裔喜剧演员山姆·列文逊曾清楚地表示："……在我自己的作品中，我特意删除掉方言笑话。"③ 从类似的表述中可以看出，这一问题直接关系到作为犹太式幽默特征符号的自嘲。鉴于在任何其他场合同样的作家可能会接受自嘲是犹太式幽默的特点这一观点，他们却有意地激烈反对嘲笑犹太人性格的言论，如同其他移民群体一样，只是犹太人尤其敏感。这类笑话代表的不是自我批评，而是反犹太主义的缩影。

然而，根据道尔逊搜集的笑话以及我的研究毫无疑问地表明，方言故事不一定是"反犹太人的坦白"。犹太人自己也讲这些笑话，当然不是

① Richard M. Dorson, "Dialect Stories American Folklore", *Journal of American Folklore* 61 (1948): 113 – 150.

② Nathan Ausubel, *A Treasury of Jewish Folklore* (New York, 1948), 265.

③ "The Dialect Comedian Should Vanish", *Commentary* 14 (1952): 168. 也见 Henry Popkin, "The Vanishing Jew of Our Popular Culture: The Little Man Who Is No Longer There", *Commentary* 14 (1952): 46 – 55.

每个犹太人都这样做。在犹太人社区，很容易区分出社会或年龄阶层，以及相对应的方言故事。两者之间的不同体现在他们移民美国的经历。第一代移民所说的英语有明显口音和意第绪语语调，当然也不讲方言笑话。而方言笑话则只是第二代移民所擅长的一部分，他们的英语没有口音，而同时在家里又总是听父母讲带口音的英语。只有他们才笑话把"w"音发成"v"，把"ing"说成"ink"，还有那些加入其他语音语调的变化。这是在我所采录的三个讲述者中很明显的共性，他们都是中年的第二代移民。我的第四个讲述者是 10 岁移民到美国的，因此愿意全部或部分地用意第绪语讲笑话。道尔逊的受访者都较年轻，都是出生在美国，而父母是移民来美国的。在他采录笑话的过程中，他遇到这样一种情景，诠释了不同代人之间使用方言的差异。他记述到：

> 很幸运，我遇到了一个可以比较用方言与不用方言之间差异的很好的例子。大学本科生赫舍尔和他的父亲伯纳德一起加入了访谈。他的父亲是在俄国出生，在以色列和美国哈佛大学受过教育的律师，住在印第安纳波利斯。父亲先讲了些传统的犹太笑话，一开始有点口音，但他并没有故意让故事带有这样的特点。可是，他的儿子说话时，毫无口音地用英语介绍了自己，然后开始使用极重的鼻音，比他父亲的自然的口音还重，取笑犹太移民。[1]

在犹太人社区的这种有辈分差异的方言笑话说明了这些故事既不是反犹太主义的，也不是自嘲的。讲述者带着口音讲笑话轶事，他们并没嘲笑自己，而是在讥笑一个特别的犹太人社会群体，从而试图将自己与其划出界线。这些笑话从两方面服务于第二代：从口头上将他们自己与父母辈区分开；将他们与美国出生的同代人联系在一起。

拉比们和俗人们所讲的彼此嘲笑的笑话例证了犹太式幽默中的互惠性与自我批评性。在美国的犹太拉比们处于一种相当模糊不清的地位。

---

① Dorson, "Jewish Dialect Stories on Tape", 114. 有关最近的关于犹太人用方言讲故事及其在美国的犹太人社区中的功能的讨论，见 Naomi and Eli Katz, "Tradition and Adaptation in American Jewish Humor", *Journal of American Folklore* 84 (1971): 215–220.

他依靠所服务的社区而存在；可以被社区所雇佣或解聘。他们要为社区提供宗教头人的服务，对此，大家容忍但几乎不羡慕。他们的权威地位随着移民的孩子们进入中产阶级，对物质价值的追求而极大地被削弱了。传统的犹太教被教导是社区生活的核心，但现在已经变成——从最好的方面来说——社交和娱乐聚合的借口。① 受这种挫折感影响，拉比实际上对他们所服务的社区成员有种苦涩和敌意感，并不断批评，至少是通过笑话，他们忽视传统价值观。

有一位拉比给我讲了这样一个故事：

故事是讲一个天主教神父与犹太教拉比，还有一个基督教牧师……他们一起走在街上，看到有一家人刚搬进郊区的一个新房子。于是，他们说，"嗯，新来的一家。我想知道他们信什么教，谁能得到他们，去哪个教堂"。他们接着说，"这样吧。窗帘已经都挂上了。我们各自去看看，看谁能从房子看出这家人会是谁的人"。

这样，天主教神父顺着门缝看了一眼，便说，"哎呀，这可不是属于我的人家"。

接着，基督教牧师过去看了看，说，"嗯，我没看到我所能认出的《圣经》，肯定不是我的人"。

拉比说，"那让我看看"。他过去看了看，便说，"当然了，是我的人"。他们说，"怎么回事？你看到犹太教六角星了，或是蜡灯台，或是什么东西？"

拉比说："不是。铺了满地的地毯。"

有一个学生给道尔逊讲了同样的笑话，说明了从一个黑人女仆的角度如何来区分天主教徒、新教徒，以及犹太人。自然，她不会用大卫六角星或蜡灯台作为犹太人的象征物来区别铺满地的地毯。② 明显的新消费

---

① Jerome E. Carlin and Saul H. Mendlovitz, "The American Rabbi: A Religious Specialist Responds to Loss of Authority", in *The Jews: Social Patterns of an American Group*, ed. Marshall Sklare (New York, 1958), 377–414.

② Dorson, "More Jewish Dialect Stories", 137.

观与传统的规矩之间的对比表明了拉比对其教区成员的不满。

在另外一些笑话中，拉比可能更明显地批评社区的负责人对传统犹太知识的缺乏。上面提到的同一个拉比给我讲了这样一个笑话：

有个相当愉快的（笑话），是说一个拉比与一个学校委员会一起走进教室。学校委员会都是与美国的无知俗人打交道的，你知道，跟犹太文化完全相反。他们听一个孩子说话。拉比想让一个走神的孩子注意听讲，给他留下点印象，这是个调皮的孩子，拉比不能让孩子觉得他在批评他。于是，拉比对孩子说，"大卫，谁打破了十诫？谁打破了契约石碑？"大卫没有注意听讲，忽然跳起来回答道："不是我！"孩子被搞了个大红脸，接着听课。当他们走出来的时候，委员会主席转过身来问拉比，说："拉比，我觉得你好像有点天真。"

拉比说："你这是什么意思？"

他说："你问谁打破石碑的时候？"

拉比说："怎么了？"

他说："这么说吧，你注意到了吗？当他回答说不是他的时候，他的脸变成了什么颜色？"他接着说，"我的确认为，我觉得是他干的"。

相比拉比嘲笑社区领导的无知，后者却无法嘲笑宗教头人的博学。毕竟，有学识是犹太社区所渴望的成就，也是核心的传统价值观的一部分。因此，他们只能选择其他与拉比有关的事来嘲讽，如下面这个故事所示：

有个拉比与他的教区的人常常有争吵，以至于最后只能在自己的家里祷告。过去的传统是，拉比靠着窗户坐下，要是看到有个像犹太人的人过来，就请他进来给他祷告，而好的信教的犹太人都不会拒绝的，因为拒绝接受或帮助"十人公开祷告"意味着一种犯罪。

终于，有一天晚上，拉比的家里有九个人，包括他自己。但他需要第十个人。他让他的太太到窗户边看看，再找一个人进来。可他太太又丑又老，豁牙漏齿，头发散乱，大鹰钩鼻子。就是一个难看样。他是在一个婚姻介绍所见到她的，因为他对性生活不感兴趣，但又必须有个太太。拉比都得有个太太。所以，他对她说可以。这样他就有了太太。所以，他告诉她，到窗户边看看有没有人来，再找一个人，这样就可以做公共祷告了。她就在窗边往外看。就她那个丑模样。她看到有个留着长胡子的人走过来，就喊："哎，你！男先生！你！"那个男人往上看了看。她说："你想当第十个吗？"（大声而诡异地）那个人往上看着，看到这个奇丑之女，便说："拉倒吧，连第一个都不想当。"①

在这类故事中，讲述人与其故事的关系是一致的。拉比批评俗人追求物质享受，忽视传统的犹太价值观，而教区的成员嘲笑其个人品性及其所熟悉的拉比境况。这些主题在不同类型的讲述者的笑话中都不断有重复。相反的关系类型，即，社区负责人嘲笑自己对犹太传统的无知，或拉比嘲笑自己的个人品性，在我们所接触到的有关犹太社会的笑话资料中都没有可能存在。

只有一种故事类型是拉比和俗人的笑话相重叠：那些产生于拉比与其他宗教有冲突的境况时的故事。爱德华·克雷准确地把这些故事中的犹太人英雄称为"拉比型机智人物故事"。② 这些故事中的叙事场景由族群内部冲突构成，其中拉比代表犹太人，因此，在面对更广义的群体认同时，群体内部的对抗显得次要了。多数这样的笑话中的冲突都是口头的，而最后的表决权都在拉比手中。受虐狂幽默几乎没有这种情况。下面这个故事可以例证这类笑话：

这是个有关军队的故事。他们坐火车回家。不知为啥，总是有好几个神父开玩笑。不过好像总是神父和拉比互相争论。这次是部队从海外回来。他们两人都住在纽约。这次是从太平洋回来。他们第一天是在火车上。部队的饭总是一样的。早饭是烤肉片和鸡蛋，午饭是猪肉或猪肉肠，晚饭是火腿。第一天，拉比当然什么也没吃。那个神父问他怎么回事，他回答说："我不能吃这些。这是违背我的宗教的，我不能吃猪肉。"

---

① Dorson, "More Jewish Dialect Stories", 145 – 146.

② *Journal of American Folklore* 77 (1964): 331 – 345.

第二天，他当然很饿，天又极热。部队的车开得很慢，一小时只走十二英里。拉比饿极了，但还坚持着。

第三天，他们进入科罗拉多山区，拉比饿得难以忍受了。神父说："来吧，吃点我的火腿吧。"拉比就吃了。我的天啊，他竟喜欢上了，哎呀呀，他吃起个没完。然后到处找士兵问有没有剩的火腿；他吃啊，吃啊，吃啊。

"我的天啊，太好吃了，太好吃了！"

终于，他们到纽约了。到了车站，拉比跑了出去。一个极其漂亮的女人迎上来，亲吻他，拥抱他。

"亲爱的，你回来了，太好了，快回家吧！"

他说："等等，我要让你见见我的朋友，奥瑞利神父。这边来，神父！"

神父走过来，拉比说："神父，我想向你介绍我的妻子莎莉。"

"您好，神父！"

"哎，神父，你的妻子在哪儿？"拉比说。

"哦，嗯，我，我，我是不能结婚的。你知道，这是违背我的宗教的。"（讲述人轻声地说。）

"噢，是这样"，拉比说，"不过你应该试一试，这可比火腿好多了！"（讲述人兴奋地说）①

当另外一个拉比给我讲了同一个故事的另外一个版本时，他把故事说成主人翁其实没吃禁止的肉。

这两个有关讲述者与其叙事主题之间的关系的例子清楚地表明，犹太人社会中的笑话不涉及直接或间接地嘲笑自己。相反，笑话中的嘲笑对象全都是讲述人试图要画清界线的群体。讲笑话是一种展示社会阶层差异的言语表达方式。犹太人相互讲笑话这一事实说明，他们中间并没有什么所谓的内部隔阂那样的自我仇恨。这些主题的反复出现说明的是犹太社会内部本身的紧张方面，而不是与其他群体的紧张关系。显然，犹太家庭和社会通过使用谚语而形成的凝聚力也产生了很大的内部的摩

---

① Dorson, "Jewish-American Dialect Stories on Tape", 145 – 146.

擦和相互的批评，大多是通过幽默来表达。

有关毛汉姆对善于以模仿言谈举止来嘲笑传统犹太人物的文学描述，还有必要提出一些问题。如上文所提到的，毛汉姆所得出的"对自己本族的自我仇恨"的印象，让人觉得很荒谬。那个在犹太人聚会上诙谐开玩笑的人没有表现出对他自己的性格的仇恨，而是他如何将自己与自己的传统过去切割开来。对他来说，嘲笑是宣布与虐待狂，而不是受虐症者拉开社会距离，而不是拉近关系。他给他的那些在伦敦参加晚会的朋友所传递的信息是：接受进入自己的圈子，表现出与别的犹太人的不同。然而，作为犹太社会的陌生人，毛汉姆没能正确地阐释这个信息。因为他把所有的犹太人一概视为同一群体，所以，感受不到这类行为的微妙之处，便将它们统统视为自恨。从上面的例证可以看出，这完全是不对的。

跟每个研究的负面结论一样，在理论上，当然存在未来的某项研究会发现某个犹太人进行自嘲的可能性。毕竟，受虐症不是犹太人可以免除的心理疾病。但是，这个想象的场景几乎不能确认这个观点，即，自嘲是犹太式幽默中表现文化和历史变化的显著特质。理论上讲，自嘲很可能是东欧和中欧地区犹太人笑话的主要特质，而在他们迁徙到美国后从其社会消失了。但是，我采访的一位在欧洲出生的犹太人，用意第绪语讲的他在东欧的一个犹太人聚居区的生活笑话其实确认了上述原则。

总而言之，本研究只是有关犹太式幽默的民族志研究的起步，不仅还需要分析讲述者与其笑话的主题关系，也还需要弄清楚在某社区内部嘲笑笑话的指向。因为每个讲述者都是更多地把自己与别的群体区分开来，而很少认同某些群体，所以，有必要不但考察他的笑话对象是谁，也要注意他回避批评什么人。只有这样，才能恰当地描述犹太社区的幽默之动力性，为概括犹太式幽默的本质提供经验基础。①

---

① 有关这个课题的研究的理论框架和方法论模式是海姆斯的著作，Dell Hymes，"Introduction toward Ethnographies of Communication"，*The Ethnography of Communication*，eds. John J. Gumperz and Dell Hymes，Special Publication of American Anthropologist 66，No. 6，pt. 2 (1964)，1–34 and "Models of the Interaction of Language and Social Life"，in *Directions in Sociolinguistics*：*The Ethnography of Communication*，eds. John J. Gumperz and Dell Hymes (New York，1972)，35–71。

# *17*

# 塔木德式的传奇故事

【编译者按】本文（*Talmudic Tall Tales*）1976 年发表于印第安纳符号
科学出版社出版的《今日民俗：纪念理查德·道尔逊文集》（*Folklore To-
day: A Festschrift for Richard M. Dorson*），Eds. Linda Degh, Henry Galssie
and Felix Oinas. 第 25—43 页。这个题目也是作者的博士学位论文研究部
分。作者对此故事类型的研究被视为犹太传统研究中的一个范例。作者
系统地论述了犹太文化中的独特叙事和阐释经文的传统。"传奇故事"
（tall tale）是以人物经历为基础的夸张叙事故事，特指"夸张的人物传
奇"，但又不同于文中的"传说"或"传奇"。

　　自古就有的讲述传奇故事的艺术在美国达到新的高度。粗俗的戍守
边疆的人、伐木者、开辟新领地的牛仔以及在纵横交错的土地上的商人
和旅行者既是故事的讲述者，又是故事的主角。人们聚在一起时就开始
编故事，① 这些夸张的故事随后渗入 19 世纪的流行文学中。虽然这些故

---

　　① 理查德·鲍曼（Richard Bauman）在 "The La Have Island General Store: The Sociability and
Verbal Art in Now Scotia Community" [*Journal of American Folklore* 85 (1972): 33 – 43] 中重建了关于人物
叙事的民族志描述。美国大多数关于传奇故事的研究都集中在讲轶事的个人身上，同时间接地包含了
对社会和表现情境的描述。见 William Hugh Jansen, "Abraham 'Oregon' Smith: Pioneer, Folk Hero, and
Tall-Teller", (Ph. D. diss. , Indiana University, 1949); idem, "Lying Abe; A Tall Teller and his Reputa-
tion", *Hoosier Folklore* 7 (1948): 107 – 124; Richard K. Lunt, "Jones Tracy: Tall-Tale Hero from Mount
Desert Island", *Northeast Folklore* 10 (1968): 1 – 74 [includes useful bibliography]; Jan Harold Brunvand,
"Len Henry: North Idaho Münchhausen", *Northwest Folklore* 1 (1965); 11 – 19; Herbert Halpert, "John Dar-
ling: A New York Münchhausen", *Journal of American Folklore* 57 (1944): 97 – 106; *idem*, "Tales of a Missis-
sippi Soldier", *Southern Folklore Quarterly* 1 (1944): 103 – 114; idem, "Tall Tales and Other Yarns from Cal-
gary, Alberta", *California Folklore Quarterly* 4 (1945): 22 – 49; idem, "Tales Told by Soldiers", *California
Folklore Quarterly* 4 (1945): 364 – 76; Mody C. Boatright, *Gib Morgan: Minstrel of the Oil Fields*; Texas Folk-
lore Society Publication 20 (Dallas: Southern Methodist University, 1945; reprinted 1965).

事大多只在偏远地区的不正规印刷品中出现，但它们对美国文明史的研究来说是不可或缺的。在理查德·道尔逊（Richard Dorson）杰出职业生涯的开端，他意识到了这些故事的重要性，所以转而开始从枯燥无味的旧杂志、小册子和年鉴中挑选出这些故事，并把它们称作"诙谐漫画传奇"。他的第一本书就是这些故事的小集子，据说是由美国众多有趣的政治人物中的一位所讲述的，这些故事也许就是关于他自己的，书名叫《大卫·克洛科特：美国喜剧传奇》（1939）。在这本书的前言中，霍华德·蒙福德·琼斯（Howard Mumford Jones）评论说："为了与这些非凡的故事相媲美，我们不得不在其他文献中——例如威尔士和爱尔兰的传说中搜寻奇妙的概念。"① 实际上，美国传奇故事的特定主题可以追溯到两个传统，这两个传统来源于从大不列颠岛来的英国移民。但这些故事本身流传的范围远远超出了欧洲北部和中部海岸，并出现在比威尔士或爱尔兰的文献更加古老的文献中。最古老的传奇故事之一出现在希腊古典文学中。普鲁塔克（Plutarch）引用安提法奈斯（Antiphanes）诙谐的说法："在某个城市中，话一旦被说出来就会由于寒冷而被冻住，等夏天来临，这些话就会融化，这时，人们就能听到别人在冬天的对话。"②

　　为了向理查德·道尔逊致敬，我想研究在 3、4 世纪流传的拉比们所讲述的传奇故事，这些故事穿插出现在《塔木德》里关于严肃的宗教和司法问题的讨论中。耶路撒冷和古巴比伦的《塔木德》法典是关于《密西拿》（*Mishnaic*）（3 世纪的宗教和道德行为规范）的说明与阐释，《密西拿》是拉比们在经学院几百年来一直论述的内容。《塔木德》的最后版

---

　　① Dorson, Davy Crockett, p. xiii.

　　② *Plutarch's Moralia*, trans. Frank ColeBabbitt, Loeb Classical Library（NewYork：G. P. Putnam's Sons, 1927），Vol. 1, p. 421. 这是母题 X1623. 2. 1. "Lie：frozen words thaw out in the spring", Joseph Addison 引用了北方农村使用这些"冰冻"词语的描述。他是在 14 世纪的 John Mandeville 的旅行杂志中发现的。*The Tatler*, No. 24（23 November 1710）. See also "Appendix D：Frozen Words," in Richmond P. Bond, *The Tatler：the Making of a Literary Journal*（Cambridge, Mass.：Harvard University Press, 1971）, pp. 227 – 228. 在 Barcn. Münchhausens 的《历险》一文中也有一个平行的有关马上角的故事, ch. 6. For a bibliography of the various editions see Erwin Wackermann, *Münchhausiana：Biblio · graphie der Münchhausen-Ausgaben und Münchhausiaden mit einem Beirrag zur Geschiclue der frühen Ausgaben*, Bibliographien des Antiquariats Fritz Eggert Band 4（Stuttgart：Fritz Eggert, 1969）。

本包括了上百名拉比们对《密西拿》的讨论与辩论，同时权衡了其他解释，并且根据《密西拿》的文本及其随后的权威解释进行了大胆的逻辑推理和概括。犹太教徒将拉比的教导继承下来，并把他们的思想从一个学习中心传播到另一个学习中心，在这个过程中，门徒们创造了一个极大规模的口头学习传统。事实上，尽管《塔木德》和《密西拿》今天已经被以印刷品和手稿的形式出版，但它们仍然被视为口传律法或口传传统。①

宗教和市民法律是巴勒斯坦和古巴比伦经学院中的拉比们最主要的讨论内容。但是，这并不是他们特有的谈论主题，诸如寓言和谚语、有关轶事和殉道者的传说、著名的传记故事、日常生活中的丑闻和较为严肃的法律观点等话题也会一并出现在《塔木德》里。引用故事和谚语都是为了支持某种观点，很多都有讽喻的意味。有时，学术辩论与故事事例之间的关系也会被炮制出来，但它们实际上没有任何相关性和教育价值，也没有启发式的引入。它们多是由于同类型的事件、人物性格或故事才偶然联系起来，这些偶然的联系使得编辑们将炮制的故事收集在内，只有这样做，才与《塔木德》的总体基调相一致。

塔木德式的故事就是这样的。《密西拿》声明是关于出售船舶的法律问题的，人们根据这个事件改编出一系列故事，举例如下：

（1）巴哈纳拉比（Rabbah Bar Bar Hana）进一步讲道："有一次我们在海上航行，看到一只鱼的鼻孔里钻进了一只寄生虫。后来，海浪把这只鱼冲到了岸上。于是，附近的六十个城镇遭到了灭顶之灾，当地人就吃掉了由此获得的鱼，还把鱼的残余物腌制起来，并向鱼其中的一个眼球里注入了三百桶油。十二个月后，我们看到他们割下鱼骨作椽，开始重建自己的城镇。"②

---

① 有关《塔木德》的文献是大量的。关于对巴比伦《塔木德》学术研究的分析性调查，见雅各布·内斯纳（Jacob Neusner）编辑的《巴比伦的犹太法典的形成》（*Studying the Babylonian Talmud*），Studia Post-Biblica，Vol. 17（Leiden：E. J. Brill，1970）。在 Isidore Epstein 的整体编辑下，巴比伦《塔木德》有了英文翻译的版本，巴比伦《塔木德》第 35 卷（伦敦：Soncino 出版社，1935—52）。除非另有说明，本作品中的所有引用均摘自该版本译文。

② "BT"指巴比伦的《塔木德》经文（Babylonian Talmud），*Baba Bathra* 73b. See Motif X1300 "Lies about fish。"

这类故事在塔木德式的故事文本里比比皆是，就像在确立宗教和司法真理规则的书籍中公然出现的谎言一样。为了解释故事中明显的矛盾之处，传统的《塔木德》解释者试图用解释其他类型的故事的方法来解释这些故事。例如，西班牙的塔木德经研究者以西比利拉比（Rabbi Yorn Tov Ven Abraham Ishbili）（约 1250—1330 年）提出了两个相反的，但是较为合理的解释。一方面，他认为这些故事本来就是事实的报道，毕竟中世纪的旅行故事也如同这些传奇故事一样奇妙；[①] 另一方面，他认为这些故事是人们对梦境的描述：

> 一些人对本章故事中涉及话题不很熟悉，但对于那些了解自然界的人来说，却是非常合理的。比如知晓海怪的大小、风浪的大小等等。这些故事还包含着对看不见的事物的暗示。比如当贤者远航时，他们见证了上帝的奇迹……他们在冥思的睡眠中经历了非凡的镜象。加昂们（Geonim）写道，每当"我亲眼看到"这个说法被使用，它都是指梦中的航行。[②]

后来，一位来自波兰的权威的塔木德经研究者伊德尔斯（Samuel Eliezer Ben Judah Ha-Levi Edels，1555 – 1631）对这些叙事进行了合理化的处理，认为这些叙事本身就是类比。他提出了一个多层次的参照体系。这个体系将星座系、经文及其历史的象征和意义结合起来。他阐释了传奇故事主要的讲述者巴哈纳拉比所讲述的神奇故事，并且视其为包含着犹太人未来的信息。根据他建立的体系，上面引述的故事（1）是关于犹太人被仇敌施加考验和恐怖的救赎比喻故事。由于在星座系中，鱼是阿达尔月（大约三月）的标志，所以他建议，根据那个时期的经文，即以

---

① 参见 John Kirtland Wright, *The Geographical Lore of the Time of the Crusades: A Study in the History of Medieval Science and Tradition in Western Europe* (1925; reprinted New York: Dover, 1965); also idem. "Terrae lncognitae: The Place of the Imagination in Geography", *Annals of the Association of American Geographers* 37 (1947): 1 – 15。

② Quoted from Abraham Arzi, "Rabbah bar bar Hana", *Encyclopaedia Judaica* (Jerusalem: Keter Publishing House; New York: Macmillan, 1971) 13: 1441. See also Z. H. Chajes, *The Student's Guide Through the Talmud*, trans. Jacob Shachter (London: East West Library, 1952, pp. 210 –211. 文中提到的加昂（geonim）是指 6 世纪末到 12 世纪的巴比伦学院的元老。

斯帖记来诠释这个故事。在叙事层面上，鱼象征着谋划摧毁犹太人的哈曼（Haman）；因此，鱼的死亡代表了哈曼的命运，由此而推论到犹太人的一切敌人的死亡。最后，城镇的重建和三百桶石油，是指犹太人在自己土地上的复兴，以及他们庆祝磨难之后将要到来的光明与喜悦。①

直到现代，仍然有类似的比喻性阐释。一位研究《塔木德》的学者爱森斯坦（Judah David Eisenstein）建议把这些神奇故事视为一种编码语言。其中，每一个叙事元素都有明确而具体的含义："波浪中航行的船代表犹太教，沙子是以色列……小星星是以色列人……鱼、鳄鱼、龙和利维坦都代表了犹太人和犹太教的各类主要敌人。"② 根据传统的理解，爱森斯坦从经文文本的暗喻和明喻中推导出这些象征意义，但是他也提出了一些新的观点，建议将历史政治事件作为理解这些叙事的参考。依此观点，这些故事被认为是通过编码语言来传递那些要避开当局审查的信息的。

但是，这些解释者所困惑的，在研究《塔木德》的拉比们眼里则不是问题。在这种情况下，历史观和文学观混淆起来，而不是帮助澄清这些故事的意义。尽管塔木德经出现后的历代的人们试图从这些故事中寻求宗教或国家的象征意义，但塔木德拉比们所理解的则是叙事本身的意义：传奇的经文故事。它们在塔木德社会的口头传统中构成了一个独特的类型，具有传递意义和情节的鲜明特征。③ 对这些特征及其修辞意义的

---

① *Hiddushei Aggadot*, p. 43. See also Hayyim Reuben Rabinovitz, "The Maharsha and His Aggadic *Novella*"，(in Hebrew) *Sinai* 58 (1966)：i-ii；74 – 84.

② Judah David Eisenstein, *The Tales of Rabbah bar-bar Hanna* (New York：Behrman's Jewish Book House, 1937)，pp. 14 – 15. For two other short essays about these tales see Abraham Karlin, "The Tall Tales of Rabbah bar bar Hana"，(in Hebrew) *Sinai* 10 (1947)：56 – 61；and Nathan Shalem, "Rabbah bar bar Hana and Travelers' Tales"，(in Hebrew) *Sinai* 12 (1949)：108 – 11. 两位作者都认识到这些故事在国际间传播与其夸张的特点，但是卡林提出它们具有一定的教诲意义，萨勒姆则对它们所包含的所谓地理信息进行了查验。

③ 关于阐明民间文学类型的讨论是接下来进行分析的基础，见丹·本-阿默思的论文 "Analytical Categories and Ethnic Genres", *Genre* 2 (1969)：275 – 301；idem., "Introduction", in *Folklore Genres*：*A Symposium*, Bibliographical and Special Series, American Folklore Society, Vol. 20 (Austin：Texas University Press, 1975). idem., "The Concepts of Genre in Folklore" (Paper delivered at the Sixth Congress of the International Society for Folk-Narrative Research, Helsinki, Finland, June 16 – 21, 1974)。

识别使得听众能够理解叙事者，并能将这些故事与部分类似但又有完全不同意义的故事做出区分。

显然，拉比们指出了这种叙事类型，但并没有对其命名。在《塔木德》中，只有一个术语名称可能是指传奇故事，即使如此，这个个例所出现的时代比这种类型的资料中的大多数叙事更早。雅典的智者们与一位 2 世纪的哈纳尼雅拉比（Joshua ben Hanania）之间有一场较量智慧的对话。他们的对话如下：

> （2）他们对他说："给我们讲讲故事吧。"
>
> 他对他们说："有一头待产的骡子，脖子上挂着一份文件，上面写着：'有人声称要占有我父亲价值十万钱的房产。'"
>
> 他们问他："骡子能生育吗？"
>
> 他回答他们说："这是我要讲的故事之一。"①

在阿拉米语原文中，这个对话开头和末尾的句子中，包括一个典型的词，其字面意思是，这是虚构的故事。在与雅典学者的对话中，这个词的出现绝非偶然。在希腊的各种词语类别中，可能的（plasma）和不可能的（pseudos）之间有着鲜明的区别。根据海因策（Richard Heinze）的说法，这种区分特别适用于有关旅行的故事。它把希腊小说和旅行冒险叙事中可能的、可信的元素与想象的、不可信的元素区分开来。② 因此，尽管希腊学者寻求一种特定的虚构叙事，但前来访问的犹太拉比却以一个根本不可能的故事作答。但是，如果说早期的贤者没有将这种叙事联系到一起，那么后来的犹太拉比们则将神奇故事与虚构的旅行故事融合在一起，并且学会了讲述和倾听这些故事，尽管他们没有合适的词来命名这些故事。

拉比所掌握的讲谎言故事的艺术，是一种必备的交际手段。故事的

---

① BT *Bekoroth* 8b. Motif X1242 "Lies about mules."

② "Petron und der griechische Roman", *Hermes* 34 (1899)：494 – 519；See also Karl Kerényi, *Die griechisch-orientalische Romanliteratur in religionsgeschichtlicher Beleuchtung: ein Versuch mit Nachbetrachtungen*, 2nd. ed. (Darmstadt：Wissen schaftliche Buchgesellschaft, 1962), p. 3.

内容必须被当作真事来呈现，却不能被听众误认为是现实。公开声称自己所讲故事的虚构性在表述上是矛盾的。要想维持这些故事的内在特性，就需要将这些传奇的经文故事伪装成事实，然而又要不断指出这层伪装的存在。因此，这些叙事包含了字面意义和实际意义之间的互动；两者都应该在故事中得到保留，因为它们不仅互相影响，也会影响到观众对于讲述的态度。文本应该与故事讲述者相矛盾，而共同参与言语游戏的听众必须把这两层意义联系起来——真实的（从这个意义上看，故事是虚构的）和字面的（从这个意义上看，故事反映的是现实）。

塔木德式传奇故事所呈现的有关现实和虚构，带有对比性的思想内涵，可以在语境中找到依据。在不同的社会或者叙述环境中，相同的描述要么是谎言，要么就是事实。但是，在讲故事的过程中，故事讲述者和他们的听众必须借助一系列带有交际意义、相互依赖的社会和文本特征，从而在表面和真实、信任与不信任之间保持一种微妙的平衡。

在社会活动中，故事讲述者建立自己的叙述权威和获取听众们信任的能力，可以通过在讲述的内容中融会听众们所知的讲述者本人的经历来实现。因而，许多传奇故事的叙述者都曾经为人所知，因为他们在沙漠中穿越旅行，在大海上航行并且游览过他们的听众所素未谋面的大陆。他们的故事有其个人经历作为支撑。巴哈纳拉比是重要的塔木德式寓言家和学者，公元3—4世纪出生于巴比伦，曾经在巴勒斯坦求学，师从于著名的纳发拉比（Rabbi Johana bar Naphha）。当他返回巴比伦后，他以其老师的名义，开展过200余次讲经活动。虽然在后代看来，他作为一名故事讲述者要比他作为一名学者的名气更大，但是在他的时代他被认为是转述其老师语录的忠实门徒。[1] 另一名故事讲述者，迪米拉比（Rabbi Dimi），也是纳发拉比的学生，曾经广泛地游历过巴比伦和巴勒斯坦之间的许多地区。惯用语"当迪米拉比到来"成为其讲经和寓言的开头语。[2] 在

---

[1] BT *Berakoth* 13b, 23a, 24b, 2Sa, 40b, 42b, 49a; Yebamoth, 55b, and many more references see in Ch. Albeck, *Introduction to tile Talmud Babli and Yerushalmi*, (in Hebrew) (Tel-Aviv: Dvir, 1969), pp. 305 – 06; Wilhelm Bacher, *Die Agada der babylonischen Amoraer: Ein Beitrag zur Geschichte der Agada und zur EinLeitung in der babylorrischer Talmud*, 2nd ed. (Frankfurt am. M.: J. Kauffmann, 1913), pp. 87 – 93.

[2] BT *Kethuboth* 111b; *Berakoth* 6b, 3lb, 44a; *Shabbath* 13b, 72a.

其他一些情况中，他只用说，"他们在西方说"就暗指了在巴比伦的西部的巴勒斯坦。① 在耶路撒冷的《塔木德》中，迪米拉比被称作旅行者。它作为一个称号偶尔也曾在巴比伦的《塔木德》中出现过。② 第三个故事讲述者的名字，来自印度的拉伯·犹大（Rab Judah），也许反映了他家乡的起源或者代表他曾经的旅程。

阅历丰富的人有助于提升其作为故事讲述者的声誉。知识渊博的讲述者为对其见闻一无所知的听众连接起他所见证的地点、事件和物品。讲述者的个人特性对听众们理解和洞察异国的土地海洋具有关键性作用。他的经历和名气有助于进一步扩大其叙事的权威。由此，他的虚构也会使听众进一步加深对社会习俗的互相认同，以确保故事可以呈现现实性。

虽然旅行者的角色对于讲述传奇故事是必要的，但是它不能充分区分开虚构和现实，并且它将所有外国人讲述的故事视为虚构。毕竟，船员们和航海者们都希望把现实事件和见闻联系起来，因而他们必须通过言语来区分幻想和现实故事并将其转达给听众。为了这个目的，他们所选择的叙述类型提供了阐释和理解的背景。尽管在塔木德文化中，缺乏固有的术语来界定传奇故事类型同其他故事类型的差别，但是，那些用语暗示了该类型故事特有的主题。塔木德文化集中存在与传奇故事类型不符的故事，这些故事可能会同交流的文化规则产生偶然的或重大的冲突。塔木德时期故事讲述者所讲述的故事，象征性地表现出现实性和想象性的互动。

在塔木德传奇故事中，这些类型特点体现在了叙事框架和故事内容本身上。叙事框架使故事内容与故事讲述者和他的听众们分别建立联系，与之相对应故事内容包含的是行为、见闻或是实物。在这两个层面，讲述现实世界和想象世界之间的矛盾的功能，是该故事类型的普遍特点。故事讲述者通过以下四个方法来实现这些目的：在叙述框架中强调有效化；在他们的故事中建立距离感；选择能在文化上被听众所接受的特定主题；以结构性递进叙事的模式来呈现他们的故事，并传递它的意义。

---

① 　BT *Erubin* 30a；*Sukkah*10a.

② 　BT *Hullin* 124a.

# 有效化

故事讲述者通过呈现见证者的描述或者联系《圣经》文本的方式证实了他的故事的真实性。巴哈纳拉比采用这种方式来讲述有关与自然现象相异的故事：

（3）巴哈纳拉比接着说："我看见一个如同堡垒般大的青蛙（堡垒有多大？60 间房子那么大）来了一条蛇吞掉了青蛙。一只乌鸦吞下了蛇，然后在树上栖息。想象一下这是一棵多么强壮的树。" 萨姆特拉比（R. Papa b. Samuet）说："要不是我去过那儿，我根本不敢相信。"①

为了捍卫个人观点，多数传奇故事都以固定格式开头："一次我们坐船并看见"或者"我们曾经在沙漠中旅行并看见"。② 这种程式是普遍的而不是个性化的，不但巴哈纳拉比采用这种方式开头，其他拉比们也都采用这种方式开头。比如，萨夫拉拉比（R. Safra）的叙述："一次我们坐船并看见。"③ "我们看见"显示了塔木德故事讲述者的立场和观点。在许多后来的欧洲和美国"系列传说"中，讲述者的叙事程式都体现出这种特点。并且，塔木德故事的讲述者是唯一如实讲述他的见闻并且从不自夸的观察者。

---

① BT *Baba Bathra* 73b. Compare with a story told by another raconteur, Rab Judah the Indian BT *Baba Bathra* 74b. Motifs X1252 "Lies about crows", X1321. 1. "Lie: the great make," X1342. 1. 1. "Thegreat frog", X1472 "Lies about large trees"; For a discussion of cumulative tales see Stith Thompson, *The Folktale* (New York: Holt, Rinehart and Winston, 1946), pp. 230·34; and also Archer Taylor, "A Classification of Formula Tales", *Journal of American Folklore* 46 (1933): 77–88.

② BT *Baba Bathra* 73a.

③ BT *Baba Bathra* 74a. For a discussion of the significance of opening formulas in American tall tales see J. Russel Reaver, "From Reality lo Fantasy: Opening-Closing Formulas in the Structure of Americ: in Tall Tales", *Southem Folklore Quarterly* 36 (1972): 369–332 (bibliography included). See also Mihai Pop, "Die Funktion der Anfangs und Schlussformeln im rumanischen Marchen" in Fritz Harkort, Karl C. Peeters, and Robert Wildhaber, eds. , *Volksüberlieferung: Festschrift für Kurt Ranke zur Vo/lerrdung des60. Lebensfahres* (Gottingen: Otto Schwartz, 1968), pp. 321·26; Barbara Babcock-Abrahams, "The Story in the Story: Metanarratlon in Folk Narrative" (Paper delivered at the Sixth Congress of the International Society for Folk-Narrative Research, Helsinki, Finland, June 16–21, 1974); and Dan Den-Amos, "Folklore in African Societies", *Research in African Literatures* 7 (1975) .

以下例子说明了，在少数故事中，缺少"看见"这个字眼，故事发生了如下变化：

（4）巴哈纳拉比说道："我们曾经在沙漠中旅行，在那里有个阿拉伯商人加入了我们，他拿起沙子闻了闻，（可以）告诉哪条路是去一个地方，哪条是去另一个地方。"我们对他说："我们离水有多远？"他回答说，"给我一些沙子。"我们给了他，他对我们说："八里地。"当我们再次给他的时候，他告诉我们，我们还有三里地。我换了沙子，但是却无法迷惑他。

"他对我说：'来吧，我来展示给你死亡之荒原①。'我和他一起去看到了那儿的人。他们看起来好像处于一种兴奋的状态，他们躺在地上，其中一个人的膝盖被抬起来，阿拉伯商人从膝盖下面走过，我用一把长矛竖起来，没有碰到膝盖。我把其中一个人的紫蓝色披肩的一角切掉了，我们就走不开了。他对我说：'（如果）你从他们那里拿走了一些东西，阻止了我们的行动，还给他们。因为我们有一个传统，谁从他们身上拿走任何东西都不能离开。'我走过去把切下的归还了，然后我们就能够离开了。当我来到拉比之前，他们对我说：'每个拉比（Abba）② 都是一个傻瓜，每个巴哈纳拉比也都是傻瓜。你为什么这么做？是为了确定（法律）是否符合沙麦依学校（Beth Shammai）或是希莱尔学校（Beth Hillel）的决定？你应该数一下这些线头和结头，计算一下。'"③

这是五个叙事当中的第一个，其中所有这些故事都涉及沙漠景点，与圣经的历史或宇宙学有关，阿拉伯商人向巴哈纳拉比展示了这一点。第一个事件主要是作为散居者抛弃他的故事的一般叙事框架。在这个故事里，健谈的人放弃了作为冷漠路人的位置，成为一个积极的旅行者寻找经验。这些追求的结果几乎不能为叙述者所赞美，因为他们大多数的行为显得无能为力：他改变了沙土，却无法混淆阿拉伯人；他砍了一个"旷野之死"的披肩，使他不能动弹。类似的笨拙行为结束了另外三种冒

---

① 四十年来在旷野流浪，在去应许之地的途中死去的以色列人（《圣经·民数记》14：32—37）。

② Abba 是 Rabba bar Jnna 的名字，因为 Rabbanh 是 Rab Aba 的省略形式。

③ BT *Baba Bathra* 73b－74a.

险。因此，尽管叙述者是故事的中心，但他并没有像英雄那样地出现。

除了改变叙事人的叙事地位之外，这些故事还说明了另一种程式，即依赖圣经的文本。在这些故事中，《圣经》记述了以色列人在沙漠中游荡的故事，并且隐含地支持了以色列人的见证。

然而，叙事人在其他故事中，关系的转换和《圣经》文本为描述的真实性提供了基础，不管有无叙述者目睹这一景象。

（5）有一次，以西结（Rami b. Ezekiel）曾拜访贝内贝拉克（Bene-berak），在那里他看到山羊在无花果树下放牧，蜂蜜从无花果中流出，牛奶从它们身上流下来，并且彼此混杂在一起。他说："这确实是一片流动着牛奶和蜂蜜的土地。"①

《出埃及记》第 3 章第 8 节和《民数记》第 13 章 37 节的经文，以及描述以色列土地的经文，描述到作为奶和蜜之地的其他经文，都证实了一个神话般的叙述。个人证言不是必要的，但是这种类型描述的一个可选的特征。例如：

（6）拉克什（Resh Lakish）说："我亲眼看到了牛奶和蜂蜜的流动，流到十六英里以外。"②

即使在这种情况下，经文作为来源为个人经历提供了重要的有效化证据。

# 距离感

在使自己的故事有效化的同时，讲故事的人把叙述的情境放在远离听众的时空境界。在这类传奇故事中，可以在三个地方看到奇妙现象：海上、沙漠和以色列之国。这些地方对于巴比伦的听众来说是遥远的。当他们"在船上"时，一些非凡的生物出现在海上的旅客身上；例如：

（7）萨夫拉拉比（R. Safra）："有一次，我在船上看见一条鱼从海里抬起头来，上面刻着角：'我是海中的一个小生物，我有三百巴旦长，我

---

① BT Kethuboth 111b.

② Ibid. .

现在进入利维坦的口中'。阿西说：这是一只海羊，为搜索食物，所以长有角。"①

虽然海洋是观察非凡自然现象的场所，但沙漠是以传统宗教为基础的历史或宇宙景观和人物的场景。叙事场景、主题和态度的变化，也涉及这一系列沙漠故事所特有的系统性转变。在前面讨论的故事（4）的结尾中，叙述者描述了他对神话般的情况的无能反应。由于他的企图没有成功，他嘲笑自己，因此该得到拉比的嘲笑："每个拉比都是傻瓜，每个巴哈纳拉比也都是傻瓜。"另一个例子提到了传统的宇宙观，而不是历史，适合设定在遥远的沙漠以便有适当的距离感。

（8）他（阿拉伯商人）对我说："来吧，我将带你去看天地相接的地方。"我拿起我的面包篮，把它放在天堂之窗上。当我结束祈祷，回去找面包篮时，我发现它不见了。我问他说："这里有盗贼吗？"他回答说："天堂之轮是在旋转的，等到明天你就能找到面包篮了。"②

天堂之窗和天堂之轮这两个概念是当时盛行的宇宙观的组成部分。虚构文学和塔木德式的文献都提到过这些概念。天空被认为是有三百六十五扇天堂之窗，每扇窗户对应一年中的一天，整个天空就像一个轮子一样在转动。③

以色列之国的乌克沙漠场景，代表的不仅是地域的距离，还有对《圣经》的引用。事实上，关于以色列国家的故事指的是它作为一个资源丰富的国家，在圣经里享有很高的声誉，但大多数故事是夸张的，例如：

（9）当迪米拉比到来时，他做了如下陈述："经文有什么含义，'把他的小马驹绑在葡萄藤上（《创世记》46：11）？'。以色列没有一棵葡萄树，更不需要城市中的所有居民去收割它。'是驴驹自己选择了葡萄树（《创世记》46：11）'，其实以色列的土地上甚至连一棵野树也没有，更别提为两头母驴提供野果了。你也许想象了一幅没有酒的画面，但是圣

---

① BT *Baba Bathra* 14a. Motifs B68 "Homed water-monster", and X1300 "Lies about fish."

② BT *Baba Batltra* 74a.

③ *Exodus Rabbalt* 15：22；Jerusalem Talmud *Rosh ha-Shana* 2：4，*Yalkut Shim' oni* on I Kings 185 and on Psalms 673；*The Book of Enoclt or I Enoclt*, ed. Robert H. Charles（Oxford：Clarendon Press, 1912）, chapters 72：3，7；83：11；101：2.

经里明确地写着，'他在酒里洗衣服（《创世记》46：11）'。"①

与海洋和沙漠不同，以色列之国也代表着历史长河的图景。这里有两个时间点，过去和未来，叙述者在这些地方夸大了对土地的描述。在犹太历史中，人们把公元70年耶路撒冷圣殿的破坏作为区分过去与现在的时间点。同样，圣殿的重建标志着未来弥赛亚时代的到来。因此，讲述者总是沉迷于对神殿被毁之前，也就是对过去的耶路撒冷的描述中。

（10）巴哈纳拉比说："从耶路撒冷到耶利哥，有十巴萨（parasang）②的距离。在八个安息日内，圣殿门的转动铰链一直在支撑着③。耶利哥的山羊常常因为香的气味打喷嚏。耶利哥的妇女不必自己喷香水，因为香的气味；耶路撒冷的新娘同样如此。"④

将故事的讲述重点转移到未来并不一定与弥赛亚的愿望有关。这时，讲述者就能够不受宗教信仰体系的限制描述土地未来的生产情况，同时，他也可以自由地夸大以色列土地的繁殖能力。

（11）约瑟夫拉比（R. Hiyya b. Joseph）进一步指出："在未来的某一天，以色列将会生产出最纯正品质的烤蛋糕和丝绸衣服，因为《圣经》里说过，'这里必有肥沃的麦田（《诗篇》72：16）'。"

"拉比教导我们说：'山顶上会有一块肥沃的麦田（《诗篇》72：16）'，由此我们推断小麦会在山顶上长得像棕榈树一样高。也许你会想到收割麦田会比较麻烦，这点《圣经》里也提到过，'它的果实会像黎巴嫩那样沙沙作响（《诗篇》72：16）'，上帝会从自己的宝库中带来风吹向麦田。这样就会得到松软的面粉，人们走到麦田中，捧一把面粉，就足够他和他的家人享用了。"⑤

除了将讲述情况转向偏远的地方和时代之外，塔木德式故事的讲述者还采用了一种变换距离的修辞形式。基于《圣经》注释的传统，他们

---

① BT *Ketltuboth* 111b.

② 巴萨（parasang），古代波斯的一种距离单位，具体长度随地形地势及旅行速度而变，大致相当于旧时欧洲的长度单位里格（league），约为3英里或3海里。——译注

③ 在第二城镇周围标记了在安息日内允许移动的区域，它在每一方向上延伸约三分之一英里。

④ BT *Kethuboth*111b.

⑤ BT *Yoma* 39b.

把《圣经》的隐喻字面化，不把故事呈现为某种想象或诗歌，而是讲述成一种现实。讲述者将这些修辞格从一个概念范畴转移到另一个自称为暗喻的有效范围内，并将这些修辞范式从文化上指定为仅限于口头使用。暗喻的具体化，例如对"生产牛奶与蜂蜜之地（出埃及记3：8）"这样一句话的阐述，仿佛它是对真理的陈述，是外延的，是对事实的描述，而不是内在的、象征性的表述，这种具体化表述转移了《圣经》经文在语言中的位置，将它们放在了另一种语言使用模式中，从而用语言学术语造成了距离感。这个转变过程和夸张讲述的转变过程是一样的，尽管转变方向是相反的。

# 主　题

无论从哪个角度来看，塔木德的叙事者都选择现实中的主题作为故事的主题，主要集中在自然世界中，或者是原始之地，或者是人们耕种的土地。他们讲述飞鸟和鱼、面包与糕点、酒和葡萄、水果蔬菜……故事讲述者讨论的是人们熟悉的、真实存在的并且已知的实物，但是却说它们有异乎寻常的属性。① 从熟悉的现实中选择实物是进行夸张处理的前提。听众必须与讲述者们共享这些事物的经验知识，这样他们才能够欣赏以夸张修辞描述熟悉事物的喜剧效果。

超自然的物体或者形象在塔木德的传奇故事中是罕见的。并且，当它们出现时，就像在沙漠故事中一样，会发生一系列系统性的叙事转变，其中最重要的是从叙事环境到叙事者的具有喜剧效果的转变。传奇故事排除超自然的主题，以及极少情况下出现超自然现象时的叙事改变，可能有几个原因。首先，超自然的世界被认为是精神上的，而不是可以感

---

① 沃尔特·布莱尔认为，对现实主义的讨论是导致高雅故事的不和谐性的因素之一。*Native American Humor* (New York：American Book Company)，p. 92；Mody C. Boatright, "The Art of Tall Lying", *Southwest Review* 33 (1949)：357 –362, reprinted in *Folk Laughter on the American Frontier* (New York：Macmillan, 1949)，pp. 95 – 106, and in Ernest B. Speck, ed. *Mody C. Boatright, Folklorist：a Collection of Essays* (Austin：University of Texas Press, 1973)，pp. 68 –79；Gustav Henningsen, "The Art of the Perpendicular Lying", *Journal of the Folklore Institute* 2 (1965)：180 –219。

觉到的。恶魔、神像和鬼魂是心灵的创造物；他们的存在是基于人们的信仰。虽然传统已经为之建立了标准，包括形象、维度和可能产生的效果，但它并没有限定其大小与能力。没有明确的现实界限，超自然世界的可能性几乎是无限的，夸张的基础也消失了。其次，喜剧性与神圣性之间是不相容的。人们不会以他们畏惧的神取乐。这种态度在塔木德时期的犹太社会中尤其占主导地位，更不用说那些从事宗教法律和宗教学习的拉比们了。

虽然夸张与超自然之间的独特关系并不足以表明塔木德传奇故事的特点，但这种叙事体的特点之一是以男性和女性为主题的故事不多。欧美的喜剧传说往往以超乎寻常的能力为主题，但是，这种超能力很少出现在"塔木德"叙事中。而且即使出现了，讲故事的人说的并不是自己的能力，而是指另一个人的能力。以下的例子是一个相当罕见的塔木德式传奇故事：

（12）巴哈纳拉比说："当我们跟随约翰纳拉比（Rabbi Johanan）分享金纳沙谷（Gennesar）的果实的时候，如果我们是一百人的聚会，我们每个人为他拿十个水果；如果我们是十人的聚会，我们每个人都为他拿一百个水果，每一百个水果都可以装在一个能容纳三细亚（se'ah）① 的篮子里。然而，吃完了所有的东西之后，他惊呼：'我可以发誓，我没尝出食物的滋味。'"②

# 结　构

塔木德式传奇故事的叙事主题有独特的结构。故事讲述者通过将叙事的修辞效果最大化，来展开他们的主题。

故事由一系列描述性的陈述组成，这些陈述以递进的顺序揭示了现象的不同寻常的维度，从可能的和高潮的夸张表达开始。有时候这样的

---

① 细亚（se'ah），为古希伯来人犹太法典中的一种容量单位。每一细亚约等于 14.3 升。——译注

② BT *Erubin* 30a.

陈述包括一些表示行为的词语。它们并不独立起作用，而仅是强调这种描述。这种叙事的特质与故事讲述者的立场是一致的。故事讲述者是自然的观察者而不是冒险比赛中的英雄。除了描述性陈述，塔木德式的故事还有另外三种类型的陈述：开头的程式（opening formula）；结尾（codas）；评价性陈述。根据定义，前两种分别出现在故事的开头和结尾。第三种出现在故事的转折点。① 除了作为塔木德式传奇故事核心的描述性陈述之外，其他陈述也必不可少。更完整的陈述可以更好地呈现故事中真实与虚幻的互动。尤其重要的是结尾，它发生在描述性陈述达到叙事夸张的极限的那一瞬间。然后结尾与它们一道，产生喜剧的效果，传达了最初作为真事呈现的事物的虚假特点。例如：

（13）巴哈纳拉比进一步陈述道：

开头的程式："有一次我们乘船旅行，

描述性陈述（a）：船航行在鱼的两个鳍之间，

描述性陈述（b）：经过了三天三夜；

描述性陈述（c）：这条鱼向上游，我们向下飘。

评价性陈述（a）：如果你觉得我们的船航行得不够快，

描述性陈述（d）：当迪米拉比来到，他说，只需要烧热一壶水的时间，我们就能驶过60巴萨的距离。

描述性陈述（e）：船行驶得比骑手射出的箭还快。"

结尾：而且，阿什拉比说："那是一个只有两只鳍的小海怪。"②

开头的程式不包含"看见"这个词，因此叙事者不仅是观察者，而且也是这次冒险的参与者。然而，行动本身在评估鱼的大小时具有描述性的价值。评价性的陈述是叙事中的转折点，从关注鱼的大小转向描述行船的速度。结尾戏剧性地把鱼说得很小，意在传达整个描述的荒谬。

另一个例子说明了类似的结构，尽管结尾的喜剧效果有所改变。

---

① 参见 William Labov, *Language in the Inner City*: *Studies in the Black English Vernacular* (Philadelphia: University of Pennsylvania Press, 1971), pp. 354 – 396. 该书的叙事分析对我现在的讨论提供了很大帮助。

② BT *Baba Bathra* 73b. Motif X1300 "Lies about fish."

（14）巴哈纳拉比的叙述：

开头的程式："一次，我们乘船并看见

描述性陈述（a）：一只鸟立在水中，水没过它的脚踝，

描述性陈述（b）：它的头触到了天空。

评价性陈述（a）：我们感觉水不是很深，希望下去凉爽一下，

评价性陈述（b）：但是声音之女①叫到：'不要下去。

描述性陈述（c）：七年前，木匠的斧头掉进了水里，

描述性陈述（d）：并且，这把斧头至今都没沉到水底。'

描述性陈述（e）：而且，水不但很深，而且水流也很湍急。"

结尾：阿西说："那只鸟是野鸡，和我在一起（诗篇：50：11）。"②

这则故事开篇以形容性陈述句阐明水很浅，仅仅没过鸟的脚踝。但是第二个陈述句很快就让故事超越现实并在内容方面使之转向超越现实的叙述模式。评价性语句展现了对新的、令人惊奇的情形的评价，并且伴随着接下来的陈述句促使荒诞性不断加深，下个形容性陈述句增加了对当前环境的描述的维度。然后，尾声使背景描述转变为一个完全不同的参照体系，这种体系建立在经文文本背景的基础之上，进而使这些新奇的叙述维度转变为令人熟悉的、古代相关联的，并为经文听众们所熟知的。

传奇故事的结构取决于叙述的转变和多样性。有时，这些改变并不会使故事含义发生变化。然而，当结构变化能够和叙述的其他方面建立起联系时，故事的寓意将会发生转变。比如，"沙漠"故事中的形容性陈述句包含了叙述者自己的行为，与关于大海的故事相比，这点是根本性的不同。此外，形容性语句所包含的并不是有关奇异现象叙述维度的增加，而是在口头语以及写作传统方面真实性的增强。故事讲述者使文化宗教信仰转化为经验事实，证实了感官经验。因此，这些故事的口头含义和表层含义完全不同。无须移除讲述者一直保持的关于事实的面具。同样，形容性和评价性陈述句，同故事尾声实现了对彼此的互相证实，

---

① "声音之女"（Bath Kol）的字面意思（daughter of a voice），指的是传达上帝意愿的天堂或神性之声音。——译注

② BT *Baba Bathra* 73b. Motif Xl250 "Lies about birds." "野鸡"在阿拉姆语的《旧约》中被译为，"雄鸡的爪立在地上，头伸到天空"。

并且尤为重要的是，其证实了信仰体系中为人熟知的一些文化现象。在这些故事中，仅仅只有陈述者自己，如同每一个带有怀疑精神的探索家一样，成为评论连环故事的对象，就像在例子（4）中。接下来这则有关"沙漠"的相同故事，表现了缺乏笑声的其他可能性。

（15）他向我说：

评价性陈述（a）："来吧，我将向你展示这个记载于古兰经中，被吞没的男人。"

描述性陈述（a）：我看见两条冒着烟的裂缝。

评价性陈述（b）：我拿出一根被修剪得很整齐的羊毛，沾上水，将其附在矛的顶端，并且使其放置在那里。

描述性陈述（b）：当我把它拿出来时，它唱起了歌。

评价性陈述（c）：它向我说："仔细听你将要听到的话。"

描述性陈述（c）：我听见他们说："摩西和它的经文是事实，我们是说谎者。"

结尾：他向我说："每过 30 天，地狱使他们在锅中变热变脆，回到这里①。并且他们这样说：'摩西和它的经文是事实，我们是说谎者。'"②

这个特殊的例子，反映出在任何海洋故事中都不能找到的陈述复杂性。阿拉伯商人和陈述者在有关情形评价和描述的陈述中，占有相同比重的部分。总体来说，评价性语句的比例递增，并和形容性陈述句交替出现。

这样，塔木德式传奇故事具备一种可以变换形式和主题的特点，但是当变化超越了一般的限制，故事将会表达出其他不同的含义，传递不同的信息。尽管传奇故事之间存在部分相似的情况，但是一则故事不会与另一则故事所传达的含义完全相同。文化背景的类同性是导致《塔木德》的故事之间存在相似性的因素之一。实际上，它在主要章节中（Baba Bathra 73a - 74b 和 Ketlluboth 111 b - 112a）开创了巴比伦《塔木德》叙述结构。这些文本的开头如下所述：

---

① 他们在地狱里搅拌，如同肉在沸腾的锅中被搅拌一样。

② BT *Baba Bathra* 74a. 另见 Louis Ginzberg, *The Legends of the Jews* (Philadelphia: The Jewish PublicationSociety, 1911) 3：298 - 300.

（16）拉比说，"海员告诉我"：掀翻船的大浪的浪角显现出有一层白色的火，如果用刻有"我就是这样（参见《出埃及记》3：14）耶和华，阿们，阿们，细拉的主啊"的棒子去打这大浪，它就会平息。[①]

这个简短的描述缺乏塔木德式传奇故事的典型有效性。叙述者没有叙述他目击的现象，而是传递了匿名海员的叙述。虽然海是叙事背景，但主题不同。故事主题是一种自然的力量而不是生物。不需要回答，有宗教信仰，超自然力量甚至上帝本人的参考，所有这些都被排除在传奇故事之外。最后，在结构上，既没有描述性陈述的顺序，也没有一个喜剧结尾，这两个都是塔木德式海洋叙事的共同特征。

即使结构保持不变，当其他方面压倒性地将故事的意义指向不同的方向时，它本身也不能传达传奇故事的象征意义。例如：

（17）巴哈纳拉比说：

开头的程式："我看到了

描述性陈述（a）：莉莉丝的儿子霍姆正在马乌扎城墙的栏杆上奔跑，

描述性陈述（b）：骑在马背上的骑手

描述性陈述（c）：无法超越他。

描述性陈述（d）：有一次，他们给他配备了两匹骡子

描述性陈述（e）：两匹骡子站在罗尼格的两座桥上；

描述性陈述（f）：他从一个跳到另一个，向后，向前。

描述性陈述（g）：他手里拿着两杯酒，

描述性陈述（h）：从一个杯子倒到另一个杯子里，

描述性陈述（i）：没有一滴落在地上。

描述性陈述（j）：还有，我是一个风雨如日的人（如船上的那些人）登上天堂；他们下到深渊（诗篇107：26）

结尾：当政府听到（这个），就将他们置于死地。"[②]

这个叙述中的开放程式不同于其他开放程式，但是这个讲述者把自己定位为观察者而不是行动的参与者。传统的距离感是缺乏的，但是描述性语句的顺序从小到大，直至高潮。然后，意义和引申义被遮蔽在叙

---

① BT *Baba Bathra* 73a.

② BT *Baba Bathra* 73a. Motif X1004. "Lie：remarkable rider."

事的结尾中。因此，这个故事与叙事夸张有着部分的结构相似之处，但在主题上，这个故事不同于其他所有的塔木德式的传奇故事。它的人物是一个超自然的人，妖魔霍姆和骑手。描述性陈述采用行动，将人类行为表现为具有超自然的品质。最重要的是，结尾声表明这个故事有不同的含义，甚至可能有一些现代读者尚未发现的政治参考。猜测盟友有可能假定拉比们用传奇故事的叙事框架来表达一些隐含的信息。

沉迷于传奇故事叙述的解读《塔木德》的拉比们理解其中的规则、目标和能力。他们对这一类型的意义有着清晰的认识，并在适当的叙述和社会背景下表达出来，形成叙事框架与故事的关系、有效化和距离感的模式以及故事的主题与结构。在之后的一些年，巴哈纳拉比进入希伯来文学中被认定的这一类型的叙事中。他将成为故事家中的故事家。① 但在他自己的时代，他没有一个名字或一个标签，但他和其他拉比们成功地传达了这些故事的意义，就像超级骑士一样，他们在虚构与现实之间跳跃，而且，我们可以想象，他们没有露出一丝微笑，暴露出他们之间所共知的意图和意义。②

---

① Nathan Alterman, *Ir ha-Yona* (Wailing City) (Tel-Aviv: Makhbaroth le-Sifrut, 1957), pp. 235 – 249.

② 本文为我 1967 年的博士学位论文 "Narrative Forms in the Haggadah: Structural Analysis" 中的一章。

# 18

## 震惊了以色列的笑话

【编译者按】该文（*The Jokes that Took Israel by Storm*）是作者最新撰写的论文，收入以色列哈娅·巴-依兹哈克（Haya Bar-Itzhak）教授纪念文集，英文版将于 2018 年在以色列出版。现以中文首先发表。文章记述了发生于 20 世纪六七十年代席卷以色列的笑话风暴，当时以色列社会出现的笑话数量多，传播方式多样，包括各种笑话集、小手册以及节庆、舞台表演等。笑话风暴延续时间虽然不长，但影响广泛。这些笑话的产生与当时国家的经济政策和政治背景有关，内容以讥讽当时的政治领导人和社会事件的政治笑话为主，是犹太人口头传统的延续，也是口头传统介入公共空间的一种表现。笑话风暴引发了不尽相同的政治和社会效应，也引发了经济效应，出现了很多以战争和社会事件为题材的笑话集。

·机场有个提示牌："最后一个离开的，请关灯。"

·一个自称灯收藏者的人因为办理离开以色列的移民手续拖延了时间，向他的同伴道歉说："我必须要在这儿等着收到'最后一天'的通知信。"

·国家旅游局在考虑用一个新的宣传口号来鼓励发展旅游："快来以色列吧，否则就太迟了。"

·艾希科尔和萨丕尔①乘坐同一个航班，突然飞机的发动机失灵了。"谁得救了？""以色列国。"

·一个乐观主义者说："明年我们每个人都将吃粪。"一个悲观主义者说："也不知道会不会够我们每个人的份。"

大约五十年前，差不多是哈娅·巴-依兹哈克提交其博士学位论文的20年前，也即1966年年末到1967年年初，一场笑话风暴席卷了以色列，其剧烈程度是年轻的以色列国或之前的巴勒斯坦定居区（Yishuv）所未曾经历过的。这些笑话不知从何而来，它们出现在巴掌大的微型印刷品上（8X11.7厘米），每册售价50阿哥拉②。它们撼动了政治体制、执政联盟，并在很大程度上成为公众生活的一部分。半年后，这场风暴如昙花一现，消失在以色列的集体文化记忆以及公共和学术视野中。它们除了还能在一个临时的幽默刊物综合目录中检索到以外，在后来的犹太笑话综论或专论中都不见记载，脚注中也没有出现过。写作者们已经将它们抛弃在犹太笑话史的垃圾堆里（Bermant，1986；Eilbrit，1981；Ziv，1988，1991，1998［1986］）。他们忽视的一个最尖锐的例子体现在艾弗纳·兹夫（Avner Ziv）的文章《以色列的笑话》（Ziv，1988）中。兹夫在该文中，考察了从"以色列独立战争到六日战争③"以及"从六日战争（1967）到黎巴嫩战争（1982）④"这两个时期的历史，但没有任何语段提及这些笑话。虽然他提到了最受欢迎的杂志《谎言之囊》（*Yalkut Ha-Kezavim*）⑤，提到了关于不同移民群体的伦理笑话，日报上的笑话专栏和幽默漫画以及电台节目"三人同船"，但对于六日战争之前震惊以色列的笑话只字未提（Ziv 1988：125 – 128）。兹夫等作家已经把这些笑话丢

① 艾希科尔（Levi Eshkol，1895 – 1969）时任以色列第三任总理。萨丕尔（Pinhas Sapir）时任财政部长。——译注

② 100阿哥拉等于1新谢克尔。——译注

③ 以色列独立战争，又称以色列建国战争、第一次中东战争。以色列所称的六日战争，即第三次中东战争，阿拉伯国家方面称六月战争，亦称六五战争、六天战争。——译注

④ 黎巴嫩战争，又称第五次中东战争。——译注

⑤ 《谎言之囊》（*Yalkut Ha-Kezavim*），1956年在以色列出版。"谎言"一词泛指来自异族的笑话，是直接从阿拉伯语译借的。有关该书的翻译和研究，参见Elliott Oring所著《以色列幽默》（*Israeli Humor*，1981）。——译注

到以色列集体记忆的废纸篓中。

为什么会出现这样的局面呢？是这些笑话太热门和敏感，即使二三十年后也不好处理吗？其实，与此猜测相反（Bermant，1986：148－164；Landmann，1962；Ziv，2007），新兴的以色列之地（Eretz-Yisrael）① 的犹太人的生活，受到犹太人幽默的推动，与生活在欧洲犹太人聚居区的远亲们仍具有密切关联，至少也与维特根斯坦（Wittgenstain，1889－1951）提出的"家族相似"概念（Griffin，1974；Llewelyn，1968；Wittgenstein，2009：35－38［§65－71］）有关。在亚阿考夫·兹德格尼（Ya'akov Zidkoni，1902－1973）② 推出的，甘泽尔·克雷塞尔（Getsel Kressel，1911－1986）编辑的出版物中，以利泽·玛拉基（Eliezer Malachi，1895－1980）例证了在以色列之地的几代犹太移民及其后代的幽默活力。

最早的笑话出现在以色列·伊坦（Israel Eytan，1885－1935）发表于《观察》杂志（Hashkafah）③ 上的一篇记叙文中。文章记述了现在已经不再被人提及的手写的传单，称为"话匣子"，其囊括了"油印机"（本·耶胡达用了一个新词 ktavrav）所记录的当时的社会事件及与领导人有关的笑话。伊坦的描述性文章隐含着一种批评，这种批评与六十年后充斥以色列的笑话集如出一辙，那时犹太社会已经从松散的共同体转变为一个民族国家。伊坦敦促"话匣子"的编辑坚持公共空间中的幽默法则，让法则发挥建设性社会批判作用，避免针对个人和机构的不合理攻击，并保持良好的品位和道德界限。这些批评隐含着一种暗示，即编辑一次又一次违反了这些原则。玛拉基撰文提到，其他一些幽默法则的应用范围更有限，其只关注特定地点、协会或机构的问题。这些出版物存在时间不长，但它们都表明，虽然犹太人离开了东欧，但东欧犹太人的幽默并未离开他们。

那段时间，笑话的数量在增加，其传播渠道也更加多元化，从独家报道到普通读物都有，受到广泛赞誉。在假期和周年纪念日上，小社区、

---

① 以色列在 1948 年建国之前的希伯来语所指的巴勒斯坦。——译注

② 《以色列之地》的编辑者。——译注

③ 《观察》为 19 世纪末的一份希伯来语刊物。——译注

基布兹①、机构和工作场所在它们各自的会员中发行限量版的幽默通告。普珥节（Purim）的传播最有效，但它不是发布幽默通告的唯一场合。例如，哈加达（*Haggadah*）②中的幽默可以成为逾越节对于传统文本的拙劣模仿。纪念日也有笑话传播的通告。这些笑话和幽默的评论面向当地人，暗指当地的事情和事件，外人对此不明就里。

媒体和公共演出的受众范围更广，因而影响范围也更广，包括日报、周刊和月刊，以及年鉴、公开出版的由作家和艺术家撰写的幽默专栏和漫画。这些撰著者中很多人都成为著名的讽刺作家，他们有机会讥讽政治领导人、时事、公共社会机构以及以色列之地犹太人生活中的根深蒂固的风俗习惯（Alexander，1998；Roeh and Nir，1998；Gardosh，1998）。特拉维夫的普珥节游行是一个展示幽默的最佳公共空间。类似于《扫帚》和《给你，给我，给他》这样的戏剧舞台引进了许多最棒的作家和诗人，他们把自己最好的笑话秀、智慧素描和人气歌曲，奉献给这个舞台。这些剧院剧团的商业需求促使他们最大限度地去吸引观众，并引导他们避免可能在某些方面会冒犯公众的攻击性幽默。但很少有剧院违反公共空间规则，造成公众骚乱，甚至受到直接的军事干预。

与短暂的临时的新闻、游行和演出不同，书籍能够带来永恒的记忆。犹太幽默文集编辑往往将自己定位于"经典"而不是当代的笑话集（见Ben-Amos，2013；Stern，2004）。因此，在巴勒斯坦定居区时期出现的早期犹太人幽默选集，就像他们在美国和欧洲生活的复制品（见Ben-Amos，2013：591–592），怀旧地聚集并记录了"旧国"的犹太幽默。虽然这些选集充满了东欧犹太人的幽默和智慧，但在巴勒斯坦定居区和以色列的背景下，他们却散发出文化乡愁。同样，怀旧③也是1956年由丹恩·本-阿莫兹（1923—1989）和哈依姆·费尔（Haim Hefer，1925–2012）主编的广受欢迎的小册子《谎言之囊》的主调。这两位编辑是当时的人气作家，他们很小就来到以色列，希望能迎合以色列地区的文化和社会。他

---

①　基布兹（kibbutzim）为以色列的一种集体社区，定居点。——译注
②　《哈加达》里面记载了出埃及记等历史、传说、故事以及叙述性的布道内容，是逾越节里犹太人借以进行儿童教育的重要文本。——译注
③　艾弗纳·兹夫已经指出过该书的怀旧价值（Ziv，1988：125）。

们表达了以色列青年的纯真理想和建国前期的浪漫主义的向往（Ziv 1988：125）。他们的幽默保留了对刚刚过去时代的迷人幻想，没有对当代社会和政治的批判（见 Oring，1973，1981）。

接着，在十年后，也即 1966 年，私人空间和公共空间之间的壁垒被打开，附耳低语的笑话，各种对话和交谈以及团体之间的内部通信，悄然穿透社交礼仪的守卫，引发了全国的愤怒。造成这场笑话风暴的原因在于经济政策的失误。当时，为了防止大的经济危机，艾希科尔领导下的政府，实行的是计划经济的衰退政策，结果引发了比计划中更严重的经济危机，其直接后果无法预料（Green Wald，1973）。总理艾希科尔的声望大幅下降，出现了针对他和他领导下的政府的各种笑话。笑话本身并没有改变政治政策，但足以引起敏感的政治关注。

在一篇报纸文章中，茜娃·亚里夫（Ziva Yariv）讲述道，政治笑话在 1966 年开始流传，但在 1966 年 11 月 13 日萨姆（Samu）军事行动①后开始大范围传播。她描述了一波又一波的幽默、讽刺和讽刺的笑话，诙谐的话语超越了国家的对话：

> 萨姆军事行动后仅一天，自发的笑话运动就开始了，并且几小时内就波及整个国家。在每一个咖啡屋，婚礼上和聚会上，这些恶毒的冲击伴随着相关问题而生："艾希科尔和纳塞尔之间的区别是什么？"
>
> ——"艾希科尔认为和平也可能破坏这个国家。"
>
> 一周前，艾希科尔致函信息部长加利利来处理所有相关问题。谁是这些的发起人？它们是如何在几个小时内传播的？它们对公众的心理影响是什么？如何阻止它的传播？
>
> 同时，她试图为他辩护：
>
> A. 谁做了这些？皇家空军［以戴维·本-古里安（David Ben

---

① 萨姆事件，发生于 1966 年 11 月 13 日，此前两日，约旦和以色列边界发生了法塔赫地雷袭击，造成 3 名在边境巡逻的以色列士兵死亡。为了回应这一行动，以色列军队袭击了约旦河西岸边界附近的萨姆军事基地。这是场军事行动被认为是引发 1967 年六日战争的一个重要因素。——译注

Gurion，1886 – 1973）[1] 为首的反对党从劳动党分裂出来的]？戈尔达？萨丕尔？伊塞？外交和安全委员会？加利利？每个人都有可能。

信息部澄清了一点：关于"开放笔记本和书写"[2] 方面的一系列诽谤是特拉维夫劳动党的一位文职人员纳汉姆·拉兹的个人创造，这个人在海德拉（Hedera）的造纸厂工作。

另一个传播国家笑话系列的可疑人员是希蒙·佩雷斯。他正在向议会自助餐厅的议会成员询问他们是否收到了缔约国会议的邀请，并传播谣言说，戈季克正在准备新一轮出国演出。或者说，联合国已经为这个国家任命了清盘人……毫无疑问，是佩雷斯泄露了最新消息，即机场有一个提示语："最后一个离开的人，请关灯。"

B. 这些诽谤是如何传播的？通过私语来传播。所以，用政治术语来说，这叫私语运动。

亚里夫以此思路继续写道，流传在以色列的政治笑话与20世纪60年代中期的口头传统有关。当时，以色列民间故事档案已经开始运作，犹太口头文学的记录也达到鼎盛时期。以色列民俗学家，无论是在学术和非学术界，都对以色列社会的各个阶层、阶级和民族的口头幽默有所排斥。尽管笑话代表了现代社会的口头传统，但它们与当时以色列社会的主流意识形态形成鲜明对比。"以色列民间故事档案"（IFA）所记录的实际上是犹太人散居的传统——与当时的中央政治、意识形态和人口统计活动相似的民间传说。这样一种口头传统的分裂态势怎么能把自己交织成一个复兴国家的神圣殿堂呢？（见 Hasan Rokem，1998）。

这些笑话以另一种方式进入公众舞台，通过历史上经过考验的商业文学包括各种小册子的渠道，在私人空间和公共空间之间的缝隙中游荡。以

---

① 戴维·本-古里安是以色列首任总理，任职时间最长，他领导创建以色列国，被誉为以色列国父。——译注

② 艾希科尔在1966年10月8日用过这个说法，当时在耶路撒冷有两栋房子被炸，四人受轻伤。——译注

色列幽默小册子的作者和制片人并不一定要熟悉这个方法的历史①，他们只是需要使用这些手段，作为在口头和书面之间转换的媒介。

最初，《艾希科尔笑话大全》（*kol bediot Eshkol*）第一册是匿名出版的，没有注明出版商或印刷者以及出版日期。只是在封面和标题页分别标明了出版地特拉维夫和一个虚构的出版商伊塞（Isser）②。唯一对其出版物负责的是他们的负面身份，他们的前言是："为什么他们要发笑，为什么？（代前言）"：

> 俄国沙皇打电话给财政部长，问他，人们对征收重税有何看法。
>
> "他们哭了，"部长答道。
>
> "增加税收。"沙皇命令困惑的部长。
>
> 过了一会儿，沙皇打电话给财政部长，问人们又说了什么。
>
> "他们笑了，"部长答道。
>
> "那样的话，形势很严峻，要减少税收。"
>
> 在以色列，人们不再哭泣。他们笑了。联盟党人生气了，加利利（1911—1986）愤怒了，戈尔达（1898—1978）气得抓头发，但没有用。
>
> 这本小册子的目的是收集艾希科尔时期的唯一能带给以色列市民欢乐的笑话。
>
> 毫无疑问，在它出版后，将有一个调查，人们会发现背后隐藏着一个反对党，他们希望借此蔑视总理。因此，我们做了一个节日宣言——没有。我们没有任何具有深远意义的政治意图，也不是企图把别人作为总理。此外，我们不知道，另一个部长是否会成为更好的笑料。

——出版者

---

① 有关口头与文字的关系，有相当多的研究。有民俗相关的有：Atkinson and Roud, eds. (2014)；Ben-Amos, ed. (2010)；Dodson (1973)；Eisenstein (1979)；Finnegan (1988)；Fox (2000)；Goody (1968)；Graff (1981)；Obiechina (1973)；Scodel, ed. (2014)；Shepard (1969)；Slater (1982)；Stock (1983)；Watt (1991)。

② 这个名字的选择是幽默地回避了 Isser Harel（1912–2003），以色列的情报局"摩萨德"第一任主任（1952—1963），有因内部冲突而辞职。

第二册的封面把《艾希科尔笑话续篇》（*Od bediot Eshkol*）作为"第二卷"的标题醒目地标示出来，并确认印刷者为"卡梅尔"印刷厂。它还包括一个"序言"（这一次完全无署名），在其中，编辑分享了第一本小册子的成功：

> 法国前总理皮埃尔·孟戴斯-弗朗斯（Pierre Mendés-france，1907 – 1982）[①]曾到访斯特拉斯堡，那里聚集着他的反对者。愤怒的人群在火车站等着他，用抗议的喊声迎接他。
>
> 当火车即将抵达斯特拉斯堡时，首相的一位助手建议孟戴斯-弗朗斯在一个郊区车站下车，以避开群众对他的抗议。"不，"孟戴斯-弗朗斯表示反对："这些人在这里等了两个小时就是为了喊'打倒总理'，剥夺他们的这种乐趣是不公平的。"
>
> 我们遗憾地回忆起这个故事，以此来证明这样一个事实：在这个世界上有一些国家，人们并不认为幽默和公平竞争是可耻的行为（因此，可耻的行为在那里不是开玩笑的事）。
>
> 而在我们这里，情况有所不同。我们的小册子《艾希科尔笑话大全》的出版如一石激起千层浪。谁不关心它？政府、议会、联盟、反对党、《国土》（*Ha-Aretz*）[②]和周刊《世界是怎样的》（*ha-Olam ha-zeh*）没有一个不关心它的。
>
> 因此，我们要感谢一些最直言不讳的诽谤者，没有他们的帮助，我们不会取得预期效果。
>
> ［感谢］艾希科尔的保镖，他是我们的热心读者，他在联盟党会议期间抨击笑话和逸言；感谢周刊《世界是怎样的》的编辑乌瑞·爱维纳瑞（Uri Avinery），他梦想自己有一天能成为一个笑料，并像往常一样，成为最可笑的人。那时许多笑话在我们的小册子出版之前，已经出现在他的杂志上，他鄙视这些"破坏性笑话"的出版物。感谢迪迪·蒙洛斯（Didi Menosi，1928—2013），他过去常常吹嘘这

---

[①] 1954 年 6 月 19 日—1955 年 2 月 17 日担任法国总理，为法国社会党成员。——译注
[②] 以色列主要报纸。——译注

个竞选口号，即他是为以色列劳动党写作，他今天（再次毫不顾忌地）吹嘘已经写作了大量这样的笑话。我们也向他道歉，因为他说，他要用自己的笑话让政府垮台，祝他在这个崇高的目标上取得圆满成功，尽管我们已经把它弄得一团糟。

随后发表于周刊《世界是怎样的》的采访中，乌瑞·塞拉（Uri Se-la，1928－1993）自称是这些小册子的编辑，并提供了一些关于小册子的出版信息。他说，自己曾与"卡梅尔"印刷厂合作，小册子的印数是5000份。乌瑞·塞拉承担了任何潜在的财务损失会带来的经济责任，但随着两个问题的普遍解决，这变得毫无必要了。小册子第一次印刷出版不久旋即售罄，加印时价格提高了50%。在采访中，乌瑞·塞拉宣称，作为小册子的编辑者，他的名字没有被印刷上去，但是"卡梅尔"印刷厂在这方面并非有意为之，只是一个技术事故。然而，在第二册《艾希科尔笑话续篇》中，仍然没见到他的名字。

匿名或笔名的使用，在公开出版物中是很常见的，但在这个特例中，也给乌瑞·塞拉带来了必要的社会保障。他和艾希科尔都与德加勉定居点（Deganyia）有联系。作为该定居点的创始成员，艾希科尔继续与基地成员保持着私交，而本地人乌瑞·塞拉却搬离了这个定居点。这样的交往距离太过紧密，让人无法安心，匿名给他提供了必要的掩护。

一些笑话在印制成小册子之前就出现在日报中，其他则是直接在口头流传。尽管如此，塞拉在他的作品中使用了一些自由裁量权，包括一些口头流传的笑话，不包括那些带有性暗示的笑话。就在几年前，以色列的笑话讲述者乐于讲述的是拉比和阿科夫·莫什·托莱达诺部长（Ya·akov Moshé Toledano，1880－1960）的忘年婚姻，特拉维夫的塞法迪首席拉比（1942—1958）娶了一个比他年轻六十岁的宗教部长（1958—1960）。① 1964年，艾希科尔娶了比他年轻35岁的米里亚姆·泽利科维茨

① 有关这个主题的笑话不是犹太人特有的，而是普遍的，自古就有。有记载的最早的这个主题的笑话是苏美尔故事，"老人与少女"（"The Old Man and the Young Girl"，Alster，2005：384－390）。在犹太传统中，老年的大卫王（King David）和少女亚比煞（Abishag）的叙事（1 Kings 1：1－4 and 2：17－25）是无幽默的，只是严肃的政治关系。

(Miriam Zelikowitz)，这样的事件在口头传统中时有发生，笑话的具体内容有变化，但主题保持不变，并与一些前期流传的性笑话，以及后来的政治笑话融合。然而，乌瑞·塞拉在编辑过程中把这些笑话剔除掉了。例如，下面这些口头流传的笑话，便没有出现在他编辑的小册子中：

> 艾希科尔的妻子对她的朋友说："我能做什么？艾希科尔对我这个女人不再着迷了。"
>
> 她的朋友建议她："穿一件一边白色一边黑色的胸罩，他会注意到某种不同的。"
>
> 她照做了。
>
> 当艾希科尔看到她在他们的卧室里，他说了什么？"天啊，我完全忘了，我还得和摩西·达扬开个会。"①

在公共空间内，人们对这些笑话的反应不是一致的，而是取决于政治立场和权力、政治观点和社会态度，甚至是个人的既得利益。

政府的直接反应完全是非理性的，他们采取了暴力手段而非民主国家应采取的行径。警方完全禁止笑话小册子的出售，然后局面失控了。1967 年 1 月 17 日，议会成员弗蕾加·泽尔瑞兹（Frija Zoaretz，1907 – 1993）质问警察局长埃利亚胡·萨松先生（Eliyahu Sasson，1902 – 1978）。

> 上周，我在特拉维夫中央车站看见有 10—12 岁的孩子卖这本《艾希科尔笑话大全》，半个里拉一册。我进入中央汽车站的警察局，提醒值班警察注意这一现象。他回答说，他已经联系了他的上级主管，上级告诉他，政府已经允许分发这本小册子了。为尊重起见，我想问一下部长：
>
> a. 真的可以分发这个小册子了吗？
>
> b. 为什么能发了呢？

---

① Rivka Ben-Amos in a letter dated 12/31/ 1966 ［Personal Archive］摩西·达扬（Moshé Dayan）是以色列军队领导人，六日战争时为国防部部长。——译注

c. 如果不是，怎样允许分发这种"文学"，尤其是对于上述年龄的孩子来说？

埃利亚胡·萨松部长回应：

a. 没有法律禁止一次性分发小册子，只要依法行事即可。

b－c. 在本案中确实有违法行为，因为在印刷本中没有提到印刷厂的名称。然而，由于这只是一种技术性违规行为，经考虑，决定不对分销商采取任何措施。

政治笑话并非以色列幽默中的异类。早在五十年前，当以色列国家刚刚从建国的狂喜中恢复过来，1966 年诺贝尔奖获得者，萨缪尔·约瑟夫·阿格农（Shmuel Yosef Agnon, 1888 – 1970）① 在其《国家之书》（*Sefer ha-medina*）第四章中对政治官僚主义和幽默的讽刺中，颠倒了对象与主体之间的关系：

政府成立了一个委员会，交给财务长。财务长是一个笑话收藏家，他知道在这里每个人都会讲笑话，只要出现一个笑话，那就是好笑的。他向委员会的成员们打招呼，好像他们给他带来了一箩筐笑话，他也给他们讲了一些，笑话中解释了他们的家谱：哪一个有后代，哪一个没有，哪一个是混血的、私生的，哪一个是孤儿。他从一个笑话转到另一个笑话，开始公开地谈论笑话。笑话的讲述是自由的，无处不在。如果一个人读过圣经，他也会在那里找到一些笑话。当先知描述亚述军队的失败时，难道不是这样吗？他们早上醒来，看哪，他们自己都是死尸。也就是说，醒来的尸体意识到他们已经死了。财务长就是那样的面对委员会的成员们坐着，微笑着欢迎他们，他没有漏掉任何一个国家领导人——他向每个人都讲了百姓讲的有关他们的笑话。

---

① 也译作撒母尔·约瑟夫·阿格农或施姆尔·约瑟夫·阿格农，以色列作家。著有《婚礼的华盖》《订婚记》《逝去的岁月》等，1966 年成为首位获得诺贝尔文学奖的希伯来文学家。——译注

但当国家领导人听到现实中讲的关于他们的笑话不仅仅是虚构的讽刺时，他们并没有笑。根据周刊《世界是怎样的》的记载：

> "这些笑话在乡下流传了好几个月。出租车司机、理发师、议会成员，以及电台音乐主持人，都在讲述着。因为拉比和阿科夫·莫什·托莱达诺部长的婚姻挑起民族国家的想象，造就了最大的笑话狂欢。"关于笑话的小册子的报告继续讲述道："这里有太多政府高层的笑话。上个星期四，在剧院的大厅里（这不是一个笑话）发生了一个以色列的政治生活中史无前例的事件：两个'阵营'的中央委员会在舞台上放置了他们最重型的大炮，他们在很长一段时间内对着一个看不见的麻烦开火：诽谤运动的煽动者正在用窃窃私语和笑话席卷全国。"［谁没说话？］：艾希科尔、迈尔、加利利、阿龙、萨丕尔以及贝克，但是反对谁呢？他们没有明说，但其隐含的目标是明确的："我［党］的一个事实：一个奇怪的事件发生了，小册子可以折射出所有的会议的参与者：部长加利利注意到正在进行会议报道的《耶路撒冷邮报》记者马克·西格尔（Mark Segal）手中拿着笑话小册子，他从记者手中拿走离开大厅去阅读。另一个事实：警察奉命找出谁是这些漫画插图作者署名艾希科尔的 34 页小册子的作者。显然警方没有向公众透露这一秘密。"①

这种以幽默的形式来反抗以色列统治的方式在犹太历史和民间是相当罕见的，但它是口头传统介入到公共空间的后果之一。

正如报道和销售情况所表明的那样，笑话的流行是显而易见的，人们对此看法并不统一。部分人持保留意见，绝不仅仅只有政客们觉得笑话令人反感。一位 15 岁的小女孩给最受欢迎的报纸《乾坤之主》（*Ma' ariv*）②的编辑写了一封信：

> 我想对《艾希科尔笑话集》（*Sefer ha-bediot al Eshkol*）表达我的

---

① Ha-Olam ha-zeh，(12.28. 1966)，11.

② 以色列出版的希伯来语报纸，利用了祷告语中的表达法。——译注

观点。我是一个 15 岁的女孩，不懂政治，也跟本-古里安没有任何关联，因此我对于他们所知不多。但我只想谈一下这件事本身：我们当中有几个人，甚至只有一个人，出版了这样一本关于我们的总理的书，我们的总理是由大多数人选举出来的，这种小册子的出版对他，对他们，对整个国家都是一种耻辱。

尽管作者的修辞是天真的，但她对其他人分享的笑话表示了回应。五十年后，人们不可能就这些笑话的态度进行民意调查，但有迹象表明这个女孩的回应并非孤例。一个不愿意透露姓名的密友，她当时在德加勉定居点，在这些笑话出版后几个月，给我写了一封信：

> 关于你所询问的笑话，出于专业的原因，我非常讨厌它们，所以很难寄给你，虽然我拥有这本吸引人的小册子《艾希科尔笑话大全》，德加勉定居点的本地人乌瑞·塞拉写的关于德加勉定居点成员艾希科尔的笑话。在德加勉定居点，由于对艾希科尔的个人关注，有一个关于笑话事件的自然保留区。我认为这些笑话大多数都是不公正的。也许嘲笑自己是健康的，但这种笑声是一些其他品质的症状，比如自我贬低、缺乏自尊和自我估价，因此我的回答不符合你的要求。[①]

艾希科尔是德加勉定居点的创始成员。他与生活在那里的人保持着亲密关系，而且在德加勉定居点度假期间他的政治生涯达到巅峰。可以理解的是，定居点成员帮助他度过了这一时期的政治危机。显而易见，这种支持扩展超越核心的基布兹社区，得到很多人共鸣，尤其是那些忠实的党员和愤世嫉俗的人（见 Kuipers，2006）。

比起他的朋友们，艾希科尔的家人对这些笑话更为反感。很多年后，他的女儿，国际知名的心理学家奥菲拉·艾希科尔·内沃（Ofra Eshkol Nevo）教授，为她的父亲恢复形象。在她看来，父亲沉浸于传统的东欧犹太人幽默，他将自己的幽默感展现在私人谈话和演讲，用笑话作为武

---

① 信件日期 May，8，1967［个人档案］。

器进行政治谈判，而且是一位很好的笑话讲述者但不是一个笑料。

然而，当时的笑话造成以色列社会两极分化。不止一位记者建议大家思考笑话是什么，即民间传说表达人民的心声，因此需要一种超越政治界限的反思性解释。记者阿里·查姆·吉尔布拉姆（Arie Chaim Gelblum, 1926–1993）在报纸《国土》上发表散文《给编辑的信》，在文中，他特别赋予口头传统、民间传说力量，认为私人空间的幽默可以用于公共领域，但不能作为政治操纵的手段，而是作为社会舆论的反思。他进一步解释民俗生成的警示意义，根据他的看法，笑话的产生不仅是人们对其政治领导人的抗议，更是作为以色列在东欧的犹太式幽默功能的复活，把它看作以色列人民和他们的土地以及犹太社会的政治不成熟之间异化的特征：

> 有时很难理解天真的程度，政府首脑和正统犹太人都对整个笑话表达了关注。政府首脑认为笑话风暴是由一个党派或者另一个党派创造的，无论这些笑话是"好"是坏，都见证了一个真实的民间创造。这些笑话像雨后春笋般出现在街头巷尾，没有人知道是谁制造的。如果其中一些是由波西米亚成员发明的，那么表明他们属于政府政党，主要是为了结盟，或者他们不属于任何政党。所有反对党进行的有组织的竞选活动，都是领导人的自欺欺人，是对他们陷入困境的安慰。

> 即使是一个波西米亚人的小丑把笑话写进印刷的小册子里，也不能成为一个有组织的活动的证据。事实上，尽管有一些像梅纳汉姆·萨维多尔先生（Menaem savidor, 1917–1988）那样的正统犹太人认为（正如他在给《国土》的信中说的那样），在这场笑话的背后有一个难以理解的因素，他肯定会在竞选中失败，因为他低估了人的健康常识。萨维多先生提到的笑话小册子是由人们的健康常识产生的，他的论点是不可理解的。

> 然而，这些笑话不仅会让萨维多感到心痛，更重要的是，这并不是因为纳塞尔的代理人的激励，也不是因为他们可能会推翻艾希科尔政府（在我看来是不存在危险和机会），而是因为他们给我们展示出我们仍然沉浸在流亡传统之中。在流亡中，我们可以开玩笑，

也可以哭泣，但不能行动。看哪，即使在我们的独立国家，我们在政治上做什么？没有什么。正如人们所说："既没有联盟也没有反对派。"玩笑是行动的替代品，艾希科尔和他的对手都应该为此感到遗憾。

这些笑话有更严肃的一面——我想说悲剧性的一面。这些笑话不仅结束了政府，而且结束了国家本身。他们只是"结束生意"，这不再是幽默。世界上有人听到一个国家用笑话结束国家和国土的例子吗？这种现象暴露在一种可怕的残酷之中，我们在这块土地上没有多少根，我们对基本的犹太政治技能缺乏信心，缺乏内在团结和外在统一的信心。从这个角度来看，这些笑话是自建国以来发生的最严重的事情，如果我们继续在这种大规模的问题熟视无睹，就像什么都没发生过一样，那我们就是没看见正在闪烁的红灯。

除了社会和政治上对笑话风暴的反应之外，还有一个纯粹的经济后果，即从私人到公共空间的成功侵入，也就是那些试图从前辈的成功中获利的模仿者的出现。《艾希科尔笑话大全》出版一个月后，市场上出现了相同格式和类似封面设计的印刷品《艾希科尔》，印刷者同为"卡梅尔"印刷厂，虚拟出版商亦同为"伊塞"。但也发生了一些显著的变化。从第三期开始，编辑耶胡达·科恩（Yehuda Cohen）的名字出现在封底上。很可能他也是前两期的编辑。其次，《艾希科尔》显得像一份周刊，其第一卷第一期印出的是 1967 年 1 月 25 日，可能延续了一段时间。再次，关注新闻报道和评论的编辑们希望动用幽默的口头传统，邀请读者提交"政治主题的笑话"，广告出现在背页：

给读者的奖品

欢迎读者们向本编辑部投寄政治笑话和主题笑话。每一个具有出版价值的笑话均可署名（或根据要求不署名），并且投稿者将获得 10 里拉奖金。请仅提供本地政治笑话，邮寄至以下地址："一周笑话大全" P. O. B. 6344, Tel Aviv.

从理论上讲，这可能是民间传说的福音。但在实践中，读者对他们所听到的笑话的贡献程度，却不得而知。有些迹象表明，文学写手在这些笑话写作上起了作用。期刊包括一些打油诗和诗歌段落，与口头表演和文学文本存在间接关系的笑话数量也不少。一般来说，有很多像《艾希科尔笑话大全》那样针对类似问题的笑话：关于经济、政府，特别是艾希科尔和财政部长萨丕尔。直指以色列建国的挖苦和嘲讽，在乌瑞·塞拉编辑的小册子中是显而易见的，但后来要么被修改，要么被删掉了。所有的九册中的最后一册出版于 1967 年 4 月 17 日。

　　但在"故事之海"中预期利润丰厚的捕鱼减产了。地平线上出现了另一场风暴的乌云，这可不是说着玩的。以色列和阿拉伯的邻国之间严重的边境冲突增加了（Bowen，2003：30 - 93；Hammel，1992：15 - 45；Laron，2017：72 - 85；Oren，2003：33 - 60；Segev，2007：191 - 248）。政治威胁和条约使战争一触即发。随后，1967 年 6 月 5 日爆发了一场闪电战争，6 月 11 日战争结束了，其不仅改变了中东，也改变了犹太幽默。以色列士兵从战场上带回来各种笑话，表达了野蛮的军事幽默，充满了嘲笑和蔑视。他们对敌人表示轻蔑，并引起恶意的笑声。国内的出版商们非常高兴地抓住了这一新笑话潮流，并把它们出版给平民读者和被解雇的士兵们。他们的一些大写的标题显示"卡梅尔"打印机变得熟悉了：《六天笑话大全》《关于胜利的战争笑话大全》《纳塞尔笑话大全》。另外一些有一定的创新：《战争笑话》《关于伟大胜利的小笑话》《IDF 的笑话》等。在幽默中，犹太复国主义实现了它的目标，并为犹太人建立了像其他国家一样的国家。

## 参考书目

Alexander, David. 1998. "Political Satire in the Israeli Theatre: Another Outlook at Zionism." In *Jewish Humor*, ed. Avner Ziv. New Brunswick, N. J.: Transaction Publishers, 165 - 171.

Alster, Bendt. 2005, *Wisdom of Ancient Sumer*, Bethesda, Maryland: CDL Press.

Atkinson, David and Steve Roud, eds. 2014, *Street Ballads in Nineteenth - Century Britain*, *Ireland*, *and North America*: *The Interface Between Print and*

*Oral Tradition*, Burlington, VT. : Ashgate.

Ben-Amos, Dan. ed. 2010. "The European Fairy Tale Tradition between Orality and Literacy." *Journal of American Folklore*. Vol. 123: 373 – 496.

Ben-Amos, Dan. 2013. "Anthologies." In *The Encyclopedia of Jewish Folklore and Traditions*, ed. Haya Bar-Itzhak. Armonk, N. Y. : M. E. Sharpe, 41 – 50.

Bermant, Chaim. 1986, *What's the Joke? A Study of Jewish Humour Through the Ages*, London: Weidenfeld and Nicolson.

Bunch, Clea Lutz. 2008. "Strike at Samu: Jordan, Israel, the United States, and the Origins of the Six-Day War." *Diplomatic History*, 32: 55 – 76.

Dodson, Don . 1973. "The role of the Publisher in Onitsha Market Literature." *Research in African Literatures* 4: 172 – 188.

Eilbirt, Henry. 1981, *What is a Jewish Joke? An Excursion into Jewish Humor*, Northvale, N. J. Jason Aronson.

Eisenstein, Elizabeth L. 1979, *The Printing Press as an Agent of Change: Communications and Cultural Transformations in Early-Modern Europe*, Cambridge: Cambridge University Press.

Finnegan, Ruth. 1988, *Literacy and Orality: Studies in the Technology of Communication*, New York: Blackwell.

Gardosh (Dosh), K. 1998. "Political Caricature as a Reflection of Israel's Development." In *Jewish Humor*, ed. Avner Ziv. New Brunswick , N. J. : Transaction Publishers, 203 – 214.

Green Wald, Carol Schwartz. 1973. "Recession as a Policy Instrument Israel 1965 – 1969." *The Modern Middle East Series*, Vol. 5. Rutherford: Fairleigh Dickinson University Press.

Griffin, Nicholas. 1974. "Wittgenstein, Universals and Family Resemblances." *Canadian Journal of Philosophy*, 3: 635 – 651.

Hammel, Eric. 1992, *Six Days in June*, New York: Simon and Schuster.

Hasan-Rokem, Galit. 1998. "The Birth of Scholarship out of the Spirit of Oral Tradition: Folk Narrative Publications and National Identity in Modern Israel. " *Fabula* 39: 277 – 290.

Kuipers, Giselinde. 2006. "Good Humor, Bad Taste: A Sociology of the Joke. " *Humor Research* 7. New York: Mouton de Gruyter.

Laron, Guy. 2017, *The Six-Day War*: *The Breaking of the Middle East*, New Haven: Yale University Press.

Llewelyn, J. E. 1968. "Family Resemblance. " *Philosophical Quarterly* 18: 344 – 346.

Nevo, Ofra. 1993. "Jewish Humor in the Services of an Israeli Political Leader: The Case of Levi Eshkol. " In *Semites and Stereotypes*: *Characteristics of Jewish Humor*, eds. Avner Ziv and Anat Zajdman. *Contributions in Ethnic Studies*, No. 31. Westport, Conn. : Greenwood Press, 165 – 176.

Obiechina, Emmanuel N. ( 1973 ), *An African Popular Literature*: *A Study of Onitsha Market Pamphlets*, Cambridge, Eng. : University Press.

Oren, Michael B. ( 2003 ), *Six Days of Wars*: *June* 1967 *and the Making of the Modern Middle East*, New York: Ballantine Books.

Oren, Michael ( 2005 ) . "The Revelations of 1967: New Research on the Six Day War and ItsLessons for the Contemporary Middle East. " *Israel Studies*, 10: 1 – 14.

Oring, Elliott. 1973. " 'Hey, You've Got No Character' : Chizbat Humor and the Boundaries of Israeli Identity. " *The Journal of American Folklore*, 86: 358 – 366.

——. 1981, *Israeli Humor*: *The Content and Structure of the Chizbat of the Palmah*, SUNY Series in Modern Jewish Literature and Culture. Albany, NY: State University of New York Press, 1981.

Roeh, I. and R. Nir. 1998. "What? Humor? In the News? ——How Serious is the News on Israeli Radio. " In *Jewish Humor*, ed. Avner Ziv. New Brunswick, N. J. : Transaction Publishers, 175 – 188.

Scodel, Ruth, ed. 2014. "Between Orality and Literacy: Communication and Adaptation in Antiquity. " *Orality and Literacy in the Ancient World* 10. Mnemosyne Supplements 367. Leiden: Brill.

Segev, Tom ( 2007 ), 1967, *Israel*, *the War*, *and the Year That Trans-*

*formed the Middle East*, Trans. Jessica Cohen. New York: Metropolitan books.

Shemesh, Moshe and Moshe Tlamim 2002. "The IDF Raid on Samu':
The Turning-Point in Jordan's Relations with Israel and the West Bank Palestinians." *Israel Studies* 7: 139 – 167.

Shepard, Leslie 1969, *John Pitts: Ballad Printer of Seven Dials*, *London*
1765 – 1844, with a Short Account of his Predecessors in the Ballad & Chapbook Trade, London: Private Libraries Association/Detroit: Singing Tree Press Book Tower.

Slater, Candace. 1982, *Stories on a String: The Brazilian Literatura de cordel*, Berkeley: University of California Press, 1982.

Stern, David. , ed. 2004, *The Anthology in Jewish Literature*, Oxford: Oxford University Press.

Stock, Brian. 1983, *The Implication of Literacy: Written Language and Models of Interpretation in the Eleventh and Twelfth Centuries*, Princeton, N. J. Princeton University Press, 1983.

Wisse, Ruth R. 2013, *No Joke: Making Jewish Humor*, Princeton: Princeton University Press.

Wittgenstein, Ludwig. 2009, *Philosophische Untersuchungen/Philosophical Investigations*. Trans. G. E. M. Anscombe. P. M. S. Hacker and Joachim Schulte. Revised fourth edition by P. M. S. Hacker and Joachim Schulte. Malden: Wiley-Blackwel, 2009.

Ziv, Avner. 1988. "Humor in Israel." In *National Styles of Humor*, ed. Avner Ziv. Contributions to the Study of Popular Culture, No. 18. New York: Geenwood Press, 1988, 113 – 131.

Ziv, Avner. , ed. 1998 [1986], *Jewish Humor*, New Brunswick: Transaction Publishers.

Ziv. Avner. 1998 [1986] . "Psycho-social Aspects of Jewish Humor in Israel and in the Diaspora. " In *Jewish Humor*. New Brunswick: Transaction Publishers, 47 – 71.

Ziv, Avner. ed. 1991. "Jewish Humor." *Humor* 4, 2: 145 – 260.

Ziv, Avner. 1991. "Introduction. " *Humor* 4, 2: 145 – 148.

Ziv, Avner. 2007. "Humor." 2d ed. *Encyclopedia Judaica*, Vol. 9: 590 – 599.

Ziv, Avner. 2016. "Humor." *Encyclopaedia Judaica*. Ed. Michael Berenbaum and Fred Skolnik. 2nd ed. Vol. 9. Detroit: Macmillan Reference USA, 2007. 590 – 599. Gale Virtual Reference Library. Web. 28 Mar. 2016. URL

# 附录 1

# 丹·本-阿默思民俗学研究重要论著选目

【本选目收录作者从 1963 年到 2017 年的部分英文出版物，没有包括用希伯来语发表的著作以及被翻译成其他语言的译文。】

"The Situation Structure of the Non-Humorous English Ballad. " *Midwest Folklore*, 13: 163 – 176. 1963.

*Folktales of Israel*, ed. Dov Noy, with the assistance of Dan Ben-Amos. Chicago: Chicago University Press. 1963.

"Folklore in Israel. " *Schweizerisches Archiv für Volkskunde*, 59: 14 – 24. 1963.

"Hebrew Parallels to Indian Folktales. " *Journal of the Assam Research Society*, 15: 37 – 45. 1967.

"Ikpomwosa Osemwegie: A Young Bini Poet. " *Nigeria Magazine*, 94 (1967), pp. 250 – 252.

"StoryTelling in Benin. " *African Arts/art d'afrique*, 1, No. 1 (1967), pp. 49 – 54.

[Editing] "A Symposium of Folk Genres. " *Genre*, 2, No. 3 (1969), pp. 275 – 301.

"Analytical Categories and Ethnic Genres. " *Genre*, 2, No. 3 (1969), pp. 275 – 301.

[Editing and Translation] *In Praise of the Baal Shem Tov.* in collaboration with Jerome R. Mintz. Bloomington: Indiana University Press, 1970.

〔Editing〕 *Thrice-Told Tales*: *Folktales from Three Continents*. in collaboration with Kenneth S. Goldstein. Lock Haven, PA: Hammermill Paper Company, 1970.

"The Writing of African Oral Tradition: A Folkloristic Approach. " *Proceedings of the Eighth International Congress of Anthropological and Ethnological Sciences*, 1968 Tokyo and Kyoto, Ⅲ. Tokyo: Science Council of Japan, 1970, pp. 362 – 365.

"Toward aDefinition of Folklore in Context. " *Journal of American Folklore*, 84 (1971), pp. 3 – 15.

〔Editing〕 "A Symposium of Folk Genres. " *Genre* 4, no. 3 (1971), pp. 213 – 304.

"Two Benin Storytellers. " in Richard M. Dorson, ed. *African Folklore*, Garden City: Doubleday, 1972, pp. 103 – 114.

"The Elusive Audience of the Benin Storyteller. " *The Journal of the Folklore Institute* 9 (1972), pp. 177 – 184.

"Toward a Definition of Folklore in Context. " in Americo Parédes and Richard Bauman, eds. *Toward New Perspectives in Folklore*. Publication Series of the American Folklore Society, Bibliographical and Special Series (23). Austin: University of Texas Press, 1972, pp. 3 – 15.

"The 'Myth' of Jewish Humor. " *Western Folklore* 32 (1973), pp. 112 – 131.

"History of Folklore Studies-Why do We Need It?" *Journal of the Folklore Institute*, 10 (1973), pp. 113 – 124.

"Folklore in African Society. " *Folklore Reprint Series*, Vol. 2, No. 1. Bloomington: Folklore Publications Group, Folklore Student Association, 1974.

〔Editing〕 *Folklore*: *Performance and Communication*, in collaboration with Kenneth S. Goldstein. Approaches to Semiotics, 40. The Hague: Mouton Press, 1975.

*Sweet Words*: *Storytelling Events in Benin*. Philadelphia: Institute for the Study of Human Issues, 1975.

"Themes, Forms, and Meanings: Critical Comments. " *Semeia* 3

(1975), pp. 128 – 132.

"Two Tales from Benin. " in Harold Courlander, ed. *A Treasury of African Folklore*. New York: Crown, 1975, pp. 238 – 246.

[Editing] *Folklore Genres*, *American Folklore Society Bibliographical and Special Series*, Vol. 26. Texas: University of Texas Press, 1976. Reprint with an "Introduction" and a "Selected Bibliography".

"Introduction," in M. J. Bin Gorion (Berdyczewski), *Mimekor Yisrael: Classical Jewish Folktales*. Bloomington: Indiana University Press, 1976, pp. xxix-lxv.

"Solutions to Riddles. " *Journal of American Folklore* 89 (1976), pp. 249 – 254.

"Talmudic Tall Tales. " in Linda Dégh, Henry Glassie and Felix Oinas, eds. *Folklore Today: A Festschrift for Richard M. Dorson*. Bloomington: Indiana Semiotic Sciences, 1976, pp. 25 – 43.

[Editing] A special issue "Poetics and Folklore. " *Poetics*, Vol. 5, No. 2. 18 (1976), pp. 87 – 184.

"The Concepts of Genre in Folklore. " *Studia Fennica*, *Review of Finnish Linguistics and Ethnology*, 20 (1976), pp. 30 – 43. [Issue of Folk Narrative Research, Some Papers Presented at the Ⅵ Congress of the International Society for Folk Narrative Research. ]

"The History of Folklore and the History of Science. " *Midwest Journal of Language Folklore*, 3, No. 2 (1977), pp. 42 – 44.

"The Context of Folklore: Implications and Prospects. " in William R. Bascom, ed. *Frontiers of Folklore*. AAAS Selected Symposia Series, No. 5, Boulder. Colorado: Westview Press, 1977. pp. 36 – 53.

"The Modern Local Historian in Africa. " in Richard M. Dorson, ed. *Folklore in the Modern World*. World Anthropology. The Hague: Mouton, 1978, pp. 327 – 343.

"The Ceremony of Innocence. " *Western Folklore* 38 No. 1 (1978), pp. 47 – 52.

"Solutions to Riddles. " in Seymour Chatmen, Umberto Eco and Jean Marie Klinkenberg, eds. A *Semiotic Landscape/Panorama Semiotique*: *Proceedings of the First Congress of the International Association for Semiotic Studies/Actes du Premier Congrès de l'Association de Sémiotique.* Berlin: Mouton Publishers, 1979, pp. 1035 – 1038.

"Generic Distinction in the Aggadah." In *Studies in Jewish Folklore.* Ed. Frank Talmage. Cambridage: Assoication for Jewish Studies. pp. 45 – 71. 1980.

"The Concept of Motif in Folklore." in Venetia J. Newall, ed. *Folklore Studies in the Twentieth Century*: *Proceedings of the Centenary Conference of the Folklore Society.* Woodbridge: D. S. Brewer/ Totowa, N. J. : Rowman and Littlefield, 1980, pp. 17 – 36.

"Foreword." in Donald Ward, editor and translator. *The German Legends of the Brothers Grimm.* Translations in Folklore Studies, Philadelphia: Institute for the Study of Human Issues, 1981, Vol. I, pp. ix-xi.

"Foreword." in Giuseppe Cocchiara. *The History of Folklore in Europe.* John N. McDaniel, translator. Translations in Folklore Studies, Philadelphia: Institute for the Study of Human Issues, 1981, pp. xvii-xix.

"The Cultural Mediators of Folklore." *Narodna Umjetno* (special issue on "Folklore and Oral Communication"). Zagreb: Zavod za istrazivanje folklora Instituta za filologiju i folkloristiku, 1981, pp. 29 – 36.

"Nationalism and Nihilism: The Attitude of Two Hebrew Authors Toward Folklore." *International Folklore Review*, 1 (1981), pp. 5 – 15.

*Folklore in Context*: *Essays.* New Delhi, Madras: South Asian Publishers, 1982.

"Foreword." in Max Lüthi. *The European Folktale*: *Form and Nature.* John D. Niles translator. Translations in Folklore Studies, Philadelphia: Institute for the Study of Human Issues, 1982, pp. vii-xiii.

"Afterword." (comments on a collection of essays "French Studies in Oral Literature"), *Journal of Folklore Research*, 20, No. 2 – 3 (1983), pp. 243 – 246.

"Introduction." *Research in African Literatures* (special issues on the Epic in Africa), 14, no. 3 (1983), pp. 277 – 282.

"The Idea of Folklore: An Essay." in Issachar Ben-Ami and Joseph Dan, eds. *Studies in Aggadah and Jewish Folklore.* Folklore Research Center Studies Ⅶ. Jerusalem: The Magnes Press, pp. 11 – 17. 1983.

"The Encounter with Native Americans and the Emergence of Folklore." in Shri Kulamani Mahapatra, ed. *Folk Culture Vol. V: Folk Culture and the Great Tradition.* Cuttack, Oriasga, India: Institute of Oriental and Orissan Studies, 1984, pp. 274 – 286.

"The Seven Strands of Tradition: Varieties in its Meaning in American Folklore Studies." *Journal of Folklore Research*, 21, No. 2 – 3 (1984), pp. 97 – 131.

"On the Final [s] in Folkloristics." *Journal of American Folklore*, 98 (1985), pp. 334 – 336.

[Editing] "African Art and Literature." special issue of *Word and Image: A Journal of Verbal/Visual Enquiry*, 3, No. 3 (1987), pp. 223 – 303.

"Animals in Edo Visual and Verbal Arts." *Word and Image: A Journal of Verbal/Visual Enquiry*, 3, No. 3 (1987), pp. 296 – 303.

"Folktale." *International Encyclopedia of Communication.* New York: Oxford University Press, 1989, vol 2, pp. 181 – 187.

"The Historical Folklore of Richard M. Dorson." *Journal of Folklore Research*, 26 (1989), pp. 51 – 60.

"Foreword." in Reimund Kvideland and Henning K. Sehmsdorf, eds. *Nordic Folklore.* Folklore Studies in Translation. Bloomington: Indiana University Press, 1989. pp. vii-x.

"Foreword." in Juha Pentikainen, *Kalevala Mythology.* Ritva Poom. translator. Bloomington: Indiana University Press, 1989, pp. ix-xii.

[Editing] *Mimekor Yisrael: Selected Classical Jewish Folktales.* Collected by Micha Joseph bin Gorion. Edited by Dan Ben-Amos, Micha Joseph Bin Gorion. Translated by I. M. Lask. Bloomington: Indiana University Press, 1990.

"Jewish Studies and Jewish Folklore." *Proceedings of the Tenth World*

*Congress of Jewish Studies*, Division D, Vol. Ⅱ. Jerusalem: World Congress of Jewish Studies, 1990, pp. 1 – 20.

"Foreword." in Hermann Bausinger. *Folk Culture in the World of Technology*. Elke Dettmer, translator. Folklore Studies in Translation. Bloomington: Indiana University Press, 1990, pp. vii-x.

"Foreword." in *Folktale and Reality* by Lutz Röhrich, trans. Peter Tokofsky. Folklore Studies in Translation. Bloomington: Indiana University Press, 1991, pp. ix-xii.

"Jewish Folklore Studies." *Modern Judaism* 11 (1991), pp. 17 – 66.

"Folklore in the Ancient Near East." in David Noel Freedman, ed. *The Anchor Bible Dictionary*. New York: Doubleday, 1992, Vol 2, pp. 818 – 828.

"Foreword." in Axel Olrik. *Principles for Oral Narrative Research*. Kirsten Wolf and Jody Jensen, translators. Translations in Folklore Studies. Bloomington: Indiana University Press, 1992, pp. vii-xi.

"Foreword." (with Alessandro Falassi), in Algirdas J. Greimas. *Of Gods and Men: Studies in Lithuanian Mythology*. Folklore Studies in Translation. Bloomington: Indiana University Press, 1992, pp. vii-x.

"Do We Need Ideal Types (in Folklore)? —An Address to Lauri Honko." *NIF Papers* 2. (1992), p. 35.

"Folktale." in Richard Bauman, ed. *Folklore, Cultural Performance and Popular Entertainment: A Communication Centered Approach*. Oxford: Oxford University Press, 1992, pp. 101 – 118.

[Editing] "Jewish Folktales: An Encyclopedic Survey," *Jewish Folklore and Ethnology Review*, 14, No. 1 – 2 (1993), pp. 3 – 25.

"Old Yiddish and Middle Yiddish Folktales." *Jewish Folklore and Ethnology Review*, 14, No. 1 – 2 (1993), pp. 5 – 6.

" 'Context' in Context." *Western Folklore*, 52 (1993), pp. 209 – 226.

"Foreword." in James R. Dow and Hannjost Lixfeld, editors and translators. *The Nazification of an Academic Discipline: Folklore in the Third Reich*. Folklore Studies in Translation. Bloomington: Indiana University Press, 1994, pp. ix-x.

"Foreword. " in Hannjost Lixfeld and James R. Dow, editors and translators. *Folklore and Fascism: The Reich Institute for German Volkskunde.* Folklore Studies in Translation. Bloomington: Indiana University Press, 1994, pp. ix-x.

"Bettleheim Among the Folklorists. " *The Psychoanalytic Review* 81 (1994), pp. 509 – 535.

"Historical Poetics and Generic Shift: Niphla'ot ve-Nissim. " *Fabula* 35 (1994), pp. 20 – 49.

"Are There Any Motifs in Folklore?" in Frank Trommler, ed. *Thematics Reconsidered: Essays in Honor of Horst S. Daemmrich.* Internationale Forschungen zur Allgemeinen und Vergleichenden Literaturwissenschaft 9. Amsterdam-Atlanta: Rodopi, 1995, pp. 71 – 85.

"Meditation on a Russian Proverb in Israel. " *Proverbium* 12 (1995), pp. 13 – 26.

"Induced Natural Context' in Context. " in Roger D. Abrahams, ed. *Fields of Folklore: Essays in Honor of Kenneth S. Goldstein.* Bloomington, Ind. : The Trickster Press, 1995, pp. 11 – 20.

"Contextual Approach. " in Jan Harold Brunvand, ed. *American Folklore: An Encyclopedia.* New York: Garland, 1996, pp. 158 – 160.

"Genre. " in Thomas A. Green, ed. *Folklore: an Encyclopedia of Beliefs, Customs, Tales, Music and Art.* Vol. 1, Santa Barbara, Ca. : Abc-Clio, 1997, pp. 409 – 415.

"Performance. " in Thomas A. Green, ed. *Folklore: An Encyclopedia of Beliefs, Customs, Tales, Music and Art.* Vol. 2. Santa Barbara, Ca. : Abc-Clio, 1997, pp. 630 – 635.

"Transmission. " in Thomas A. Green, ed. *Folklore: An Encyclopedia of Beliefs, Customs, Tales, Music and Art.* Vol. 2. Santa Barbara, Ca. : Abc-Clio, 1997, pp. 807 – 811.

"The Name Is the Thing," *Journal of American Folklore* 111 (1998), pp. 257 – 280.

"Midrasch. " *Enzyklopädie des Märchens* 9 (1998), pp. 641 – 652.

[Editing] with Lillian Weissberg. *Cultural Memory & the Construction of I-*

*dentity*. Detroit: Wayne State University Press, 1999.

"Jewish Folk Literature. " *Oral Tradition*, 14, No. 1 (1999), pp. 140 – 274.

"Metaphor. " *Journal of Linguistic Anthropology* 9 (1 – 2) 2000: 152 – 4.

"The Narrator as an Editor. " pp. 279 – 287 in *Textualization of Oral Epics*, edited by Lauri Honko. Trends in Linguistics Studies and Monographs 128. Berlin: Mouton de Gruyter. 2000.

"Israel Ben-Eliezer, the Baal Shem Tov. " pp. 498 – 512 in *Judaism in Practice from the Middle Ages through the Early Modern Period*, edited by Lawrence Fine. Princeton Readings in Religion. Princeton, N. J. : Princeton University Press. 2001.

"Die Zeischen als Metasprache in der jüdischen Folklore. " pp. 17 – 34 in *10 + 5 = Gott: Die Macht der Zeichen*, Daniel Tyradellis and Michal S. Friedlander, editors. Berlin: Jüdisches Museum Berlin [with Dov Noy] . 2004.

"On Demons. " pp. 27 – 37 in *Creation and Re-Creation in Jewish Thought: Festschrift in Honor of Joseph Dan on the occasion of his Seventieth Birthday*. Rachel Elior and Peter Schäfer, editors. Tübingen: Mohr Siebeck. 2005.

[Editing] *Folktales of the Jews*. Vol. 1. Philadelphia: Jewish Publication Society of America. 2006.

"The European Fairy Tale Tradition: Between Orality and Literacy. " *ISFNR Newsletter*, No. 2, 17. 2007.

"Foreword" (ix-x) . In *Risk: A Battle for Redemption. A Tragedy in Two Acts*. By Hayim Y. Sheynin. Charleston, SC: BookSurge Publishing. 2007.

"Stabilität. " *Enzyklopädie des Märchens: Handwörterbuch zur historischen und vergleichenden Erzählforschung* 12: 1131 – 1136. 2007.

[Editing] *Folktales of the Jews*. Vol. 2. Philadelphia: Jewish Publication Society of America. 2007.

"Elijah the Prophet. " (1: 466 – 467) In *The YIVO Encyclopedia of Jews in Eastern Europe*. Gershon David Hundert, Editor. 2 vols. New Haven: Yale University Press. 2008.

"Angels" [with Menachem Kallus] (1: 46 – 48). In *The YIVO Encyclopedia of Jews in Eastern Europe*. Gershon David Hundert, Editor. 2 Vols. New Haven: Yale University Press. 2008.

"*Kvurat ha-Rokeah*" (The burial of the pharmacist) (382 – 391). In *The Power of a Tale: The Jubilee Book of IFA*. Haya Bar-Itzhak and Idit Pintel-Ginsberg, editors. Haifa: University of Haifa. 2008.

"Talmud." *Enzyklopädie des Märchens: Handwörterbuch zur historischen und vergleichenden Erzählforschung* 13. 1: 172 – 179. 2008.

[Editing] "The European Fairy Tale Tradition between Orality and Literacy," Special Issue of the *Journal of American Folklore*. Vol. 123: 373 – 496. 2010.

"Introduction: The European Fairy-Tale Tradition between Orality and Literacy." *Journal of American Folklore*. Vol. 123: 373 – 376. 2010.

"Straparola: The Revolution That Was Not." *Journal of American Folklore* 123: 426 – 446. 2010.

[Editing] *Folktales of the Jews*. Vol. 3. Philadelphia: Jewish Publication Society of America. 2011.

"A Definition of Folklore: A Personal Narrative." *Estudis de Literatura Oral Popular/Studies in Oral Folk Literature* 3: 9 – 28. 2014.

"Dov Noy (1920 – 2013)." *Journal of AmericanFolklore* 127 (2014), 467 – 469.

"Folklore." In Oxford Bibliographies in Jewish Studies. Ed. Naomi Seidman. New York: Oxford University Press [Online]. 2014.

"Jewish Folklore as Counter Culture." *AJS Perspectives* (Fall 2014), 23 – 25

"Notes Toward A History of Folklore in America." *The Folklore Historian* 31 (2014), 43 – 64.

"The Os Baculum." *Biblical Archaeological Review*, Vol. 41, No. 1 (2015), 72 – 73.

"From Eden to Ednah——Lilith in the Garden." *Biblical Archaeology Review* 42 (3) (2016), 54 – 58.

"Urban Folklore in an Urban University. " *The Pennsylvania Gazette*, 115 (1), 7. 2016.

"A Portrait of a Folklorist as a Young Man: A Chapter in the Urban Biography of Roger D. Abrahams. " *Western Folklore* 75: 435 –448. 2016.

[Editing]. "Roger David Abrahams: A Bibliography," *Western Folklore* 75: 449 –475. 2016.

"The Brothers Grimm: Then and Now" (83 – 121). In *The Tale from theBrothers Grimm to Our times: Diffusion and Study*. Eds. M. G. Meraklis, G. Papantonakis, Ch. Zafiropoulos, M. Kaplanologlou, G. Katsadoros. Athens: Gutenberg. 2017.

"Introduction. " (18 – 19) In Yoel Shalom Perez, *Between Sun and Moon: Bedouin Folktales from the North of Israel*. Jerusalem: Minerva, 2017.

# 译者简介

（依姓氏拼音为序）

阿丽米热：北京师范大学中国社会管理研究院/社会学院民俗学硕士生。

邓熠：北京师范大学中国社会管理研究院/社会学院民俗学硕士生。

贺少雅：北京师范大学中国社会管理研究院/社会学院博士后；北京师范大学民俗学博士。

贾琛：北京师范大学中国社会管理研究院/社会学院民俗学硕士生。

鞠熙：北京师范大学中国社会管理研究院/社会学院讲师。

刘洁：北京师范大学中国社会管理研究院/社会学院民俗学博士生。

刘梦悦：北京师范大学中国社会管理研究院/社会学院民俗学硕士生。

全一方：本书译者合用名。

申十：北京师范大学中国社会管理研究院/社会学院民俗学硕士生。

王辉：北京师范大学中国社会管理研究院/社会学院民俗学博士生。

王惠云：北京师范大学中国社会管理研究院/社会学院民俗学博士生。

王宇琛：北京师范大学中国社会管理研究院/社会学院民俗学博士生。

张举文：美国崴涞大学东亚系教授；北京师范大学社会学院兼职教授。

# 译 后 记

编译《民俗学概念与方法：丹·本-阿默思文集》是我个人的尊师情结的表现，也是我希望为中国民俗学学科建设做的一点事。虽然最初是想个人译编这个文集，但我与北师大的缘分使这项工作涉及更多的年轻的民俗学者，这本身也算是额外的收获。

对我个人来说，召集举办北京师范大学社会学院的"民俗学翻译工作坊2017"是个天时地利人和的机缘。这个"工作坊"及其成果似乎也是多个偶然中的必然：三十多年前我曾翻译过丹·本-阿默思的一篇有关母题的文章，之后又翻译发表了两篇；二十多年前我到宾夕法尼亚大学成为他的学生；多年在脑海里萦绕着系统汇编他的文章的想法终于在2017年的美国民俗学会年会上与他详细交谈了，并得到他的支持；同时，我也在组织一个纪念文集，献给他八十五岁生日（拟定于2019年出版）；而2017年我又被聘为北京师范大学社会学院的外专，需要来校一个月从事教学和科研活动；因为多年从事民俗学的翻译，我越发感到学科的发展与翻译有着重大关系，也想找机会将学科术语等翻译规范起来，于是，我有了开这个工作坊的想法，也有了翻译这个文集的具体计划。之所以能取得今天的成绩，重要的是工作坊得到北师大社会学院的萧放、朱霞和鞠熙等老师的支持，而更重要的是十多名硕士生、博士生、博士后，以及老师们的直接参与和翻译。大家相互帮助，分享经验，充分体现了一个友好而严肃的团队的工作作风。我向她们表示衷心的感谢！

"民俗学翻译工作坊2017"集中于2017年12月，但翻译工作始于之前的几个月，并延续到2018年3月。工作坊期间，大家齐心合力翻译了《民俗思想辨析》一文，借此，对本学科术语的翻译以及基本理论和方法都有了相对统一的认识，并以"全一方"为名将此译文发表在《民间文化论坛》（2018 年第 1 期）。译者们的努力无疑将为中国民俗学的学科发展做出一份贡献。相信她们会继续这项事业的。

这次工作坊的目的之一是要尽力统一民俗学术语的翻译。当然，这需要民俗学同人们长期的共同努力。本文集仅是一个开端。

感谢刘魁立、萧放、高丙中、王杰文对译稿的审阅和评介，特别感谢王杰文对多处译文提出修改意见。

本文集的顺利出版，离不开北京师范大学社会学院的支持和资助，离不开萧放教授的积极协调，也离不开中国社会科学出版社的支持。在此，向他们表示真心的感谢。尤其要感谢的是本书编辑吴丽平。从初稿到付印的每一步都不仅体现了她的敬业精神，也包含着她对民俗学学科的热爱与奉献。

感谢丹·本-阿默思为本文集提供的"写给中文读者的话"（张举文译），并在文章的选择上提供了宝贵的建议。

本文集的文章是由多人翻译的。翻译中所追求的是意思的准确、表达的通顺，但在中文表述风格上难免有别，译文也难免有误，望读者海涵和指教。

张举文
美国崴涞大学东亚系主任、教授
北京师范大学中国社会管理研究院/社会学院民俗学专业兼职教授
2018 年 3 月 25 日
于美国俄勒冈州西宁市
Willamette University
Salem，Oregon